# R语言
## 数据可视化实战
### （微视频全解版）
#### ——大数据专业图表从入门到精通

孙玉林　薛　震　著

电子工业出版社
Publishing House of Electronics Industry
北京·BEIJING

# 内 容 简 介

R 语言是一款简洁、易用、高效的程序设计语言，可以用于统计计算和统计制图。随着 ggplot2 包及其拓展包的广泛应用，R 语言在数据可视化方面已经遥遥领先于其他统计分析软件及编程语言。

本书主要介绍常用的数据可视化方法及 R 语言应用包的使用方法，并结合实际数据集进行实战操作，是 R 语言数据分析与可视化方面的一本入门教材。本书内容涵盖 R 语言的使用，基于 ggplot2 包及其拓展包的数据可视化，利用 shiny 包制作可视化应用，数据的清洗与探索，以及对地图、文本和网络等不同类型的数据进行可视化分析等。

本书可以作为高等院校统计学、计算机科学、人工智能、数据分析、数据挖掘等方向本科生或研究生的教材，也可以供对数据可视化、数据分析与挖掘感兴趣的科学研究人员和工程技术人员参考。

**图书在版编目（CIP）数据**

R 语言数据可视化实战：微视频全解版：大数据专业图表从入门到精通 / 孙玉林，薛震著 . -- 北京：电子工业出版社，2022.2

ISBN 978-7-121-43014-5

Ⅰ . ① R… Ⅱ . ①孙… ②薛… Ⅲ . ①统计分析 – 应用软件 Ⅳ . ① C819

中国版本图书馆 CIP 数据核字（2022）第 031230 号

责任编辑：祁玉芹

印　　刷：中国电影出版社印刷厂

装　　订：中国电影出版社印刷厂

出版发行：电子工业出版社

　　　　　北京市海淀区万寿路 173 信箱　　邮编：100036

开　　本：787×1000　1/16　印张：21.75　字数：474 千字

版　　次：2022 年 2 月第 1 版

印　　次：2022 年 2 月第 1 次印刷

定　　价：89.00 元

# 前　言

随着大数据时代的到来，能够获取的数据越来越多，面对海量的数据，如何快速地从数据中发现有用的信息并直观展示，是数据分析人员面临的首要问题。数据可视化是快速传递数据信息的最有效方法。R 语言在数据可视化方面的表现不俗，已经遥遥领先于其他统计分析软件及编程语言。《R 语言数据可视化实战（微视频全解版）——大数据专业图表从入门到精通》基于 R 语言来介绍如何对数据采用合适的可视化方法，高效、快捷地获取数据中的有用信息。

## 本书内容

### ● 可视化快速入门

第 1 ~ 2 章为 R 语言可视化入门部分，主要介绍 R 语言在数据可视化应用方面的优势，针对不同类型的数据可采用哪些可视化方法，R 语言的数据结构及函数的使用，数据分类汇总和长宽数据转换，以及 R 语言的基础数据可视化包 graphics 的使用方法等。

### ● 图形语法绘图

第 3 ~ 4 章为使用图形语法绘图部分，属于数据可视化应用方面的内容。这两章主要介绍 ggplot2 包的几何对象生成、统计变换、坐标系变换和分面、颜色设置及获得可交互图形的方法，以及 GGally、ggChernoff、ggTimeSeries、treemapify、ggfortify 等 ggplot2 拓展包的使用方法。

### ● 3D 图形可视化

第 5 章主要介绍 R 语言绘制 3D 图形的应用包及其使用方法，包括获取静态 3D 图形包、可交互 3D 图形包，以及将 ggplot2 图转换为 3D 图的方法。

### ● 制作可视化 APP

第 6 章从实战出发，结合真实的数据集，介绍如何使用 shiny 和 flexdashboard 包来制作可交互数据可视化应用及数据仪表盘等。

### ● 数据清洗与探索

第 7 章主要介绍在数据清洗和探索的过程中经常使用的可视化方法，并针对不同类型的数据，选择合适的方法对其进行探索性分析，最后利用 shiny 包制作一个综合的数据清洗与探索的可视化应用。

- **地图数据可视化**

第 8 章主要针对地理位置信息数据，借助地图进行数据可视化，分别从静态地图可视化、可交互地图可视化和制作地图动画三个方面介绍相关应用包的使用方法等。

- **文本数据可视化**

第 9 章主要介绍英文和中文文本数据的预处理，词频统计数据的可视化、主题模型的可视化和文本聚类的可视化，以及词向量的可视化等。

- **网络数据可视化**

第 10 章主要介绍网络数据分析及其可视化，包括静态网络图、可交互式网络图，以及 3D 网络图可视化包的使用方法等。

## 本书特色

- **内容全面，适合自学**

本书在内容安排上由易到难、逐步深入，在介绍数据可视化方法的同时，剖析相应的 R 语言可视化包的使用方法。绘图形式上不但包含静态图形的绘制、动态图形的绘制、可交互图形的绘制等，还包含多种类型图形的综合数据可视化分析与应用等，基本覆盖了数据可视化方面的全部内容。

- **章首导读，思路清晰**

本书每章前面都有本章导读，并配有知识技能的思维导图，结构、内容、要点一目了然，便于读者从开始便知晓所学内容。

- **突出交互，提升兴趣**

本书突出了可交互和动态图形绘制方法的介绍，与常规的静态图形可视化相比，利用可交互及动态的可视化图形，更容易实现人机交互，从而引起读者的探索兴趣，提高读者获取信息的效率。

- **内容新颖，强调实战**

本书以实际数据集与 R 语言应用包相结合的方式展示可视化分析的过程和结果，强调实战操作。同时采用最新的交互式可视化 shiny 和 flexdashboard 包，轻松地从 R 语言直接构建交互式 Web 应用，制作独立的可视化 App 小程序，便于特定场景的使用。

- **案例丰富，视频讲解**

本书选用的案例具有代表性、实用性，每章均配有大量的示例代码和详细的注释，并配有微视频来讲解具体的操作过程，便于读者自己动手练习。

- **在线答疑，贴心服务**

本书提供 QQ 群在线服务（群号：689669836），可以与作者和广大读者在线交流，遇到困难时在群里随时交流、相互帮助，共同解决学习中遇到的问题。

## 学习资源

● 配套资源

本书所有重点内容和案例均配有程序代码与数据文件，读者可以下载后自己动手练习。每节内容都配有微视频讲解，读者可以扫描二维码观看和学习。

● 拓展资源

本书提供的程序和数据文件中还包含书中未列的其他相关代码，这些代码可用于方法的对比分析，便于读者拓展和提高。

✎ 读书笔记

# 目　录

# 第 1 章

# 数据可视化与 R 语言

## 本章导读

　　数据可视化是关于数据视觉表现形式的技术，它旨在借助图形化手段清晰有效地传达和沟通信息，是科学可视化与信息可视化的统一。当前，数据可视化在教学、科学研究和统计分析等方面的应用极为广泛，已成为人工智能和大数据分析的基础内容之一。本章从数据可视化的发展历史入手，介绍使用 R 语言进行数据可视化的优势，使读者从整体上了解如何使用恰当的可视化方法进行数据表达，为系统学习准备必要的知识。

## 知识技能

　　本章的内容要点及知识技能如下图所示。

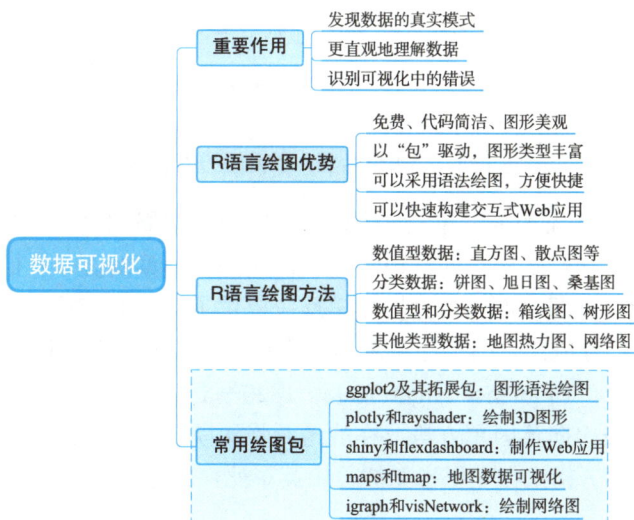

数据可视化
- 重要作用
  - 发现数据的真实模式
  - 更直观地理解数据
  - 识别可视化中的错误
- R语言绘图优势
  - 免费、代码简洁、图形美观
  - 以"包"驱动，图形类型丰富
  - 可以采用语法绘图，方便快捷
  - 可以快速构建交互式Web应用
- R语言绘图方法
  - 数值型数据：直方图、散点图等
  - 分类数据：饼图、旭日图、桑基图
  - 数值型和分类数据：箱线图、树形图
  - 其他类型数据：地图热力图、网络图
- 常用绘图包
  - ggplot2及其拓展包：图形语法绘图
  - plotly和rayshader：绘制3D图形
  - shiny和flexdashboard：制作Web应用
  - maps和tmap：地图数据可视化
  - igraph和visNetwork：绘制网络图

# 1.1 数据可视化的发展

数据可视化与信息可视化、科学可视化及统计图形密切相关，它并不是为了看上去绚丽多彩而显得高深复杂，而是为了有效地传达思想概念，使美学形式与功能并举。在利用计算机进行数据可视化之前，使用图表进行信息传递这种方式已经发展了几百年。

1861 年，法国工程师查尔斯·约瑟夫·密纳德绘制了关于拿破仑帝国入侵俄国的信息图（见图 1-1），它展示了一个故事的完整过程，拿破仑在进攻俄国前集结了 42.2 万人的大军，但仅有 10 万人抵达莫斯科，事后的败退过程中更是由于恶劣的天气，人员损失殆尽，最后只有 1 万余人活着回到华沙。在图 1-1 中，不同的颜色用来区分进军或败退，线段的宽度对应军队人数的多少，河流也被标注在图中，图的下方是与败退路上每次重大减员相关的温度信息。在这幅图中，地点、行军方向、人数、重大事件、温度等都被清晰地描绘出来，做到了信息的准确传递。

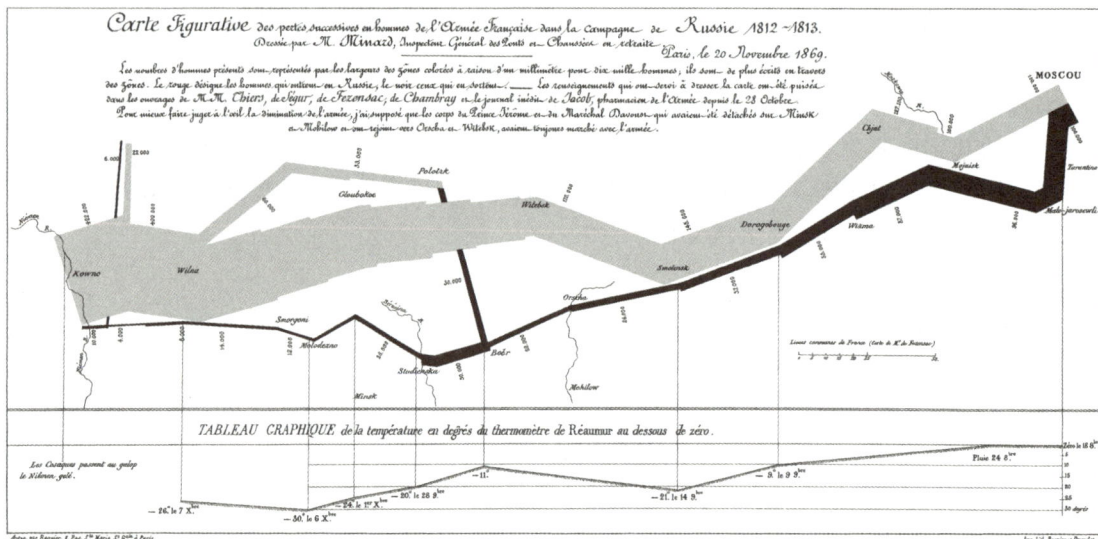

图 1-1　拿破仑帝国入侵俄国的信息图

1869 年，由俄国化学家德米特里·门捷列夫发表的元素周期表，也是通过图表进行信息有效传递的成功例子。随着新元素的发现和化学性质理论模型的健全，门捷列夫的思想也在不断完善。现代的元素周期表不仅为分析化学反应提供了有用的依据，也在其他化学领域乃至核物理学中得到了广泛应用。图 1-2 所示为现代简单形式的中文元素周期表。

弗洛伦斯·南丁格尔（Florence Nightingale，1820—1910）是英国的护士和统计学家，在克里米亚战争中，她极力向英国军方争取在战地开设医院，为士兵提供医疗护理。她通过分析堆积如山的军事档案，指出在克里米亚战役中英军死亡的主要原因是在战场外感染或疾病，以及在战场上受伤后缺乏适当护理而伤重致死。由于当时输血术尚未发明，小伤只能包扎止血，真正死在战场上的人反而不多，她使用玫瑰形状的统计图来说明这些资料，这就是著名的南丁格尔玫瑰图，如图 1-3 所示。

| 族→ ↓周期 | 1 | 2 | 3 | 4 | 5 | 6 | 7 | 8 | 9 | 10 | 11 | 12 | 13 | 14 | 15 | 16 | 17 | 18 |
|---|---|---|---|---|---|---|---|---|---|---|---|---|---|---|---|---|---|---|
| 1 | 1 H 氢 | | | | | | | | | | | | | | | | | 2 He 氦 |
| 2 | 3 Li 锂 | 4 Be 铍 | | | | | | | | | | | 5 B 硼 | 6 C 碳 | 7 N 氮 | 8 O 氧 | 9 F 氟 | 10 Ne 氖 |
| 3 | 11 Na 钠 | 12 Mg 镁 | | | | | | | | | | | 13 Al 铝 | 14 Si 硅 | 15 P 磷 | 16 S 硫 | 17 Cl 氯 | 18 Ar 氩 |
| 4 | 19 K 钾 | 20 Ca 钙 | 21 Sc 钪 | 22 Ti 钛 | 23 V 钒 | 24 Cr 铬 | 25 Mn 锰 | 26 Fe 铁 | 27 Co 钴 | 28 Ni 镍 | 29 Cu 铜 | 30 Zn 锌 | 31 Ga 镓 | 32 Ge 锗 | 33 As 砷 | 34 Se 硒 | 35 Br 溴 | 36 Kr 氪 |
| 5 | 37 Rb 铷 | 38 Sr 锶 | 39 Y 钇 | 40 Zr 锆 | 41 Nb 铌 | 42 Mo 钼 | 43 Tc 锝 | 44 Ru 钌 | 45 Rh 铑 | 46 Pd 钯 | 47 Ag 银 | 48 Cd 镉 | 49 In 铟 | 50 Sn 锡 | 51 Sb 锑 | 52 Te 碲 | 53 I 碘 | 54 Xe 氙 |
| 6 | 55 Cs 铯 | 56 Ba 钡 | 镧系 | 72 Hf 铪 | 73 Ta 钽 | 74 W 钨 | 75 Re 铼 | 76 Os 锇 | 77 Ir 铱 | 78 Pt 铂 | 79 Au 金 | 80 Hg 汞 | 81 Tl 铊 | 82 Pb 铅 | 83 Bi 铋 | 84 Po 钋 | 85 At 砹 | 86 Rn 氡 |
| 7 | 87 Fr 钫 | 88 Ra 镭 | 锕系 | 104 Rf 𬬻 | 105 Db 𬭊 | 106 Sg 𬭳 | 107 Bh 𬭛 | 108 Hs 𬭶 | 109 Mt 鿏 | 110 Ds 𫟼 | 111 Rg 𬬭 | 112 Cn 鿔 | 113 Nh 鿭 | 114 Fl 𫓧 | 115 Mc 镆 | 116 Lv 𫟷 | 117 Ts 鿬 | 118 Og 鿫 |

| | | | | | | | | | | | | | | | |
|---|---|---|---|---|---|---|---|---|---|---|---|---|---|---|---|
| 镧系元素 | 57 La 镧 | 58 Ce 铈 | 59 Pr 镨 | 60 Nd 钕 | 61 Pm 钷 | 62 Sm 钐 | 63 Eu 铕 | 64 Gd 钆 | 65 Tb 铽 | 66 Dy 镝 | 67 Ho 钬 | 68 Er 铒 | 69 Tm 铥 | 70 Yb 镱 | 71 Lu 镥 |
| 锕系元素 | 89 Ac 锕 | 90 Th 钍 | 91 Pa 镤 | 92 U 铀 | 93 Np 镎 | 94 Pu 钚 | 95 Am 镅 | 96 Cm 锔 | 97 Bk 锫 | 98 Cf 锎 | 99 Es 锿 | 100 Fm 镄 | 101 Md 钔 | 102 No 锘 | 103 Lr 铹 |

图 1-2　简单形式的中文元素周期表

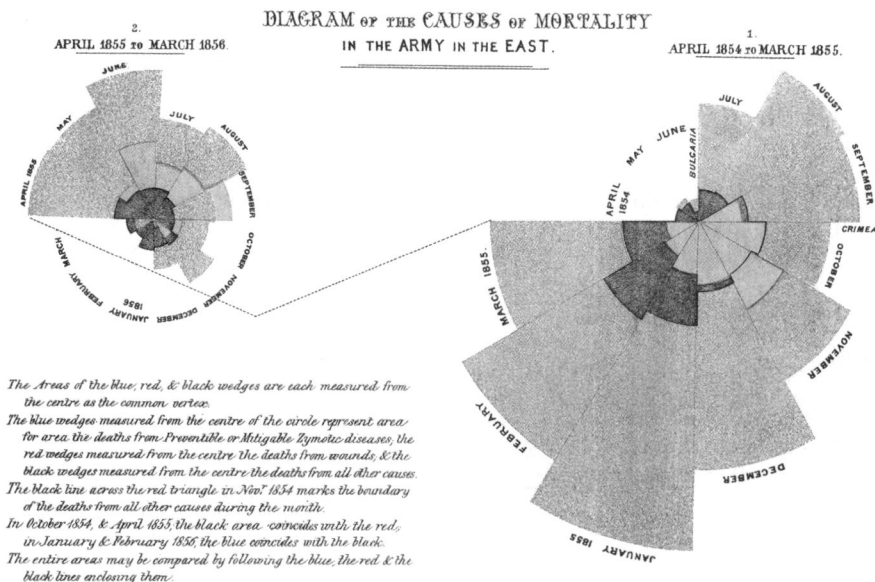

图 1-3　南丁格尔玫瑰图

进入计算机时代后，由布鲁斯·麦考梅克、汤姆斯·蒂凡提和玛克辛·布朗于 1987 年编写的美国国家科学基金会报告 *Visualization in Scientific Computing*，对数据可视化领域产生了重要的促进和激励。这份报告强调了新的基于计算机的可视化技术方法的必要性。随着计算机运算能力的迅速提升，人们创建了规模越来越大、复杂程度越来越高的数值模型，从而造就了形形色色、体积庞大的数值型数据集，当时的可视化也叫"科学可视化"。20 世纪 90 年代初，人们开辟了一个新的称为"信息可视化"的研究领域，旨在为许多应用领域中抽象的异质性数据集的分析工作提供支持。目前，人们正在逐渐接受这个同时涵盖"科学可视化"和"信息可视化"领域的新生术语"数据可视化"。

数据可视化是一个处于不断演变中的概念，其边界也在不断扩大，它通常是指技术上较为高级的方法，而这些技术方法允许利用图形、图像、计算机视觉及用户界面，通过表达、建模及立体、表面、属性、动画等表现形式，对数据加以可视化解释。

# 1.2 数据可视化的作用

数据可视化的目的是，通过对数据进行可视化处理，从而可以更简单、精确、有效地传递信息。相对于枯燥乏味的数值、复杂的数据结构和类型，人们能够更好、更快地识别图形的形状、位置、大小、色彩等信息。因此，通过数据可视化得到的图形能够加深对数据的认识、理解与记忆，使信息更容易准确地传播。

数据可视化的作用是表达观点，然后才会考虑图形设计，有了合适的可视化图形，即使面对没有技术背景知识的大众，也能使其读懂图形中隐藏的重要信息。

## 1. 发现数据的真实模式

数据可视化可以通过更直观的方式查看数据的分布形式，或者检查模型是否正确。下面使用安斯库姆四重奏（Anscombe's quartet，四组统计特性的数据）数据集（见表 1-1）对回归模型进行分析。

表 1-1 安斯库姆四重奏数据集

| 数据组 I | | 数据组 II | | 数据组 III | | 数据组 IV | |
|---|---|---|---|---|---|---|---|
| $x$ | $y$ | $x$ | $y$ | $x$ | $y$ | $x$ | $y$ |
| 10 | 8.04 | 10 | 9.14 | 10 | 7.46 | 8 | 6.58 |
| 8 | 6.95 | 8 | 8.14 | 8 | 6.77 | 8 | 5.76 |
| 13 | 7.58 | 13 | 8.74 | 13 | 12.74 | 8 | 7.71 |
| 9 | 8.81 | 9 | 8.77 | 9 | 7.11 | 8 | 8.84 |
| 11 | 8.33 | 11 | 9.26 | 11 | 7.81 | 8 | 8.47 |
| 14 | 9.96 | 14 | 8.1 | 14 | 8.84 | 8 | 7.04 |
| 6 | 7.24 | 6 | 6.13 | 6 | 6.08 | 8 | 5.25 |

续表

| 数据组 I | | 数据组 II | | 数据组 III | | 数据组 IV | |
|---|---|---|---|---|---|---|---|
| *x* | *y* | *x* | *y* | *x* | *y* | *x* | *y* |
| 4 | 4.26 | 4 | 3.1 | 4 | 5.39 | 19 | 12.5 |
| 12 | 10.84 | 12 | 9.13 | 12 | 8.15 | 8 | 5.56 |
| 7 | 4.82 | 7 | 7.26 | 7 | 6.42 | 8 | 7.91 |
| 5 | 5.68 | 5 | 4.74 | 5 | 5.73 | 8 | 6.89 |

　　对表 1-1 中的四组数据，通过观察很难分辨它们之间的关系。在使用最小二乘法进行一元回归分析时，四组数据中 $x$ 的均值为 9，方差为 11，$y$ 的均值为 7.50，方差为 4.122 或 4.127，$x$ 与 $y$ 之间的相关系数为 0.816，最后得到 $x$ 与 $y$ 的线性回归方程均为 $y=3.00+0.500x$，但对这四组数据进行可视化时发现，它们的关系完全不同，结果如图 1-4 所示。

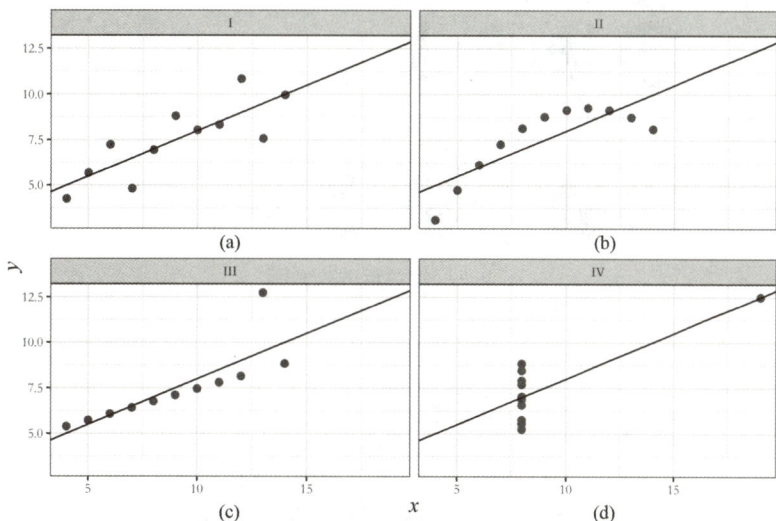

图 1-4　安斯库姆四重奏数据集的四组数据回归图

　　在图 1-4 中，第一组数据绘制的回归图（图 1-4（a））看起来最"正常"，两个随机变量之间呈现明显的线性关系；在第二组数据的回归图（图 1-4（b））中，可以看出两个随机变量之间的关系是非线性的；在第三组数据的回归图（图 1-4（c））中，虽然两个随机变量之间存在线性关系，但由于一个离群值的存在，改变了回归直线的位置，也使相关系数从 1 降至 0.81；在第四组数据的回归图（图 1-4（d））中，尽管两个随机变量之间没有线性关系，但仅仅由于一个离群值的存在就使相关系数变得很高（0.81）。

### 2. 更直观地理解数据

　　数据可视化可以大大提升用户体验，从中可以快速获取有用的信息。人脑对视觉信息的处理相对文字更加容易，借助图形、图像来总结复杂的数据，可以确保对关系的理解比混乱的电子表格或报告更加快速。例如，借助地图密度热力图，可以更容易地理解数据在地理位置上的分布密度；借助相关系数热力图（见图1-5），便于分析数据之间的相关性；借助词云图（见图1-6），可以更快速地了解文本的内容；借助网络关系图（见图1-7），可以直观地理解节点之间的关系。

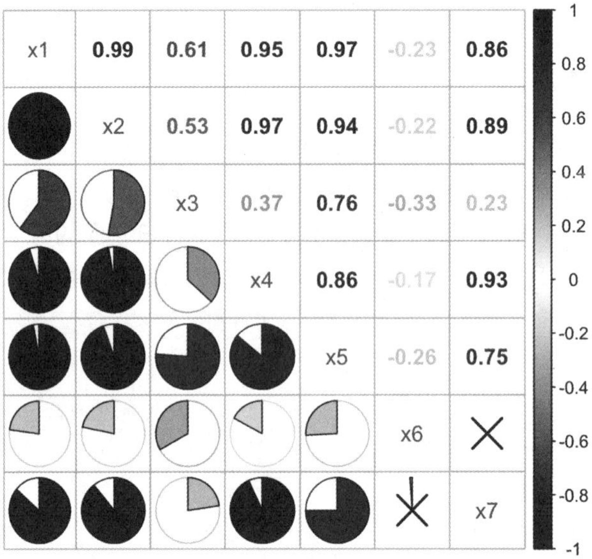

图1-5　相关系数热力图

图1-6　词云图

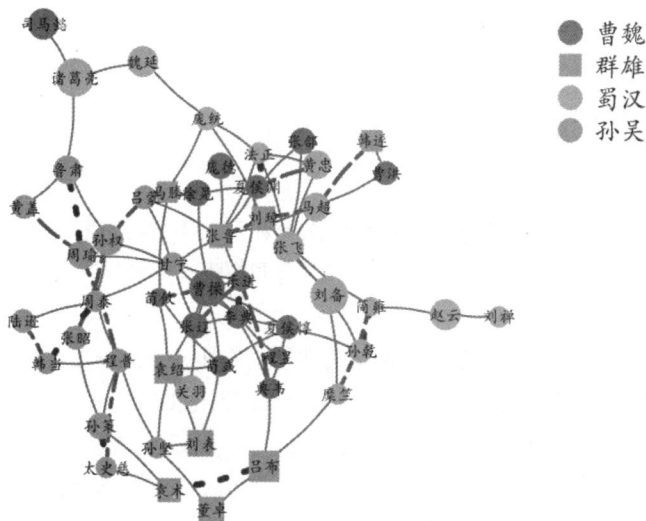

图 1-7 　网络关系图

　　随着交互式可视化的普及，人们可以对可视化图形进行交互分析，通过整体旋转、缩放、平移和局部旋转等操作，可以快速实现从图形中获取信息。例如，在交互式地图中，可以通过单击地图上相应的位置，弹出对应位置的统计图，方便对数据进行探索分析。

### 3. 识别可视化中的错误

　　数据可视化直观简单，但有时用户会故意使用错误的信息误导读者。例如，在图 1-8 所示的三种产品的销量信息中，A 产品的厂家可能会使用图 1-8（a）所示的纵轴不是从 0 开始的条形图来突出产品的销量，结果呈现出 A 产品的销量是 B 产品的 2 倍，是 C 产品的更多倍等。实际上，A、B、C 三种产品的销量应该为图 1-8（b）所示的条形图，它们的差距很小。

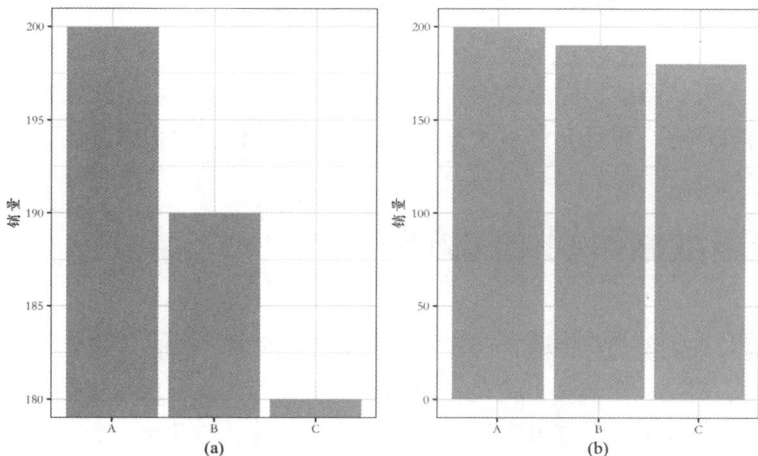

图 1-8 　误导销量信息的条形图

因此，通过数据可视化方法的学习，还可以避免和辨别数据错误信息的传达。

# 1.3　R语言数据可视化的优势

　　R 语言（有时简称 R）是一款开源的数据分析和可视化编辑语言，常用于统计分析、图形绘制、数据挖掘、机器学习等领域。相比其他常见的统计分析与绘图软件，R 语言在数据可视化方面具有诸多优势。

　　（1）R 语言以"包"驱动方式实现许多强大功能，其中 ggplot2 包是 R 语言的一大"杰作"，它基于图形语法构建，改变了传统的绘图方式，通过使用加号"+"将图形的元素连接起来，利用简短的代码就可以实现复杂且美观的图形绘制。ggplot2 包提供了丰富的绘图组件，包括点、线和多边形等各种图形的绘图函数，以及参考线、回归曲线等各类图形标注的绘图函数，可以方便地对数据进行多种形式的可视化。

　　（2）基于 ggplot2 包开发的拓展包非常丰富，它们可以用来绘制各种各样美观的图形，包括静态图形、动态图形和可交互图形等。ggplot2 拓展包还支持笛卡儿坐标系、极坐标系和地理坐标系等多种绘图坐标系，可以方便地绘制空间统计可视化所需的各种图形，并支持地图和统计图形间的灵活转换。

　　（3）shiny 和 flexdashboard 包是 R 语言中重要的交互式可视化包，利用它们可以轻松地从 R 语言直接构建交互式 Web 应用，制作出独立的可视化 APP 应用，以便于特定场景的使用。

　　（4）Science、Nature 和 Cell 等国际顶级期刊上的图表大都是使用 R 语言绘制的，R 语言已经成为大数据分析和科学研究中绘制专业图表的必备工具。

　　（5）R 语言的 S3 系统是一种标签式的面向对象系统，相对于传统的面向对象系统，R 语言具有层次结构简单、代码简洁、开发难度低等特点，这为自定义和封装所需的可视化组件提供了极大便利。

　　（6）R 语言是开源系统，完全免费，它拥有完善的社区，有数量庞大的志愿者对用户提出的各种问题答疑解惑，而且 R 语言十分简明易懂，利于初学者掌握。

# 1.4　R语言数据可视化的方法

　　经过开发者长期的努力，R 语言已经扩展成为使用便利、功能完备的开发环境，能够支持包括数据存储、清洗、建模和可视化在内的完整工作流程。下面根据数据的类型、适用数据的可视化图形，以及用于数据可视化的 R 语言应用包等，对 R 语言数据可视化的方法和流程进行简单总结。

## 1. 数值型数据

如果数据全部是数值型，根据变量数量的不同，所使用的可视化方法也会有差异。在通常情况下，对 1 个变量会使用直方图、密度曲线等进行数据可视化；对 2 个变量通常会使用箱线图、散点图、2D 密度曲线等进行数据可视化；对 3 个或更多个变量，可以使用树状图、热力图、矩阵散点图等进行数据可视化。数值型数据的可视化方法和常用的 R 语言应用包总结为如图 1-9 所示的结构图。

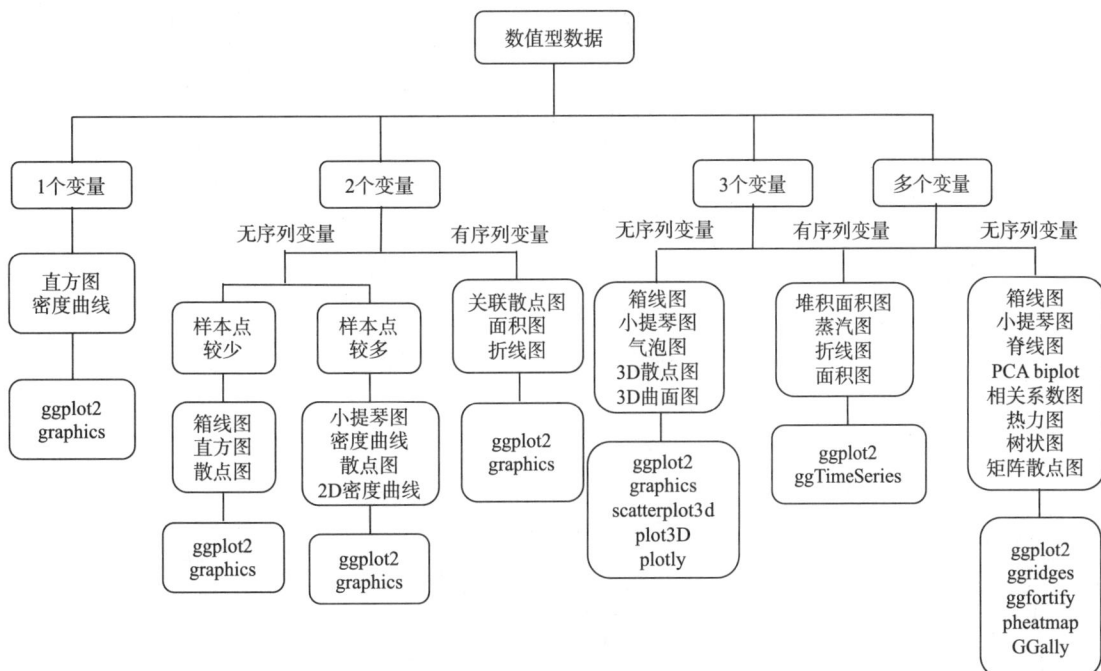

图 1-9　数值型数据的可视化方法结构图

## 2. 分类型数据

分类型数据是按照现象的某种属性对其进行分类或分组而得到的反映事物类型的数据，又称为定类数据。根据分类变量的多少，通常可以采用不同的可视化方法。在通常情况下，对单个变量可以使用条形图、词云图、饼图等进行数据可视化；对多个变量可以使用旭日图、雷达图、桑基图、热力图等进行数据可视化。分类数据的可视化方法和常用的 R 语言应用包总结为图 1-10 所示的结构图。

## 3. 数值型和分类型数据

若同时包含数值型和分类型数据，可以使用箱线图、棒棒糖图、甜甜圈图、相关系数图、矩阵散点图、树形图等进行数据可视化。针对数据的不同组合情况，采用的可视化方法或使用的 R 语言应用包总结为图 1-11 所示的结构图。

分类型数据

- 1个变量
  - 条形图
  - 棒棒糖图
  - 热力图
  - 词云图
  - 甜甜圈图
  - 饼图
  - 树图
  - 圆堆积图

  ggplot2
  pheatmap
  wordcloud
  wordcloud2
  ggiraphExtra
  treemapify
  circlepackeR

- 2个或多个变量
  - 2个独立列表
    - 韦恩图

      VennDiagram
      upSetR
  - 包含子类的变量
    - 矩形树图
    - 圆堆积图
    - 旭日图
    - 条形图

      ggplot2
      treemapify
      circlepackeR
      dendextend
  - 有子分组
    - 分组散点图
    - 热力图
    - 棒棒糖图
    - 分组条形图
    - 堆积条形图
    - 平行坐标图
    - 雷达图
    - 桑基图

      ggplot2
      d3heatmap
      fmsb
      ggalluvial
  - 2个独立变量
    - 网络图
    - 和弦图
    - 弧形图
    - 桑基图
    - 热力图

      igraph
      visNetwork
      circlize
      ggalluvial
      heatmaply

图 1-10　分类型数据的可视化方法结构图

数值型和分类型数据

- 1个数值 &1个分类
  - 每个分组有1个观测
    - 箱线图
    - 棒棒糖图
    - 甜甜圈图
    - 饼图
    - 词云图
    - 矩形树图
    - 圆堆积图

      ggplot2
      pheatmap
      wordcloud
      wordcloud2
      ggiraphExtra
      treemapify
      circlepackeR
  - 每个分组有多个观测
    - 箱线图
    - 小提琴图
    - 脊线图
    - 密度图
    - 直方图

      ggplot2
      ggridges

- 1个分类 &多个数值
  - 无序列变量
    - 分组散点图
    - 2D密度图
    - 箱线图
    - 小提琴图
    - PCA biplot
    - 相关系数图
    - 热力图
    - 矩阵散点图

      ggplot2
      ggfortify
      pheatmap
      GGally
  - 1个数值为序列变量
    - 堆积面积图
    - 面积图
    - 蒸汽图
    - 线图
    - 关联散点图

      ggplot2
      streamgraph
      plotly
  - 1个分组多个数值变量
    - 1个分组1个数值
      - 分组散点图
      - 热力图
      - 棒棒糖图
      - 分组条形图
      - 堆积条形图
      - 平行坐标图
      - 雷达图
      - 桑基图

        ggplot2
        d3heatmap
        fmsb
        ggalluvial

- 多个分类 &1个数值
  - 包含子类的变量
    - 分组有1个观测
      - 条形图
      - 树形图
      - 旭日图
      - 矩形树图
      - 圆堆积图

        ggplot2
        ggfortify
        pheatmap
        treemapify
        circlepackeR
    - 分组有多个观测
      - 箱线图
      - 小提琴图

        ggplot2
        ggpubr
  - 类邻接矩阵型数据
    - 网络图
    - 和弦图
    - 弧形图
    - 桑基图
    - 热力图

      igraph
      visNetwork
      circlize
      ggalluvial
      heatmaply

图 1-11　数值型和分类型数据的可视化方法结构图

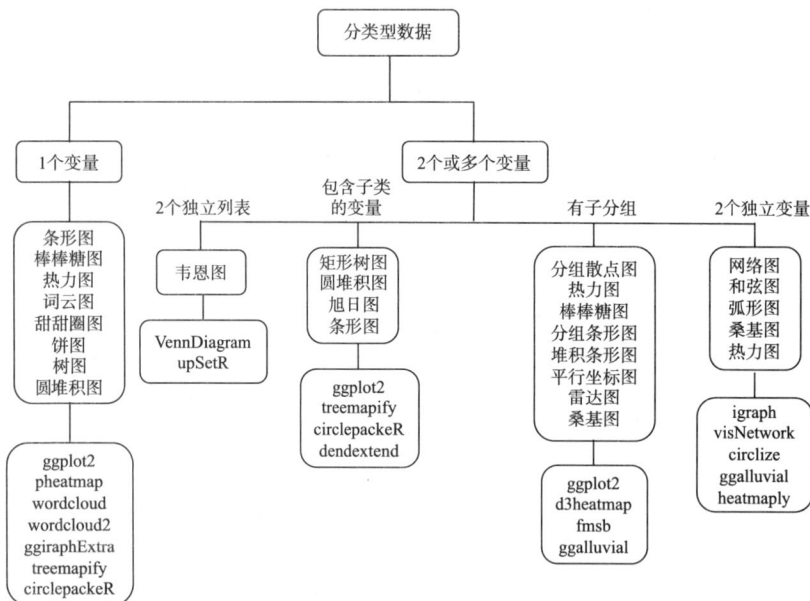

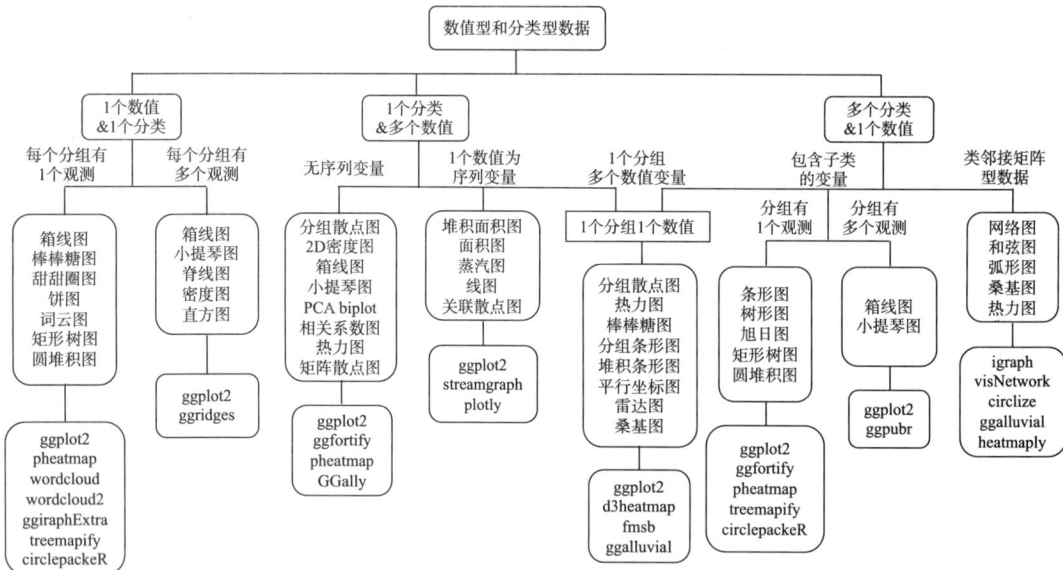

### 4. 其他类型的数据

地图数据、网络数据、时序数据等都可以视为其他类型的数据，针对这些类型的数据采用的可视化方法总结为图 1-12 所示的结构图。

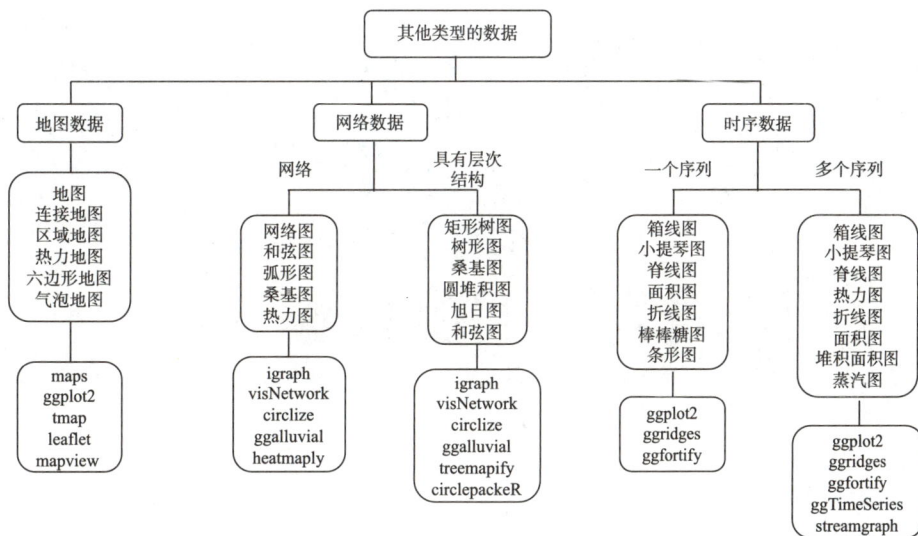

图 1-12　其他类型的数据的可视化方法结构图

　　针对不同类型的数据，可以使用不同的可视化图形进行数据分析，而这些图形都可以找到对应的一个或多个 R 语言应用包进行绘制。由此可见，使用 R 语言进行数据可视化的功能强大且方法便捷。

## 1.5　本章小结

　　本章主要介绍了数据可视化的发展情况、在数据分析中的作用，以及使用 R 语言进行数据可视化的优势，最后针对各种类型的数据组合情况，详细介绍了如何使用恰当的可视化方法进行数据表达，还介绍了用于绘制图形的相关可视化 R 语言应用包，便于读者查阅使用。

# 第 2 章

# R 语言可视化快速入门

📢 **本章导读**

　　R 语言是一套拥有完整的数据处理、分析、建模和绘图能力的系统，可以完成数据分析、数据挖掘、机器学习等任务，在可视化方面较以前流行的编程语言更加优秀。本章从创建 R 语言的数据对象入手，介绍如何使用 R 语言编写程序、转换数据，使读者掌握最基础的数据可视化方法，为后面学习和绘制更美观、更复杂的图形打下基础。

💡 **知识技能**

　　本章的内容要点及知识技能如下图所示。

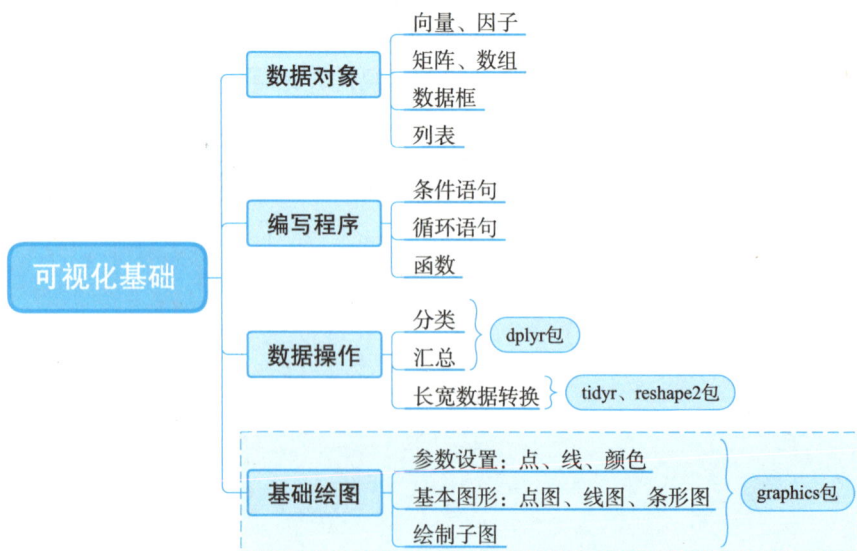

```
                           ┌─ 向量、因子
              ┌─ 数据对象 ─┤   矩阵、数组
              │            │   数据框
              │            └─ 列表
              │
              │            ┌─ 条件语句
              ├─ 编写程序 ─┤   循环语句
              │            └─ 函数
  可视化基础 ─┤
              │            ┌─ 分类 ──── dplyr包
              ├─ 数据操作 ─┤   汇总
              │            └─ 长宽数据转换 ── tidyr、reshape2包
              │
              │            ┌─ 参数设置：点、线、颜色
              └─ 基础绘图 ─┤   基本图形：点图、线图、条形图 ── graphics包
                           └─ 绘制子图
```

# 2.1 R语言的数据结构

在 R 语言中，常用的数据结构（称之为对象）主要有向量、矩阵、数组、数据框、列表等。其中，向量是最基本的数据结构；矩阵、数组、数据框和列表都可以由向量构成。

## 2.1.1 向量和矩阵

### 1. 向量

向量是 R 语言中最基本的数据对象，把只有一个元素的标量认为是长度为 1 的向量。在 R 语言中，向量有多种类型。例如，向量的每个元素可以是字符串、逻辑值、因子等。

向量的生成方法有很多，使用时灵活多变。下面介绍 7 种生成向量的方法。

（1）通过 ":" 生成向量。

```
A <- 1:6
A
## [1] 1 2 3 4 5 6
```

上面的程序通过 1:6 生成了长度为 6 的向量 A，使用 ":" 生成向量时，步长默认为 1，输出结果中的 [1] 表示向量的第一个位置。

（2）通过 c() 函数生成向量。

```
A <- c(2,4,6,8,9,10)
A
## [1]  2  4  6  8  9 10
```

如果需要的向量不是每次增加 1，而是增加非规律的数值时，则可以使用 c() 函数将它们连接起来。

（3）通过 seq() 函数生成等间隔数据的向量。

```
B = seq(from=0,to=10,by=2)
B
## [1]  0  2  4  6  8 10
B = seq(from=0,to=10,length.out = 5)
B
## [1]  0.0  2.5  5.0  7.5 10.0
```

上面的程序使用 seq() 函数生成两种形式的等间隔数据的向量。其中，第一种从 0 开始，步长为 2，依次增加到 10 结束，得到向量 B；第二种在 0 和 10 之间（包括 0 和 10）生成等间隔的长度为 5 的向量，得到向量 B。

（4）通过 rep() 函数生成具有重复元素的向量。

```
C <- rep(1:2,c(2,5))
C
## [1] 1 1 2 2 2 2 2
```

上面使用 rep() 函数将序列 1:2 中的两个元素分别重复 2 次和 5 次，生成向量 C。

（5）生成字符串向量。

```
v_char <- c("A","B","C","D","E")
class(v_char)
## [1] "character"
```

在 R 语言中，由英文模式下的双引号 " "（或单引号 ' '）包裹的内容为字符串。上面的程序是通过 c() 函数生成一个字符串向量 v_char，通过 class() 函数获取该向量的数据类型，结果为 "character"，表明它是字符串向量。

（6）生成逻辑值向量。

```
v_log <- rep(c(T,F),c(2,3))
v_log
## [1]  TRUE  TRUE FALSE FALSE FALSE
```

在 R 语言中，逻辑值"真"使用 TRUE（T）表示；逻辑值"假"使用 FALSE（F）表示。

（7）生成因子向量。

```
v_fac <- factor(x=c("A","B","C","A","B","C"),levels = c("A","B","C"),
                labels = c("A","B","C"))
v_fac
## [1] A B C A B C
## Levels: A B C
```

上面的程序通过 factor() 函数生成一个因子向量，输出结果表明向量的水平（levels，包含的所有不相同的类别）为 A、B、C。

对向量元素进行操作的方法有很多，下面介绍 3 种从向量中获取元素的方式。

（1）通过在中括号"[]"中指定元素的位置来获取元素。

```
vec <- seq(1,7)
vec[c(1,3,5,7,9)]
## [1]  1  3  5  7 NA
```

上面的程序是要获取 vec 向量中第 1、3、5、7、9 几个位置的元素，由于 vec 向量只有 7 个元素，所以超出索引的第 9 个位置的元素的输出为 NA，表示该位置为缺失值。

（2）在中括号中使用负号"-"代表删除元素。

```
vec[c(-1:-5)]
## [1] 6 7
```

上面的程序使用负号删除了向量的前 5 个元素。

（3）通过与向量等长的逻辑值向量获取需要的元素。

```
vec[vec %% 3 == 0]
## [1] 3 6
```

上面的程序先通过 vec %% 3 == 0 获取与向量等长的逻辑值向量，即向量是否能够被 3 整除，然后将逻辑值和中括号"[]"结合起来获取向量中能够被 3 整除的元素。

### 2. 矩阵

矩阵可以看作是向量的扩充，其类型包括数值型、字符串型、逻辑型等。

（1）使用 matrix() 函数生成矩阵。

```
vec <- seq(1,12)
mat <- matrix(vec,nrow = 2)
mat
##      [,1] [,2] [,3] [,4] [,5] [,6]
## [1,]    1    3    5    7    9   11
## [2,]    2    4    6    8   10   12
## 生成矩阵时按行排列
mat <- matrix(vec,nrow = 3,ncol = 4,byrow = TRUE)
mat
##      [,1] [,2] [,3] [,4]
## [1,]    1    2    3    4
## [2,]    5    6    7    8
## [3,]    9   10   11   12
```

上面的程序通过 matrix() 函数将向量转换为矩阵，其中 nrow、ncol 表示矩阵的行数、列数，默认情况下，矩阵的生成是按照列优先排列，如果想要按照行优先排列，则需要使用参数 byrow = TRUE。

（2）定义矩阵的列名和行名。

```
## 为矩阵添加列名和行名
colnames(mat) <- c("A","B","C","D")
rownames(mat) <- c("a","b","c")
mat
##   A  B  C  D
## a 1  2  3  4
## b 5  6  7  8
## c 9 10 11 12
```

上面的程序使用 colnames() 和 rownames() 函数可以获取矩阵的列名和行名，或者给矩阵的列和行定义新的名称。

（3）矩阵元素的获取。

```
## 可以使用［行，列］获取元素
mat <- rbind(c(1,3,5,7),c(2,4,6,8),c(1:4))
colnames(mat) <- c("A","B","C","D")
rownames(mat) <- c("a","b","c")
mat
##   A B C D
## a 1 3 5 7
## b 2 4 6 8
## c 1 2 3 4
## 获取矩阵第 2 行第 3 列位置的元素
mat[2,3]
## [1] 6
## 获取矩阵第 2 列的元素
mat[,2]
## a b c
## 3 4 2
## 获取矩阵第 1 行的元素
mat[1,]
## A B C D
## 1 3 5 7
```

与获取向量元素类似，通过中括号"[]"中的行、列索引即可获取矩阵中对应的元素。如果矩阵拥有列名，可以指定列名获取所需要的列。

```
## 获取矩阵第 "A" 和 "C" 列的元素
mat[,c("A","C")]
##   A C
## a 1 5
## b 2 6
## c 1 3
```

## 2.1.2　高维数组

超过二维的数组称为高维数组，可以使用 array() 函数生成。

```
## 使用 array() 函数生成三维数组
arr <- array(1:16,dim = c(2,4,2))
arr
## , , 1
##      [,1] [,2] [,3] [,4]
## [1,]    1    3    5    7
## [2,]    2    4    6    8
## , , 2
```

```
##      [,1] [,2] [,3] [,4]
## [1,]   9   11   13   15
## [2,]  10   12   14   16
```

上面的程序生成一个 2 行 4 列 2 层的数组，其中每层都是一个 2×4 的矩阵。

高维数组中元素的获取与矩阵、向量类似，都可以通过中括号 "[]" 和相应位置的索引来获取元素。例如，获取 arr 中第 2 层第 2 行的元素的程序如下：

```
## 第 2 层数据中第 2 行的内容
arr[2,,2]
## [1] 10 12 14 16
```

与向量和矩阵类似，也可以通过高维数组的位置索引来获取满足条件的元素。

```
arr[which(arr %% 5 == 0)]
## [1]  5 10 15
```

在上面的程序中，语句 which(arr %% 5 == 0) 表示获取 arr 中能够被 5 整除的数值在数组中所在的位置。

对高维数组可以通过 apply() 函数进行相关计算。

```
## 对数据的每层计算均值
apply(arr,3,mean)
## [1]  4.5 12.5
```

### 2.1.3  数据框和列表

数据框（表）是 R 语言中使用最多的数据对象，很多实际数据都是以数据框的格式存储的；列表则是最灵活的数据结构。

#### 1. 数据框

数据框和矩阵相似，都是为了更好地管理更多的变量，所不同的是，矩阵中所有元素只有一种数据类型，而数据框的每一列都可以是一种数据类型，如字符串向量、数值向量、因子向量等。

使用数据框非常便于进行数据分析及对列进行操作，其中每列作为一个特征（变量），每行作为一个样本。在 R 语言中，可以使用 data.frame() 函数构建数据框，使用 head() 或 summary() 函数查看数据框的内容。

```
## 生成数据框
df <- data.frame(id = c("A","B","C","D"),
                 age = c(10,15,9,12),
                 sex = c("F","M","M","F"),
                 score = c(17:20),
```

```
                        stringsAsFactors = FALSE)
head(df)
##   id age sex score
## 1  A  10   F    17
## 2  B  15   M    18
## 3  C   9   M    19
## 4  D  12   F    20
```

上面的程序使用 data.frame() 函数构建含有 4 个变量（id、age、sex、score）的数据框，其中的参数 stringsAsFactors = FALSE，表示不把字符串向量转换为因子向量。使用 head() 函数可以查看数据框前几行的内容。

还可以使用 summary() 函数查看数据框中数据的类型和内容，对字符串变量将输出变量的长度和类型；对数值变量将输出变量的最小值、均值、最大值等内容。

```
## 查看数据的类型和内容
summary(df)
##       id                 age            sex               score
## Length:4          Min.   : 9.00   Length:4          Min.    :17.00
## Class :character  1st Qu.: 9.75   Class :character  1st Qu.:17.75
## Mode  :character  Median :11.00   Mode  :character  Median :18.50
##                   Mean   :11.50                     Mean    :18.50
##                   3rd Qu.:12.75                     3rd Qu.:19.25
##                   Max.   :15.00                     Max.    :20.00
```

可以使用 as.data.frame() 函数将矩阵转换为数据框。

```
## 通过矩阵生成数据框
mat <- rbind(c(1,3,5,7),c(2,4,6,8),c(1:4))
mat2df <- as.data.frame(mat)
colnames(mat2df) <- c("A","B","C","D")
mat2df
##   A B C D
## 1 1 3 5 7
## 2 2 4 6 8
## 3 1 2 3 4
```

数据框中内容的获取可以通过中括号"[]"、索引、$ 符号选择特定的变量等方式，也可以通过变量名称获取指定的内容。

```
## 使用中括号"[]"和对应的列索引获取数据框的列
df[,2]
## [1] 10 15  9 12
## 通过 $ 符号选择特定的变量
```

```
df$age
## [1] 10 15  9 12
## 通过中括号 "[]" 和变量的名称选择数据框的列
df[c("id","age","sex")]
##   id age sex
## 1  A  10   F
## 2  B  15   M
## 3  C   9   M
## 4  D  12   F
```

### 2. 列表

列表可以包含 R 语言的所有对象，如向量、字符串、矩阵、高维数组、数据框，甚至列表中还可以包含列表。列表通常由 list() 函数生成。

```
A <- factor(c("A", "B", "C", "C", "B"))
B <- matrix(seq(1:10),nrow = 2)
C <- "This is a character"
D <- data.frame(id = c("A","B","C","D"),
                age = c(10,15,9,12))
## 使用 A、B、C、D 生成一个列表
mylist <- list(A,B,C,D)
mylist
## [[1]]
## [1] A B C C B
## Levels: A B C
## [[2]]
##      [,1] [,2] [,3] [,4] [,5]
## [1,]    1    3    5    7    9
## [2,]    2    4    6    8   10
## [[3]]
## [1] "This is a character"
## [[4]]
##   id age
## 1  A  10
## 2  B  15
## 3  C   9
## 4  D  12
```

上面的程序生成的列表中包含因子向量 A、矩阵 B、字符串 C 和数据框 D 这 4 种数据类型。使用 str() 函数可以获取列表的汇总信息。

```
str(mylist)
## List of 4
```

```
##  $ : Factor w/ 3 levels "A","B","C": 1 2 3 3 2
##  $ : int [1:2, 1:5] 1 2 3 4 5 6 7 8 9 10
##  $ : chr "This is a character"
##  $ :'data.frame':    4 obs. of  2 variables:
##   ..$ id : Factor w/ 4 levels "A","B","C","D": 1 2 3 4
##   ..$ age: num [1:4] 10 15 9 12
```

可以通过 [] 或 [[]] 获取列表中的元素，结合 $ 符号可以获取列表中数据框的内容。

```
mylist[1]
## [[1]]
## [1] A B C C B
## Levels: A B C
## 使用 [] 和 $ 获取列表中数据框的内容
mylist[[4]]$age[1:3]
## [1] 10 15  9
```

如果列表中的元素有名字，可以通过列表中每个元素的名字来获取相应的内容。

```
## 给列表中的内容添加名字
names(mylist) <- c("A","B","C","D")
names(mylist)
## [1] "A" "B" "C" "D"
## 通过 $ 和名称来提取数据
mylist$A
## [1] A B C C B
## Levels: A B C
```

上面的程序首先通过 names() 函数给列表中的元素命名，然后使用 $ 符号获取对应名称下的内容。

## 2.2 控制语句和函数

R 语言提供了容易使用的控制语句和函数，其中控制语句有条件语句和循环语句两大类；比条件语句和循环语句更复杂的程序段就是函数。

扫一扫，看视频

### 2.2.1 条件语句

条件语句主要包含 if 相关的语句，它有以下两种方式。

1. if( 条件 ) 表达式 1 else 表达式 2

该语句表示：如果需要判断的条件得到满足（即条件取值为真），则执行表达式 1；否则，执行表达式 2。

例如，判断一个数能否被 3 整除。

```
num <- 10
if(num %% 3 == 0) print(" 数值可以被 3 整除 ") else print(" 数值不能被 3 整除 ")
## [1] " 数值不能被 3 整除 "
```

很显然，10 不能被 3 整除，所以执行 print(" 数值不能被 3 整除 ") 语句（即执行 else 后的表达式 2）。

### 2. ifelse(test, yes, no)

该语句是上面"if( 条件 ) 表达式 1 else 表达式 2"语句的简化版，如果 test 的结果为真，则输出 yes 代表的内容；否则输出 no 代表的内容。

例如，判断 2 个数能否被 3 整除。

```
num <- c(9,10)
ifelse(num %% 3 == 0, " 数值可以被 3 整除 ", " 数值不能被 3 整除 ")
## [1] " 数值可以被 3 整除 "   " 数值不能被 3 整除 "
```

## 2.2.2　循环语句和函数

### 1. 循环语句

在 R 语言中，循环语句分为 for 循环和 while 循环，其中 for 循环更常用。

下面通过找出向量中偶数的例子来介绍 for 循环的用法，程序如下：

```
## 找出向量中的偶数
vec <- seq(1:20)
result1 <- result2 <- vector()
for (ii in 1:length(vec)) {
    ## 偶数
    if(vec[ii] %% 2 == 0){
        result1 <- c(result1,vec[ii])
    }else{
        result2 <- c(result2,vec[ii])
    }
}
result1
## [1]  2  4  6  8 10 12 14 16 18 20
```

在上面的程序中，首先定义需要的向量，然后在 for 循环中使用条件语句 if(vec[ii] %% 2 == 0) 来确定 vec 向量中的第 ii 个元素是不是偶数，如果是，就保存在 result1 中；否则，保存在 result2 中。从输出结果可以发现，通过 for 循环已经正确地将奇数和偶数区分开。

针对 while 循环，下面使用从向量中找出 5 个偶数的例子介绍其用法，程序如下所示：

```
set.seed(12)
vec <- sample(1:100,40)
ii <- 1
result1 <- vector()
while(ii){
    ## 保存偶数
    if(vec[ii] %% 2 == 0) result1 <- c(result1,vec[ii])
    ## 满足条件，跳出循环
    if (length(result1) == 5){
        break
    }
    ii <- ii + 1
}
result1
## [1] 66 90 80 46 92
```

在上面的程序中，首先从 1~100 中随机抽取 40 个数构造一个向量，通过满足 result1 中含有 5 个偶数后，使用 break 语句提前跳出 while 循环，否则程序将永远执行下去，这是因为 while(ii) 中的 ii 永远为真（即 ii 永远不会等于 0）。

**2. 函数**

函数通常包含比条件语句和循环语句更复杂的功能。R 语言允许用户根据需要编写自己的函数。自编函数的运行环境与其他脚本不同，即使它们有相同的变量名也不会影响脚本运行空间下的变量取值。通过编写函数来完成一些烦琐的重复操作，可以使代码简洁明了、重复使用，能够完成更加复杂的计算。

学习编写函数是 R 语言的主要任务之一，函数的常见结构为：

```
functionname <- function(arg1,arg2,arg3,...){
    statements
    return(result)
}
```

在上面的结构中，functionname 是函数的名称，使用 function() 定义函数，arg1、arg2、arg3 为函数使用的参数，函数主体使用大括号 {} 包裹，statements 表示函数的语句，最后使用 return() 语句返回结果，结果可以是向量、数据框、列表等数据结构。

下面给出计算向量标准差的函数的定义方法，接着调用该函数，程序如下所示：

```
mystd <- function(vec){
    ## 计算向量标准差
    vecmean <- mean(vec)
    std <- sum((vec - vecmean)^2)
    std <- std / length(vec)
    std <- sqrt(std)
```

```
    return(std)
}
## 使用自定义的函数
vec <- 1:10
mystd(vec)
## [1] 2.872281
```

在上面的程序中，首先编写了一个计算向量标准差的函数 mystd()，它的参数为一个向量，最后生成一个向量 vec，并使用 mystd(vec) 语句调用该函数。

## 2.3 数据操作

在数据可视化过程中，经常需要对数据进行分类汇总，或者对长型数据和宽型数据进行相互转换。本节介绍如何使用 R 语言中的应用包完成这些功能。

### 2.3.1 dplyr 包数据分类汇总

数据分类汇总是将数据集按照一定的规则重新编排、删减变量，或者将不同的数据集进行合并等，常用于数据的预处理、探索及可视化过程。在 R 语言中，通过 dplyr 包可以实现数据的分类汇总等相关操作。

```
library(dplyr)
## 数据分类汇总
data("iris")  ## 使用自带的鸢尾花数据集
Irisgroup <- iris%>%
    ## 根据一个或多个变量分组
    group_by(Species)%>%
    ## 将多个值减少到单个值
    summarise(meanSL = mean(Sepal.Length),
              medianSW = median(Sepal.Width),
              sdPL = sd(Petal.Length),
              IQRPW = IQR(Petal.Width),
              num = n()) %>%
    ## 按变量排列行
    arrange(desc(sdPL))%>%
    ## 返回具有匹配条件的行
    filter(num==50)%>%
    ## 添加新的变量
    mutate(varPL = sdPL^2)
Irisgroup
```

```
## # A tibble: 3 x 7
##   Species     meanSL  medianSW  sdPL  IQRPW  num  varPL
##   <fct>        <dbl>     <dbl> <dbl>  <dbl> <int>  <dbl>
## 1 virginica     6.59        3 0.552  0.500    50  0.305
## 2 versicolor    5.94      2.8 0.470    0.3    50  0.221
## 3 setosa        5.01      3.4 0.174  0.100    50 0.0302
```

上面的程序对 R 语言自带的鸢尾花数据集进行了分类汇总；运算符"%>%"称为管道操作符，它是将左边的值管道输出为右边调用的函数的第一个参数。group_by() 函数是根据一个或多个变量对数据进行分组。summarise() 函数是根据汇总结果在变量上作用新的函数，其中，使用 mean() 函数计算分组后的均值；使用 median() 函数计算分组后的中位数；使用 sd() 函数计算分组后的标准差；使用 IQR() 函数计算四分位数的极差；使用 n() 函数计算该组有多少个样本等。arrange() 函数是对数据的行根据指定的变量进行排序，其中，desc(sdPL) 函数表示根据 sdPL 的取值进行降序排列。filter() 函数是返回满足匹配条件的行。mutate() 函数是对数据增加新的变量。

## 2.3.2　长宽数据转换

宽型数据（非堆叠数据）是指数据集对所有的变量进行了明确的细分，取值不存在重复循环，也无法归类的数据；长型数据（堆叠数据）是指数据集中包含分类变量的数据。

在 R 语言中，tidyr 包和 reshape2 包可以实现长宽数据转换。下面针对鸢尾花数据集，介绍几种长宽数据转换的方法。首先查看宽型数据的特点，程序如下所示：

```
## 长宽数据转换
library(tidyr)
library(dplyr)
## 导入数据
data("iris")
head(iris,2)
##   Sepal.Length Sepal.Width Petal.Length Petal.Width Species
## 1          5.1         3.5          1.4         0.2  setosa
## 2          4.9         3.0          1.4         0.2  setosa
```

该数据集有 5 个特征变量，150 个样本，前 4 个变量（不包括 Species）是宽型数据。

### 1.　使用 tidyr 包进行长宽数据转换

使用 tidyr 包中的 pivot_longer() 函数可以将宽型数据转换为长型数据，程序如下所示：

```
## 将宽型数据转换为长型数据，方法 1
Irislong = pivot_longer(iris,Sepal.Length:Petal.Width,
                        names_to ="varname",values_to ="value")
head(Irislong,2)
```

```
## # A tibble: 2 x 3
##   Species  varname       value
##   <fct>    <chr>         <dbl>
## 1 setosa   Sepal.Length  5.1
## 2 setosa   Sepal.Width   3.5
```

在上面的程序中，首先使用 pivot_longer() 函数将宽型数据的 4 个变量名定义为一个新的变量 varname，每个样本对应特征下的取值作为另一个新的变量 value 与其对应。在 pivot_longer() 函数中，第一个参数为数据集；Sepal.Length:Petal.Width 表示要转换的变量为从 Sepal.Length 开始到 Petal.Width 结束的所有变量；names_to ="varname"、values_to ="value" 分别为新数据集的新索引和对应取值下这两个变量的名称。最后将宽型数据转换为长型数据 Irislong，对比长宽数据之间的差异可以发现，长型数据有 3 个变量，600 个样本。

在 tidyr 包中，pivot_wider() 函数可以将长型数据转换为宽型数据，它是 pivot_longer() 函数的逆变换。下面将长型数据 Irislong 还原为宽型数据，程序如下所示：

```
## 将长型数据转换为宽型数据，因为分组变量中有重复元素，所以添加一列索引
IrisWidth <- Irislong%>%group_by(varname) %>% mutate(id=1:n())%>%
    pivot_wider(names_from = varname,values_from = value)
head(IrisWidth,2)
## # A tibble: 2 x 6
##   Species   id  Sepal.Length  Sepal.Width  Petal.Length  Petal.Width
##   <fct>  <int>     <dbl>        <dbl>         <dbl>         <dbl>
## 1 setosa   1        5.1          3.5           1.4           0.2
## 2 setosa   2        4.9          3             1.4           0.2
```

在上面的程序中，首先使用管道操作符"%>%"和 mutate() 函数等为长型数据 Irislong 添加一列索引（由于 Irislong 数据中有重复索引，所以需要添加一列索引保证数据转换正确）；接着使用 pivot_wider() 函数作用于添加索引后的数据集，其中，参数 names_from = varname 表示 Irislong 数据中 varname 变量对应的数据为宽型数据的列名，values_from = value 表示 Irislong 数据中 value 变量对应列名下的取值。从宽型数据 IrisWidth 的输出可以发现，它较原数据集 iris 除了多一列 id 索引外，其他变量完全一致。

### 2. 使用 reshape2 包进行长宽数据转换

下面使用 reshape2 包中的 melt() 函数将宽型数据转换为长型数据；使用 dcast() 函数将长型数据转换为宽型数据。

```
library(reshape2)
## 将宽型数据转换为长型数据，方法 2
Irislong <- melt(iris,id = "Species",variable.name = "varname",
                 value.name="value")
head(Irislong,2)
##   Species      varname value
```

```
## 1   setosa Sepal.Length  5.1
## 2   setosa Sepal.Length  4.9
## 将长型数据转换为宽型数据，因为分组变量中有重复元素，所以添加一个索引
IrisWidth <- Irislong%>%group_by(varname) %>% mutate(id=1:n())%>%
  dcast(id + Species~varname,value.var = "value")
head(IrisWidth,2)
##   id Species Sepal.Length Sepal.Width Petal.Length Petal.Width
## 1  1 setosa          5.1         3.5          1.4         0.2
## 2  2 setosa          4.9         3.0          1.4         0.2
```

在上面的程序中，首先使用 melt() 函数将宽型数据转换为长型数据 Irislong。其中，参数 id = "Species" 表示保持原始数据中的 Species 变量不变，其他的变量名称都会成为新的变量 varname 下的取值，相应的原变量的取值作为新变量 value 的取值；参数 variable.name = "varname" 表示 Irislong 中新定义的变量列的列名；参数 value.name="value" 为新定义的取值对应的列的列名。在使用 dcast() 函数将长型数据转换为宽型数据 IrisWidth 时，因为有重复的数据，所以需要添加一列索引变量 id，然后对长型数据 Irislong 使用 id+Species~varname 的方式进行转换，"~" 前的变量名使用 "+" 连接，表示转换时需要忽略的变量，"~" 后的 varname 表示该列的取值为新变量的列名。

# 2.4 R语言可视化包graphics

安装好 R 语言后，会自动加载一个数据可视化包 graphics，它含了 R 语言的基本绘图功能，可以绘制常用的直方图、线图、点图、饼图、密度曲线、三维透视图等。graphics 包并不能将可视化做到尽善尽美，而是在实用的基础上力求快速简单地得出所需要的图形，进而对数据进行直观、全面的理解。

扫一扫，看视频

## 2.4.1 graphics 包的参数设置

在 graphics 包中，图形的显示结果可以通过设置 plot() 等绘图函数的参数进行控制，也可以通过 par() 函数对字体、坐标轴、背景等进行全局设置。

下面针对 R 语言自带的鸢尾花数据集 iris，介绍如何使用 graphics 包的相关函数对数据进行可视化，程序如下所示：

```
data("iris")   ## 使用自带的鸢尾花数据集
head(iris)     ## 查看数据的前几行
##   Sepal.Length Sepal.Width Petal.Length Petal.Width Species
## 1          5.1         3.5          1.4         0.2 setosa
## 2          4.9         3.0          1.4         0.2 setosa
```

```
## 3          4.7          3.2          1.3          0.2     setosa
## 4          4.6          3.1          1.5          0.2     setosa
## 5          5.0          3.6          1.4          0.2     setosa
## 6          5.4          3.9          1.7          0.4     setosa
```

从输出结果可知，数据集 iris 包含 4 个数值变量和 1 个分类（字符串）变量。

下面使用 graphics 包的 par()、plot()、text() 等函数绘制一个简单的散点图，程序如下所示：

```
## 可视化简单的散点图
par(bg="gray70",bty = "u",## 设置图形背景为灰色，坐标轴框为 u 字形框
    cex=0.9,                    ## 设置文字和符号的相对大小为 0.9
    col.lab = "red",           ## 设置坐标轴标签的颜色为红色
    family = "STKaiti",        ## 设置所有文本的字体为楷体
    fg = "blue",               ## 设置图形前景为蓝色
    pty = "m",pch=25           ## 设置图形为矩形，点的形状为倒三角
    )
plot(iris$Petal.Length,iris$Sepal.Length,      ## 绘图的 X、Y 轴坐标
    type = "p",col="black",                    ## 黑色散点图
    ## 图形的名称和图形的子名称
    main = " 散点图 ",sub = " 鸢尾花数据集 ",
    ## 图形的 X、Y 轴标签
    xlab = "Petal Length",ylab = "Sepal Length")
    ## 在图形的指定位置添加文本
    text(x=2,y=7.5,            # 添加文本的 X、Y 轴坐标
    labels = " 黑色倒三角点图 ",cex = 1,col="black")
```

在上面的程序中，首先使用 par() 函数对图形的显示进行全局设置，接着使用 plot() 函数绘制散点图，并使用 text() 函数在图形的指定位置添加文本。绘制的简单的散点图如图 2-1 所示。图 2-1 给出了鸢尾花数据集中 Petal Length 和 Sepal Length 两个变量之间的关系，并对坐标轴、文本及散点图的颜色、样式等进行了相关设置。

下面详细介绍散点图绘图程序中的函数及参数设置。

par() 函数用来设置全局参数，以控制图形的显示，其中 family = "STKaiti" 表示显示的文字为楷体。

> **说明：** 在 Windows 系统中不需要设置 family 参数，默认状态下即可正确显示中文，而在 Mac OS 系统中通常需要设置参数 family = "STKaiti"（也可以指定其他字体）才能正确显示中文。

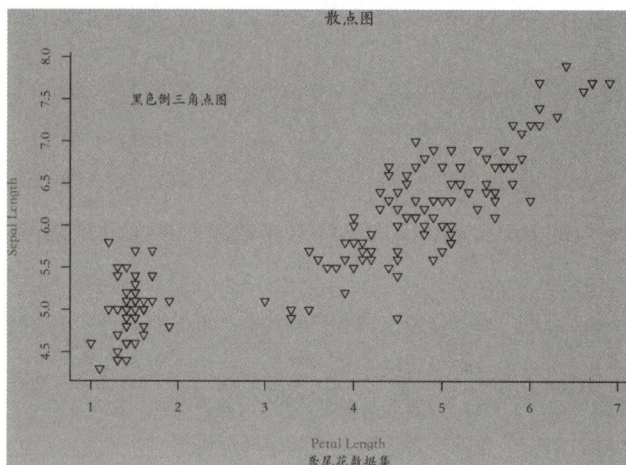

图 2-1　简单的散点图

在 par() 函数中，pch = 25 表示绘图的点使用倒三角形。pch 可以取 0 ~ 25 的整数值。pch 取值及对应的符号如图 2-2 所示。

图 2-2　pch 取值及对应的符号

par() 函数中可以设置的参数有很多个，常用的参数设置及对应的功能如表 2-1 所示。

表 2-1　par() 函数中常用的参数设置及对应的功能

| 参　数 | 功　能 |
| --- | --- |
| bg | 设置图形的背景色，可以使用字符串设置，如 "gray70" |
| bty | 设置图形中坐标轴框的显示方式 |
| col.lab | 设置坐标轴标签的颜色 |
| fg | 设置图形的前景色 |
| pch | 设置图形中的点的形状 |
| mfcol（mfrow） | 调整图形输出设备中子图的排列方式，mfcol（mfrow）表示子图按列（行）优先排列 |
| pty | 表示当前绘图区域的形状，"s" 表示生成一个正方形区域，"m" 表示生成最大的矩形区域 |
| xlog（ylog） | 设置 x 或 y 为对数坐标轴的布尔变量，值为 TRUE 表示相应的坐标轴为对数坐标轴 |

| 参　数 | 功　能 |
|---|---|
| cex | 设置文字和符号大小相对于默认值的倍数 |
| col | 设置颜色向量 |
| font | 指明使用字体的形状，1 代表普通；2 代表粗体；3 代表意大利体；4 代表粗意大利体；5 代表符号 |
| lty | 线的类型，可以是数字或字符（0 = "blank"；1 = "solid" (default)；2 = "dashed"；3 = "dotted"；4 = "dotdash"；5 = "longdash"；6 = "twodash"） |
| lwd | 线的宽度，默认是 1，数值为线宽的放大倍数 |

在 plot() 函数中，iris$Petal.Length 和 iris$Sepal.Length 分别为绘图的 X 轴和 Y 轴的坐标；type = "p" 和 col = "black" 表示绘制的图形为黑色的散点图。其中，type 参数还可以取其他值，如 "l" 表示绘制线图；col 参数为设置图形的颜色，其取值和对应的颜色如表 2–2 所示。

表 2–2　col 参数的取值及对应的颜色

| 参数 | red | blue | green | black | yellow | white | magenta | lightblue | orange | gray |
|---|---|---|---|---|---|---|---|---|---|---|
| 颜色 | 红色 | 蓝色 | 绿色 | 黑色 | 黄色 | 白色 | 紫色 | 亮蓝色 | 橙色 | 灰色 |

在 R 语言中，也可以使用颜色对应的数字或编码来设置图形的颜色，例如，col=1、col="white" 和 col="#FFFFFF" 都表示白色。使用 colors() 函数可以查看 R 语言支持的更多种颜色。

```
cl <- colors()
length(cl); cl[1:20]
## [1] 657
## [1]  "white"          "aliceblue"       "antiquewhite"    "antiquewhite1"
## [5]  "antiquewhite2"  "antiquewhite3"   "antiquewhite4"   "aquamarine"
## [9]  "aquamarine1"    "aquamarine2"     "aquamarine3"     "aquamarine4"
## [13] "azure"          "azure1"          "azure2"          "azure3"
## [17] "azure4"         "beige"           "bisque"          "bisque1"
```

上面的程序输出了前 20 种颜色的名称和支持的颜色数量，可见 R 语言的绘图系统支持的颜色多达 657 种。

plot() 函数中的 main = " 散点图 " 和 sub = " 鸢尾花数据集 " 分别表示设置图形的标题和副标题，xlab = "Petal Length" 和 ylab = "Sepal Length" 分别表示设置图形的 X 轴标签和 Y 轴标签。

下面综合使用 par()、matplot()、matpoints()、legend() 等函数，绘制鸢尾花数据集中 setosa 和 virginica 两种花的花瓣与花萼尺寸的分布情况，程序如下：

```
## 获取指定类样本点的索引
Sindex <- iris$Species == "setosa"
Vindex <- iris$Species == "virginica"
```

```
## 可视化矩阵列图
par(family = "STKaiti")
# 初始化一个图形但是不画出内容，并设置相关标签
matplot(c(1, 8), c(0, 4.5), type = "n",xlab = "长度",
        ylab = "宽度",main = "分组散点图")
## 可视化数据中的长度和宽度
matpoints(iris[Sindex,c(1,3)],                      # setosa 的第一组 X、Y 坐标
          iris[Sindex,c(2,4)],                      # setosa 的第二组 X、Y 坐标
          pch = "sS", col = c("red","blue"))        # 分别使用红色 s、蓝色 S
matpoints(iris[Vindex,c(1,3)], iris[Vindex,c(2,4)],
          pch = "vV", col = c("red","blue"))
legend(x = 1.5, y = 4.2,                            # 图例的位置
       ## 图例的文本内容
       legend = c("  Setosa 花瓣", "  Setosa 花萼",
                  "virginica 花瓣", "virginica 花萼"),
       ## 图例的形状和颜色
       pch = "sSvV", col = rep(c("red","blue"), 2),
       ## 图例的名称及颜色
       title = "鸢尾花种类",title.col = "red")
```

在上面的程序中，matplot() 函数的参数 type = "n" 表示不将图形的内容绘制出来，通过 matpoints() 函数分别绘制两种花的散点图，使用 legend() 函数为图形添加图例，并通过相关参数设置图例的位置、内容、颜色等。最后得到的带图例的分组散点图如图 2-3 所示。

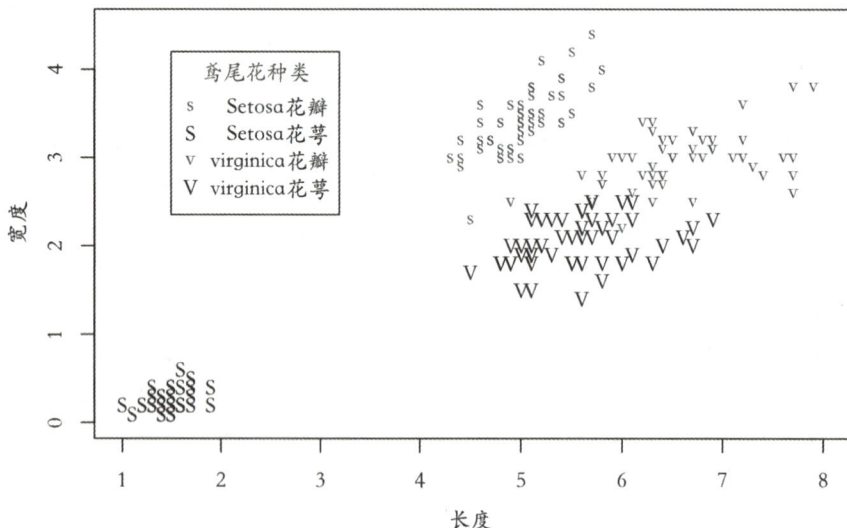

图 2-3　带图例的分组散点图

## 2.4.2　使用 graphics 包绘制子图

在使用graphics包进行数据可视化时，可以使用par()函数中的mfcol和mfrow参数对图形窗口进行切分，获得多个子图，并利用layout()函数将子图重新布局。下面针对鸢尾花数据集，绘制不同类型的子图并对其指定布局来显示图形，程序如下所示：

```
library(dplyr)
## 多个子图的布局情况
par(family = "STKaiti",mfrow=c(3,3), ## 初始化为 3×3，9 个窗口
    ## mai = c(bottom, left, top, right) 设置子图之间的间距
    mai = c(0.55,0.6,0.2,0.05))
## 将 9 个窗口重新布局，(4,7) 合并，(5,6) 合并
layout(mat = matrix(c(1,2,3,4,5,5,4,6,7),3,3,byrow = TRUE))
## 直方图，使用 breaks 控制直方图的分割条数
hist(iris$Sepal.Width,breaks = 20,col = "lightblue",
     main = " 直方图 ",xlab = " 花萼长度 ",ylab = " 频数 ")
## 平滑散点图，nbin 指定了用于密度估计的等距网格点的数量
smoothScatter(iris$Sepal.Length,iris$Sepal.Width,
              nbin = 100,main = " 平滑散点图 ",
              xlab = " 花瓣长度 ",ylab = " 花瓣宽度 ")
## 密度曲线图，bw 指定要使用的平滑带宽
plot(density(iris$Sepal.Length,bw = 0.25),type = "l",
     col = "red",lwd = 2,main = " 密度曲线 ",
     ylab = " 花瓣长度 ( 密度 )")
## 使用克利夫兰点图可视化三种花、四种统计尺寸的均值情况
plotdata <- iris%>%group_by(Species)%>%
    ## 根据种类分组并计算每个变量的均值
    summarise(Sepal.Length = mean(Sepal.Length),
              Sepal.Width = mean(Sepal.Width),
              Petal.Length = mean(Petal.Length),
              Petal.Width = mean(Petal.Width))%>%
    data.frame(stringsAsFactors = FALSE)
## 将种类设置为行名
rownames(plotdata) <- plotdata$Species
plotdata$Species <- NULL
## 将数据标准化为矩阵并转置
plotdata <- t(as.matrix(plotdata))
dotchart(plotdata,pch = 17,color = "red",cex = 0.7,
         xlab = " 平均长度 ", main = " 克利夫兰点图 ")
## 箱线图
boxplot(Petal.Length~Species,data = iris,notch = TRUE,
        main = " 箱线图 ",ylab = " 花萼长度 ",col="blue")
```

```
## 饼图
pie(table(iris$Species),radius = -1,main = "饼图")
## 条形图
barplot(table(iris$Species),width = 0.8,col = "lightblue",
        cex.names = 0.7,ylab = "频数",main = "条形图")
```

在上面的程序中，使用 par() 函数并指定参数 mfrow=c(3,3)，将图形窗口分为 3 行 3 列，使用参数 mai = c(bottom, left, top, right) 设置子图之间的间距。接着通过 layout() 函数将第 4 个和第 7 个、第 5 个和第 6 个子图窗口合并为新的第 4 和第 5 个子图窗口，即原来 9 个子图窗口变为 7 个子图窗口。通过 hist() 函数在第 1 个子图窗口中绘制直方图；在第 2 个子图窗口中通过 smoothScatter() 函数绘制平滑散点图；在第 3 个子图窗口中通过 plot() 和 density() 函数绘制密度曲线；在第 4 个子图窗口中通过 dotchart() 函数绘制克利夫兰点图；在第 5 个子图窗口中通过 boxplot() 函数绘制箱线图；在第 6 个子图窗口中通过 pie() 函数绘制饼图；在第 7 个子图窗口中通过 barplot() 函数绘制条形图。最后得到的图形如图 2-4 所示。

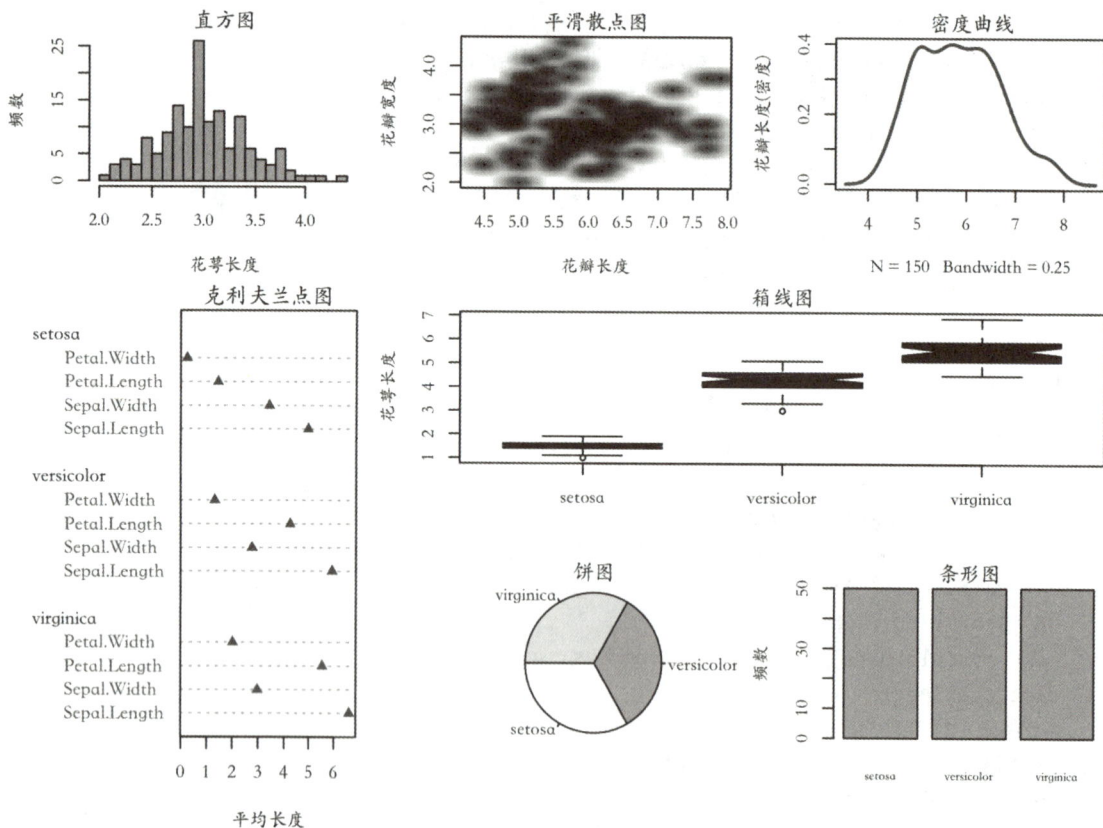

图 2-4　使用 graphics 包绘制子图

由图 2-4 可以看出，克利夫兰点图占据了原始的第 4 个和第 7 个子图窗口的位置，箱线图占据了原始的第 5 个和第 6 个子图窗口的位置。使用不同类型的图形可以得到数据不同的信息，其中，直方图和密度曲线可用于分析数据的分布情况；平滑散点图可用于分析两个数值变量之间的关系；箱线图可用于分析在因子变量影响下的数值变量的分布和差异情况；饼图和条形图可用于分析因子变量的出现次数或百分比情况；克利夫兰点图可用于比较相同的变量在不同分组下的取值情况。

在 graphics 包中，除了前面使用的 plot()、density() 等绘图函数外，其他常用的绘图函数如表 2-3 所示。

表 2-3　graphics 包中其他常用的绘图函数

| 函　数 | 绘图效果 |
| --- | --- |
| abline() | 在图形中添加直线 |
| arrows() | 在图形中添加箭头 |
| assocplot() | 生成 Cohen–Friendly 关联图 |
| matplot() | 类似 plot() 函数可以画多种图形，同时展示多列数据 |
| barplot() | 可视化竖直或水平条形图 |
| boxplot() | 可视化箱线图 |
| dotchart() | 可视化克利夫兰点图 |
| pie() | 可视化饼图 |
| stripchart() | 可视化一维纸带图 |
| pairs() | 可视化矩阵散点图 |
| contour() | 可视化等高线图 |
| persp() | 可视化三维透视图 |
| mosaicplot() | 可视化马赛克图 |
| smoothScatter() | 可视化具有平滑密度颜色表示的散点图 |

graphics 包的绘图能力非常强大，基本满足了通常情况下的数据可视化，但为了获得更有表达能力、更美观的图形，R 语言的用户开发了很多功能更强大的绘图包，其中最著名的就是 ggplot2 包及其拓展包。

## 2.5　本章小结

本章主要介绍了如何快速使用 R 语言进行数据可视化，内容包括 R 语言的数据结构，R

语言的控制语法和函数的编写，使用 R 语言中的应用包进行数据操作，以及 R 语言中数据可视化的基础功能等。

本章介绍的主要包和函数如表 2-4 所示。

表 2-4　本章介绍的主要包和函数

| 包 | 函　数 | 功　能 |
|---|---|---|
| tidyr | pivot_longer() | 将宽型数据转换为长型数据 |
| | pivot_wider() | 将长型数据转换为宽型数据 |
| | group_by() | 根据变量对数据分组 |
| | summarise() | 根据汇总结果在变量上使用新的函数 |
| | arrange() | 根据指定的变量对数据的行进行排序 |
| | filter() | 返回满足匹配条件的行 |
| | mutate() | 在数据表中增加新的变量 |
| reshape2 | melt() | 将宽型数据转换为长型数据 |
| | dcast() | 将长型数据转换为宽型数据 |

# 第 3 章

## ggplot2 包数据可视化

### 📢 本章导读

　　ggplot2（gg 为 grammar of graphics 的缩写）包由 Hadley Wickham 在 2005 年开发，一经提出迅速受到广大用户的喜爱，它可以作为 R 语言基础绘图包 graphics 的替代，提供了一个基于全面而连贯的语法绘图系统。本章从 ggplot2 包可视化数据的基本流程入手，介绍如何使用 ggplot2 包绘制常见的统计图形、分组图形及可交互图形等，最后以实际的手机用户数据集为例，利用 ggplot2 包进行可视化探索的实战训练。

### 💡 知识技能

　　本章的知识技能及实战案例如下图所示。

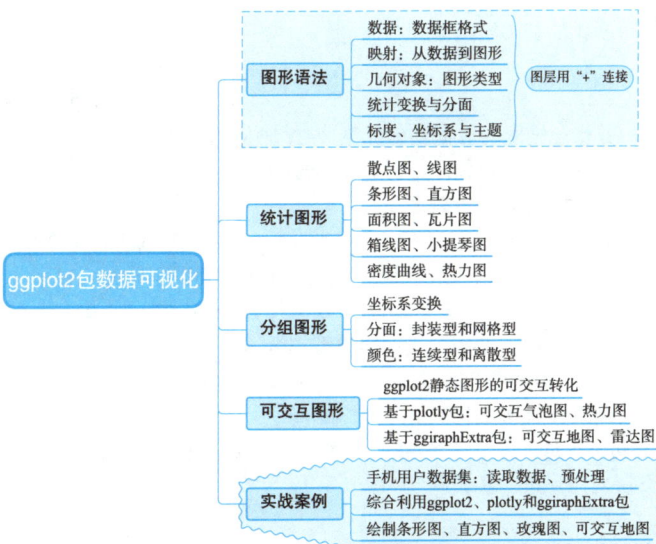

```
                              数据：数据框格式
                              映射：从数据到图形
                    图形语法    几何对象：图形类型        图层用"+"连接
                              统计变换与分面
                              标度、坐标系与主题

                              散点图、线图
                              条形图、直方图
                    统计图形    面积图、瓦片图
                              箱线图、小提琴图
                              密度曲线、热力图

  ggplot2包数据可视化                  坐标系变换
                    分组图形    分面：封装型和网格型
                              颜色：连续型和离散型

                              ggplot2静态图形的可交互转化
                    可交互图形   基于plotly包：可交互气泡图、热力图
                              基于ggiraphExtra包：可交互地图、雷达图

                              手机用户数据集：读取数据、预处理
                    实战案例    综合利用ggplot2、plotly和ggiraphExtra包
                              绘制条形图、直方图、玫瑰图、可交互地图
```

# 3.1 ggplot2包初探

扫一扫，看视频

　　在基于 R 语言的数据可视化方面，ggplot2 包已经发展成为最受欢迎的 R 语言应用包，并且在 ggplot2 包的基础上，还衍生出了各种各样的应用包来丰富 ggplot2 包的绘图功能。将这些应用包和 ggplot2 包结合使用，能够获得更加精美的图形。使用 ggplot2 包绘图的优点如下。

　　（1）使用 ggplot2 包绘制的图形美观，而且绘图方式非常简便。

　　（2）ggplot2 包已经精心挑选了一系列的预设图形，所以能快速地绘制高质量的图形。

　　（3）ggplot2 包采用图层叠加的绘图方式，可以首先绘制原始数据，然后不断地添加图形的注释和统计的汇总结果。

　　（4）ggplot2 包的绘图能力不仅强大，而且很多包是在 ggplot2 包的基础上进一步开发，可以方便快速地绘制更复杂的统计图形。

　　本节主要介绍如何快速学会使用 ggplot2 包，对数据进行可视化分析，内容包括 ggplot2 包在可视化数据时的绘图流程，以及如何设置可视化图形的主题。

## 3.1.1 用 ggplot2 包数据可视化的绘图流程

　　因为 ggplot2 包在绘制数据可视化图形时，图层的语句之间是通过加号"＋"连接的，所以可以通过逐步绘制的方式得到可视化图形，这也是 ggplot2 包的特点之一。通过图元的叠加可以获取更加美观的图形，而且通过加号能够更方便地调整图元的布局。

　　下面使用 ggplot2 包自带的汽车燃油（mpg）数据集，绘制一个分组散点图的可视化图形，以此来分析 ggplot2 包在进行数据可视化时的基本绘图流程。程序如下所示：

```
## ggplot2 包数据可视化的基本绘图流程
library(ggplot2)                              # 导入包
data("mpg")                                   # 加载 ggplot2 包中自带的数据集
## 初始化绘图图层，并指定绘图的数据和坐标系 X、Y 轴使用的变量
p1 <- ggplot(data = mpg,aes(x=displ,y = cty))+
    ## 添加绘图使用的主题和相关设置图层
    theme_minimal(base_family = "STKaiti",base_size = 12)+
    ## 添加绘制图形的类型图层，并指定是否根据不同的种类以不同样式显示
    geom_point(aes(colour = drv,shape = drv),size = 2)+
    ## 添加新的平滑曲线图层，使用广义回归模型拟合
    geom_smooth(aes(colour = drv),method = "glm")+
    ## 设置图形的标题和坐标轴的标签
    labs(x = " 发动机排量 ",y = " 油耗 ",title = "mpg 数据集 ")+
    ## 添加主题图层对图形进一步调整
```

```
    theme(plot.title = element_text(hjust = 0.5),  # 调整标题位置
          legend.position = c(0.9,0.8),                    # 调整图例位置
          legend.title = element_text(size=10))+          # 调整图例字体大小
    ## 对坐标轴的内容进行调整
    scale_x_continuous(labels = function(x) paste(x," 升 ",sep = ""))+
    ## 对图例中的颜色映射和名称进行调整
    scale_color_brewer(" 驱动方式 ",palette = "Set1")+
    scale_shape_discrete(" 驱动方式 ")
## 输出图形 p1
p1
```

上面的程序在使用 ggplot2 包绘制图形时，主要分为以下 5 个流程。

（1）使用 ggplot() 函数初始化一个可绘制图形的图层，并指定绘图时使用的数据集和坐标系使用的变量。

（2）设置绘图使用的主题和该主题下的相关基本设置，例如，使用 theme_**() 系列函数。

（3）为图形添加想要绘制的图形内容，如散点图、箱线图、直方图等，并且为图形的显示情况进行相关的基础设置，例如，使用 geom_**() 系列函数。

（4）详细地调整图形的显示情况，如图形的标题、坐标轴、图例，以及图形颜色和形状的映射方式等，可以使用 them()、scale_**_**() 等系列函数。

（5）输出自己满意的可视化图形。

在经过上述 5 个步骤后，上面的程序绘制的分组散点图如图 3-1 所示。

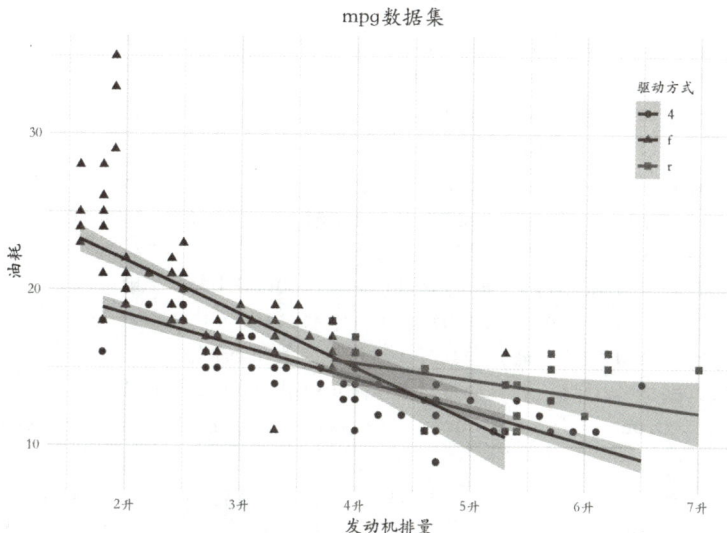

图 3-1　使用 ggplot2 包绘制的分组散点图

在图 3-1 中，将发动机排量（displ）和油耗（cty）数据根据发动机的驱动方式（drv）分成三组，使用 geom_point() 函数可视化分组散点图，不同类型的数据使用不同的颜色和形状

表示，并通过 geom_smooth() 函数为三组数据添加平滑的回归拟合曲线。利用 labs() 函数对图形的标题和坐标轴标签进行设置，在函数中，参数 x = " 发动机排量 " 用于设置 X 轴标签，参数 y = " 油耗 " 用于设置 Y 轴标签，参数 title = "mpg 数据集 " 用于设置图形的标题。

在使用 ggplot() 函数时，初始化一个 ggplot2 的图层。通常有以下三种方式。

（1）ggplot(df, aes(x, y, other aesthetics))：初始化一个 ggplot2 的图层对象，并且为后面的绘图层设置使用的数据、坐标系使用的变量等参数，其中 aes(x, y, ...) 主要用于设置 X 轴、Y 轴所对应的变量。

（2）ggplot(df)：初始化一个 ggplot2 的图层对象，并且只为后面的绘图层设置要使用的默认数据。

（3）ggplot()：只初始化一个 ggplot2 图层对象。

ggplot2 包在整个绘图流程中要用到的各种类型的图层函数，将在后面详细介绍。

## 3.1.2　ggplot2 包的基础主题的显示

在 ggplot2 数据可视化包中，提供了 9 种预定义好的数据可视化主题，它们的使用方法相似，可以使用 theme_**() 系列函数进行基础主题的显示。

下面仍然以 mpg 数据集为例，使用不同的主题函数设置主题，观察不同的主题在使用时的差异。数据可视化程序如下所示：

```
## 可视化不同主题下的散点图
library(gridExtra) # 加载 ggplot2 图形重新布局的包
## 带有灰色背景和白色网格线的标志性 ggplot2 主题
p1<-ggplot(mpg,aes(x=displ,y=hwy))+theme_gray(base_family= "STKaiti")+
    geom_point(colour = "red",shape = 17)+ggtitle(" 主题为 :theme_gray")
## 经典的 dark-on-light ggplot2 主题
p2<-ggplot(mpg,aes(x=displ,y=hwy))+theme_bw(base_family= "STKaiti")+
    geom_point(colour = "red",shape = 17)+ggtitle(" 主题为 :theme_bw")
## 在白色背景上只有各种宽度的黑色线条的主题
p3<-ggplot(mpg,aes(x=displ,y =hwy))+theme_linedraw(base_family= "STKaiti")+
    geom_point(colour = "red",shape = 17)+ggtitle(" 主题为 :theme_linedraw")
## 类似于 theme_linedraw 的主题，但具有浅灰色的线条和坐标轴
p4<-ggplot(mpg,aes(x=displ,y = hwy))+theme_light(base_family = "STKaiti")+
    geom_point(colour = "red",shape = 17)+ggtitle(" 主题为 :theme_light")
## 背景较暗的主题
p5<-ggplot(mpg,aes(x=displ,y =hwy))+theme_dark(base_family= "STKaiti")+
    geom_point(colour = "red",shape = 17)+ggtitle(" 主题为 :theme_dark")
## 没有背景注释的简约主题
p6<-ggplot(mpg,aes(x=displ,y=hwy))+theme_minimal(base_family = "STKaiti")+
    geom_point(colour = "red",shape = 17)+ggtitle(" 主题为 :theme_minimal")
## 有 X 和 Y 轴线但无网格线的经典外观主题
```

```
p7<-ggplot(mpg,aes(x=displ,y=hwy))+theme_classic(base_family = "STKaiti")+
    geom_point(colour = "red",shape = 17)+ggtitle(" 主题为 :theme_classic")
## 一个完全空的主题
p8<-ggplot(mpg,aes(x=displ,y=hwy))+theme_void(base_family = "STKaiti")+
    geom_point(colour = "red",shape = 17)+ggtitle(" 主题为 :theme_void")
## 视觉单元测试的主题
p9<-ggplot(mpg,aes(x=displ,y =hwy))+theme_test(base_family = "STKaiti")+
    geom_point(colour = "red",shape = 17)+ggtitle(" 主题为 :theme_test")
## 将 9 种主题的图形布局到同一图形上
grid.arrange(p1,p2,p3,p4,p5,p6,p7,p8,p9,nrow = 3)
```

在上面的程序中，分别绘制了 p1 ~ p9 共 9 种不同预定义主题的散点图。在绘制时首先使用 ggplot() 函数初始化一个图形对象，然后使用 theme_**() 函数设置图形的主题，再使用 geom_point() 函数为图形添加散点图，最后使用 ggtitle() 函数为图形添加标题。得到 9 幅图形后，使用 gridExtra 包中的 grid.arrange() 函数将 9 幅图形重新布局为 3 行 3 列的新图形，结果如图 3-2 所示。

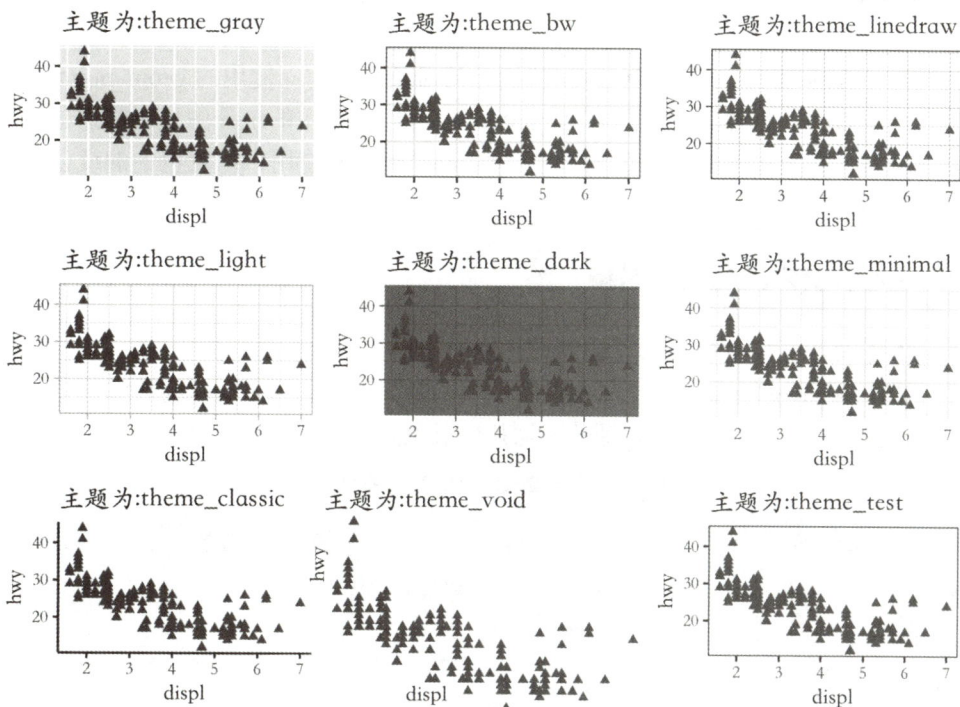

图 3-2　ggplot2 包中预定义主题的散点图

根据绘图要求和个人喜好等因素，选择相应的主题进行数据可视化。从图 3-2 中可以发现，不同的主题之间拥有明显的差异。另外，在 theme_**() 等主题函数中，还可以通过设置相应的参数来控制主题的显示细节，常用的参数设置如表 3-1 所示。

表 3-1　theme_**() 中常用的参数设置

| 参　数 | 设置效果 |
|---|---|
| base_size | 显示的基本字体的大小 |
| base_family | 显示的基本字体 |
| base_line_size | 显示线元素的基本大小 |
| base_rect_size | 显示矩形框的基本大小 |

在 ggplot2 包中，还可以通过 theme_set() 函数提前设置统一的绘图主题图层。例如，设置默认的绘图主题为 theme_bw，并通过参数 base_family = "STKaiti" 将基本字体设置为楷体，程序如下所示：

```
theme_set(theme_bw(base_family = "STKaiti"))
```

## 3.2　ggplot2包可视化的常用统计图

ggplot2 包提供了多种可视化的几何对象，如前面使用的 geom_point() 函数等。本节将使用相关数据集，利用 ggplot2 包可视化常用的统计图形对数据进行可视化分析，主要包括几何对象的构建、theme() 函数的使用，以及包中的统计变换和坐标系的使用等。

### 3.2.1　ggplot2 包的几何对象

在 ggplot2 包中，所有的图形元素均可以通过 geom_**() 系列函数绘制，如在 3.1.1 节的示例中，使用 geom_point() 函数添加散点图图层，使用 geom_smooth() 函数添加拟合曲线图层等。ggplot2 包中提供了几十种基础的添加几何对象图层的函数，见表 3-2。

表 3-2　常用的 geom_**() 系列函数

| 函　数 | 添加的几何对象 |
|---|---|
| geom_abline() | 线图，由斜率和截距指定 |
| geom_area() | 面积图 |
| geom_bar() | 条形图 |
| geom_bar2() | 二维条形图 |
| geom_bin2d() | 二维封箱的热力图 |
| geom_boxplot() | 箱线图 |
| geom_contour() | 等高线图 |

| 函　　数 | 添加的几何对象 |
| --- | --- |
| geom_density() | 一维的平滑密度曲线估计 |
| geom_density2d() | 二维的平滑密度曲线估计 |
| geom_errorbar() | 误差线（通常添加到其他图形上，如柱状图） |
| geom_errorbarh() | 水平误差线 |
| geom_hex() | 六边形封箱热力图 |
| geom_histogram() | 直方图 |
| geom_jitter() | 添加了抖动的点图 |
| geom_map() | 地图多边形 |
| geom_polygon() | 多边形 |
| geom_point() | 散点图 |
| geom_qq() | q-q 图 |
| geom_rect() | 绘制矩形 |
| geom_step() | 阶梯图 |
| geom_text() | 添加文本 |
| geom_tile() | 绘制瓦片图，通常可用于绘制热力图 |
| geom_violin() | 小提琴图 |
| geom_vline() | 添加参考线 |

下面使用不同的数据集，从表 3-2 中挑出一些还未用过的几何对象进行数据可视化，展示 geom_**() 等函数在图形中的显示情况，程序如下所示：

```
## 使用不同的几何对象绘制不同的图形，导入用到的相关包
library(ggplot2);library(gridExtra);library(RColorBrewer);
## 先设置默认的图形主题，调整标题的位置
theme_set(theme_bw(base_family = "STKaiti",base_size = 10)+
          theme(plot.title = element_text(hjust = 0.5)))
## 使用 q-q 图检测数据的分布
p1 <- ggplot(mpg,aes(sample=displ))+
    geom_qq(colour = "blue")+geom_qq_line(colour = "red")+
    ggtitle("geom_qq+geom_qq_line")
## 可视化添加了误差线的条形图，准备数据
mpgclass <- as.data.frame(table(mpg$class))
colnames(mpgclass) <- c("car_type","Freq")
## 误差线的上、下界
```

```r
mpgclass$ymin <- mpgclass$Freq - c(1,5,4,2,3,3,6)
mpgclass$ymax <- mpgclass$Freq + c(1,5,4,2,3,3,6)
## 可视化图形
p2 <- ggplot(mpgclass,aes(x = car_type ,y = Freq))+
    geom_bar(stat = "identity",fill = "red",alpha = 0.6)+
    geom_errorbar(aes(ymin = ymin,ymax=ymax), width=0.5,colour = "blue")+
    ggtitle("geom_bar+geom_errorbar")+labs(x = "")+coord_flip()
## 可视化小提琴图和抖动的散点图
p3 <- ggplot(mpg,aes(x=drv,y = displ,group = drv,fill = drv))+
    geom_violin(weight = 0.5,alpha = 0.5)+geom_jitter(width = 0.2)+
    theme(legend.position = "none")+labs(x = " 驱动方式 ")+
    ggtitle("geom_violin+geom_jitter")
## 可视化直方图分析变量的分布
p4 <- ggplot(mpg,aes(displ))+
    geom_histogram(aes(y = ..density..),position = "identity",
                    binwidth = 0.25,fill = "red",alpha = 0.5)+
    geom_density(alpha = 0.2,colour = "blue")+
    ggtitle("geom_histogram+geom_density")
## 二维封箱的热力图
p5 <- ggplot(mpg,aes(x=displ,y = cty))+
    geom_bin2d(bins = 20)+geom_density2d(colour = "red")+
    theme(legend.position = "none")+ggtitle("geom_bin2d+geom_density2d")
## 使用瓦片图来可视化热力图，读取数据
AirPas <- read.csv("data/chap3/MyAirPassengers.csv",stringsAsFactors = FALSE)
## 将月份变量转换为因子变量并重新排序
AirPas$month <- factor(AirPas$month,levels = c(" 一月 "," 二月 "," 三月 ",
                        " 四月 ", " 五月 ", " 六月 "," 七月 "," 八月 "," 九月 ",
                        " 十月 "," 十一月 "," 十二月 "))
p6 <- ggplot(AirPas,aes(x=year,y=month))+
    geom_tile(aes(fill = x))+geom_text(aes(label=x),size=1.5)+
    scale_fill_gradientn(colours=rev(brewer.pal(10,"RdYlBu")))+
    theme(legend.position = "none")+ggtitle("geom_tile+geom_text")
## 将 6 幅图形重新布局
grid.arrange(p1,p2,p3,p4,p5,p6,nrow = 2)
```

在上面的程序中，首先导入相关包并且设置图形的默认主题，然后使用图层的 geom_**()
函数可视化了 6 幅图形，按照从左至右、从上到下的顺序，它们分别如下。

（1）使用 geom_qq() 和 geom_qq_line() 函数可视化得到的单个变量的 q-q 图，可用于分
析数据是否为正态分布，如图 3-3 的第一幅子图所示。

（2）使用 geom_bar() 和 geom_errorbar() 函数可视化得到的带有误差线的条形图，如图 3-3
的第二幅子图所示。

（3）使用 geom_violin() 和 geom_jitter() 函数可视化得到的小提琴图和抖动散点图，如图 3-3 的第三幅子图所示。

（4）使用 geom_histogram() 和 geom_density() 函数可视化得到的直方图和一维密度曲线，如图 3-3 的第四幅子图所示。

（5）使用 geom_bin2d() 和 geom_ density2d() 函数可视化得到的二维封箱热力图和二维密度曲线，如图 3-3 的第五幅子图所示。

（6）使用 geom_tile() 和 geom_text() 函数可视化得到的热力图，并在热力图上添加文本，如图 3-3 的第六幅子图所示。

最后使用 grid.arrange() 函数将 6 幅子图按照 2 行 3 列的形式排列，得到的结果如图 3-3 所示。

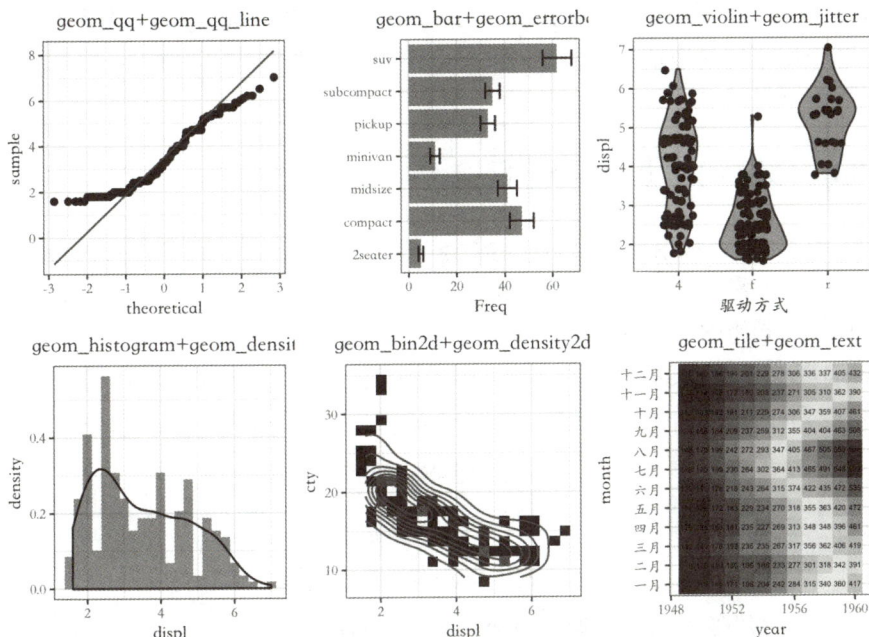

图 3-3　不同 geom_**() 函数得到的可视化图形

从上面的程序中可以发现，在使用 geom_**() 等函数时，为了图形美观，使用了很多参数，虽然不同的几何对象参数的使用情况不完全相同，但它们的使用还是具有很多共性的。下面对这些通用参数的使用方式进行总结，如表 3-3 所示。

表 3-3　geom_**() 函数的 aes() 中通用参数的设置

| 参　数 | 使用方式 |
| --- | --- |
| x | 设置坐标系 X 轴使用的变量 |
| y | 设置坐标系 Y 轴使用的变量 |

续表

| 参　　数 | 使用方式 |
|---|---|
| alpha | 设置颜色特征的透明情况 |
| colour | 设置图形的颜色使用情况 |
| fill | 设置图形的颜色填充情况 |
| group | 设置图形中的分组变量 |
| shape | 设置图形中的线的类型或点的形状 |
| size | 设置图形中使用的元素的显示大小情况 |

表 3-3 中的 alpha、colour、fill、shape、size 等参数，可以在 aes() 函数内用变量进行设置，这时会根据变量中不同的取值进行设置；也可以在 aes() 函数外使用相应的取值指定几何对象的显示情况。

## 3.2.2　ggplot2 包的 theme() 函数

在前面的例子中，经常用到 theme() 函数，该函数主要用于统一调整图形的最终显示效果。例如，在 3.2.1 节的程序中，在设置图形的显示主题时，就使用 theme(plot.title = element_text(hjust = 0.5)) 语句将图形中的标题居中。

在 theme() 函数中，有超过 80 个参数，用于调整图形的显示情况，如调整图形的坐标轴、图例、标签等。下面将 theme() 函数中一些常用的参数设置进行汇总，如表 3-4 所示。

表 3-4　theme() 函数中常用的参数设置

| 参　　数 | 取值和效果 |
|---|---|
| line | 所有的线元素，通过 element_line() 函数设置 |
| rect | 所有的矩形元素，通过 element_rect() 函数设置 |
| text | 所有的文本元素，通过 element_text() 函数设置 |
| title | 所有的标题元素，通过 element_text() 函数设置 |
| plot.background | 图形的背景设置 |
| plot.title | 图形的标题设置，通过 element_text() 函数设置 |
| panel.border | 绘图区域边框设置 |
| panel.grid | 网格线设置 |
| axis.title.x | 设置 X 轴标签 |
| axis.title.y | 设置 Y 轴标签 |
| axis.text.x | 设置 X 轴刻度值 |

| 参　数 | 取值和效果 |
|---|---|
| axis.text.y | 设置 Y 轴刻度值 |
| axis.ticks.x | 设置 X 轴刻度线的形式 |
| axis.ticks.y | 设置 Y 轴刻度线的形式 |
| legend.background | 设置图例的背景颜色 |
| legend.key.size | 设置图例标识的大小 |
| legend.text | 设置图例的文本标签的情况 |
| legend.title | 设置图例标题的情况 |
| legend.position | 设置图例位置，可取值为 "none"、"left"、"right"、"bottom"、"top"，或者包含两个元素的坐标向量 |
| legend.direction | 设置图例的方向为水平或竖直（"horizontal" 或 "vertical"） |
| plot.tag | 设置左上角的 tag 显示情况 |
| plot.tag.position | 设置 tag 的位置，可取值为 "topleft"、"top"、"topright"、"left"、"right"、"bottomleft"、"bottom"、"bottomright"，或者包含两个元素的坐标向量 |
| plot.subtitle | 图形子标题的设置，主要通过 element_text() 函数设置 |
| panel.background | 设置绘图区域的背景 |
| panel.border | 设置绘图区域周围的边框的形式 |
| panel.grid | 设置图形的网格线情况 |

　　下面使用 mpg 数据集，分别可视化一个分组小提琴图及一个通过 theme() 函数对参数进行设置的分组小提琴图，对比前后两个图形来分析 theme() 函数中相关参数的作用。

　　首先，可视化不使用 theme() 函数的图形，程序如下所示：

```
## 绘制使用 theme() 函数调整前的图形
ggplot(data = mpg)+theme_bw(base_family = "STKaiti")+
    geom_violin(aes(x = as.factor(cyl),y = displ,fill = as.factor(year)))+
    labs(x = " 气缸数量 ",y = " 发动机排量 ",title = "mpg 数据集 ",
        fill = " 时间 ",subtitle = " 图形的副标题 ",tag = "ggplot2")+
    ## 设置 X 轴刻度对应的内容
    scale_x_discrete(labels = function(x) paste(x," 个 ",sep = ""))
```

　　运行上面的程序可以得到如图 3-4 所示的使用 theme() 函数调整前的图形。

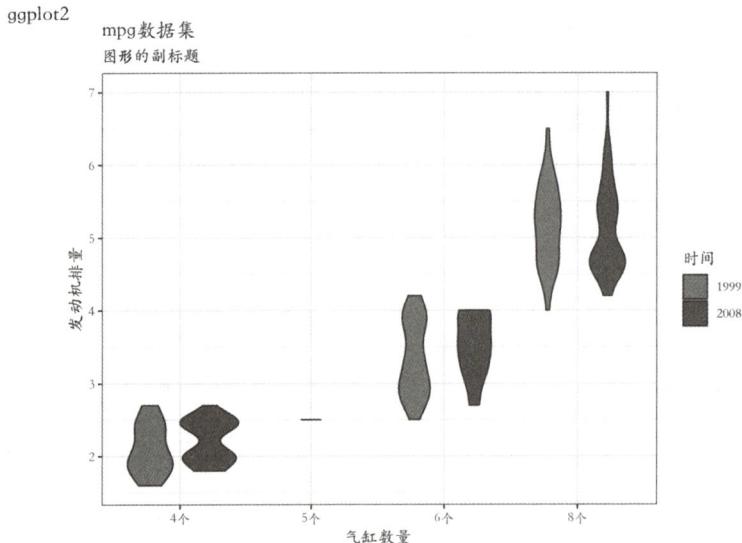

图 3-4　使用 theme() 函数调整前的图形

然后，针对该图形，使用 theme() 函数中的相关参数对其进行调整，程序如下所示：

```
## 绘制使用 theme() 函数调整后的图形
ggplot(data = mpg)+theme_bw(base_family = "STKaiti")+
    geom_violin(aes(x = as.factor(cyl),y = displ,fill = as.factor(year)))+
    labs(x = " 气缸数量 ",y = " 发动机排量 ",title = "mpg 数据集 ",
        fill = " 时间 ",subtitle = " 图形的副标题 ",tag = "ggplot2")+
    scale_x_discrete(labels = function(x) paste(x," 个 ",sep = ""))+
    ## 对图形的显示情况做进一步的调整
    theme(plot.title = element_text(hjust = 0.5),          # 标题的位置居中
        plot.subtitle = element_text(hjust = 1),           # 副标题的位置居右
        ## 使用 lightblue 作为背景色
        plot.background = element_rect(fill = "lightblue"),
        ## 将绘图区的颜色设置为灰色
        panel.background = element_rect(fill = "gray90"),
        ## 绘图区的边框使用红色、粗细为 2 的线
        panel.border = element_rect(colour ="red",size = 2),
        ## 设置图形的网格线颜色为 lightgreen，线型为虚线
        panel.grid = element_line(linetype = 2,colour = "lightgreen"),
        ## 坐标轴标签和刻度值的设置
        axis.title.x = element_text(colour = "blue"),       # X 轴标签为蓝色
        axis.title.y = element_text(hjust = 1),             # Y 轴标签在最上方
        axis.text.x = element_text(angle = 45),             # X 轴刻度值倾斜 45°
        ## 设置 Y 轴刻度线为蓝色，粗细为 1
        axis.ticks.y = element_line(colour = "blue",size = 1),
```

```
## 图例的设置
legend.position = c(0.2,0.8),          # 图例位置坐标为 (0.2,0.8)
## 设置图例的填充背景色为 greenyellow
legend.background = element_rect(fill = "greenyellow"),
## 设置图例的标题颜色为红色
legend.title = element_text(colour = "red"),
## 设置图形的 tag 为红色，大小为 8，位置在图形的右上方
plot.tag = element_text(colour = "red",size = 14),
plot.tag.position = c(0.1,0.95))
```

运行上面的程序可以得到如图 3-5 所示的使用 theme() 函数调整后的图形。

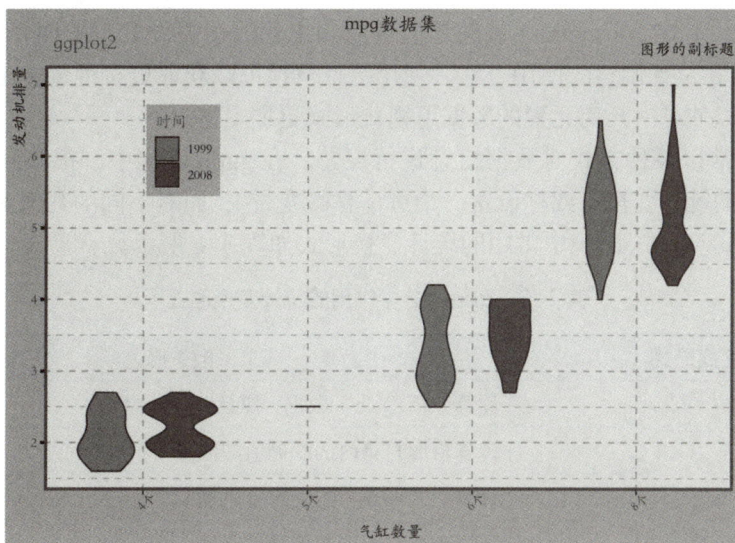

图 3-5　使用 theme() 函数调整后的图像

对比图 3-5 和图 3-4 可以发现，通过调整 theme() 函数中参数的取值，可以对图形的显示效果做进一步的定制，以便在数据可视化时更准确地传递有效信息。

从上面的例子和表 3-4 可以发现，需要调整的文本都可以通过 element_text() 函数进行设置。element_text() 函数中的参数及其作用如表 3-5 所示。

表 3-5　element_text() 函数中的参数及其作用

| 参　　数 | 取值和效果 |
| --- | --- |
| family | 设置显示的字体 |
| hjust | 水平对齐，取值在 [0, 1] 范围内 |
| vjust | 竖直对齐，取值在 [0, 1] 范围内 |
| angle | 倾斜角度，取值在 [0, 360] 范围内 |

续表

| 参　数 | 取值和效果 |
| --- | --- |
| size | 设置大小或粗细 |
| colour | 设置颜色 |

使用 ggplot2 包进行数据可视化时，根据实际情况合理地使用相关参数，可以得到更加美观的图形。

## 3.2.3　ggplot2 包的统计变换和位置调整

3.2.1 和 3.2.2 节介绍了 ggplot2 包的几何对象和主题的相关设置，下面介绍 ggplot2 包的统计变换（stat）和位置调整的使用方法。使用统计变换可以获取更有视觉冲击力的图形，而使用位置调整可以使单一几何元素的数据可视化形式更加丰富。

统计变换通常以某种方式对数据信息进行汇总。在 ggplot2 包中，很多几何对象都可以设置其相关变量的统计变换（或称设置一个可计算的变量），而对不同的几何对象往往会有不同的几何变换方式。ggplot2 包中常用的统计变换形式如表 3-6 所示。

表 3-6　ggplot2 中常用的统计变换形式

| 统计变换形式 | 相关描述 |
| --- | --- |
| bin | 计算分箱（bin）数据，默认为样本点数 |
| bin2d | 计算矩形封箱内的观测值的数量 |
| binhex | 计算六边形热力图的封箱数据 |
| boxplot | 计算组成箱线图的各种元素值 |
| density | 计算数据的一维密度估计 |
| function | 添加新的可计算函数 |
| identity | 不对数据进行统计变换 |
| smooth | 添加光滑曲线 |
| unique | 删除重复值 |

利用统计变换可以向数据中添加新的计算变量。例如，在做统计变换时，使用 aes(y = ..density..) 语句表示对数据插入一个新的计算变量 y=..density..，即计算原数据的密度函数，注意 density 的前后各有两个点。

下面以可视化 mpg 数据集中 hwy 变量的直方图为例，展示不同的统计变换对数据可视化结果的影响。程序如下所示：

## 计算箱线图中每个 bin 中的数量

```
p1 <- ggplot(mpg,aes(hwy))+ggtitle(" 计算变量为 :y = ..count..")+
    geom_histogram(aes(y = ..count..),position = "identity",
                        bins = 25,fill = "red",alpha=0.5)
## 计算箱线图中每个 bin 中的点的密度
p2 <- ggplot(mpg,aes(hwy))+ggtitle(" 计算变量为 :y = ..density..")+
    geom_histogram(aes(y = ..density..),position = "identity",
                        bins = 25,fill = "red",alpha=0.5)
## 计算箱线图中每个 bin 中的数量，最大值标准化到 1
p3 <- ggplot(mpg,aes(hwy))+ggtitle(" 计算变量为 :y = ..ncount..")+
    geom_histogram(aes(y = ..ncount..),position = "identity",
                        bins = 25,fill = "red",alpha=0.5)
## 计算箱线图中每个 bin 中的点的密度，最大值标准化到 1
p4 <- ggplot(mpg,aes(hwy))+ggtitle(" 计算变量为 :y = ..ndensity..")+
    geom_histogram(aes(y = ..ndensity..),position = "identity",
                        bins = 25,fill = "red",alpha=0.5)
grid.arrange(p1,p2,p3,p4,nrow = 2)
```

上面的程序分别对 4 个不同的计算变量进行直方图可视化，结果如图 3-6 所示。

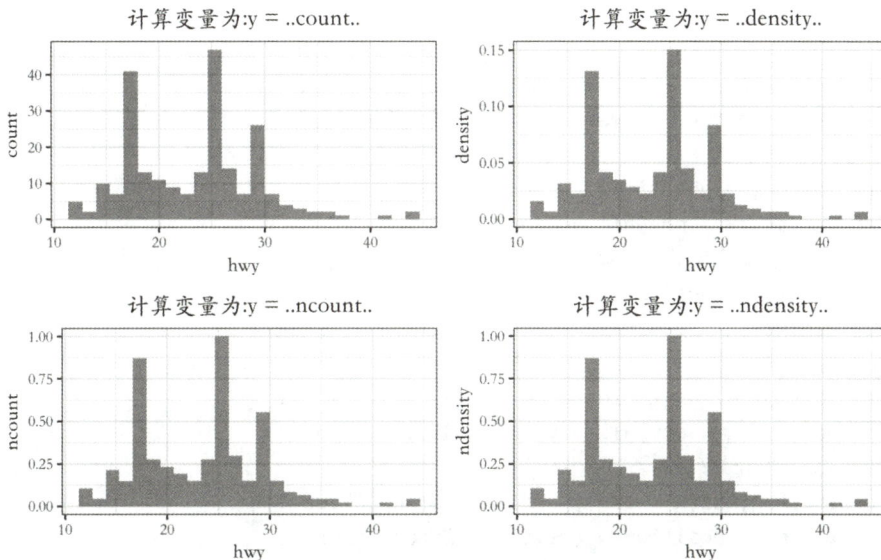

图 3-6　不同的计算变量的直方图

由图 3-6 可以发现，虽然 4 个直方图的结构一样，但它们的 Y 轴坐标值（条的高度值）具有很大的差异。第一幅子图（左上）Y 轴表示变量 hwy 对应的样本数量；第二幅子图（右上）Y 轴表示对应的密度；第三幅子图（左下）Y 轴表示对应的归一化后的样本数量；第四幅子图 Y 轴表示对应的归一化后的密度。

在直方图可视化的程序中，还使用了几何对象的位置调整参数 position。所谓位置调整，就是针对数据可视化图形，指定不同的 position 参数，使图形中几何元素按照不同的排列方法布局。ggplot2 包中常用的位置调整方法如表 3-7 所示。

表 3-7　ggplot2 包中常用的位置调整方法

| 位置调整方法 | 相关描述 |
|---|---|
| dodge | 避免重叠的并排排列方式 |
| dodge2 | dodge 的一种特殊情况 |
| fill | 堆叠图形元素并将高标准化为 1 |
| identity | 不做任何调整 |
| jitter | 给点添加抖动，避免重合 |
| stack | 将图形元素堆叠起来 |
| nudge | 内置在 geom_text() 函数中，可将标签移动到与其标记的内容相距很小的距离 |
| jitterdodge | 将通过 geom_point() 函数生成的点与 dodge 形式的箱形图 (geom_boxplot) 对齐 |

下面针对 mpg 数据集，使用条形图和箱线图，说明在不同的位置调整参数下的图形的可视化效果。程序如下所示：

```
## 展示不同位置调整参数下的图形显示情况
mpg$year <- as.factor(mpg$year) # 将变量转换为因子变量
## 可视化堆积的条形图
p1 <- ggplot(mpg)+labs(title = 'position = "stack"')+
    geom_bar(aes(x = drv,fill = year),position = "stack")
## 可视化避免重叠的并排排列的条形图
p2 <- ggplot(mpg)+labs(title = 'position = "dodge2"')+
    geom_bar(aes(x = drv,fill = year),position = "dodge2")
## 可视化堆叠图形元素并将高标准化为 1 的条形图
p3 <- ggplot(mpg)+labs(title = 'position = "stack"')+
    geom_bar(aes(x = drv,fill = year),position = "fill")
## 将生成的点与并排排列的箱线图对齐
p4 <- ggplot(mpg,aes(x = drv,y = displ,colour = year))+
    labs(title = 'position = position_jitterdodge()')+
    geom_boxplot(outlier.alpha = 0)+  # 箱线图不可视化离群点
    geom_point(size = 1,position = position_jitterdodge())
## 可视化 4 幅图形为 2 行 2 列
grid.arrange(p1,p2,p3,p4,nrow = 2)
```

运行上面的程序可以得到如图 3-7 所示的不同位置调整参数的 4 幅图形。由图 3-7 可以发现，前 3 幅子图使用相同的数据可视化条形图，不同的位置参数得到了完全不同的可视化形式；在第四幅子图中，每个箱线图对应数据的散点图也对齐了。

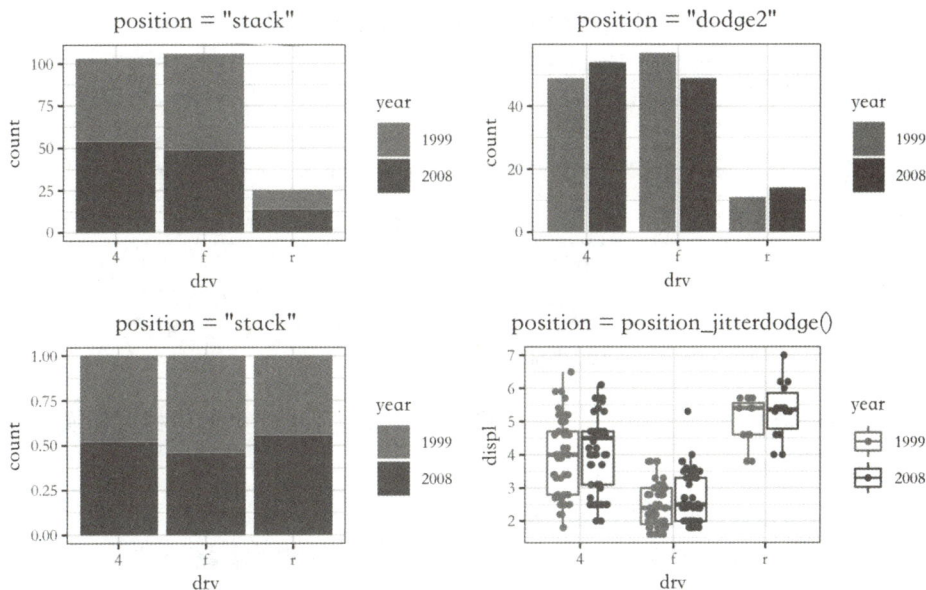

图 3-7　不同位置调整参数的图形

## 3.3　ggplot2包绘制分组图形

　　分组数据是在数据分析和可视化过程中，经常遇到的一类数据分析方法。例如，针对学生的考试成绩、身高或体重等数据，可以将不同的年级作为分组变量进行可视化对比分析，也可以将同一年级的不同班级作为一个分组，或者不同的性别作为一个分组等，不同的分组方法获得的分析结果往往不同。

　　针对给定的分组，通常可以使用不同的颜色、不同形状的图元进行编码区分。在 ggplot2 包中，还提供了分组数据的分面可视化方法。

　　下面介绍如何对分组数据进行可视化，主要包括 ggplot2 包中的坐标系变换和分面，以及使用颜色对数据进行编码等。

### 3.3.1　ggplot2 包的坐标系变换和分面

　　首先介绍 ggplot2 包中的坐标系变换和分组图形的分面，其中坐标系可以认为是将两种位置标度结合在一起组成的二维定位系统。在 ggplot2 包中，最基础的坐标系是直角坐标系 coord_cartesian()。ggplot2 包中常用的坐标系变换函数如表 3-8 所示。

表 3-8    ggplot2 包中常用的坐标系变换函数

| 坐标系变换函数 | 相关描述 |
| --- | --- |
| coord_cartesian() | 使用直角坐标系 |
| coord_equal() | 固定纵横比为 1 的直角坐标系 |
| coord_fixed() | 固定纵横比的直角坐标系 |
| coord_flip() | 翻转的直角坐标系 |
| coord_map() | 地图投影 |
| coord_polar() | 极坐标系 |

下面使用 mpg 数据集，以分组直方图为例，展示经过不同类型的坐标系变换后图形的变化情况。程序如下所示：

```
## 展示不同坐标系变换函数下的图形显示情况
mpg$year <- as.factor(mpg$year)              # 将变量转换为因子变量
## 使用默认的直角坐标系
p1 <- ggplot(mpg,aes(class))+ggtitle(" 条形图 ")+
    geom_bar(aes(fill = year),show.legend = FALSE)
## 将坐标系翻转
p2 <- ggplot(mpg,aes(class))+ggtitle(" 条形图 +coord_flip()")+
    geom_bar(aes(fill = year),show.legend = FALSE)+
    coord_flip()                            # 坐标系翻转
## 使用极坐标系，默认将角度映射到 x 变量
p3 <- ggplot(mpg,aes(class))+ggtitle(" 条形图 +coord_polar()")+
    geom_bar(aes(fill = year),show.legend = FALSE)+
    coord_polar()
## 使用极坐标系，将角度映射到 y 变量
p4 <- ggplot(mpg,aes(class))+ggtitle（" 条形图 +coord_polar()" )+
    geom_bar(aes(fill = year),width = 1,show.legend = FALSE)+
    coord_polar(theta = "y")
grid.arrange(p1,p2,p3,p4,nrow = 2)
```

上面的程序分别绘制了 4 幅图形，分别为：

（1）p1：默认直角坐标系下的分组堆积条形图。

（2）p2：将坐标系翻转的水平分组堆积条形图。

（3）p3：使用极坐标系的堆积玫瑰图。

（4）p4：使用极坐标系的堆积圆环图。

不同坐标系变换函数下这 4 幅图形的结果如图 3-8 所示。从图 3-8 中可以发现，同样的一组数据在不同的坐标系变换下呈现出完全不同的结果。

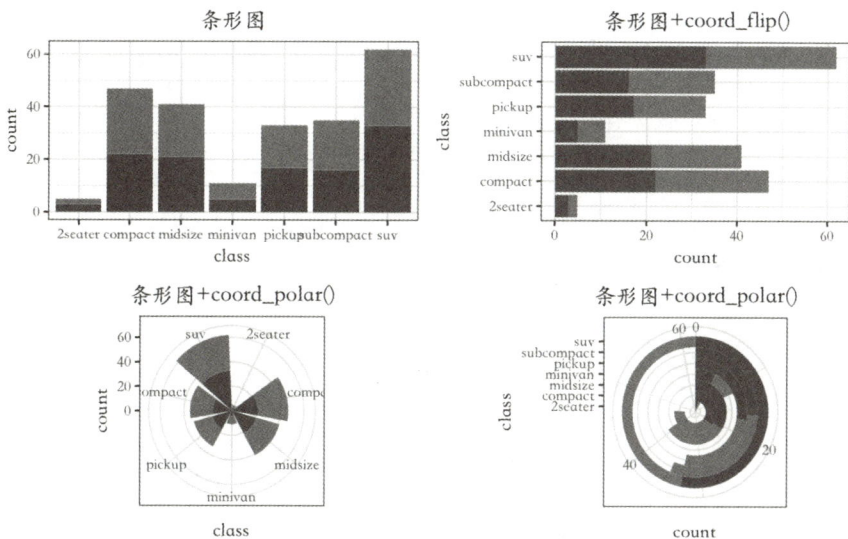

图 3-8　不同坐标系变换函数下的图形

在前面的示例中，每次都是绘制一个图形，然后再将多个图形使用 grid.arrange() 函数进行重新排列。针对分组数据，还可以通过网格分面的操作获取多个子图。

ggplot2 包中常用的分面方式有两种：一种是封装型分面 facet_wrap()，根据单个变量的取值，进行分面可视化；另一种是网格分面 facet_grid()，根据 1 ~ 2 个变量作为行变量或列变量，进行分面可视化。

下面首先介绍封装型分面 facet_wrap() 的使用方法，针对 mpg 数据集来可视化分面散点图。程序如下所示：

```
## 封装型分面 facet_wrap() 的使用，参数 scales = "free_y" 用于固定 X 轴范围，灵活设置 Y 轴
ggplot(data = mpg,aes(x = displ,y = cty,colour = drv,shape = drv))+
    geom_point(show.legend = FALSE)+facet_wrap( ~ drv,ncol = 3,scales = "free_y")+
    labs(x = " 发动机排量 ",y = " 油耗 ",title = "mpg 数据集 ")
```

在上面的程序中，facet_wrap(~drv) 表示根据变量 drv 对数据进行分组，针对每组数据单独可视化出一个散点图。参数 ncol = 3 表示得到的图形每行要排列 3 幅子图，参数 scales = "free_y" 表示在每个子图中根据全部的数据固定 X 轴的取值范围，Y 轴的取值范围则根据相应分组的数据灵活设置。运行程序，得到如图 3-9 所示的图形。

下面根据 drv 和 year 两个变量对数据进行分面，即使用网格分面。网格分面 facet_grid() 常用的形式有以下三种。

（1）一行多列（. ~ b），根据单个变量 b 进行分面。

（2）多行一列（a ~ .），根据单个变量 a 进行分面。

（3）多行多列（a ~ b），根据行变量 a 和列变量 b 进行分面。

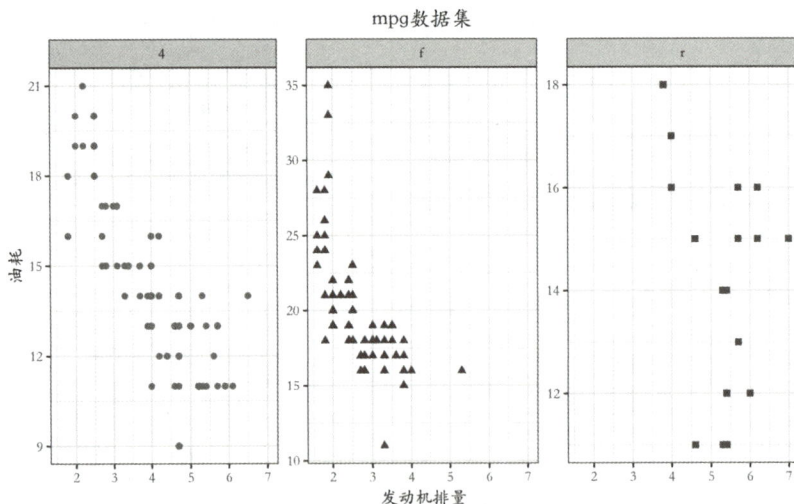

图 3-9　封装型分面 facet_wrap() 的可视化效果

根据行变量 drv 和列变量 year 进行分面的散点图，程序如下所示：

```
## 网格分面 facet_grid() 的使用，参数 scales = "free_x"用于固定 Y 轴范围，灵活设置 X 轴
ggplot(data = mpg,aes(x = displ,y = cty,colour = drv,shape = drv))+
    geom_point(show.legend = FALSE)+facet_grid(year ~ drv,scales = "free_x")+
    labs(x = " 发动机排量 ",y = " 油耗 ",title = "mpg 数据集 ")
```

运行程序，得到如图 3-10 所示的数据分面散点图。

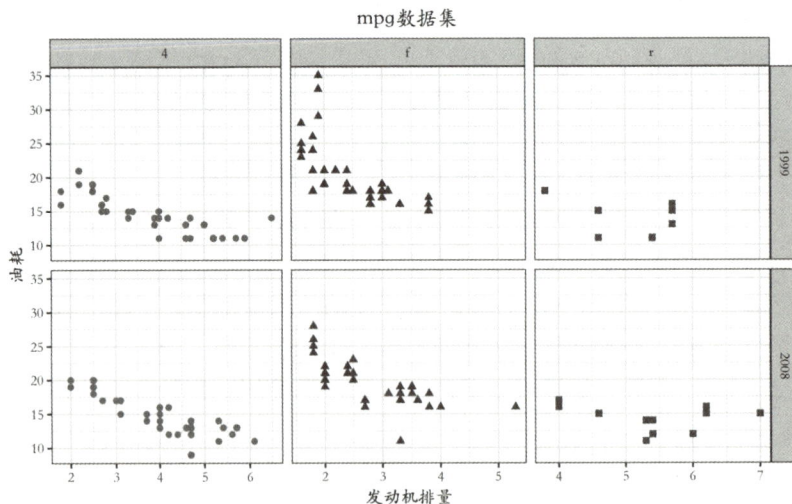

图 3-10　网格分面 facet_grid() 的可视化效果

在图 3-10 中，不同组合下的散点图可以通过每个子图对应的变量取值进行定位，如左上角的子图为 drv=4、year=1999 所对应的所有数据的散点图。

利用分面方法对数据进行可视化时，使用参数 scales 设置了分面子图坐标系的显示。参数 scales 的取值和对应的坐标系显示方式总结如下。

（1）scales = "fixed"：在所有子图面板中，X 轴和 Y 轴的标度都相同。

（2）scales = "free"：在所有子图面板中，X 轴和 Y 轴的标度都可以根据该组数据的取值情况自由变化。

（3）scales = "free_x"：在所有子图面板中，X 轴标度根据相应分组的数据变化，Y 轴标度则根据全局数据固定不变。

（4）scales = "free_y"：在所有子图面板中，Y 轴标度根据相应分组的数据变化，X 轴标度则根据全局数据固定不变。

从前面的介绍中可以发现，针对具有因子变量的数据，合理地使用坐标系变换和数据分面可视化，往往可以获得更加美观、更易理解的数据可视化图形。

## 3.3.2　ggplot2 包的颜色设置

本节将会介绍在 ggplot2 包中如何进行颜色设置，其中 scale_colour_**() 和 scale_fill_**() 两类函数可以实现形状颜色和填充颜色的设置。针对颜色标度的映射，连续型变量有三种颜色渐变的设置方法，离散型变量有两种颜色分类的设置方法。

连续型变量颜色映射的方法，根据颜色梯度的划分有以下三种设置颜色的方法。

（1）scale_color_gradient() 和 scale_fill_gradient()：双色梯度，颜色顺序从低到高，参数 low 和 high 控制两端最低和最高所对应的颜色。

（2）scale_color_gradient2() 和 scale_fill_gradient2()：三色梯度，颜色顺序按低 – 中 – 高的顺序，参数 low 和 high 控制两端的颜色，参数 midpoint 控制中间色对应的取值，默认为 0。

（3）scale_color_gradientn() 和 scale_fill_gradientn()：自定义 n 色梯度，使用时需要给参数 colours 赋一个颜色向量。

下面就以一个例子来展示连续型变量的颜色设置，程序如下所示：

```
## 连续型变量，根据颜色梯度划分，使用低 – 高两个等级
p1 <- ggplot(diamonds)+geom_jitter(aes(x = carat,y = price,colour = carat))+
    scale_color_gradient(low = "blue",high = "red")+
    ggtitle('scale_color_gradient(low = "blue",high = "red")')
## 连续型变量，根据颜色梯度划分，使用低 – 中 – 高三个等级
p2 <- ggplot(diamonds)+geom_jitter(aes(x = carat,y = price,colour = carat))+
    scale_color_gradient2(low = "red",mid = "white",high = "blue",midpoint = 2)+
    ggtitle('scale_color_gradient2(low = "red",mid = "white",high = "blue")')
## 连续型变量，根据颜色梯度划分为 n 色梯度，这里使用 4 种颜色
p3 <- ggplot(diamonds)+
```

```
geom_jitter(aes(x=carat,y=price,colour=carat/max(carat)))+
scale_color_gradientn(colours = c("red","yellow","green","blue"),
                      values = c(1,0.75,0.5,0.25,0))+labs(colour = "carat")+

ggtitle('scale_color_gradientn(colours=c("red","yellow","green","lightblue"),\n
values = c(1,0.75,0.5,0.25,0)))')
grid.arrange(p1,p2,p3,nrow = 3)
```

在上面的程序中，分别使用了三种方法对散点图的颜色进行映射，结果如图 3-11 所示。

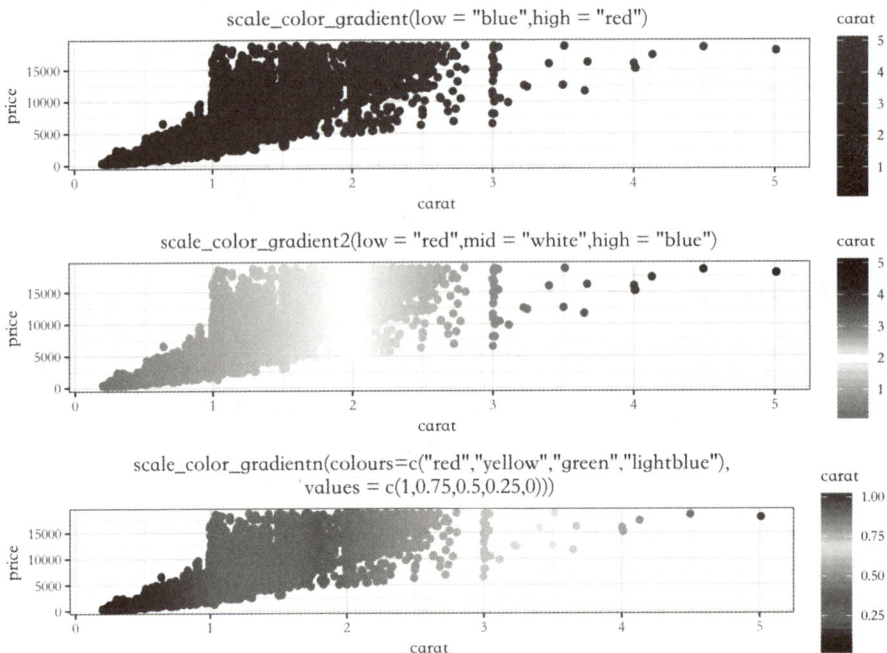

图 3-11　连续型变量的颜色映射方式

在图 3-11 中，第一幅子图 p1 是使用 scale_color_gradient() 函数，通过指定最高值和最低值对应的颜色对散点图进行颜色编码；第二幅子图 p2 是使用 scale_color_gradient2() 函数，通过指定最高值、中间值和最低值对应的颜色对散点图进行颜色编码；第三幅子图 p3 是使用 scale_color_gradientn() 函数，通过指定颜色名称和对应的数值大小对散点图进行颜色编码。

针对离散型变量，常用 scale_colour_brewer ()、scale_fill_brewer ()、scale_fill_manual()、scale_fill_manual() 等函数进行颜色标度的设置。

下面使用一个关于天气的数据集，针对不同的月份，利用不同的颜色对其进行可视化，程序如下所示：

```
## 使用 datasets 包中的 airquality 数据集
airquality$Month <- as.factor(airquality$Month)
```

```
p1 <- ggplot(airquality,aes(x = Wind,y = Temp,colour = Month))+
    geom_point(aes(size = 1+ (Day / 10)),show.legend = FALSE)+
    scale_color_brewer(palette = "Set1")+ #使用预设的颜色
    ggtitle('气泡图 :scale_color_brewer()')
## 定义取值和颜色映射的向量
cols <- c("5" = "red", "6" = "blue", "7" = "darkgreen",
          "8" = "orange","9" = "tomato")
p2 <- ggplot(airquality,aes(x = Wind,y = Temp,colour = Month))+
    geom_point(aes(size = 1+ (Day / 10)),show.legend = FALSE)+
    scale_color_manual(values = cols)+ #使用自定义颜色
    ggtitle('气泡图 :scale_color_manual()')
grid.arrange(p1,p2,ncol=2)
```

在上面的程序中，第一个气泡图 p1 是通过 scale_color_brewer(palette = "Set1") 语句，根据绘图时的分组数据（colour = Month）Month 变量自动设置颜色；第二个气泡图 p2 是通过 scale_color_manual(values = cols) 语句，利用自定义的颜色变量 cols 设置颜色。最后得到的不同颜色映射方式的气泡图如图 3–12 所示。

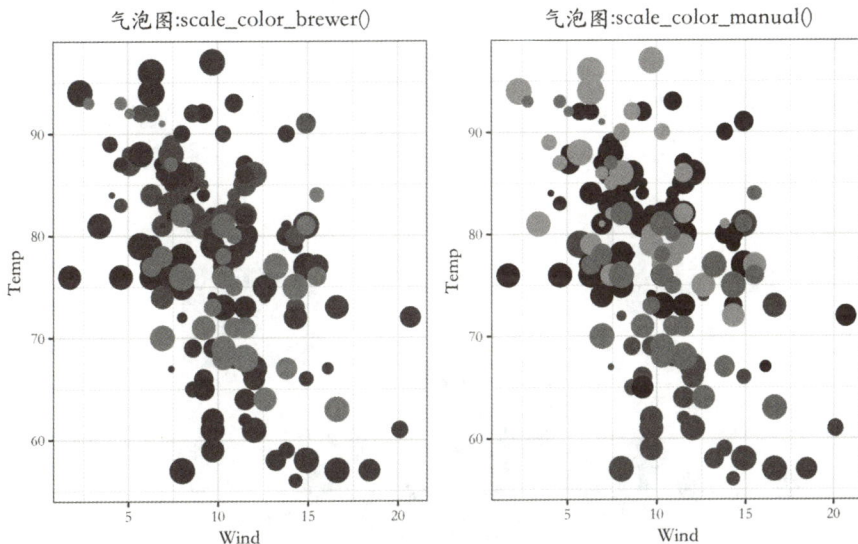

图 3–12　离散型变量的不同颜色映射方式的气泡图

# 3.4　可交互的ggplot2图形

前面介绍了如何使用 ggplot2 包可视化静态图形，以及对图形元素的设置等。相对于静态图形，可交互图形可以实现人与图形的即时交流，从而吸引观察者更多

扫一扫，看视频

**057**

的注意力，获取更加详细的信息。

虽然 ggplot2 包不能直接输出动态图形或可交互图形，但在 R 语言中有多个包可以将 ggplot2 包输出的图形转换为可交互图形。例如，使用 plotly 包中的 ggplotly() 函数，可以实现 ggplot2 图形的可交互；使用 ggiraphExtra 包，可以直接获得基于 ggplot2 包的可交互图形。

## 3.4.1  plotly 包的可交互图形

plotly 包是功能齐全的可交互数据可视化包，不但提供了多种编程语言接口来方便数据可视化，而且其针对 R 语言，还提供了将 ggplot2 包输出的图形转换为可交互图形的方法。

本节以可交互气泡图、可交互热力图和可交互地图动画为例，展示如何将 plotly 包和 ggplot2 包结合使用，输出更加美观、具有吸引力的图形。

下面针对 3.3.2 节中的气泡散点图 p1，使用 ggplotly() 函数将其转换为可交互图形，程序如下：

```
library(plotly)
## 将上面的气泡散点图 p1 设置为可交互图形
ggplotly(p1)
```

运行上面的程序可得到如图 3-13 所示的可交互气泡散点图。

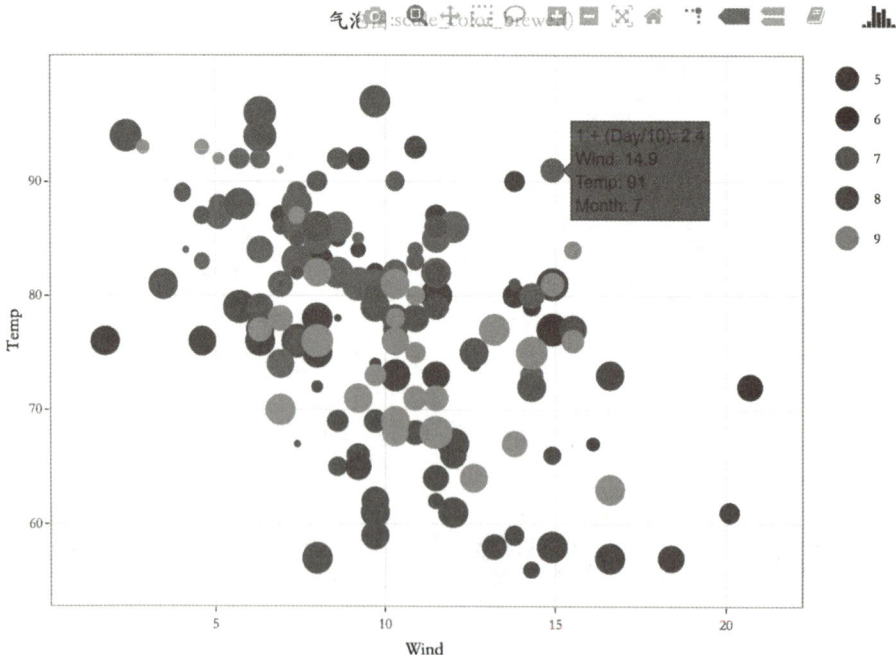

图 3-13  可交互气泡散点图

在图 3-13 中，使用鼠标单击气泡时，会显示气泡点所表示的相关信息。此外，针对该图形，也可以进行放大、缩小、框选局部等操作。

> **说明：** 这里并不能很好地展示出图形的交互情况，所以图 3-13 是交互时的一张截图。本书后面介绍的可交互图形，同样也是使用交互时的截图进行展示的。读者可以运行程序获得可交互图形，通过相关操作对可交互图形进行探索和研究。

接下来结合使用 ggplot2 包和 plotly 包，可视化可交互的热力图。

针对 R 语言中自带的数据集 volcano，可以通过 data("volcano") 语句将其导入，它为 Maunga Whau 山（奥克兰 50 座火山中的一个）的地形数据，以网格的形式提供了 Maunga Whau 山的地形信息。因为该数据集是一个多行乘以多列的矩阵，所以需要使用 reshape2 包中的 melt() 函数，将其转换为多行乘以 3 列（分别表示 X 坐标、Y 坐标和相对应的地形高度取值）的数据。数据预处理程序如下所示：

```
library(reshape2)
data("volcano")
## 将该数据转换为长型数据
usedata <- melt(volcano)
colnames(usedata) <- c("x","y","value")
```

在获得预处理后的 usedata 数据集后，可以使用 ggplot2 包中的函数来获取热力图对象 p1，然后使用 ggplotly(p1) 将其可视化为可交互图形，程序如下所示：

```
## 针对该数据使用 ggplot2 包可视化热力图
p1 <- ggplot(usedata,aes(x = x,y = y,z = value))+
    geom_raster(aes(fill=value),show.legend = TRUE)+
    scale_fill_distiller(palette = "Spectral")+
    ggtitle(" 热力图 ")
p2 <- ggplotly(p1)
p2
```

在上面的程序中，使用 geom_raster() 函数可视化热力图，并使用 scale_fill_distiller() 函数为图形填充颜色，不同的颜色代表不同的高度值，最后利用 plotly 包中的 ggplotly() 函数，将其设置为可交互形式。最终得到的可交互热力图如图 3-14 所示。

一般情况下，利用静态热力图的颜色可以获取相应位置的取值大小，而图 3-14 所示的可交互热力图则可以通过鼠标的交互，方便地获取更加详细的信息。

前面介绍的可交互图形仍然局限于一幅图形，还可以将 ggplot2 图形和 plotly 包中的相关操作进行组合，获取可交互的动态图形。

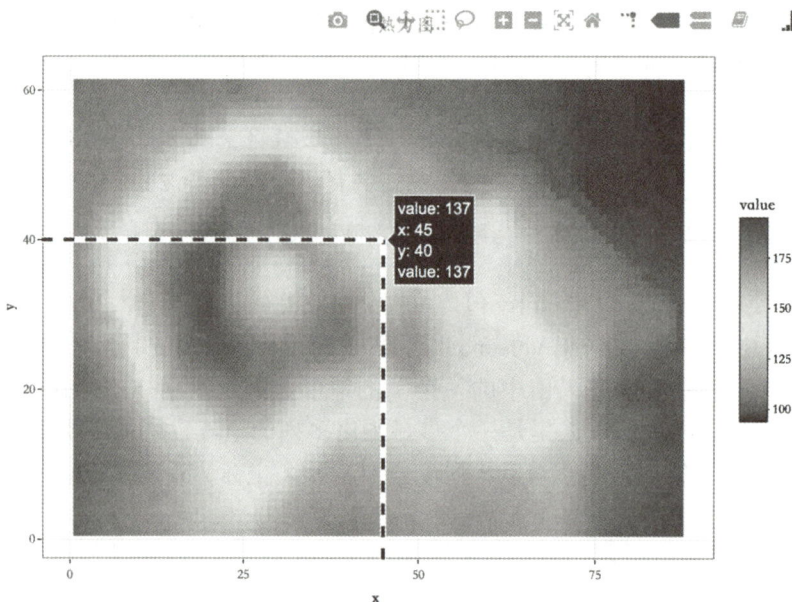

图 3-14　可交互热力图

下面以地震数据集（地震数据集 .csv）为例，使用地图动画可视化 1965—2016 年的地震发生情况，程序如下所示：

```
library(dplyr)
## ggplot2 图形和 plotly 包组合可视化动画
eqdata <- read.csv("data/chap3/ 地震数据集 .csv")          # 读取地震数据集
head(eqdata)
##    Latitude Longitude Depth Magnitude MagnitudeType    Status Year Month
## 1    19.246   145.616 131.6       6.0            MW Automatic 1965     1
## 2     1.863   127.352  80.0       5.8            MW Automatic 1965     1
## 3   -20.579  -173.972  20.0       6.2            MW Automatic 1965     1
## 4   -59.076   -23.557  15.0       5.8            MW Automatic 1965     1
## 5    11.938   126.427  15.0       5.8            MW Automatic 1965     1
## 6   -13.405   166.629  35.0       6.7            MW Automatic 1965     1
```

上面的程序读取数据并查看数据的前几行，从输出结果可以发现，数据集中包含地震发生的时间（Year）、经纬度（Latitude、Longitude）、等级（Type）和状态（Status）等信息。下面使用这些信息可视化地震的位置分布和地震发生情况的可交互动画，程序如下所示：

```
world_map <- map_data("world") # 导入世界地图数据
## 可视化世界地图
p1 <- ggplot() + ggtitle("1965—2016 世界地震发生情况 ")+
    geom_polygon(data = world_map, aes(x = long, y = lat, group = group),
```

```
                          fill = "lightgray",colour = "white")+
        geom_point(data = eqdata,aes(x = Longitude,y = Latitude,size = Magnitude,
                          colour = Status,frame = Year))+
        theme(legend.position = "none")
    p1 <-   ggplotly(p1) %>%   # 将 ggplot2 的地图设置为 plotly 包绘制的动画
        animation_opts(frame=1000,   # 帧数
                          easing = "elastic", # 动画帧过渡的类型
                          redraw = FALSE) %>%
        ## 设置按钮位置在右下角
        animation_button(x = 1, xanchor = "right",
                          y = 0, yanchor = "bottom",label = " 播放 ")%>%
        ## 设置滑块，并设置对应的显示值的显示情况
        animation_slider(currentvalue = list(prefix = "YEAR ",
                                              font = list(color="red")))
    p1
```

在上面的可视化程序中，主要可以分为两个步骤。

（1）基于 ggplot2 包的静态图形绘制：使用 map_data() 函数获取世界地图数据，然后利用 geom_polygon() 函数绘制世界地图，利用 geom_point() 函数在世界地图上添加地震发生时的点，点的大小使用震级（Magnitude）表示，颜色使用发生状态（Status）表示，并指定时间变量（Year）作为动画的帧，即动画随每年的数据变化。

（2）基于 plotly 包的图形动态化：使用 ggplotly(p1) 将 ggplot2 图形 p1 处理为可交互图形，然后使用 animation_opts() 函数设置动画的相关参数，再使用 animation_button() 函数设置动画播放按钮的位置，最后使用 animation_slider() 函数设置动画播放时滑块的相关信息。最后输出图形 p1 即可获取动画。

前面几个例子展示了具有代表性的可交互 ggplot2 图形的方法，更加丰富的可交互图形还需要读者进一步探索，后面的章节也会涉及 plotly 包的相关应用。

## 3.4.2  ggiraphExtra 包的可交互图形

ggiraphExtra 是绘制可交互 ggplot2 图形的一个包，它扩展了 ggplot2 和 ggiraph 两个包的数据可视化方式，增强了它们的可交互图形的功能。该包提供了直接可视化可交互箱线图、甜甜圈图等图形的函数。ggiraphExtra 包的一些常用可交互函数如表 3-9 所示。

表 3-9  ggiraphExtra 包的常用可交互函数

| 函　　数 | 功　　能 |
| --- | --- |
| coord_radar() | 雷达图坐标系，常用于可视化雷达图 |
| ggAncova() | 为 ANCOVA 模型制作交互式图形 |
| ggArea() | 可视化可交互面积图 |

| 函　数 | 功　能 |
| --- | --- |
| ggBar() | 可视化可交互条形图 |
| ggBoxplot() | 可视化可交互箱线图 |
| ggCatepillar() | 可视化可交互毛毛虫图 |
| ggChoropleth() | 可视化可交互的分级统计地图 |
| ggCLE() | 可视化可交互的克利夫兰点图 |
| ggCor() | 可视化可交互的相关系数热力图 |
| ggDensity() | 用直方图绘制密度 |
| ggDonut() | 可视化甜甜圈图 |
| ggDot | 绘制威尔金森点图 |
| ggEffect | 可视化两个连续独立变量之间的交互对响应变量的影响 |
| ggErrorBar() | 可视化可交互的带有误差线的条形图 |
| ggHeatmap() | 可视化可交互热力图 |
| ggHSD() | 可视化可交互 Tukey 多重显著检验图 |
| ggPair() | 可视化可交互散点图和折线图 |
| ggPie() | 可视化可交互饼图 |
| ggPieDonut() | 可视化可交互饼图和甜甜圈图 |
| ggPoints() | 可视化带有回归线的可交互散点图 |
| ggRadar() | 可视化可交互雷达图 |
| ggRose() | 可视化可交互玫瑰图 |
| ggViolin() | 可视化可交互小提琴图 |

接下来使用几个数据集，介绍如何利用表 3-9 中的函数可视化可交互图形，进而对数据进行探索性分析，主要包括可交互地图、可交互的饼图和甜甜圈图、可交互雷达图、可交互玫瑰图等。首先导入用到的相关包，程序如下所示：

```
library(ggplot2);library(ggiraphExtra);library(maps);library(RColorBrewer);
library(mapproj)
```

### 1. 可视化可交互的分级统计地图

R 语言自带的美国 50 个州的暴力犯罪数据集（USArrests）中包含 50 个样本，4 个变量，其行名是美国的州名，4 个变量分别为 Murder（每 10 万人的谋杀数量）、Assault（每 10 万人的袭击数量）、UrbanPop（城市人口百分比）、Rape（每 10 万人的强奸数量）。下面对该数据集进行预处理，并查看数据前几行的内容。

```
## 预处理犯罪数据集，添加州的名字变量
USArrests <- data.frame(state = tolower(rownames(USArrests)), USArrests)
head(USArrests)
##                    state Murder Assault UrbanPop Rape
## Alabama          alabama   13.2     236       58 21.2
## Alaska            alaska   10.0     263       48 44.5
## Arizona          arizona    8.1     294       80 31.0
## Arkansas        arkansas    8.8     190       50 19.5
## California    california    9.0     276       91 40.6
## Colorado        colorado    7.9     204       78 38.7
```

在数据预处理时添加了一个州变量 state，下面使用 ggChoropleth() 函数绘制可交互地图，程序如下：

```
state_map <- map_data("state")          # 导入美国本土地图数据
## 可视化可交互地图数据
ggChoropleth(USArrests,                  # 指定可视化使用的数据集
             # 每列数据单独绘制一幅地图，地图根据 state 变量分组
             aes(fill=c(Murder,Assault,UrbanPop,Rape), map_id = state),
             map = state_map,            # 指定地图数据，可以通过 map_data() 函数获得
             palette = "RdBu",           # 使用的填充颜色
             reverse = TRUE,             # 是否将颜色翻转
             color = "lightgreen",       # 地图边界的颜色
             interactive = TRUE,         # 图形是否是可交互的
             title = "美国各州犯罪情况（每 10 万人）",
             digits = 1                  # 指示显示小数的位数
             )
```

在程序中针对每个变量分别绘制一幅可交互地图，每幅子图中各州均使用不同的颜色表示其犯罪的数量，得到的可交互的分级统计地图。

在所得图形的 4 幅子图分别为每 10 万人的谋杀数量分布地图（Murder）、每 10 万人的袭击数量地图（Assault）、城市人口百分比地图（UrbanPop）、每 10 万人的强奸数量地图（Rape）。通过可交互地图可以更方便地对数据进行探索和对比。

## 2. 可视化可交互的饼图和甜甜圈图

饼图和甜甜圈图通常用于可视化分组图形，可交互的饼图和甜甜圈图可以分别使用 ggPie() 函数和 ggDonut() 函数绘制。下面使用泰坦尼克号数据集（Titanic 数据 .csv）进行数据可视化，首先读入数据并查看数据的前几行。

```
## 分析泰坦尼克号数据集
Titanic <- read.csv("data/chap3/Titanic 数据 .csv")
head(Titanic)
##   Pclass    Name      Sex Age SibSp Parch    Fare Embarked Survived
```

```
## 1      3    Mr.    male   22   1    0  7.2500    S    0
## 2      1    Mrs.   female 38   1    0 71.2833    C    1
## 3      3    Miss.  female 26   0    0  7.9250    S    1
## 4      1    Mrs.   female 35   1    0 53.1000    S    1
## 5      3    Mr.    male   35   0    0  8.0500    S    0
## 6      3    Mr.    male   28   0    0  8.4583    Q    0
```

对数据中的 Name 变量进行分组，可视化乘客中每个 Name 变量所占的百分比情况，程序如下所示：

```
## 使用饼图可视化变量 Name 的分布情况
p1 <- ggPie(data=Titanic,aes(pies=Name),interactive = TRUE)
p1
## 使用甜甜圈图可视化变量 Name 的分布情况
p2 <- ggDonut(Titanic,aes(donuts=Name),interactive = TRUE,
              labelsize = 4)
p2
```

在上面的程序中，使用 ggPie() 函数绘制可交互饼图，使用 ggDonut() 函数绘制可交互甜甜圈图，结果如图 3-15 所示。

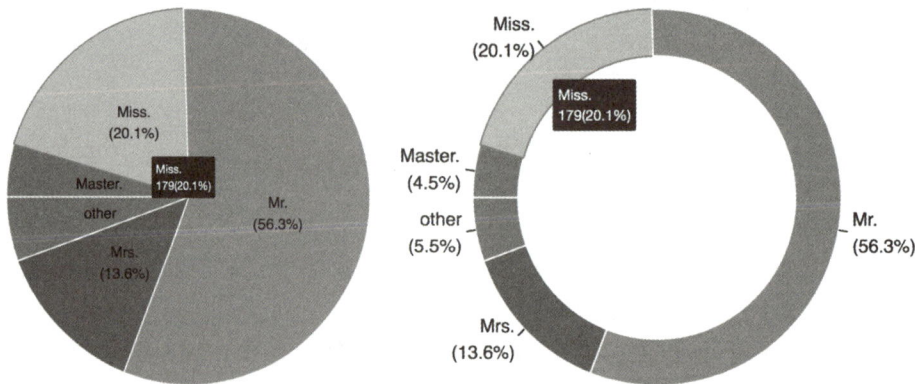

图 3-15　可交互饼图（左）和可交互甜甜圈图（右）

使用 ggPieDonut() 函数可以将可交互的饼图和甜甜圈图结合在一起，而且可以对两个分组变量进行可视化。下面分别对 Name 变量和 Survived 变量进行可视化，程序如下所示：

```
## 使用饼图和甜甜圈图可视化变量 Name 与 Survived 的关系
p3 <- ggPieDonut(Titanic,aes(pies=Survived,donuts=Name),
                 interactive = TRUE)
p3
```

在上面的程序中，通过 aes(pies=Survived, donuts =Name) 语句对饼图和甜甜圈图的可视化变量进行设置。其中，饼图表示 Survived 变量；甜甜圈图表示 Name 变量，得到的可交互甜甜圈饼图如图 3-16 所示。在图 3-16 中，甜甜圈表示的数据是先根据 Survived 变量分组，然后再进行相关的可视化。

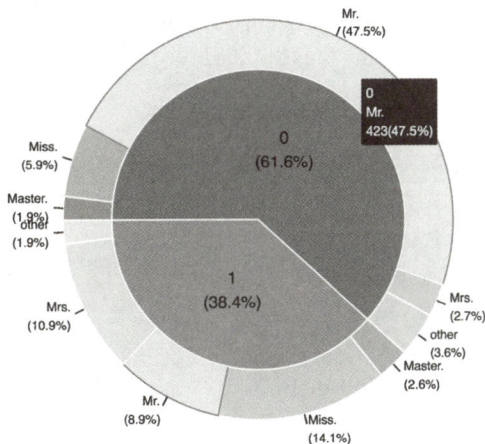

图 3-16　可交互甜甜圈饼图

### 3. 可视化可交互的雷达图

可交互的雷达图经常用于表示与天气相关的分组数据，如可视化风力数据的雷达图，根据风向和风力大小出现的频率用雷达图表示。下面针对上海每个地区的风力和风向数据（风力风向数据 .csv）进行可交互雷达图的可视化，程序如下所示：

```
library(tidyr);library(dplyr)
## 读取数据
winddata <- read.csv("data/chap3/ 风力和风向数据 .csv", encoding="UTF-8")
head(winddata,2)
##     city town wind_strong wind_direction           day
## 1 上海 嘉定     [0,3.25]              E 2015-12-01
## 2 上海 嘉定     [0,3.25]              E 2015-12-01
## 使用可交互的雷达图可视化上海的风力和风向情况
plotdata <- winddata %>% group_by(wind_direction,wind_strong)%>%
  summarise()%>%mutate(Fre = n())%>%
  spread(key = "wind_direction",value = "Fre",fill = 0)
head(plotdata,2)
##   A tibble: 4 x 9
##   wind_strong      E     N    NE    NW     S    SE    SW     W
##   <fct>        <dbl> <dbl> <dbl> <dbl> <dbl> <dbl> <dbl> <dbl>
## 1 (3.25,6.5]       3     4     4     4     2     3     3     4
## 2 (6.5,9.75)       3     4     4     4     0     3     3     4
```

导入数据之后，通过 group_by() 函数对数据进行分组预处理，得到用于可视化的数据

plotdata。下面使用 ggRadar() 函数可视化可交互的雷达图，并根据风力的大小对数据进行分面，程序如下所示：

```
ggRadar(plotdata,aes(facet = wind_strong),interactive=TRUE,rescale = FALSE,
        legend.position = "right",use.label = TRUE)
```

运行程序后可得到如图 3-17 所示的可交互雷达图。

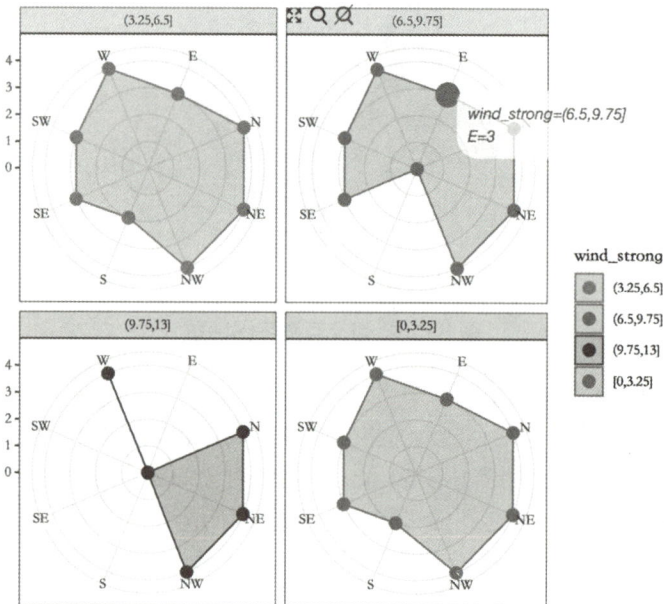

图 3-17　可交互雷达图

图 3-17 针对每种风力分组的情况进行了分面可视化，包含 4 幅子图，分别表示每种风力下的不同风向出现的频数。

### 4. 可视化可交互的玫瑰图

针对风力和风向数据集，也可以使用玫瑰图进行可视化，而不需要对数据分面。在绘制可交互玫瑰图时，首先对数据使用 group_by() 函数进行分组预处理，获取风向、大小和频次对应的三个变量，然后利用 ggRose() 函数进行数据可视化，程序如下所示：

```
winddata <- read.csv("data/chap3/风力风向数据.csv", encoding="UTF-8")
head(winddata,2)
##    city town wind_strong wind_direction          day
## 1 上海 嘉定    [0,3.25]                E 2015-12-01
## 2 上海 嘉定    [0,3.25]                E 2015-12-01
## 计算分组数据出现的次数
plotdata <- winddata %>% group_by(wind_direction,wind_strong)%>%
  summarise()%>%mutate(Fre = n())
```

```
head(plotdata,2)
## # A tibble: 2 x 3
## # Groups:   wind_direction [2]
##   wind_direction wind_strong   Fre
##   <fct>          <fct>         <int>
## 1 E              (3.25,6.5]       3
## 2 E              (6.5,9.75]       3
ggRose(plotdata,aes(x=wind_direction,fill=wind_strong,y=Fre),
       stat="identity",interactive=TRUE,palette = "Set2",
       size = 0.2)
```

运行上面的程序，得到如图 3-18 所示的可交互风力玫瑰图。

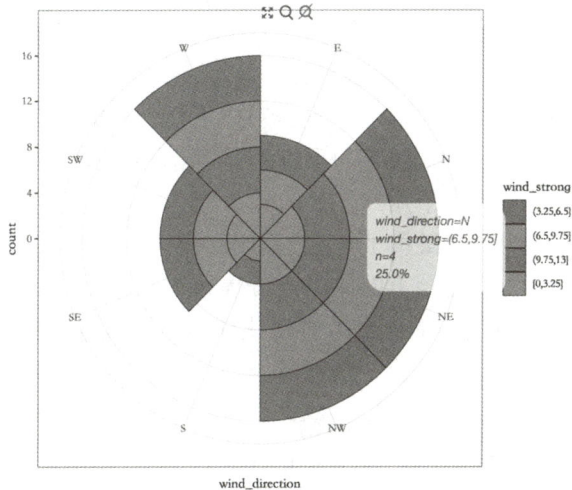

图 3-18  可交互风力玫瑰图

在图 3-18 中，针对不同方向均使用一个累加的扇形表示，不同的颜色表示不同等级的风力，扇形的半径越大，表示在对应方向下风出现的次数越多。

前面介绍了如何使用ggiraphExtra包中数据可视化的部分功能，其他函数的使用与之类似，这里不再赘述。

# 3.5  ggplot2包可视化案例

前面使用一些简单的数据介绍了 ggplot2 包的数据可视化功能，并对 ggplot2 图形进行了交互可视化。下面使用一个手机用户数据集（手机使用情况 .csv），综合利用 ggplot2、plotly 和 ggiraphExtra 等包进行可视化，探索分析数据中所包含的信息。

首先导入相关可视化包和读取数据，程序如下所示：

```
library(readr);library(ggplot2);library(plotly)
```

```
library(ggiraphExtra);library(ggmap);library(dplyr)
## 读取数据
phonedata <- read_csv("data/chap3/手机使用情况 .csv")
head(phonedata)
## # A tibble: 6 x 8
##   device_id phone_brand device_model longitude latitude gender   age group
##       <dbl> <chr>       <chr>            <dbl>    <dbl> <chr>  <dbl> <chr>
## 1         1 小米        MI One Plus          0        0 Male      30 M29-31
## 2         2 小米        MI One Plus          0        0 Male      30 M29-31
## 3         3 小米        MI One Plus          0        0 Male      30 M29-31
## 4         4 小米        MI One Plus          0        0 Male      30 M29-31
## 5         5 小米        MI One Plus          0        0 Male      30 M29-31
## 6         6 小米        MI One Plus          0        0 Male      30 M29-31
```

该数据集包含了相关用户使用的手机品牌、型号、所在的经纬度坐标、性别、年龄，以及根据性别和年龄进行分组的几个变量。下面针对以下几个目标进行可视化分析。

- 目标 1：针对不同性别，用户较多的手机品牌都有哪些，分别有多少用户。
- 目标 2：分析不同手机品牌下用户年龄的分布情况。
- 目标 3：可视化不同分组年龄段下华为、小米、三星、vivo、OPPO 用户的比例。
- 目标 4：不同手机用户在地图上的位置分布情况。

针对目标 1，使用分面分组条形图进行可视化探索，分析各种手机的用户数量。首先计算每种品牌的手机不同性别的用户数量，程序如下所示：

```
## 分析哪种品牌的手机用户较多，计算频率数据
plotdata1 <- phonedata %>%group_by(phone_brand,gender)%>%
    summarise(Freq = n())
head(plotdata1)
## # A tibble: 6 x 3
## # Groups:   phone_brand [3]
##   phone_brand gender  Freq
##   <chr>       <chr>  <int>
## 1 艾优尼      Female    75
## 2 艾优尼      Male     469
## 3 百立丰      Female    28
## 4 百立丰      Male     506
## 5 贝尔丰      Female     1
## 6 贝尔丰      Male     725
```

在 plotdata1 数据中，三个变量分别表示手机的品牌（phone_brand）、性别（gender）和对应的用户数量（Freq）。下面使用 ggplot2 包中的 geom_bar() 函数可视化条形图，程序如下所示：

```
## 使用分面直方图分析各个品牌的男、女用户数量
p1 <- ggplot(plotdata1,aes(x =reorder(phone_brand,Freq),y = Freq))+
```

```
# 分组条形图降序排列
geom_bar(aes(fill = gender),stat = "identity",show.legend = FALSE)+
geom_text(aes(label = Freq),size = 2)+        # 添加数量文本
# 坐标系翻转和数据分面操作
coord_flip()+facet_wrap(~gender,nrow = 1,scales = "free_x")+
## 设置数值坐标系显示的坐标文字内容
scale_y_continuous(labels = function(y) paste(y / 10000,"万",sep = ""))+
labs(x = " 品牌 ",y = " 数量 ",title = " 手机用户数量 ")
p1
```

运行程序后，得到如图 3-19 所示的不同性别下手机用户数量的条形图。从图 3-19 可以看出，使用华为、小米、三星等手机品牌的用户最多，并且男性手机用户较女性更多。

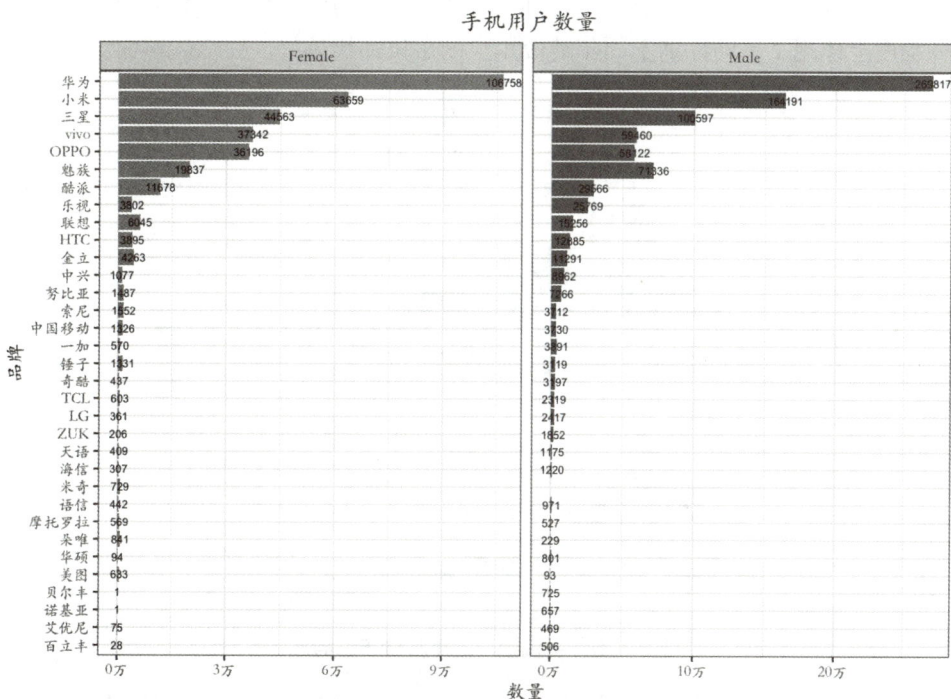

图 3-19　不同性别下手机用户数量的条形图

针对目标 2，分析不同手机品牌下用户年龄的分布情况。由目标 1 的分析可知，华为、小米和三星手机用户最多，本例比较关心这三种手机用户的年龄分布情况。下面使用密度曲线对年龄分布进行可视化探索分析，程序如下所示：

```
## 分析不同手机品牌下用户年龄的分布情况，只分析华为、小米和三星手机用户的数据
plotdata2 <- phonedata[phonedata$phone_brand %in% c("华为 "," 小米 "," 三星 "),]
p2 <- ggplot(plotdata2,aes(age))+                        # 添加直方图图层
    geom_histogram(aes(y = ..density.. , fill = phone_brand),
```

```
                        position = "identity",bins = 40,alpha = 0.5)+
      geom_density(aes(colour = phone_brand),bw = 2,size = 1)+      # 添加密度曲线图层
      facet_wrap(~gender,ncol = 1,scales = "free_x")+              # 设置分面图层
      scale_fill_brewer(" 品牌 ",palette = "Set1") +               # 设置填充颜色显示情况
      scale_color_brewer(" 品牌 ",palette = "Set1")+               # 设置线条颜色显示情况
      scale_x_continuous(breaks = seq(10,90,5))                    # 设置 X 轴显示情况
  p2
```

上面的程序在获取使用华为、小米和三星手机的用户数据后，通过 geom_density() 和 geom_histogram() 函数绘制分面、分组的年龄分布趋势图，得到如图 3-20 所示的图形。从图 3-20 可以发现，华为和三星手机的女性用户主要分布在 35 ~ 45 年龄段，小米手机的女性用户在 25 ~ 35 年龄段更多。在男性手机用户中，三种手机的年龄趋势没有太大差别。这也从某种程度上体现了不同性别不同年龄段用户的手机使用偏好。

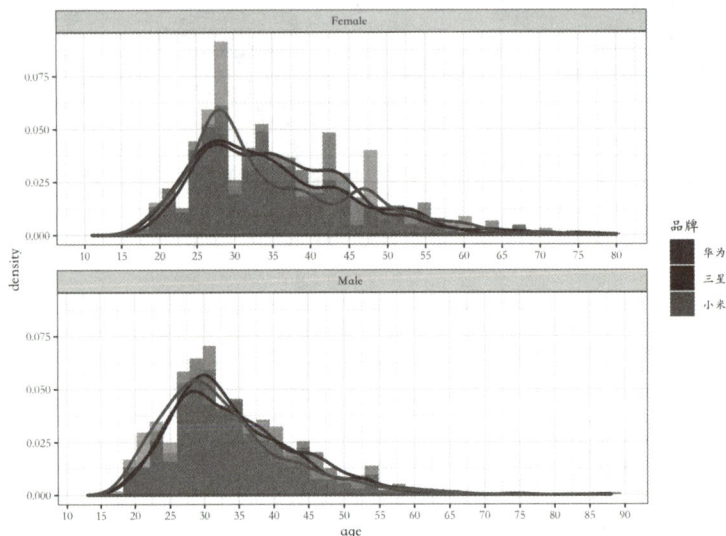

图 3-20　手机用户的年龄分布趋势图

针对目标 3，可视化分析不同年龄段下华为、小米、三星、vivo、OPPO 用户的比例。由于手机型号和年龄分组都是离散型变量的数据，可以使用玫瑰图对其进行可视化，程序如下所示：

```
## 获取所需数据
phonebrand <- c(" 华为 "," 小米 "," 三星 ","vivo","OPPO")
plotdata3 <- phonedata[phonedata$phone_brand %in% phonebrand,]%>%
    group_by(phone_brand,group)%>%summarise(Freq = n())
## 可视化玫瑰图
ggRose(plotdata3,aes(x=group,fill=phone_brand,y=Freq),
        stat="identity",interactive=TRUE,palette = "Set3",
        size = 0.2)
```

在上面的程序中，首先获取需要使用的数据，使用 group_by() 函数计算每个分组下的用户数量，使用 ggRose() 函数绘制可交互的玫瑰图，在绘图时使用手机品牌变量 phone_brand 作为填充颜色。最后得到的手机用户比例的玫瑰图如图 3-21 所示。在图 3-21 中，玫瑰扇形的高度表示不同年龄和性别下的手机用户数量，不同颜色表示手机的品牌。单击可交互图形中不同的扇形，可以输出该扇形所代表的数据信息。

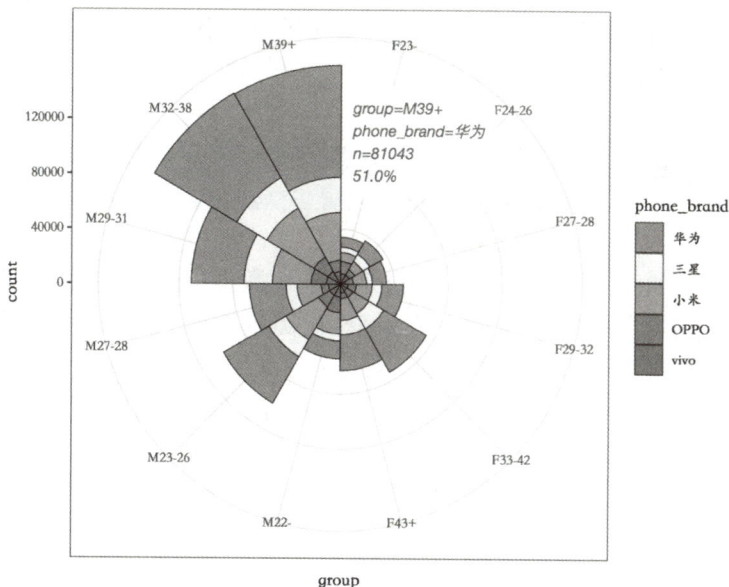

图 3-21 手机用户比例的玫瑰图

针对目标 4，通过地图将数据进行可视化。由于该数据集中包含每个用户在地图上的经纬度坐标，所以可以分析不同品牌的手机用户的位置分布情况。根据前面的分析发现，华为、小米、三星、vivo、OPPO 等品牌的手机用户占比较大，下面只可视化这几个品牌用户的位置分布情况，程序如下所示：

```
## 可视化该数据中华为、小米、三星、vivo、OPPO 用户的位置分布情况
## 获取所需数据
phonebrand <- c(" 华为 "," 小米 "," 三星 ","vivo","OPPO")
plotdata4 <- phonedata[phonedata$phone_brand %in% phonebrand,]
## 使用地图进行数据可视化
world_map <- map_data("world")            # 导入世界地图数据
## 可视化世界地图
p4 <- ggplot() + ggtitle("")+
    geom_polygon(data = world_map, aes(x = long, y = lat, group = group),
                 fill = "lightgray",colour = "lightblue")+
    geom_point(data = plotdata4,aes(x = longitude,y = latitude,
                                    colour = phone_brand),size  = 0.2)+
```

```
theme(legend.position = "top")
p4
```

上面的程序在获取指定品牌的手机用户数据后，通过 map_data() 函数导入世界地图数据，利用 ggplot2 包中的 geom_polygon() 函数可视化地图中的轮廓，然后将每个用户的坐标通过点的方式添加到地图中，不同品牌的手机使用不同颜色的点表示。从运行程序后得到的图形可以直观得到手机用户的位置分布情况，结果发现华为、小米、三星、vivo、OPPO 等品牌的手机用户主要集中在亚洲。

# 3.6 本章小结

本章主要介绍了如何使用 R 语言中的 ggplot2 包对数据进行可视化。首先以实际的数据集为例，介绍了 ggplot2 包中的主题函数、统计变换、几何对象的使用，坐标系的变换和设置，如何使用颜色对数据信息进行编码等内容。同时，还介绍了将 ggplot2 包的图形转换为可交互图形的方式。最后以一个手机用户数据集为例，介绍了如何使用可视化方法对数据进行探索性可视化分析。

本章介绍的主要包及其功能如表 3-10 所示。

表 3-10　本章介绍的主要包及其功能

| 包 | 功　能 |
| --- | --- |
| ggplot2 | R 语言中基于图形语法的绘图包，是 R 语言可视化的重要包之一 |
| plotly | 可交互数据可视化包，可作用于 ggplot2 包的可视化结果 |
| ggiraphExtra | 绘制可交互 ggplot2 图形的一个 R 语言应用包 |

# 第 4 章

# ggplot2 拓展包可视化

📢 **本章导读**

ggplot2 包自推出以来，成为下载最频繁、使用最广泛的 R 语言可视化包之一。利用图形的语法绘图思想，产生了许多基于 ggplot2 包的拓展绘图包。本章主要介绍 GGally、ggfortify、gganimate、ggChernoff、treemapify、ggridges 和 ggTimeSeries 等常用的 ggplot2 拓展包的功能和使用方法，帮助读者利用更少的程序来生成更加丰富、美观的数据分析图。

💡 **知识技能**

本章的知识技能及实战案例如下图所示。

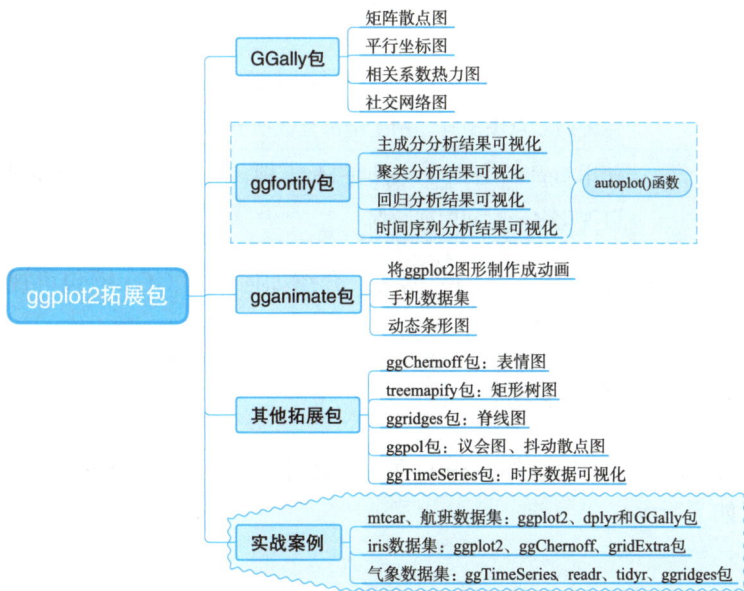

# 4.1 用GGally包数据可视化

GGally 包是通过添加几个函数来扩展 ggplot2 包，将数据可视化变得更加简单，在数据转换方面更加简便。本节首先介绍 GGally 包中常用的数据可视化函数，然后利用一些数据集演示如何使用这些函数进行数据可视化。

扫一扫，看视频

## 4.1.1 GGally 包功能简介

GGally 包通常用于可视化矩阵散点图、平行坐标图、社交网络图等。表 4-1 给出了该包中的常用函数及其功能。

表 4-1　GGally 包中的常用函数及其功能

| 函　　数 | 功　　能 |
| --- | --- |
| ggcoef() | 快速绘制模型系数 |
| ggcorr() | 可视化相关系数热力图 |
| ggduo() | 在矩阵中对两个分组的数据可视化，常用于典型相关分析、多个时间序列的分析和回归分析等 |
| ggmatrix () | 管理矩阵布局中的多个子图 |
| ggnet2() | 将网络图使用 ggplot2 包的方式进行可视化 |
| ggnetworkmap() | 在地图上可视化网络图 |
| ggnostic() | 可视化统计模型诊断的图表矩阵 |
| ggpairs() | 可视化多元数据的矩阵图 |
| ggparcoord() | 以 ggplot2 包的形式可视化平行坐标图 |
| ggscatmat() | 传统的散点图矩阵，用于全都是数值型的变量 |
| ggsurv() | 使用 ggplot2 包生成 Kaplan-Meier 图，用于将 survival 包的结果可视化 |
| ggts | 可视化多元时间序列数据 |

在接下来的 4.1.2 节中，使用实际的数据集，介绍如何使用 GGally 包可视化矩阵散点图、平行坐标图和社交网络图等。

## 4.1.2 GGally 包可视化案例

下面利用 GGally 包对实际数据集进行可视化分析。首先导入 ggplot2、dplyr 和 GGally 等相关包，程序如下所示：

```
library(ggplot2);library(dplyr);library(GGally);library(broom)
library(ggmap);library(network);library(readxl);library(sna);library(geosphere)
```

　　下面使用 R 语言中自带的 mtcars 数据集绘制矩阵散点图。该数据是关于汽车油耗及汽车设计和性能的 10 个方面的指标取值，包含 32 个样本、11 个数值变量。首先导入数据并查看其前几行。

```
data("mtcars")      # 加载 R 语言中自带的数据集
head(mtcars)
##                    mpg cyl disp  hp drat    wt  qsec vs am gear carb
## Mazda RX4         21.0   6  160 110 3.90 2.620 16.46  0  1    4    4
## Mazda RX4 Wag     21.0   6  160 110 3.90 2.875 17.02  0  1    4    4
## Datsun 710        22.8   4  108  93 3.85 2.320 18.61  1  1    4    1
## Hornet 4 Drive    21.4   6  258 110 3.08 3.215 19.44  1  0    3    1
## Hornet Sportabout 18.7   8  360 175 3.15 3.440 17.02  0  0    3    2
## Valiant           18.1   6  225 105 2.76 3.460 20.22  1  0    3    1
## 调整变量 am 的取值
mtcars$am <- ifelse(mtcars$am == 0,"automatic","manual")
```

　　在上面的程序和输出结果中，对数据中的变量 am（驱动方式）进行了重新定义，将其定义为字符串变量，该变量可以作为数据可视化时的分组变量。

　　使用 ggscatmat() 函数可视化矩阵散点图时，只需要指定数据和矩阵散点图所在的列。如果指定了参数 color 所使用的变量，则会根据变量的不同取值来设置不同的颜色。可视化矩阵散点图的程序如下所示：

```
## 绘制矩阵散点图并计算出相关系数
ggscatmat(mtcars,columns = 1:7,color = "am",   # 数据, 可视化列变量, 分组变量名
          alpha = 0.6,corMethod = "pearson"    # 点的透明度和相关系数的类型
          )+ggtitle(" 矩阵散点图 ")             # 添加名称
```

　　由上面的程序可以发现，通过 GGally 包中的函数进行可视化时，同样可以使用加号（+）和 ggplot2 包中的函数联合绘图，这是 GGally 包的一个优点，它不仅简化了 ggplot2 包数据可视化的方式，还可以利用 ggplot2 包中的函数对图形进行精修。最后得到的矩阵散点图如图 4–1 所示。

　　在图 4–1 所示的矩阵散点图中，行和列分别表示绘图使用的变量，不同的颜色表示不同分组的数据。图 4–1 的下三角部分表示两两变量之间的散点图，对角线表示每个变量在 am 不同分组下的密度曲线，上三角部分表示不同分组下两个变量的皮尔逊（corMethod = "pearson"）相关系数（可以通过修改参数来计算其他类型的相关系数）。

　　平行坐标图和安德鲁曲线（平滑的平行坐标图）常用于分析数据集中样本的取值范围和分布情况。在平行坐标图中，横坐标为数据集的每个变量，纵坐标表示变量的取值，每个样本对应的各变量的取值用折线进行连接。GGally 包中的 ggparcoord() 函数可以绘制平行坐标

图和安德鲁曲线。

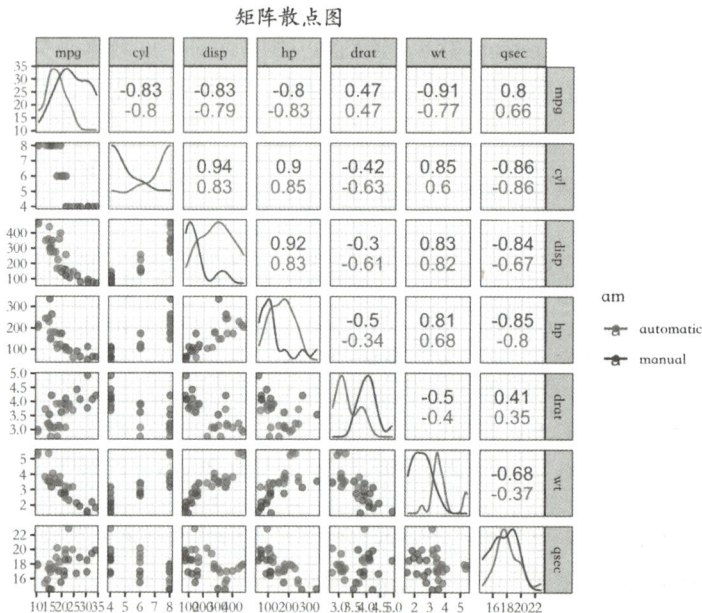

图 4-1　矩阵散点图

针对 mtcars 数据集，绘制平行坐标图的程序如下所示：

```
## 可视化多个变量的平行坐标图
p1 <- ggparcoord(mtcars,columns = c(1:7,10,11),groupColumn = "am",
                scale = "std",                # 对每个变量进行标准化
                order = c(2,10,11,1,3:7),      # 将变量显示情况重新排序
                showPoints = TRUE,alphaLines = 0.9)+ # 显示点，调整线的透明度
    theme(legend.position = "top")+labs(x = " 变量 ",title = " 平行坐标图 ")
p1
```

在上面的程序中，参数 mtcars 是绘制平行坐标图使用的数据；参数 columns 是指定在可视化时使用哪些列的变量；参数 groupColumn 是指定可视化时的分组数据；参数 scale 是对数据集中 Y 轴取值进行的相关操作，"std" 表示对每个变量进行标准化，参数 scale 可以选择 center（将数据进行中心化）、robust（利用中位数计算的标准化方式）、globalminmax（范围由全局最小值和全局最大值定义）等；参数 order 是控制 X 轴上变量的排列顺序。通过 theme() 函数调整了平行坐标图中图例的位置。运行程序，得到如图 4-2 所示的 mtcars 数据集的平行坐标图。

在图 4-2 中，不同的分组使用了不同的颜色，利于分析分组数据在各变量下的取值范围。对 drat 变量而言，automatic 种类的样本倾向于较小的取值，manual 种类的样本倾向于较大的取值，对 wt 变量则趋势正好相反。

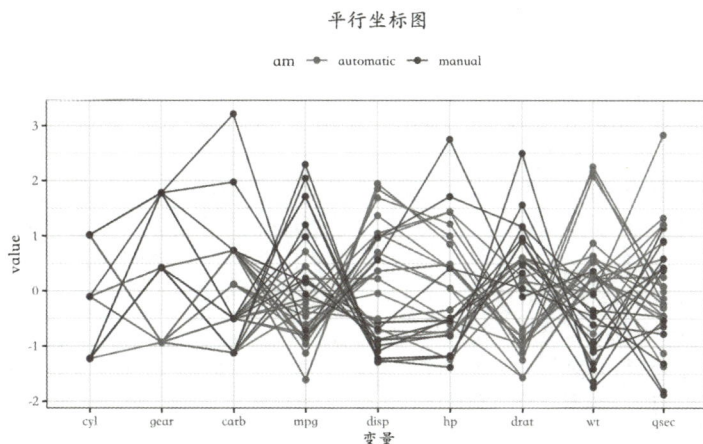

图 4-2　mtcars 数据集的平行坐标图

使用 ggparcoord() 函数可以绘制平行坐标图，在该函数中添加控制折线图平滑的参数 splineFactor，就可以得到安德鲁曲线，程序如下所示：

```
## 可视化多个变量的安德鲁曲线
p2 <- ggparcoord(mtcars,columns = c(1:7,10,11),groupColumn = "am",
                 scale = "uniminmax",                    # 将每个变量标准化为 0 ~ 1
                 order = c(2,10,11,1,3:7),               # 将变量显示情况重新排序
                 showPoints = TRUE,alphaLines = 0.9,     # 显示点，调整线的透明度
                 splineFactor = 10)+                     # 平滑每条曲线
      theme(legend.position = "top")+labs(x = " 变量 ",title = " 安德鲁曲线 ")
p2
```

在上面的程序中，通过参数 scale = "uniminmax" 将每个变量的取值标准化为 0 ~ 1，使用参数 splineFactor = 10 使折线平滑，得到的 mtcars 数据集的安德鲁曲线如图 4-3 所示。由图 4-3 可以发现，每个样本在各变量取值之间的过渡通过平滑的曲线完成。

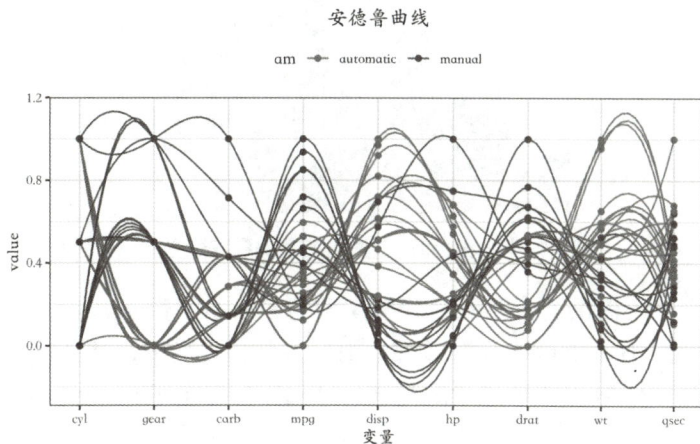

图 4-3　mtcars 数据集的安德鲁曲线

接下来使用 GGally 包中的 ggcorr() 函数，绘制 mtcars 数据集前 7 个变量的相关系数热力图，程序如下所示：

```
## 可视化相关系数热力图
ggcorr(data = mtcars[,1:7],
        method = c("pairwise", "pearson"),   # 指定计算协方差方法和相关系数类型
        geom = "tile",                        # 指定绘图的元素，可以是 "tile" 或 "circle"
        nbreaks = 10,                         # 将相关系数使用的颜色切分为多块
        name = expression(rho),               # 为图例添加名称
        # 显示相关系数的大小
        label = TRUE,label_color = "grey20",label_round = 2,label_size = 3.5
        )+ggtitle(" 相关系数热力图 ")+
   ## 设置图形的主题
   theme_void(base_family = "STKaiti")+
   theme(plot.title = element_text(hjust = 0.5))
```

在上面的程序中，通过参数 geom 设置每个图元的类型，参数 name 为图例添加名称。最后通过 ggplot2 包中的函数对图形进行精修。运行程序，得到如图 4-4 所示的 mtcars 数据集的相关系数热力图。由图 4-4 可以直观地看出任意两个变量之间的相关系数的大小，其中 cyl 与 disp 两个变量的正相关性最强，而 disp 与 drat 变量之间、hp 与 qsec 变量之间的负相关性较强。

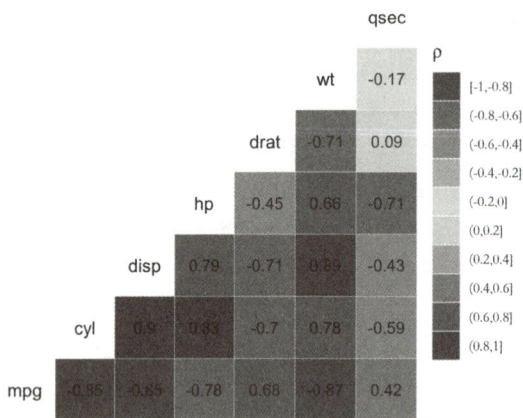

图 4-4　mtcars 数据集的相关系数热力图

在 GGally 包中，还提供了多元回归分析模型的诊断图函数 ggnostic()。下面针对 mtcars 数据集的前 7 个变量，使用 mpg 作为因变量，其余的作为自变量，且将 cyl 设置为因子变量，进行逐步多元回归分析，将结果使用诊断图进行可视化，程序如下所示：

```
## 可视化多元回归模型诊断图，使用 mpg 作为因变量
```

```
mtcars$cyl <- as.factor(mtcars$cyl)                      # 转换为因子变量
lmmod <- lm(mpg ~ .,data = mtcars[,1:7])
## 对模型进行逐步回归
lmmods <- step(lmmod)
## 可视化回归模型的诊断图
ggnostic(lmmods,mapping = ggplot2::aes(color = cyl),     # 颜色变量
        ## 每行的含义：拟合点，拟合点的标准误差，模型的残差，模型的标准化残差，
        ## 样本的杠杆点，样本的库克距离
        columnsY = c(".fitted", ".se.fit", ".resid", ".std.resid",
                     ".hat", ".cooksd"),
        ## 设置列中连续变量的拟合方式
        continuous = list(default = ggally_smooth,.fitted = ggally_smooth)
        )+theme_test()
```

在上面的程序中，首先使用 lm() 函数建立多元回归模型，然后使用 step() 函数进行逐步回归，最后利用 ggnostic() 函数可视化回归模型的诊断图。在可视化诊断图时，通过参数 mapping = ggplot2::aes(color = cyl) 将变量 cyl 设置为离散型分组变量，图形中的列使用参数 columnsY 指定，取值分别是 ".fitted"（拟合点）、".se.fit"（拟合点的标准误差）、".resid"（模型的残差）、".std.resid"（模型的标准化残差）、".hat"（样本的杠杆点）、".cooksd"（样本的库克距离）等。最后得到的多元回归模型诊断图如图 4-5 所示。可以发现，经过逐步回归后模型只保留了三个自变量，图 4-5 中也给出了每个自变量的取值及相关统计量的分布情况。

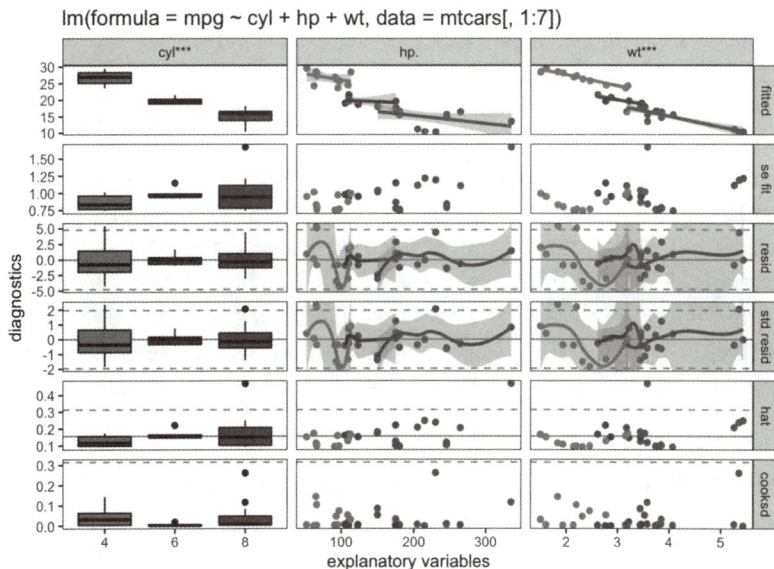

图 4-5  多元回归模型诊断图

在 GGally 包中，还提供了可利用 ggplot2 输出格式的网络图的可视化函数 ggnet2()，该函数可以针对 network 包的网络形式进行可视化。如果提供了节点的地理经纬度坐标，还可以将网络图绘制到地图上。

下面针对国家或地区航线之间的网络连接数据，使用两种函数对其进行可视化分析，程序如下所示：

```
## 构造网络数据，读取航线之间的关系网络数据
edge <- read.csv("data/chap4/edge.csv")
head(edge)
##    Country.y    Country.x connectnumber etype
## 1    Algeria       France            67     1
## 2  Australia  New Zealand            64     1
## 3    Austria      Germany            67     1
## 4    Bahamas United States           72     1
## 5    Belgium        Spain            60     1
## 6     Brazil United States           57     1
```

上面的程序读取了需要使用的网络边的连接方式数据，前两个变量分别为网络中一条边的两个节点（国家或地区的名称），该数据是根据它们之间的航班连接数量得到的。

下面读取网络中需要使用的节点数据。

```
## 读取节点数据
vertex <- read.csv("data/chap4/vertex.csv")
## 读取国家或地区所在的坐标
weizhi <- read_excel("data/chap4/ 国家名称和位置 .xlsx")
## 连接两个数据
vertexnew <- left_join(vertex,weizhi,by = c("Country" = "name"))
head(vertexnew)
##     Country airportnumber vtype country  latitude   longitude
## 1   Algeria            43     2      DZ  28.03389    1.659626
## 2 Australia           296     3      AU -25.27440  133.775136
## 3   Austria            19     1      AT  47.51623   14.550072
## 4   Bahamas            33     2      BS  25.03428  -77.396280
## 5   Belgium            24     2      BE  50.50389    4.469936
## 6    Brazil           234     3      BR -14.23500  -51.925280
```

上述程序中首先读取了节点数据（vertex.csv）和每个国家或地区所在的经纬度坐标数据（国家名称和位置 .xlsx），然后通过数据表的左连接函数 left_join() 将两个函数连接，得到最终的节点数据 vertexnew，包含节点名称（vertexnew）、机场数量（airportnumber）、经纬度（latitude、longitude）等。

下面将数据转换为网络连接形式的数据，并使用 ggnet2() 函数对网络图进行可视化，程序如下所示：

```
## 构建网络，并设置节点的名称
plotnet <- network(edge[1:2],vertex.attrnames = vertexnew$Country)
## 给网络的节点添加地理位置坐标和连接数量
index <- which(network.vertex.names(plotnet) == vertexnew$Country)
plotnet %v% "lat" <- vertexnew[index,"latitude"]
plotnet %v% "lon" <- vertexnew[index,"longitude"]
plotnet %v% "degree" <- 2*round(log(vertexnew[index,"airportnumber"]))
plotnet %v% "mygroup" <- vertexnew[index,"vtype"]
## 可视化网络图
ggnet2(plotnet,
        ## 设置节点大小
        size = "degree",size.legend  = "2*log(airnum)",
        ## 设置节点颜色
        color = "mygroup",palette = c("1"="red","2" ="blue","3"="green"),
        ## 设置节点标签
        label = TRUE,label.size = 3,alpha = 0.6,vjust =-1,
        ## 设置边的颜色和粗细
        edge.alpha = 1, edge.color = "tomato",edge.size = 0.7
        )+ggtitle(" 航线网络图 ")
```

在上面的程序中，通过 network() 函数将数据转换为网络数据 plotnet，然后为网络中的节点添加 lat（纬度坐标）、lon（经度坐标）、degree（可设置节点大小）、mygroup（可设置节点分组）等属性变量，最后通过 ggnet2() 函数可视化网络图，注意该函数并不能利用经纬度坐标变量。在可视化网络图时，分别使用相关参数设置了节点大小、颜色、标签显示情况，以及边的颜色和粗细等参数，最后得到如图 4-6 所示的国家或地区之间航线关系网络图。在图 4-6中，节点越大表示机场数量越多，不同的颜色代表不同的分组类型。

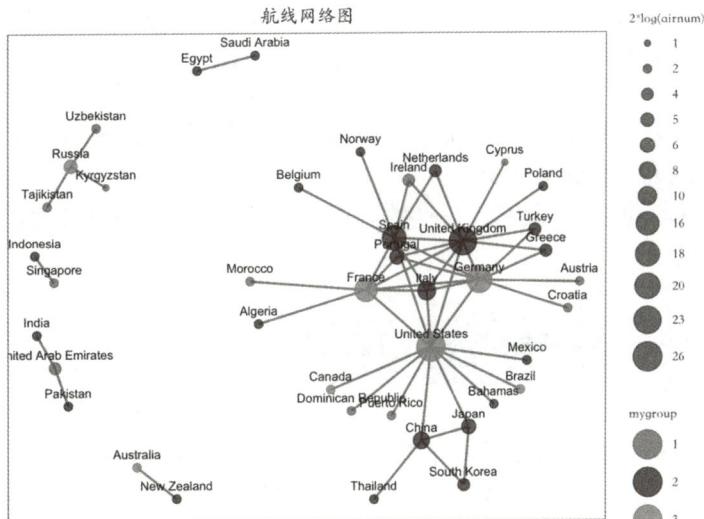

图 4-6　国家或地区之间航线关系网络图

因为该网络图的节点为国家或地区，且数据中含有节点的经纬度坐标，因此可以在地图上对其进行可视化。下面利用 ggnetworkmap() 函数将世界地图和该网络关系图融合在一起，分析网络中各节点之间的关系，程序如下所示：

```
## 在地图上可视化该网络图，先定义世界地图
world <- ggplot(map_data("world"), aes(x = long, y = lat)) +
    geom_polygon(aes(group = group), color = "grey65",
                  fill = "#f9f9f9", size = 0.2)
## 在地图上添加网络图
ggnetworkmap(world,plotnet,size = 4, alpha = 1,
              great.circles = TRUE,node.group = mygroup,
              segment.color = "blue",segment.size = 0.3,
              ## 设置节点的颜色和大小
              ring.group = degree, weight = degree,
              label.nodes = TRUE,label.size = 2)+
    theme(legend.position = "none")+
    ## 设置节点的填充颜色
    scale_fill_continuous("mygroup", high = "red", low = "yellow")+
    ## 设置节点的边界颜色
    scale_color_continuous(high = "red", low = "yellow")+
    ggtitle(" 航线网络地图 ")
```

在上面的程序中，首先通过 map_data("world") 获取世界地图数据，然后利用 ggplot2 包中的函数可视化世界地图，获得地图 world，最后通过 ggnetworkmap(world,plotnet) 函数将地图 world 和网络 plotnet 一同可视化，并设置了节点和边的相关参数。

> ⚠ **说明：** 在可视化地图形式的网络图时，为了防止图形融合时出错，网络 plotnet 的节点属性需要包含 lat、lon、degree、mygroup 这 4 个变量，这也是 ggnetworkmap() 函数在可视化网络图时的一个缺点。

相较于图 4-6 所示的没有地理位置的网络图，地图与网络图的融合图更容易直观地分析部分国家或地区之间的航班交流情况。

前面介绍的是 GGally 包中具有代表性的可视化功能，可以通过帮助文档深入研究该包更多的使用方法。

## 4.2 ggChernoff包数据可视化

ggChernoff 包为 ggplot2 包引入了一个 geom_chernoff() 函数，该函数的功能和 geom_point() 函数相似，只是它绘制图形时利用一些表情符号（如笑脸等）来代替点。

扫一扫，看视频

ggChernoff 包可以通过 CRAN 安装，也可以利用 devtools 包中的 install_github() 函数安装，具体代码如下所示：

```
library(devtools)
devtools::install_github('Selbosh/ggChernoff')
```

## 4.2.1　ggChernoff 包功能简介

ggChernoff 包在 ggplot2 包的基础上添加了几个函数，从而为可视化图形添加了更多的乐趣。表 4-2 给出了 ggChernoff 包中的主要函数及其功能。

表 4-2　ggChernoff 包中的主要函数及其功能

| 函　　数 | 功　　能 |
| --- | --- |
| geom_chernoff() | 添加表情包可视化图层 |
| scale_smile_continuous() | 调整图形中表情包的微笑程度 |
| scale_brow_continuous() | 调整图形中表情包的眉毛倾斜角度 |

## 4.2.2　ggChernoff 包可视化案例

本节将使用实际的数据可视化案例，展示 ggChernoff 包中相关函数的使用方法。首先导入相关包和鸢尾花数据集，程序如下所示：

```
library(ggplot2);library(ggChernoff);library(dplyr)
library(gridExtra)
## 导入数据
data("iris")
head(iris,2)
##   Sepal.Length Sepal.Width Petal.Length Petal.Width Species
## 1          5.1         3.5          1.4         0.2  setosa
## 2          4.9         3.0          1.4         0.2  setosa
```

在鸢尾花数据集中，有 4 个数值变量和 1 个分类变量。ggChernoff 包提供的函数只是一些图层，所以需要与 ggplot2 包中的 ggplot() 函数结合进行数据可视化。程序如下所示：

```
## 表情散点图，设置表情的微笑程度
p1 <- ggplot(iris,aes(x = Petal.Length,          # x 坐标
                      y = Sepal.Length,          # y 坐标
                 ## 根据 Sepal.Width 变量调整微笑的程度
                      smile = Sepal.Width)) +
    geom_chernoff(size = 2.5,fill = "lightblue")+ #设置表情的大小和填充颜色
```

```
            ggtitle(" 设置表情的微笑程度 ")
      ## 表情散点图，设置表情的眉毛情况
      p2 <- ggplot(iris,aes(x = Petal.Length,          # x 坐标
                            y = Sepal.Length,          # y 坐标
                            ## 根据 Sepal.Width 变量调整眉毛的情况
                            brow = Sepal.Width)) +
         geom_chernoff(size = 2.5,fill = "lightblue")+  # 设置表情的大小和填充颜色
         ggtitle(" 设置表情的眉毛情况 ")
      ## 表情散点图，为表情添加鼻子情况
      p3 <- ggplot(iris,aes(x = Petal.Length,          # x 坐标
                            y = Sepal.Length,          # y 坐标
                            fill = Species)) +         # 使用 Species 变量作为颜色填充
        geom_chernoff(nose =TRUE)+
        ggtitle(" 表情添加鼻子 ")
      ## 表情散点图和分面操作相结合
      ## 表情散点图，分面的表情散点图
      p4 <- ggplot(iris,aes(x = Petal.Length,          # x 坐标
                            y = Sepal.Length,          # y 坐标
                            fill = Species)) +         # 使用 Species 变量作为颜色填充
        geom_chernoff(size = 2)+                       # 添加表情图层
        facet_wrap( ~ Species,nrow = 1,scales = "free_x")+       # 进行分面
        ggtitle(" 分面的表情散点图 ")+theme(legend.position = "none")
      ## 将 4 幅图形重新布局到一幅图像
      grid.arrange(p1,p2,p3,p4,nrow=2)
```

　　在上面的程序中，通过 4 个程序片段分别可视化出不同类型的表情包图。针对第一个程序片段 p1，通过在 aes() 函数中添加参数 smile = Sepal.Width，利用变量 Sepal.Width 取值的大小，调整每个点的表情中微笑的程度。在 geom_chernoff() 图层函数中，通过参数 size 设置每个表情的大小，参数 fill 设置表情的填充颜色，最终得到的图形如图 4–7 中的第一幅子图（左上）。程序片段 p2 与 p1 的最大区别是，通过参数 brow = Sepal.Width 中 Sepal.Width 取值的大小，调整每个点的表情中眉毛的倾斜角度，得到的图形如图 4–7 中的第二幅子图（右上）。在程序片段 p3 中，通过参数 fill = Species 将不同数据类型的表情包填充不同的颜色，并且在 geom_chernoff() 图层函数中，通过参数 nose =TRUE 为每个表情添加鼻子，最后得到的图形如图 4–7 中的第三幅子图（左下）。程序片段 p4 是与 facet_wrap() 分面图层相结合，针对不同类型的鸢尾花数据可视化分面表情包图，得到的图形如图 4–7 中的第四幅子图（右下）。

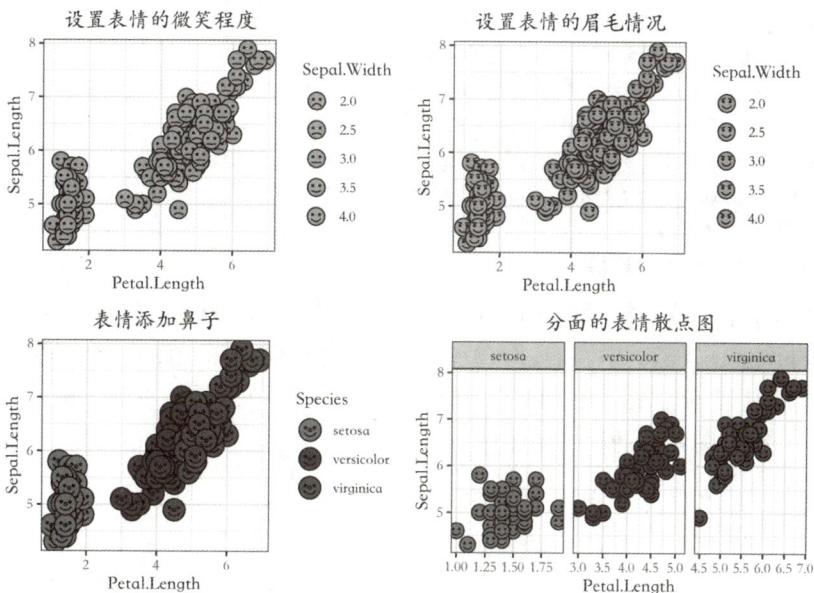

图 4-7 不同类型的表情包图的可视化结果

在图 4-7 所示的表情包图中，不同的眉毛和嘴巴的弯曲程度可以表现出不同的情绪变化，直观反映数据的取值大小。

下面介绍如何使用 scale_smile_continuous() 函数调整图形的微笑程度，以及如何使用 scale_brow_continuous() 函数调整眉毛的倾斜角度。首先生成用于可视化的数据。

```
## 生成用于可视化的数据
plotdata <- data.frame(x = seq(1,20,0.5))
plotdata$y <- sin(plotdata$x)
head(plotdata)
##      x         y
## 1 1.0  0.8414710
## 2 1.5  0.9974950
## 3 2.0  0.9092974
## 4 2.5  0.5984721
## 5 3.0  0.1411200
## 6 3.5 -0.3507832
```

该数据包含两个变量，其中 y 是 x 的正弦值。下面使用该数据集可视化表情包曲线，程序如下所示：

```
## 通过 scale_smile_continuous() 函数调整微笑程度
p5 <- ggplot(plotdata,aes(x = x, y = y,smile = y))+
    geom_line()+geom_chernoff(size =3,fill = "yellow")+
    scale_smile_continuous(" 微笑 ",range = range(plotdata$y))+        ## 微笑的范围
```

```
            ggtitle("scale_smile_continuous() 调整微笑变化 ")
## 通过 scale_brow_continuous() 函数调整眉毛
p6 <- ggplot(plotdata,aes(x = x, y = y,brow = y))+
      geom_line()+geom_chernoff(size =3,fill = "yellow")+
      scale_brow_continuous(" 眉毛 ",range = range(plotdata$y))+          ## 眉毛的范围
      ggtitle("scale_brow_continuous() 调整眉毛变化 ")
## 两幅图排列为 2 行 1 列
grid.arrange(p5,p6,ncol=1)
```

在上面的程序中，分别使用程序片段 p5 和 p6 可视化了两个表情包图。在程序片段 p5 的 scale_smile_continuous() 函数中，通过参数 range 设置微笑程度的范围，得到图 4-8 的第一幅子图。针对程序片段 p6，在 scale_brow_continuous() 函数中，通过参数 range 设置眉毛的倾斜角度的范围，得到图 4-8 的第二幅子图。

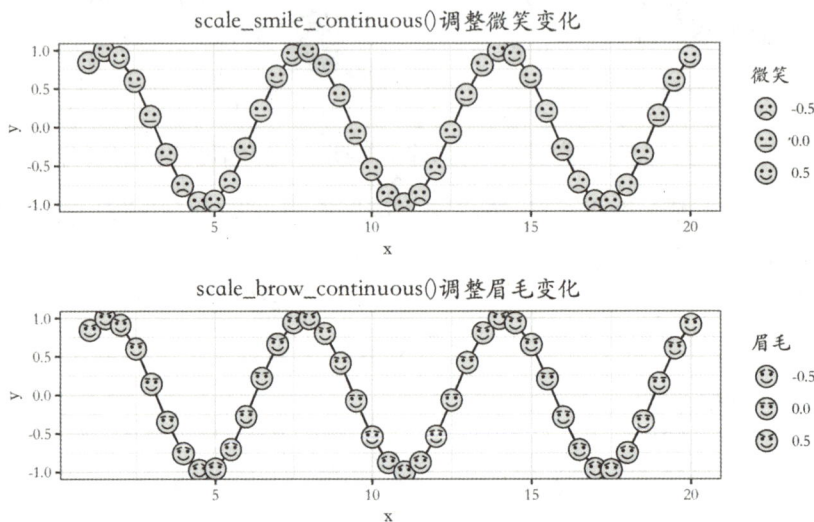

图 4-8　设置表情包图的微笑和眉毛

在图 4-8 中，第一幅子图针对不同的 y 值使用了不同的微笑程度，反映出数据所代表的情绪。第二幅子图中的微笑表情是一致的，不同的是眉毛的倾斜角度，反映了数据所代表的情绪变化。

ggChernoff 包通过引入表情，可以在可视化数据时传递情绪信息，丰富了可视化图形的情感和内容。

## 4.3　ggTimeSeries包可视化时序数据

ggTimeSeries 包提供了一些新颖的时间序列数据可视化功能，可以在 ggplot2 包的基础上绘制出更让人感兴趣的时间序列图形，如日历图、蒸汽图等。

## 4.3.1 ggTimeSeries 包功能简介

在 ggTimeSeries 包中，提供了多个已经打包好的时间序列可视化函数，使用时非常方便。ggTimeSeries 包的常用函数及其功能如表 4-3 所示。

表 4-3 ggTimeSeries 包的常用函数及其功能

| 函 数 | 功 能 |
| --- | --- |
| ggplot_calendar_heatmap() | 可视化日历热力图 |
| ggplot_horizon() | 可视化地平线图 |
| stat_steamgraph() | 可视化蒸汽图 |
| ggplot_waterfall() | 可视化瀑布图 |
| stat_marimekko() | 可视化镶嵌图 |

日历热力图在可视化每日数据时，其结果使监测每周、每月或季节性模式变得很容易。蒸汽图是利用堆叠面积图获得更具美学吸引力的数据可视化结果，它通过将方差最大的组放在边缘，方差最小的组放在中心的形式突出数据变化形式。瀑布图注重的不是数值的大小，而是数值随时间的变化情况。4.3.2 节将使用一个天气数据集来展示如何可视化日历热力图、蒸汽图等图形。

## 4.3.2 ggTimeSeries 包可视化案例

本节将使用 ggTimeSeries 包可视化 1997—2016 年某地区天气的变化情况数据集（weather_day.csv），数据集中使用多个变量记录了该地区每天的平均温度、平均噪声、是否有雾、是否有冰雹、是否有降雨、是否有雪、是否有雷电、是否有龙卷风、主要风向等信息。

首先导入要使用的包，并读取数据，程序如下所示：

```
library(ggTimeSeries)
library(readr)
library(tidyr)
## 读取数据
weather <- read_csv("data/chap4/weather_day.csv")
## 为数据中添加时间变量
weather$date <- as.Date(paste(weather$day,weather$month,weather$year,sep = "/"),
                  "%d/%m/%Y")
head(weather)
## # A tibble: 6 x 14
##    year month2    month   day MeanTemp MeanHum   Fog  Hail  Rain  Snow Thunder
##   <dbl> <chr>     <dbl> <dbl>    <dbl>   <dbl> <dbl> <dbl> <dbl> <dbl>   <dbl>
## 1  1997 Janua…        1     1     13.9    82.3     1     0     0     0       0
```

```
## 2    1997 Janua…        1     2     13.3     82.4       1     0     0     0     0
## 3    1997 Janua…        1     3       15     71.9       1     0     0     0     0
## 4    1997 Janua…        1     4     15.9     70.9       1     0     0     0     0
## 5    1997 Janua…        1     5     15.0     70.3       1     0     0     0     0
## 6    1997 Janua…        1     6     13.6     82.9       1     0     0     0     0
## # … with 3 more variables: Tornado <dbl>, Wdire <chr>, date <date>
```

准备好数据之后，可以使用 ggTimeSeries 包中的 ggplot_calendar_heatmap() 函数绘制 2014—2016 年的温度变化日历热力图，该图形会以日历的形式展示全年天气温度的变化情况，程序如下所示：

```
## 可视化 2014—2016 年的温度日历热力图，获取三年的数据
temp_3 <- weather[weather$year %in% c(2014,2015,2016),]
p1 <- ggplot_calendar_heatmap(temp_3,                          ## 数据
                    cDateColumnName = "date",                  ## 时间变量
                    cValueColumnName = "MeanTemp",             ## 数值变量
                    dayBorderSize = 0.2,                       ## 日边框线的粗细
                    dayBorderColour = "blue",                  ## 日边框线的颜色
                    monthBorderSize = 0.8,                     ## 月边框线的粗细
                    monthBorderColour = "gray80")+             ## 月边框线的颜色
    scale_fill_continuous(" 温度 ",low = 'green', high= 'red')+   ## 设置图形的颜色填充
    facet_wrap(-year,ncol = 1)+                                ## 将图形分面
    labs(x = " 月份 ",y = " 星期 ",title = " 温度变化日历图 ")
p1
```

在上面的程序中，首先获取指定时间的数据，然后使用 ggplot_calendar_heatmap() 函数对数据 temp_3 进行可视化，其中用来填充颜色的变量为每天的平均温度 MeanTemp，使用 scale_fill_continuous() 函数来指定相应温度的颜色映射，使用 facet_wrap() 函数根据年份进行分面。最后得到如图 4-9 所示的温度变化日历热力图。

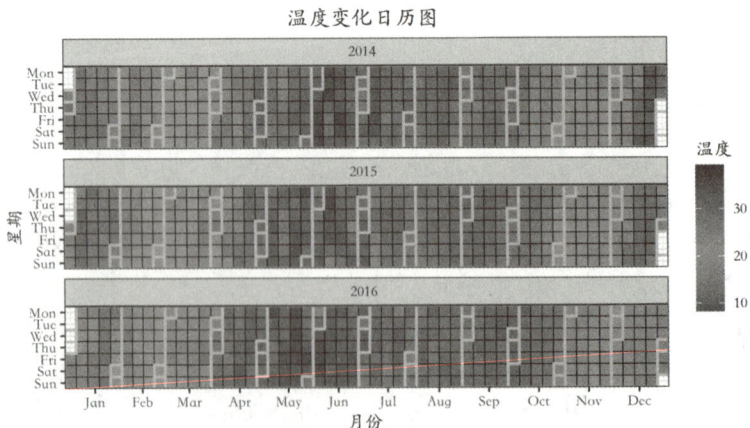

图 4-9　温度变化日历热力图

在图 4-9 中，横坐标为月份，纵坐标为星期几，使用颜色表示对应时间的气温高低，红色区域表示温度较高，通过图 4-9 可以直观地看出一年之内气温的变化趋势。

在日历热力图中，还可以使用离散变量进行颜色映射来对数据可视化。下面针对该段时间的降雨时间分布，将一天之中是否发生降雨转换为因子变量，然后对其进行可视化。程序如下所示：

```
## 使用日历热力图可视化 2014—2016 年每天是否有降雨
temp_3$Rain <- as.factor(temp_3$Rain)
ggplot_calendar_heatmap(temp_3,cDateColumnName = "date",
                        cValueColumnName = "Rain",dayBorderSize = 0.2,
                        dayBorderColour = "lightblue",monthBorderSize = 0.5,
                        monthBorderColour = "gray50")+
    scale_fill_brewer(" 降雨 ",palette = "Set2")+        ## 设置图形的颜色填充
    facet_wrap(~year,ncol = 1)+                          ## 将图形分面
    ggtitle(" 是否有降雨 ")+labs(x = " 月份 ",y = " 星期 ")
```

上面的程序将降雨的时间使用红色表示，未降雨的时间使用绿色表示。最后可以得到如图 4-10 所示的降雨情况日历热力图。由图 4-10 可以发现，该地的降雨主要集中在 6—8 月，而 10—12 月的降雨非常稀少。

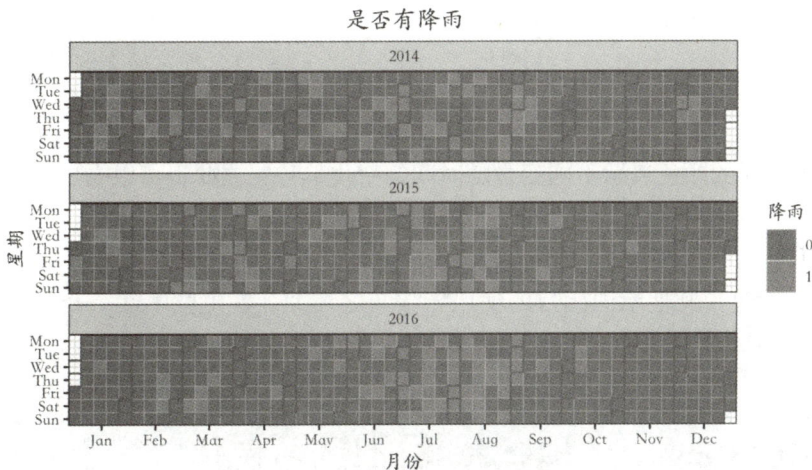

图 4-10　降雨情况日历热力图

前面介绍了日历热力图的可视化方法，可以发现日历热力图在可视化时间序列数据集时，针对每天、每月、每季度、每年的天气变化情况的分析非常方便。

下面使用 ggTimeSeries 包，通过蒸汽图来表示多个变量随时间变化的趋势。针对该数据集，使用蒸汽图对 2014—2016 年的平均气温、平均噪声进行可视化，程序如下所示：

```
## 使用 temp_3 数据进行可视化，转换数据形式
```

```
steamdata <- temp_3[,c("MeanTemp","MeanHum","date")]%>%
    gather(key = "Label",value = "value",-date)
## 可视化多个变量的蒸汽图
ggplot(steamdata,aes(x = date,y = value,fill = Label))+
    stat_steamgraph()+theme(legend.position = "top")
```

在程序中，使用 stat_steamgraph() 函数对数据可视化，生成蒸汽图，得到如图 4-11 所示的时间序列数据蒸汽图。

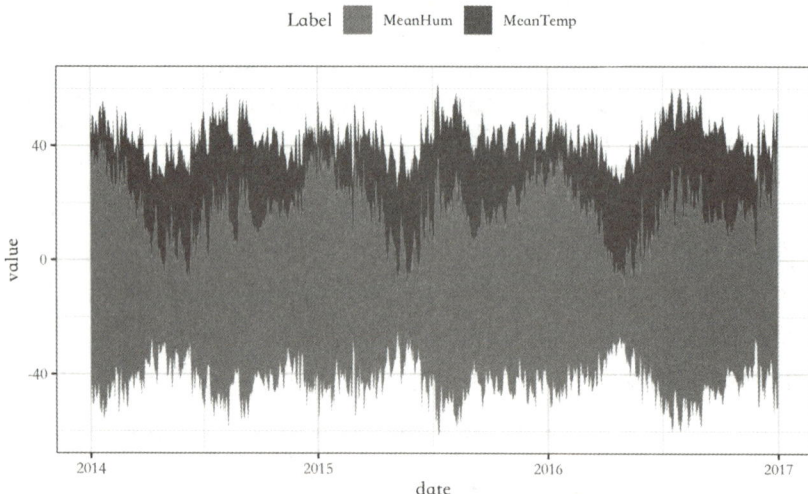

图 4-11　时间序列数据蒸汽图

图 4-11 中不同的颜色表示不同变量随时间的变化趋势，据此也可以看出多个变量之间的数据分布情况。

前面使用一个天气数据集介绍了 ggTimeSeries 包中的日历热力图、蒸汽图的可视化方法。ggTimeSeries 包中其他绘图函数的使用方法与之类似，这里就不逐一介绍了，可以通过 ggTimeSeries 包的帮助文档进一步研究。

# 4.4　treemapify和ggpol包数据可视化

在 R 语言中，treemapify 是一个基于 ggplot2 包对树图（Treemap，主要是矩形树图）进行可视化的包，它是一种利用嵌套式矩形来显示树状结构数据的方法，图形能以不同颜色区块表达不同的内容，通过区块大小对不同内容的数值进行比较，一般来说，区块矩形越大，对应的数值就越大。

扫一扫，看视频

## 4.4.1　用 treemapify 包可视化树图

在 treemapify 包中，有多种函数可以用来设置树图最终的显示效果。表 4-4 给出了 treemapify 包的常用函数及其功能。

表 4-4　treemapify 包的常用函数及其功能

| 函　　数 | 功　　能 |
| --- | --- |
| geom_treemap() | 可视化树图，可以与 ggplot 包联合使用 |
| geom_treemap_text() | 将文本标签添加到树图切片 |
| geom_treemap_subgroup_text() | 将文本标签添加到树图子组中 |
| geom_treemap_subgroup2_text() | 将文本标签添加到二级分组的树图子组中 |
| geom_treemap_subgroup3_text() | 将文本标签添加到三级分组的树图子组中 |
| geom_treemap_subgroup_border() | 在树图图块的子组周围绘制边框 |
| geom_treemap_subgroup2_border() | 在二级分组的树图图块的子组周围绘制边框 |
| geom_treemap_subgroup3_border() | 在三级分组的树图图块的子组周围绘制边框 |
| treemapify()，treemapify_fixed() | 生成树图布局 |

下面使用 treemapify 包中自带的 G20（二十国集团主要世界经济体）数据集，介绍如何使用相关函数可视化树图。首先导入相关的包和数据。

```
library(ggplot2)
library(treemapify)
library(RColorBrewer)
data("G20")
head(G20,3)
##          region        country gdp_mil_usd   hdi econ_classification
## 1        Africa   South Africa      384315 0.629          Developing
## 2 North America  United States    15684750 0.937            Advanced
## 3 North America         Canada     1819081 0.911            Advanced
##   hemisphere
## 1   Southern
## 2   Northern
## 3   Northern
```

该数据集为 G20 集团国的经济和人口统计数据，主要变量包括 region（国家所在的地区）、country（国家名称）、gdp_mil_usd（国家的 GDP，单位为百万美元）、hdi（人类发展指数）、econ_classification（国家的经济类型）、hemisphere（该国大部分陆地所在的半球）。针对以下两个目标，使用树图对该数据进行可视化分析。

目标 1：使用树图可视化每个国家的 GDP 和人类发展指数情况。

目标 2：使用树图结合分组、分面等对 G20 数据集进行可视化。

对目标 1 进行可视化的程序如下所示：

```
## 用 G20 数据集初始化图形对象，用面积表示 GDP，使用人类发展指数 hdi 填充颜色
## 根据经济类型分组
p1 <- ggplot(G20,aes(area = gdp_mil_usd, fill = hdi,
                     subgroup = econ_classification))+
    geom_treemap()+ ## 添加树图图层
    geom_treemap_subgroup_border(colour = "red",alpha = 0.7)+ ## 为分组添加边框
    # 为每个矩形添加文本标签，颜色为黑色，倾斜30°，居中
    geom_treemap_text(aes(label = country),colour = "black",
                      angle = 30,place = "centre")+
    # 添加分组的文本标签，红色居中
    geom_treemap_subgroup_text(colour = "red",place = "centre",alpha = 0.7)+
    scale_fill_gradientn(colours=brewer.pal(8,"PiYG"))+        ## 设置填充颜色
    labs(title = "G20 GDP 情况 ")
p1
```

在上面的程序中，使用 geom_treemap() 函数可视化树图，其中矩形的面积表示 GDP 的大小，填充颜色表示人类发展指数，使用 geom_treemap_text()、geom_treemap_subgroup_text() 等函数设置文本和边框的显示，最后得到如图 4-12 所示的 G20 数据集的树图。由图 4-12 可以看出，美国和欧盟的 GDP 与人类发展指数均较高。

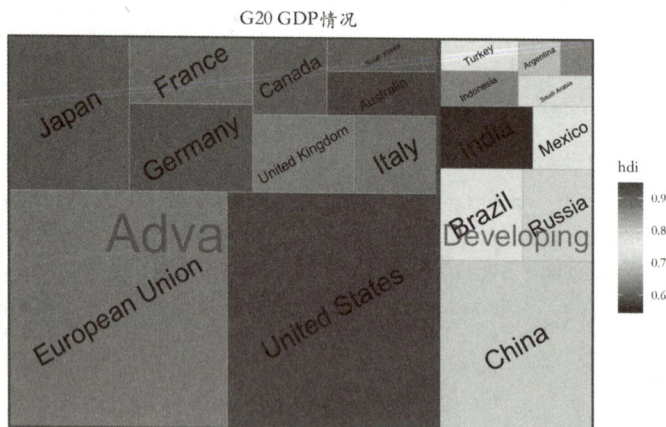

图 4-12　G20 数据集的树图

针对目标 2，下面使用树图结合分组、分面来可视化 G20 数据集，程序如下所示：

```
## 使用地区作为颜色填充和数据分组，面积表示 GDP
p2 <- ggplot(G20, aes(area = gdp_mil_usd, fill = region,
              label = country, subgroup = region)) +
```

```
        geom_treemap() +                                # 添加树图图层
        geom_treemap_text(colour = "black") +           # 为每块面积添加名称标签
        facet_wrap( ~ hemisphere) +                     # 根据国家所在半球进行分面
        scale_fill_brewer(palette = "Set3") +           # 使用不同的颜色填充
        theme(legend.position = "bottom") +             # 图例的位置放到下方
        ggtitle("G20 国家的经济情况 ~ 根据所在半球进行分面 ")
    p2
```

在上述程序中，使用 GDP 表示矩形的面积，不同地区的国家使用不同的颜色填充，并使用 facet_wrap() 函数将树图根据国家所在半球进行分面，最后得到如图 4-13 所示的分组、分面树图。

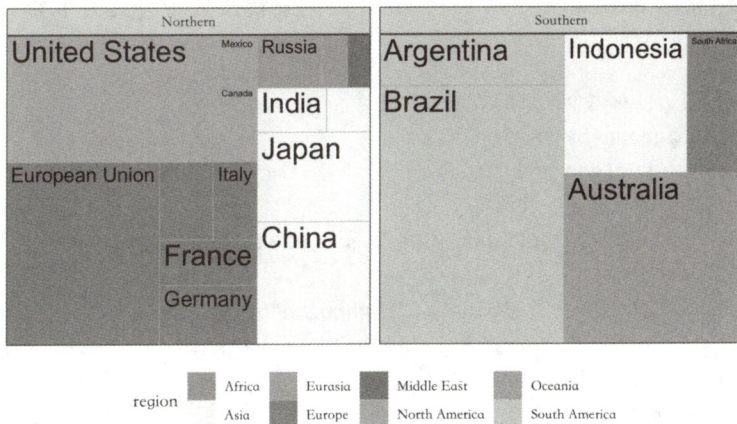

图 4-13　分组、分面树图

从图 4-13 可以发现，北半球的 GDP 较高的国家和地区是美国和欧盟，南半球 GDP 较高的国家是巴西，它是属于南美洲的国家。

综上可知，treemapify 包与 ggplot2 包结合，可以在绘制树图时借助 ggplot2 包的众多功能进行优化，大大方便了数据的可视化分析。

## 4.4.2　用 ggpol 包数据可视化

在 R 语言中，ggpol 是基于 ggplot2 包用于绘制议会图（结构像议会现场的扇环型座席分布）的可视化包，同时添加了其他的可视化方法，如可视化混淆矩阵、突出显示区域的时间序列图等。ggpol 包的常用函数及其功能如表 4-5 所示。

表 4-5　ggpol 包的常用函数及其功能

| 函　数 | 功　能 |
| --- | --- |
| geom_boxjitter() | 可视化混合箱线图 |
| geom_confmat() | 可视化混淆矩阵 |

**093**

| 函　数 | 功　能 |
| --- | --- |
| geom_parliament） | 可视化议会图 |
| geom_tshighlight() | 将时间序列的某部分突出显示 |

下面介绍如何使用 ggpol 包中的函数对数据进行可视化。导入相关的包。

```
library(ggpol);library(dplyr)
```

导入 ggpol 包之后，继续使用 G20 数据集来可视化议会图。首先根据国家所在的区域，统计该区域所有国家的 GDP 总量，然后将 GDP 数据集转换为千分比并取整，每个区域使用一种颜色表示，程序如下所示：

```
## 使用 G20 数据集，针对每个区域的数据进行统计
G20data <- G20%>%group_by(region)%>%
  summarise(GDP = sum(gdp_mil_usd))              # 计算该地区 GDP 的和
## 将 GDP 转换为所占的千分比，并取整
G20data$GDP <- round(1000*(G20data$GDP / sum(G20data$GDP)))
## 添加颜色变量
G20data$colors <- c("black", "blue", "lightblue", "yellow",
                    "red","purple", "green", "grey")
head(G20data)
## # A tibble: 6 x 3
##    region        GDP    colors
##    <fct>        <dbl>   <chr>
## 1 Africa          5    black
## 2 Asia          251    blue
## 3 Eurasia        39    lightblue
## 4 Europe        374    yellow
## 5 Middle East    10    red
## 6 North America 260    purple
```

在预处理好数据之后，使用 ggplot() 函数和 geom_parliament() 函数可视化议会图，席位的数量根据 GDP 确定，填充的颜色使用区域进行设置，通过 scale_fill_manual() 函数指定颜色映射关系，程序如下所示：

```
## 使用议会图可视化 GDP 的千分比
p1 <- ggplot(G20data)+ # GDP 表示所占席位，地区座席填充颜色
    geom_parliament(aes(seats = GDP, fill = region),color = "white")+
    # 指定填充时使用的颜色
    scale_fill_manual(values = G20data$colors,label = G20data$region)+
    ## 固定横、纵坐标轴比例并忽略坐标系
    coord_fixed(ratio = 1)+theme_void(base_family = "STKaiti")+
```

```
    ggtitle("G20 国家不同地区所占的千分比 ")+ # 添加标题并居中
    theme(plot.title = element_text(hjust = 0.5))
  p1
```

运行程序后，得到如图 4-14 所示的不同区域 GDP 的议会图。从图 4-14 中可以发现，欧洲和北美洲的 GDP 占比最高，而非洲的 GDP 占比较低。

G20国家不同地区所占的千分比

图 4-14  不同区域 GDP 的议会图

下面用 G20 数据集可视化不同半球的 GDP 分布情况。使用 geom_boxjitter() 函数可以绘制带有抖动点的箱线图，并根据经济类型作为填充颜色的分组，根据国家所在半球作为 X 轴坐标，程序如下所示：

```
## 带有抖动点的箱线图
p2 <- ggplot(G20)+theme_minimal(base_family = "STKaiti")+       # 使用的主题
## X 轴为所在半球，Y 轴为 GDP，使用经济类型进行填充
  geom_boxjitter(aes(x=hemisphere,y = gdp_mil_usd,fill = econ_classification),
                 jitter.shape = 21, jitter.color = NA,         ## 抖动点的形状和颜色
                 outlier.shape = 17, outlier.color = "blue",   ## 离群点的形状和颜色
                 errorbar.draw = TRUE)+                        ## 显示箱线图的误差线
  scale_fill_brewer(" 经济类型 ",palette = "Set1")+            ## 设置填充颜色
  labs(x = " 国家所在半球 ",y = "GDP( 百万美元 )",title = "G20 主要国家 ")+
  theme(plot.title = element_text(hjust = 0.5))                ## 标题居中
p2
```

运行程序后，得到如图 4-15 所示的带有抖动点的箱线图。由图 4-15 可以发现，即使是同一半球同一种经济类型的国家，它们的 GDP 分布也是不均匀的。

G20主要国家

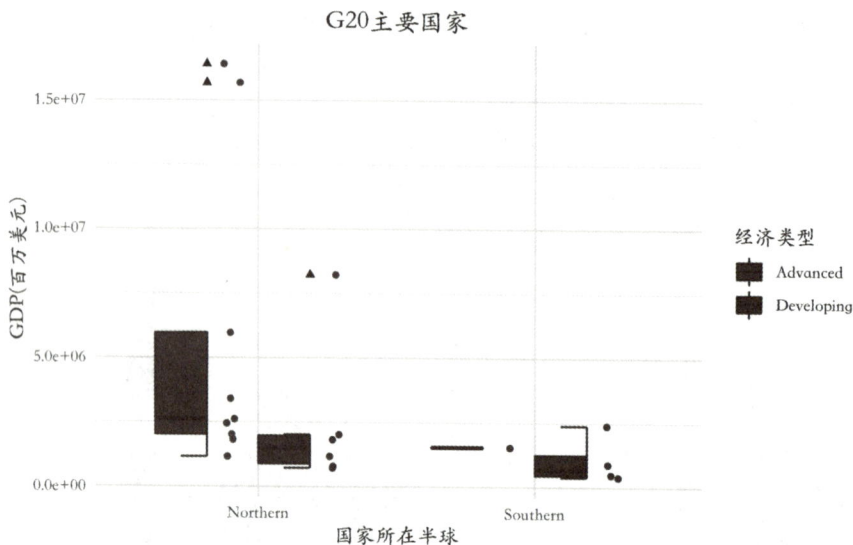

图4-15　带有抖动点的箱线图

下面针对 ggplot2 包自带的时间序列数据集 economics，利用 ggpol 包中的 geom_tshighlight() 函数将感兴趣的时间段数据突出显示，程序如下所示：

```
## 使用 ggplot2 包自带的时间序列数据集
data("economics")
head(economics)
## # A tibble: 6 x 6
##    date         pce     pop psavert uempmed unemploy
##    <date>      <dbl>   <dbl>   <dbl>   <dbl>    <dbl>
## 1 1967-07-01  507. 198712    12.6     4.5     2944
## 2 1967-08-01  510. 198911    12.6     4.7     2945
## 3 1967-09-01  516. 199113    11.9     4.6     2958
## 4 1967-10-01  512. 199311    12.9     4.9     3143
## 5 1967-11-01  517. 199498    12.8     4.7     3066
## 6 1967-12-01  525. 199657    11.8     4.8     3018
## 突出显示时间序列的局部区域
p3 <- ggplot(economics,aes(x = date,y = unemploy))+     # 设置 x、y 轴变量
    ## 突出显示感兴趣的时间区域，使用 xmin 和 xmax 指定区间
    geom_tshighlight(aes(xmin = as.Date("01/01/1995", format = "%d/%m/%Y"),
                     xmax = as.Date("01/01/2005", format = "%d/%m/%Y")),
                     fill = "lightblue",alpha=0.5)+
    geom_line(colour = "red",size = 0.5)                 # 添加曲线图层
p3
```

上述程序在可视化时间序列时，利用 geom_tshighlight() 函数中的 xmin、xmax 来选择突

出可视化的区间，最后得到的图形如图 4-16 所示。由图 4-16 可以发现，通过有选择地设置比较重要的数据区间，能传递更多需要注意的信息。

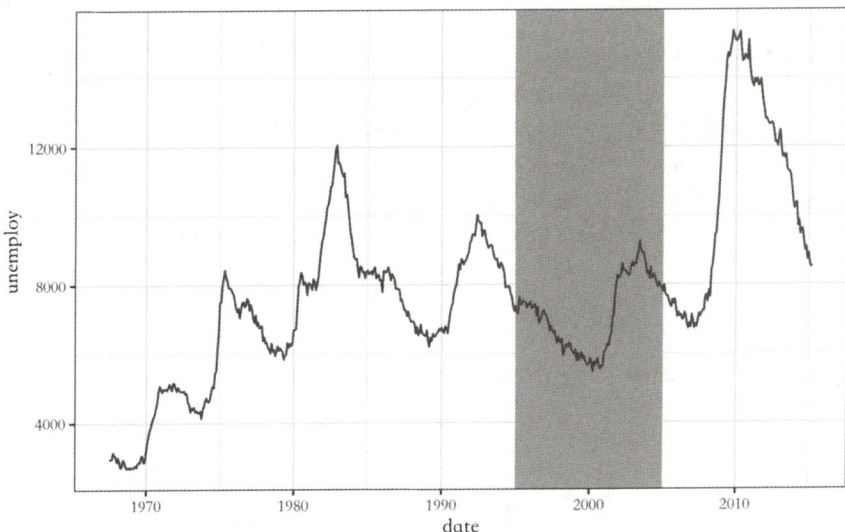

图 4-16　突出显示的时间序列数据

前面只是介绍了 ggpol 包中几个常用的可视化函数的使用方法，更多的内容可以通过 ggpol 包的帮助文档获取。

## 4.5　eggridges和gganimate包数据可视化

ggridges 是基于 ggplot2 包专门用于可视化脊线图的包。脊线图是部分重叠的线图，可以产生山脉的形象，对可视化时间或空间分布的变化非常有效。

gganimate 是将 ggplot2 包的可视化图形转换成动画的包。动画图形不仅具有视觉上的冲击力，而且能够传递更多的信息，可以对数据进行宏观分析。

扫一扫，看视频

本节重点介绍如何使用这两个包可视化出更美观且信息丰富的图形。

### 4.5.1　用 ggridges 包数据可视化

ggridges 包常用于可视化具有时间或空间分布的数据，该包主要提供了两个几何图形——geom_ridgeline 和 geom_density_ridges。前者直接获取高度值来绘制山脊线，后者会先估算数据密度，然后可视化出密度山脊线。

下面使用天气数据集（weather_day.csv）绘制山脊线图，程序如下所示：

```
library(ggplot2);library(ggridges);library(readr);library(viridis)
## 可视化天气数据集中每个月温度的变化情况，读取数据
weather <- read_csv("data/chap4/weather_day.csv")
## 数据预处理
## 将字符串 month2 转换为因子变量并且排序
mymonths <- c("January","February","March","April","May",
              "June","July","August","September",
              "October","November","December")
month.name <- sort(unique(weather$month)) # 因子变量的等级
weather$month2 <- factor(weather$month, levels = month.name,
                         labels = mymonths)
head(weather)
## # A tibble: 6 x 13
##  year   month2  month   day  MeanTemp  MeanHum  Fog  Hail  Rain  Snow  Thunder
##  <dbl>  <fct>   <dbl>  <dbl>  <dbl>     <dbl>  <dbl> <dbl> <dbl> <dbl>   <dbl>
## 1 1997  Janua…    1      1    13.9      82.3     1    0     0     0       0
## 2 1997  Janua…    1      2    13.3      82.4     1    0     0     0       0
## 3 1997  Janua…    1      3    15        71.9     1    0     0     0       0
## 4 1997  Janua…    1      4    15.9      70.9     1    0     0     0       0
## 5 1997  Janua…    1      5    15.0      70.3     1    0     0     0       0
## 6 1997  Janua…    1      6    13.6      82.9     1    0     0     0       0
## # … with 2 more variables: Tornado <dbl>, Wdire <chr>
```

程序中导入了用于可视化的天气数据集，下面可视化该数据集中每个月的气温分布情况脊线图，程序如下所示：

```
## 根据 x 变量的取值大小进行颜色填充
p1 <- ggplot(weather,aes(x = MeanTemp,y = month2,fill=..x..))+
  geom_density_ridges_gradient(scale = 3,                 # 脊线图高度所占空间
                               rel_min_height = 0.01)+ # 脊线图最低高度
  ## 调整 X 轴坐标的显示情况
  scale_x_continuous(" 气温 ",breaks = seq(5,40,5),label = seq(5,40,5))+
  scale_y_discrete("")+                        # Y 轴标签离散化
  scale_fill_viridis(name = "",option = "C")+  #设置填充颜色的色系为 plasma
  ggtitle("1997—2016 每月的温度分布 ")
p1
```

在上面的程序中，横坐标 X 表示气温的高低，纵坐标 Y 表示时间的月份，然后使用 X 轴的取值大小作为填充颜色，接着通过 geom_density_ridges_gradient() 函数可视化脊线图，用于分析每个月气温的分布情况，在填充颜色的映射值时，使用 scale_fill_viridis() 函数进行设置。最后获得如图 4-17 所示的每月温度分布脊线图。通过图 4-17 不仅可以分析每个月的温度变化趋势，还能看出全年的温度变化情况。

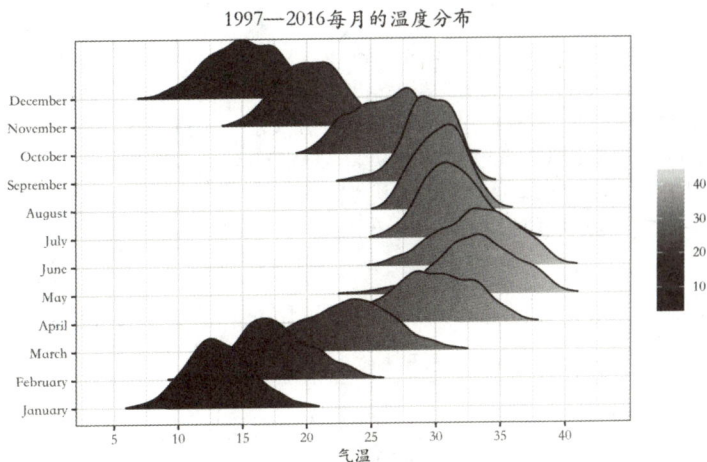

图 4-17　每月温度分布脊线图

设置填充颜色的映射值时，使用的是 viridis 包中的 scale_fill_viridis() 函数，该函数可以通过类似 option = "C" 的形式，指定使用哪种已经预定义好的颜色，例如，"magma" ("A")，"inferno" ("B")，"plasma" ("C")，"viridis" ("D")，"cividis" ("E") 等，其中 "viridis" ("D") 是默认的颜色类型。option 对应的颜色类型如图 4-18 所示。

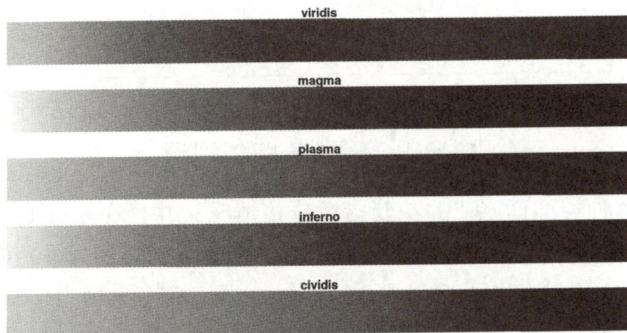

图 4-18　option 对应的颜色类型

在绘制脊线图时，还可以通过设置 geom_density_ridges() 函数中的其他参数，来控制图形的可视化结果。下面使用鸢尾花数据集，设置脊线图的填充点和点的大小，程序如下所示：

```
## 使用 geom_density_ridges 中的其他参数
p2 <- ggplot(iris, aes(x = Sepal.Length, y = Species,    ## x、y 轴变量
                colour =  Species, fill = Species))+       ## 线颜色和填充颜色
    geom_density_ridges(aes(point_shape = Species,         ## 设置点的形状
                    point_fill = Species,                  ## 设置点的填充颜色
                    point_size = Sepal.Width),             ## 设置点的大小
                alpha = 0.5, point_alpha = 0.8,            ## 曲线填充和点颜色填充
                jittered_points = TRUE,                    ## 点显示为抖动的散点图
```

```
                          rel_min_height = 0.01)+            ## 不显示线较低的区间
## 设置点大小的图例，取值区间为 0.5 ~ 4
scale_point_size_continuous("花蕊宽度",range = c(0.5, 4))+
## 手动设置散点的形状，分别为点、正方形和三角形
scale_discrete_manual(aesthetics = "point_shape", values = c(21, 22, 24))+
labs(x = "花蕊长度",y = "鸢尾花种类")+
ggtitle("鸢尾花不同种类的花蕊指标分布")
p2
```

运行上面的程序后，得到如图 4-19 所示的设置填充点的脊线图。

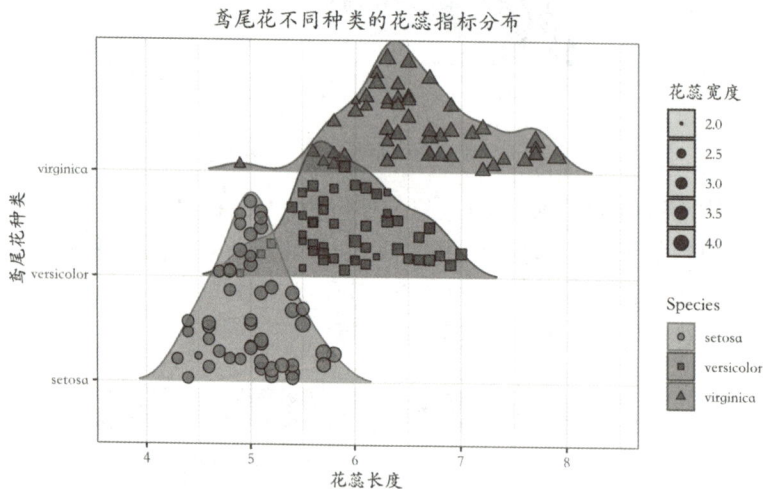

图 4-19　设置填充点的脊线图

图 4-19 给出了每种类型鸢尾花的花蕊指标分布情况，并且在密度曲线中添加了散点，点的大小由花蕊的宽度设置，点的形状和颜色表示花的类型。由图 4-19 可以发现，三种类型的花在花蕊长度上具有很大的差异。

使用合适的脊线图，易于理解数据的内容和形式。更多的脊线图可视化方法可以通过 ggridges 包的帮助文档进行探索。

## 4.5.2　用 gganimate 包可视化动画

gganimate 包的主要功能是将 ggplot2 包输出的图形制作成动画的形式，只需要在原始的可视化程序上添加一些动画的函数和参数，即可获得动画形式的 ggplot2 图形，使用起来非常方便。

gganimate 包可以通过 CRAN 安装，也可以利用 devtools 包中的 install_github() 函数安装（建议使用该方式），具体代码如下所示：

```
library(devtools)
```

```
devtools::install_github('thomasp85/gganimate')
```

gganimate 包中常用的将图形转换为动画的函数及其功能如表 4-6 所示。

表 4-6　gganimate 包的常用函数及其功能

| 函　数 | 功　能 |
|---|---|
| transition_time() | 过渡到不同的时间状态 |
| transition_state() | 过渡到不同类型数据的状态 |
| view_follow() | 让视角跟随每帧的数据变化 |
| anim_save() | 保存动画 |

下面针对 3.5 节的手机用户数据集，介绍如何使用 gganimate 包中的函数来制作动画。首先导入相关的包和需要使用的数据，程序如下所示：

```
library(readr);library(ggplot2);library(gganimate)
## 读取手机的使用情况数据集
phonedata <- read_csv("data/chap4/ 手机使用情况 .csv")
phonebrand <- c(" 华为 "," 小米 "," 三星 ","vivo","OPPO")
plotdata <- phonedata[phonedata$phone_brand %in% phonebrand,]
## 可视化手机用户品牌和性别关系条形图
p1 <- ggplot(data = plotdata,aes(x = group))+
    geom_bar(aes(fill = gender),show.legend = FALSE)+
    coord_flip()+facet_wrap(.~gender)+
    transition_states(phone_brand,               ## 根据不同手机类型设置动画
                    transition_length = 4,     ## 过渡的相对长度
                    state_length = 1) +        ## 状态暂停的相对长度
    labs(x = "",y = "",title = " 手机品牌 : {closest_state}")
p1 <- animate(p1)
p1
```

在上面的程序中，使用的主要是华为、小米、三星、vivo 和 OPPO 等几个手机品牌的数据。在可视化动画时，首先获取用于可视化的数据，然后使用条形图可视化不同性别下每个品牌手机的用户数量，动画的功能使用 transition_states() 函数完成，并根据不同的品牌生成动画，最后通过 animate() 函数获取动画图形，还可以使用 anim_save() 函数将其保存。例如，使用下面的程序将动画以 mp4 的格式保存到指定位置。

```
## 保存动画
anim_save("Phone_bar.mp4",animation = p1,path = "data/chap4")
```

运行上面的程序后，可以在文件夹中找到生成的 mp4 格式的动画，动画中的两帧图形如图 4-20 所示。

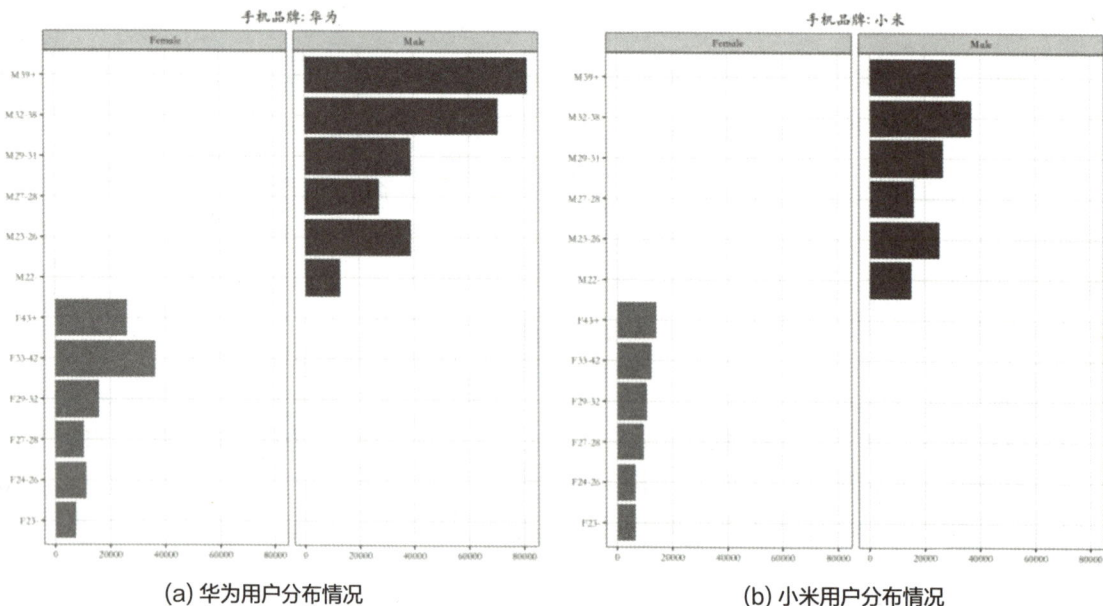

(a) 华为用户分布情况　　　　　　　　　　　　(b) 小米用户分布情况

图 4-20　动画中的两帧图形

由动画内容及图 4-20 所示的静态图形，可以更方便地对比分析不同品牌手机用户的分布情况。

# 4.6　ggfortify包数据可视化

ggfortify 是一个基于 ggplot2 包的拓展包，它包含 autoplot() 函数，对主成分分析、聚类分析、回归分析、时间序列分析等方法的统计结果，只用一行代码就可以ggplot2 包的风格进行可视化，大大提高了数据分析的效率。

## 4.6.1　用 ggfortify 包可视化多元统计分析

下面介绍如何使用 ggfortify 包对主成分分析、聚类分析、回归分析的结果进行可视化。首先导入需要的包和相关数据，程序如下所示：

```
library(ggfortify);library(glmnet);library(ggplot2)
library(gridExtra);library(tidyr)
## 小麦种子的测量数据
seeddf <- read.table("data/chap4/seeds_dataset.txt")
colnames(seeddf) <- c("x1","x2","x3","x4","x5","x6","x7","label")
seeddf$label <- as.factor(seeddf$label)
```

```
head(seeddf)
##        x1     x2      x3      x4      x5      x6      x7   label
## 1  15.26  14.84  0.8710  5.763  3.312  2.221  5.220   1
## 2  14.88  14.57  0.8811  5.554  3.333  1.018  4.956   1
## 3  14.29  14.09  0.9050  5.291  3.337  2.699  4.825   1
## 4  13.84  13.94  0.8955  5.324  3.379  2.259  4.805   1
## 5  16.14  14.99  0.9034  5.658  3.562  1.355  5.175   1
## 6  14.38  14.21  0.8951  5.386  3.312  2.462  4.956   1
```

上面读取的数据集是三种小麦种子的测量指标，前 7 个变量分别表示小麦种子的几何特性。下面通过主成分分析对小麦种子数据集进行降维，然后对数据样本的空间分布进行可视化，程序如下所示：

```
## 可视化小麦种子数据集主成分分析的结果
p1 <- autoplot(prcomp(seeddf[,1:7]),
               ## 根据数据指定点的颜色和形状
               data = seeddf, colour = "label",shape = "label",
               ## 对特征向量的显示进行设置
               loadings = TRUE, loadings.colour = "black",
               loadings.label = TRUE, loadings.label.size = 3)+
     labs(title = " 主成分分析可视化 ")
p1
```

在上面的程序中，通过 prcomp() 函数对数据集的前 7 个变量进行主成分分析，然后通过 autoplot() 函数对主成分分析结果进行可视化。在结果中绘制每个样本在前两个主成分上的分布，对特征向量的方向通过箭头进行可视化，如图 4-21 所示。

从图 4-21 可以发现，前两个主成分能够分别解释 82.94% 和 16.36% 的数据信息，三种小麦的散点图分布具有一定的差异，即这三种小麦比较容易区分。

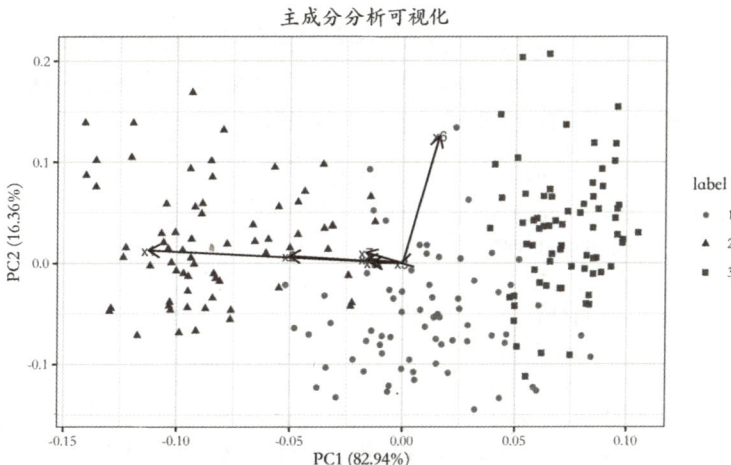

图 4-21　主成分分析结果可视化

下面针对小麦种子数据集将聚类分析结果进行可视化，同样只使用测量指标的前 7 个变量，程序如下所示：

```
## 可视化出 K 均值聚类分析的结果
p2 <- autoplot(kmeans(seeddf[,1:7],3),
                data = seeddf, colour = "label",shape = "label",
                ## 每类使用框圈起来, convex, t, norm 或 euclid
                frame = TRUE,frame.type = "convex")+
   labs(title = "k-means 可视化 ")
p2
```

程序中使用 autoplot() 函数将聚类分析结果进行可视化，如图 4-22 所示。

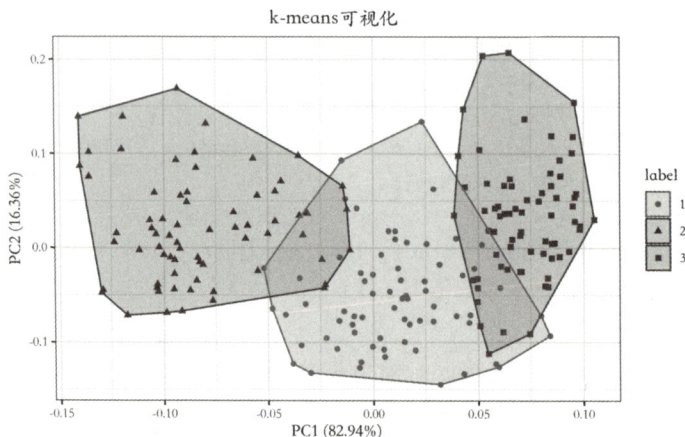

图 4-22　聚类分析结果可视化

图 4-22 中使用多边形框将不同标签的数据框起来，还可以设置 frame.type 参数以得到不同类型的可视化效果。

针对 Lasso 回归，同样可以使用 autoplot() 函数对其结果进行可视化分析。下面对二分类声音数据集（voice.csv）建立 Lasso 分类模型，并对其结果进行可视化，研究每个变量的系数变化轨迹和参数选择对分类精度的影响，程序如下所示：

```
## 可视化 Lasso 分类的结果, 使用二分类声音数据集
voice <- read.csv("data/chap4/voice.csv")
## 准备建立 Lasso 回归模型的自变量和因变量
X <- as.matrix(voice[,1:20])
Y <- as.matrix(voice$label)
## alpha = 1 表示建立 Lasso 分类模型
fit1 <- glmnet(x = X,y = Y,alpha = 1,family = "binomial")
## 可视化 Lasso 分类模型中每个变量的系数变化轨迹
autoplot(fit1)+ggtitle("Lasso 分类变量系数轨迹线 ")+
    theme(legend.position = "right", # 图例的位置
```

```
legend.key.height = unit(0.85,"line")) # 图例之间的高度
```

在上面的程序中，首先使用 glmnet() 函数进行 Lasso 分类，得到模型结果 fit1，然后使用 autoplot() 函数对结果进行可视化，可以得到每个变量的系数变化轨迹，如图 4–23 所示。

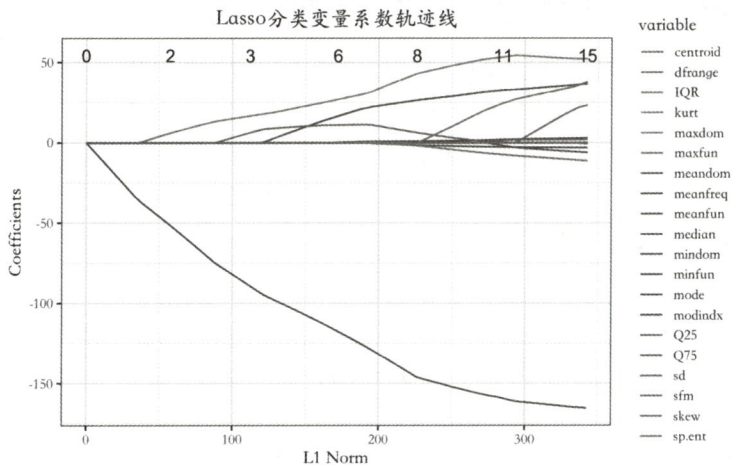

图 4-23　每个变量的系数变化轨迹

在图 4–23 中，可以很方便地通过每个变量的系数轨迹变化来分析变量对模型的重要程度。

在使用 Lasso 回归模型对声音数据集进行分类时，可以利用交叉验证的方式进行参数选择，使用 autoplot() 函数对交叉验证结果进行可视化，程序如下所示：

```
## 可视化交叉验证的模型参数选择的情况
fit2 <- cv.glmnet(x = X,y = Y,family = "binomial",type.measure = "class")
## 可视化不同 lambda 参数下的分类误差
autoplot(fit2, colour = "red")+ggtitle("Lasso 分类交叉验证误差 ")
```

对数据进行交叉验证的函数为 cv.glmnet()，使用 autoplot() 函数绘制的交叉验证结果的可视化图形如图 4–24 所示。

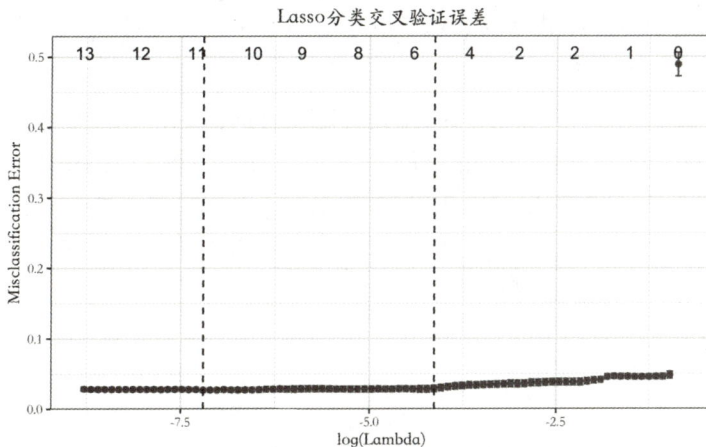

图 4-24　交叉验证结果可视化

从图 4-24 可以发现，选择合适的参数对模型的分类精度影响很大，而且针对使用的声音数据集，正则化约束范数的参数 Lambda 越小，模型的精度就越高。

## 4.6.2　用 ggfortify 包可视化时间序列分析

4.6.1 节介绍了多元统计分析结果快速可视化的方法。下面将重点介绍如何使用 ggfortify 包对时间序列分析的结果进行可视化。

针对单个变量和多个变量的时间序列数据，均可以使用 autoplot() 函数对其进行可视化分析，程序如下所示：

```
## 可视化时间序列数据
library(vars)
p1 <- autoplot(AirPassengers, ts.colour = "red",        # 颜色为黑色
## 时序的样式，取值 'line'、'bar'、'ribbon' 或 'point'
               ts.geom="ribbon",alpha = 0.2)+
    labs(title = " 单变量时间序列数据 ")
## 可视化多个变量的时间序列数据
data(Canada, package = 'vars')
p2 <- autoplot(Canada,ts.geom="line",
               facets = FALSE,                          # 可视化时不分面
               ts.scale  = TRUE,                        # 标准化后再可视化
               ts.size = 1)+                            # 调整粗细
    labs(title = " 多变量时间序列数据 ")+
    scale_color_brewer(palette = "Set2")+               # 调整颜色
    ## 调整图例的位置和空间大小
    theme(legend.position = "top", legend.justification="left",
          legend.margin=margin(0,0,0,0),
          legend.box.margin=margin(-10,-10,-10,-10))
grid.arrange(p1,p2,ncol = 1)
```

在上面的程序中，对单个变量的时间序列数据 AirPassengers 和多个变量的时间序列数据 Canada，均使用 autoplot() 函数对它们进行了可视化。通过参数 ts.geom="ribbon" 来控制时间序列图形的显示样式，通过参数 facets = FALSE 控制多元时间序列不进行分面显示。运行程序，可以得到如图 4-25 所示的图形。由图 4-25 可以直观地看出单个变量和多个变量的时间序列的波动趋势，便于进一步地分析和比较。

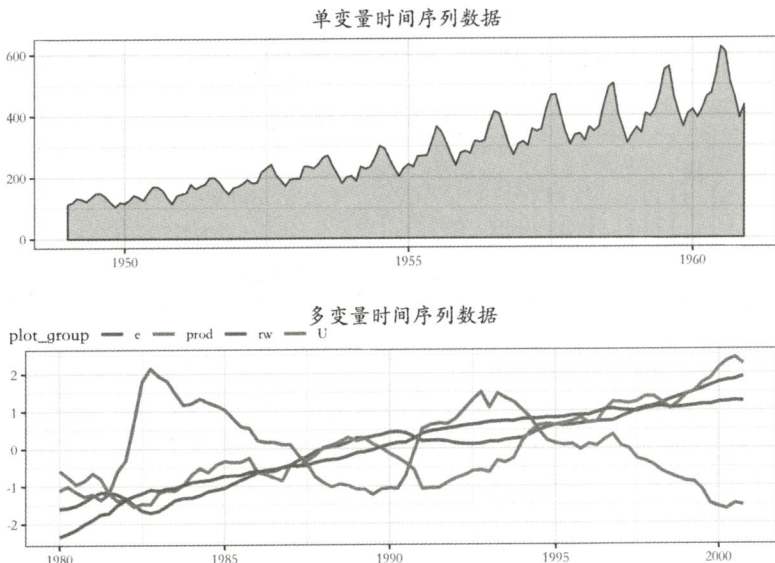

图 4-25　时间序列的波动趋势

针对单个变量的时间序列数据 AirPassengers，可以使用 acf() 函数和 pacf() 函数分别计算其自相关系数和偏自相关系数，同样可以使用 autoplot() 函数快速地对分析结果进行可视化，程序如下所示：

```
## 可视化时间序列分析的自相关系数和偏自相关系数
## 可视化时间序列的 acf 和 pacf 检验结果
p3 <- autoplot(acf(AirPassengers,plot = FALSE,lag.max = 50))+
    labs(title = " 自相关系数 ")
p4 <- autoplot(pacf(AirPassengers,plot = FALSE,lag.max = 50))+
    labs(title = " 偏自相关系数 ")
grid.arrange(p3,p4,ncol=1)
```

运行程序，可以得到如图 4-26 所示的自相关系数和偏自相关系数的可视化图形。

还可以使用 auto.arima() 函数对数据 AirPassengers 自动选择合适的参数建立模型，程序如下所示：

```
## 可视化时间序列模型的预测结果
library(forecast)
mol <- auto.arima(AirPassengers)
p5 <- autoplot(forecast(mol, level = c(95), h = 24))+
    theme(plot.title = element_text(hjust = 0.5))
p5
```

运行上面的程序，可以得到如图 4-27 所示的时间序列模型的预测结果的可视化图形。从

图 4-27 可以发现，自动选择参数的时间序列模型为 ARIMA(2,1,1)(0,1,0)[12]，未来 24 个月的预测值很好地模拟了原始序列的周期增加的趋势，其中阴影部分为预测值 95% 的置信区间。

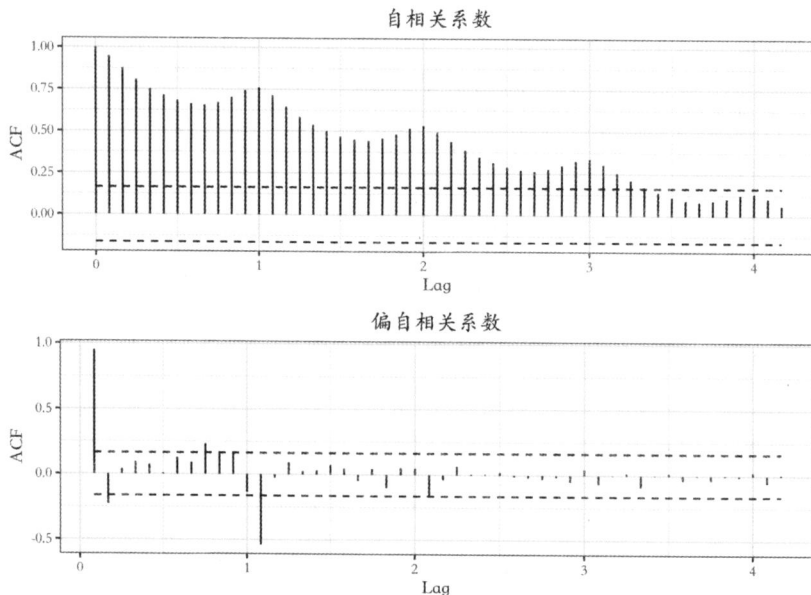

图 4-26　自相关系数和偏自相关系数可视化

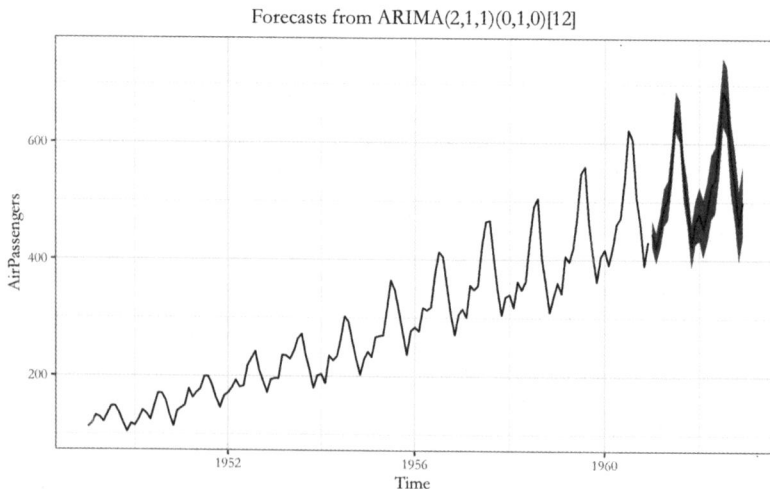

图 4-27　时间序列模型的预测结果可视化

前面介绍了 ggfortify 包中几个常用函数的可视化功能，该包中其他函数的可视化方法可以通过帮助文档进一步探索。

# 4.7 本章小结

　　本章主要介绍了如何使用 R 语言中基于 ggplot2 包的拓展包进行数据可视化分析，并对每个包中的重要函数通过实际的数据集进行了可视化应用。

　　本章介绍的主要包及其功能如表 4-7 所示。

表 4-7　本章介绍的主要包及其功能

| 包 | 功　　能 |
| --- | --- |
| GGally | 常用于可视化矩阵散点图、平行坐标图、社交网络图 |
| ggChernoff | 基于 ggplot2 包对表情包进行可视化 |
| ggTimeSeries | 时间序列数据可视化包，用于绘制日历图、蒸汽图等 |
| treemapify | 基于 ggplot2 包对矩形树图进行可视化 |
| ggpol | 基于 ggplot2 包对议会图进行可视化 |
| ggridges | 基于 ggplot2 包专门对脊线图进行可视化 |
| gganimate | 将 ggplot2 包输出的图形制作成动画 |
| ggfortify | 将多种统计分析结果利用 ggplot2 包快速可视化 |

# 第 5 章

## 数据 3D 图形可视化

### 📢 本章导读

　　将数据使用三维（3D）图形进行可视化，可以通过不同的视角进行信息传递，便于更好地理解数据。本章从绘制常见的静态 3D 图形入手，介绍如何使用 scatterplot3d、plot3D、plotly、rayshader、rgl 等包绘制静态 3D 图形、动态 3D 图形及可交互 3D 图形，并使用具体的数据集进行演示，让读者进行 3D 图形可视化的实战训练。

### 💡 知识技能

　　本章的知识技能及实战案例如下图所示。

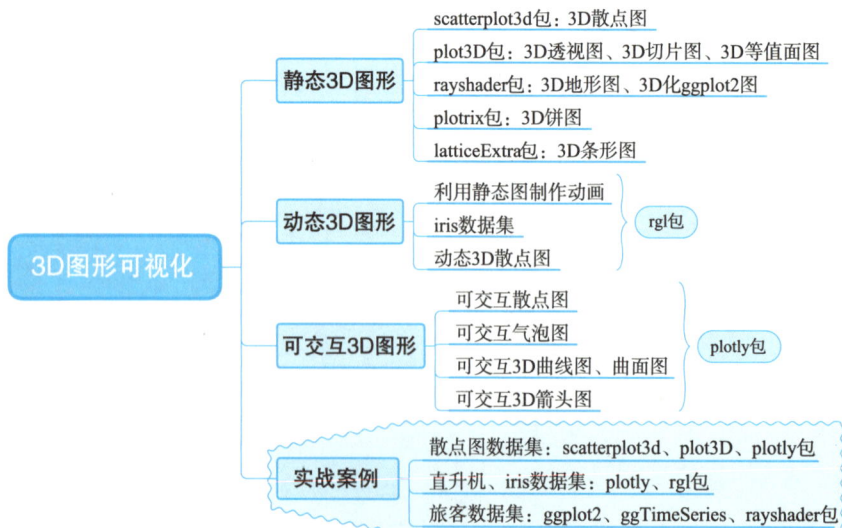

```
                              ┌ scatterplot3d包：3D散点图
                              ├ plot3D包：3D透视图、3D切片图、3D等值面图
                    静态3D图形 ├ rayshader包：3D地形图、3D化ggplot2图
                              ├ plotrix包：3D饼图
                              └ latticeExtra包：3D条形图

                              ┌ 利用静态图制作动画
                    动态3D图形 ├ iris数据集            ┐ rgl包
                              └ 动态3D散点图           ┘

  3D图形可视化                  ┌ 可交互散点图
                              ├ 可交互气泡图
                    可交互3D图形├ 可交互3D曲线图、曲面图  ┐ plotly包
                              └ 可交互3D箭头图          ┘

                              ┌ 散点图数据集：scatterplot3d、plot3D、plotly包
                    实战案例   ├ 直升机、iris数据集：plotly、rgl包
                              └ 旅客数据集：ggplot2、ggTimeSeries、rayshader包
```

# 5.1 静态3D图形可视化

绘制静态的 3D 可视化图形，常用的包有 scatterplot3d 和 plot3D。其中，scatterplot3d 包专注于 3D 散点图的绘制；plot3D 包是一个功能较为全面的 3D 图形可视化包，在数据的科学计算可视化方面经常使用。下面介绍这两个包的用法和功能。

## 5.1.1 用 scatterplot3d 包可视化 3D 散点图

scatterplot3d 包专门用于可视化 3D 散点图，在绘图时经常使用包中的 scatterplot3d() 函数。下面利用包含三个连续变量的数据集（散点图数据 .csv）介绍该函数的使用方法，程序如下所示：

```
library(scatterplot3d)
## 读取散点图数据
scatdata <- read.csv("data/chap5/ 散点图数据 .csv")
head(scatdata,2)
##              var1         var2          var3       group
## 1   0.317047052   -0.783669   -0.63101001       1
## 2  -0.003386178   -1.913214   -0.66975446       1
```

该数据集包含三个连续变量，可以用于可视化 3D 散点图的三个维度，每个样本的分组通过 group 变量指定。下面使用 scatterplot3d() 函数可视化需要的 3D 散点图，程序如下所示：

```
## 设置点的颜色变量
colors <- c("red", "blue", "green")
colors <- colors[scatdata$group]
## 设置点的形状变量
shapes <- c(16,17,18)
shapes <- shapes[scatdata$group]
## 可视化 3D 散点图
par(mfrow = c(1,2),family = "STKaiti")
scatterplot3d(scatdata[,1:3],main = " 基础的 3D 散点图 ")
scatterplot3d(scatdata[,1:3],angle = 50,box = FALSE,   # 调整视角取消边框
              color=colors,pch = shapes,               # 设置点的颜色和形状
              grid = TRUE,col.grid = "grey",           # 设置网格线
              main = " 调整的 3D 散点图 ")
```

在上面的程序中，将可视化窗口分为两个子窗口。第一幅子图是基础的 3D 散点图，使用的参数只有 scatdata 的三个变量，得到如图 5–1 左图所示的散点图。第二幅子图通过 angle 参数调整图像的可视化视角；参数 box = FALSE 表示不显示立方体边框；通过 color 和 pch 参数设置每个点的颜色和形状；通过 grid 和 col.grid 参数设置底面的网格线，得到的结果如

图 5-1 右图所示。

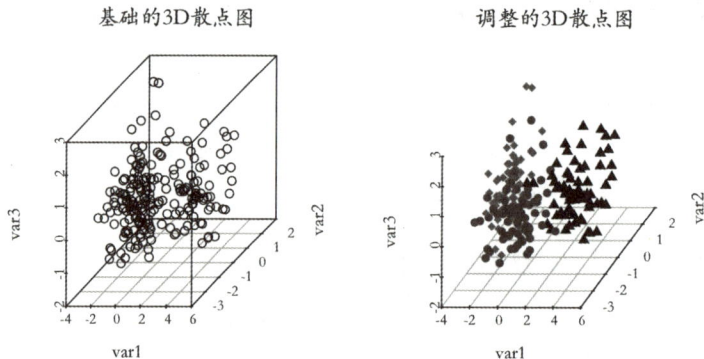

图 5-1　3D 散点图

在 scatterplot3d() 函数中，还可以通过设置其他参数来获得不同的可视化结果。例如，可以为 3D 散点图添加线和图例等，程序如下所示：

```
## 为散点图添加其他内容
par(mfrow = c(1,2),family = "STKaiti")
scatterplot3d(scatdata[,1:3],box = FALSE,color=colors,pch = shapes,
              grid = TRUE,col.grid = "grey",main = "3D 散点图添加线 ",
              angle = 80,type = "h")              # 为 3D 散点图添加线
## 为 3D 散点图添加图例
s3d <- scatterplot3d(scatdata[,1:3], color=colors,pch = shapes,
                main = "3D 散点图添加图例 ")
legend("right", legend = c(1,2,3),col = c("red", "blue", "green"),
       pch = c(16,17,18),title = "group")
```

上面的程序将一个窗口切分为两个子窗口进行可视化。其中，第一幅子图通过 type = "h" 为图中的每个散点图添加一条垂直到达底面的线，如图 5-2 的左图所示；第二幅子图通过 legend() 函数为 3D 散点图添加图例，如图 5-2 的右图所示。

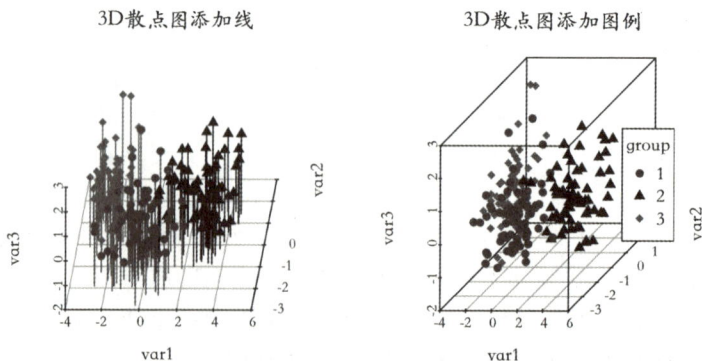

图 5-2　添加线和图例的 3D 散点图

scatterplot3d 包主要用来可视化 3D 散点图；对于其他类型的 3D 图形，可以使用 plot3D 包进行可视化。

## 5.1.2 用 plot3D 包可视化 3D 图形

plot3D 包中包含 2D 和 3D 图形的可视化函数。本节主要介绍该包的 3D 图形可视化函数，如表 5-1 所示。

表 5-1 plot3D 包中常用的 3D 图形可视化函数

| 函 数 | 功 能 |
| --- | --- |
| persp3D() | 可视化 3D 透视图 |
| ribbon3D() | 可视化 3D 条带图 |
| hist3D() | 可视化 3D 直方图 |
| scatter3D()、 points3D()、lines3D() | 可视化 3D 散点图、线图等 |
| slice3D()、slicecont3D() | 可视化 3D 切片图和 3D 切片轮廓图 |
| isosurf3D() | 可视化 3D 数据的等值面 |
| voxel3D() | 将 3D 数据的等值面可视化为散点 |
| surf3D()、spheresurf3D() | 可视化 3D 数据的曲面图和可视化球体的表面 |
| arrows3D() | 在成对的点之间绘制箭头 |
| segments3D() | 在成对的点之间绘制线段 |
| polygon3D() | 绘制多边形 |
| box3D()、border3D() | 在成对的点之间绘制框 |
| rect3D() | 绘制矩形 |
| text3D() | 在 3D 图形上添加文本 |

下面使用实际的数据集，介绍 plot3D 包中相关函数的使用方法，主要包括绘制 3D 散点图、3D 曲面图、3D 等值面图等。

首先利用 5.1.1 节的数据集（散点图数据 .csv），介绍 plot3D 包中不同 3D 图形的显示主题，在可视化时会使用不同的函数获取 3D 散点图，程序如下所示：

```
library(plot3D)
## 读取散点图数据
scatdata <- read.csv("data/chap5/ 散点图数据 .csv")
```

```
## 设置点的颜色变量
colors <- c("red", "blue", "green")
colors <- colors[scatdata$group]
## 设置点的形状变量
shapes <- c(16,17,18)
shapes <- shapes[scatdata$group]
par(mfrow = c(2,2),mar = c(0.3,0.1,0.4,0.1))
## 可视化 3D 散点图，指定不同的背景和可视化形式
scatter3D(scatdata$var1,scatdata$var2,scatdata$var3,colvar = scatdata$group,
        ## 设置图形的视角、背景网格，不显示颜色条，设置点的颜色
        phi = 45, theta = 45,bty = "g",colkey = FALSE,col = colors)
## 使用文本标签可视化点的位置
text3D(scatdata$var1,scatdata$var2,scatdata$var3,labels = scatdata$group,
        colkey = FALSE, add = FALSE,colvar = scatdata$group,bty = "b2",
        xlab = "Var1",ylab = "Var2",zlab = "Var3",ticktype= "detailed")
## 使用 points3D() 函数可视化散点图
points3D(scatdata$var1,scatdata$var2,scatdata$var3,labels = scatdata$group,
        bty = "bl",colkey = TRUE,clab = "group")
## 可视化添加了形状的散点图，并添加图例
scatter3D(scatdata$var1,scatdata$var2,scatdata$var3,colvar = scatdata$group,
        ## 设置图形的背景网格，不显示颜色条
        bty = "b",colkey = FALSE,col = colors,pch = shapes)
legend("topright", legend = c(1,2,3),col = c("red", "blue", "green"),
        title = "group",pch = c(16,17,18),horiz = TRUE)
```

在上面的程序中，将图形窗口切分为 4 个子窗口，用来展示不同样式的 3D 散点图。在 4 个子窗口中，分别通过 scatter3D() 函数、text3D() 函数、points3D() 函数、scatter3D()+legend() 函数对图形进行可视化。

在可视化第一幅子图的 scatter3D() 函数中，除了通过参数 col = colors 设置点的颜色外，还通过参数 bty = "g" 设置图形的背景颜色为灰色，通过参数 phi = 45 和 theta = 45 设置图形可视化时的视角，得到的结果如图 5-3 的左上图所示。可视化第二幅子图时使用了 text3D() 函数，该函数表示在三维空间中可视化文本，用来代替需要可视化的散点，通过参数 bty = "b2" 设置图形使用的背景主题，通过 xlab、ylab、zlab 参数设置对应坐标轴的标签，通过参数 ticktype= "detailed" 详细显示标轴的取值情况，结果如图 5-3 的右上图所示。可视化第三幅子图时使用了 points3D() 函数，该函数表示在三维空间中可视化点图，通过参数 bty = "bl" 设置图形使用黑色的背景主题，通过参数 clab = "group" 添加一个使用 group 变量生成的颜色条，结果如图 5-3 的左下图所示。第四幅子图通过 scatter3D() 函数可视化 3D 散点图，并使用 legend() 函数为图形添加图例，结果如图 5-3 的右下图所示。

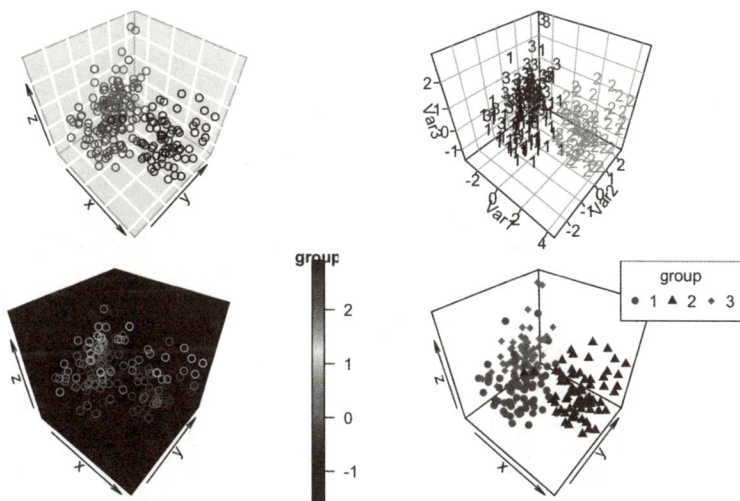

图 5-3　不同样式的 3D 散点图

接下来介绍如何使用网格数据可视化 3D 透视图、条带图和直方图等，程序如下所示：

```
## 生成用于可视化的网格数据
x <- seq(-pi, pi, by = 0.25)
y <- seq(-pi, pi, by = 0.25)
gridxy <- mesh(x, y) # 生成 2D 网格
## 计算每个网格下对应的数据 z
z <- with(gridxy, cos(x) * sin(y))
par(mfrow = c(2,2),mar = c(0.3,0.1,0.4,0.1))
## 3D 透视图，XY 平面显示图形
persp3D(x = y,y = y,z = z,colkey = FALSE,image = TRUE,phi = 30, theta = 45)
## 3D 透视图，XY 平面显示等高线
persp3D(x = y,y = y,z = z,colkey = FALSE,contour = TRUE,phi = 30, theta = 45)
## 可视化 3D 条带图，并设置颜色条的显示情况，along 用于指定条带的方向
ribbon3D(x = y,y = y,z = z,phi = 40, theta = 40,space = 0.4,along = "xy",
         colkey = list(plot = FALSE, side = 1)) # 颜色条在下方
## 设置 3D 条带图的颜色条
colkey(side = 1, add = TRUE, clim = range(z),length = 0.3, width = 0.5,
       cex.axis = 0.9,dist = -0.3)
## 3D 直方图，并指定填充颜色
hist3D(x = y,y = y,z = z,bty = "g",ticktype= "detailed",colkey = FALSE,
       border = "black",col = "lightblue",lwd = 1)
```

在上面的程序中，首先准备 3D 图形需要的网格数据，其中 x 和 y 是一维向量，分别表示数据可视化时在 X 轴和 Y 轴上使用的坐标点，通过 mesh() 函数将这两个变量网格化，并计算图形在 Z 轴上的取值 z，即 z 是一个网格坐标点。

　　准备数据好后，将图形窗口分为 4 个子窗口，从上至下，从左至右分别为使用 persp3D() 函数可视化三维透视图，使用 ribbon3D() 函数可视化 3D 条带图，使用 ribbon3D() 和 colkey() 函数设置 3D 条带图的颜色条，使用 hist3D() 函数可视化 3D 直方图。在第一幅 3D 透视图中，会在 XY 面上显示热力图；在第二幅 3D 条带图中，通过参数 contour = TRUE 控制图形在 XY 面上显示等高线；在第三幅 3D 条带图中，通过 colkey() 函数控制条带的网格化显示效果；在第四幅 3D 直方图中，通过 3D 空间中的柱子来可视化数据。最后得到如图 5-4 所示的 3D 透视图、条带图和直方图。

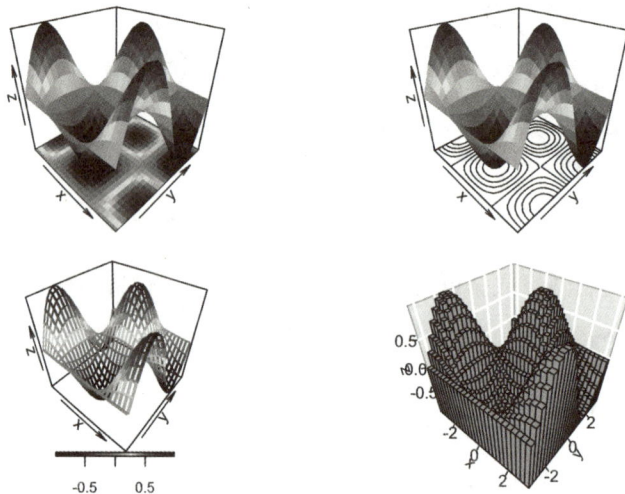

图 5-4　3D 透视图、条带图和直方图

　　下面介绍如何使用 plot3D 包中的 surf3D() 和 spheresurf3D() 函数可视化 3D 曲面图，需要注意的是，这两个函数对 X、Y 和 Z 轴的变量均需要使用网格数据，程序如下所示：

```
## 生成数据
x <- seq(-pi, pi, by = 0.25)
y <- seq(-pi, pi, by = 0.25)
gridxy <- mesh(x, y)           # 生成 2D 网格
xx <- gridxy$x                 # 注意 xx 是一个网格矩阵
yy <- gridxy$y                 # 注意 yy 是一个网格矩阵
## 计算每个网格下对应的数据 z
zz <- cos(xx) * sin(yy)        # 注意 zz 也是一个网格矩阵
## 可视化曲面图
par(mfrow = c(2,2),mar = c(0,0,0,0))
## 根据 xx 取值填充颜色
surf3D(xx,yy,zz,colvar = xx,colkey = FALSE,box = FALSE)
## 根据 yy 取值填充颜色
surf3D(xx,yy,zz,colvar = yy,colkey = FALSE,box = FALSE)
```

```
## 根据 zz 取值填充颜色
surf3D(xx,yy,zz,colvar = zz,colkey = FALSE,box = FALSE,border = "black")
## 球面图可视化，不同的位置使用不同的颜色填充
spheresurf3D(colvar = zz,colkey = FALSE,border = "black",phi = 40, theta = 40)
arrows3D(x0=0,y0=0,z0=0,x1=1.4,y1=0,z1=0,add = TRUE)      #将箭头作为 X 轴
arrows3D(x0=0,y0=0,z0=0,x1=0,y1=-1.4,z1=0,add = TRUE)     #将箭头作为 Y 轴
arrows3D(x0=0,y0=0,z0=0,x1=0,y1=0,z1=1.4,add = TRUE)      #将箭头作为 Z 轴
## 添加 3D 文本
text3D(x=1.5,y=0,z=0,labels = "X",add = TRUE)
text3D(x=0,y=-1.5,z=0,labels = "y",add = TRUE)
text3D(x=0,y=0,z=1.5,labels = "Z",add = TRUE)
```

在上面的程序中，首先计算得到网格数据 xx、yy 和 zz，然后使用 surf3D() 函数可视化前三幅子图，使用 spheresurf3D() 函数可视化第四幅子图。前三幅子图通过指定参数 colvar 的不同取值，来表示使用哪组数据来填充曲面的颜色，依次根据 xx、yy 和 zz 的取值进行颜色填充。第四幅子图使用 spheresurf3D() 函数可视化球面图，使用 arrows3D() 函数为图形添加箭头作为坐标轴，通过 text3D() 函数在指定位置添加文本。最后可获得如图 5-5 所示的 3D 曲面图和球面图。

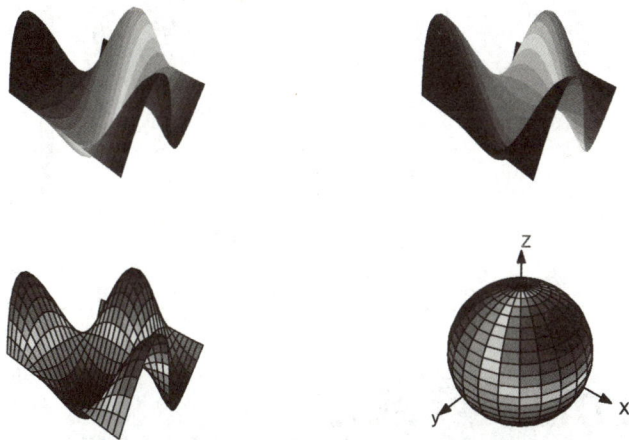

图 5-5　3D 曲面图和球面图

下面介绍如何使用 isosurf3D() 函数可视化等值面图。3D 等值面图主要用于可视化四维空间数据，即 X、Y、Z 轴均使用网格数据，需要可视化的等值面数据是通过这三个网格数据计算得到的，程序如下所示：

```
## 生成数据
x <- y <- z <- seq(-2, 2, length.out = 15)
xyz <- mesh(x, y, z)                              # 3D 的网格数据
# 计算等值面数据
val <- with(xyz, log(x^2 + y^2 + z^2 + 10*(x^2 + y^2) * (y^2 + z^2) ^2))
```

```
par(mfrow = c(1,2))
isosurf3D(x, y, z, val, level = seq(0, 4, by = 2), phi = 30, theta = 40,
          col = c("red", "blue", "green"), clab = "value",
          alpha = 0.2, lighting = TRUE)
isosurf3D(x, y, z, val, level = c(0,2,4),phi = 30, theta = 40,
          col = c("red","blue","green"),clab = "value",
          border = "grey70",alpha = 0.5,lighting = TRUE)
```

在上面的程序中，首先通过 mesh() 函数计算出网格数据（x, y, z），它包含三个网格数据表 x、y、z，据此计算出需要可视化的等值面数据 val。接着使用 isosurf3D() 函数可视化两个图形，通过参数 level 来指定需要可视化的等值面的值。在第一幅子图中，通过参数 level = seq(0, 4, by = 2) 指定可视化的等值面为 0、2、4，并通过参数 col 指定使用的颜色；在第二幅子图中，通过参数 border = "grey70" 设置可视化时的网格线。最后得到的 3D 等值面图如图 5-6 所示。

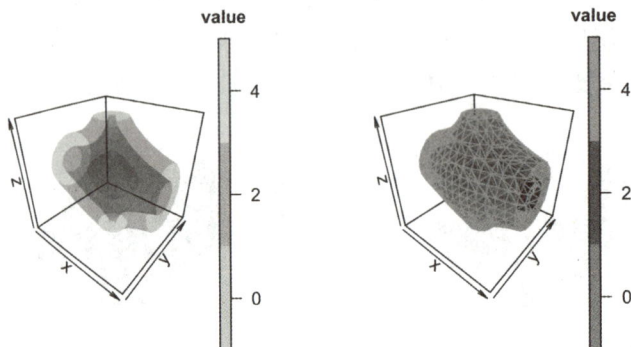

图 5-6　3D 等值面图

使用 plot3D 包可以绘制多种形式的 3D 图形，但它不能绘制可交互的 3D 图形。

## 5.2　可交互3D图形的可视化

在 R 语言中，有多个包可以获得可交互的 3D 可视化图形，其中 plotly 包的可交互效果和渲染效果较好，且可以绘制各种各样的 3D 图形，如散点图、气泡图、曲面图等。本节将介绍如何使用 plotly 包可视化可交互 3D 图形，以及如何使用 plotly 包在 3D 空间绘制多元回归模型的回归曲面等。

### 5.2.1　用 plotly 包可视化可交互 3D 图形

在 plotly 包中，可以通过 plot_ly() 函数进行可视化图形的初始化，该函数的参数 x、y、z 分别用于指定图形各坐标所使用的数据，通过 add_**() 系列函数指定需要可视化的图形类型，如使用 add_markers() 函数可以可视化散点图等。

　　下面使用具体的数据集，介绍如何利用 plotly 包对数据进行 3D 图形可视化。首先绘制 3D 散点图，程序如下所示：

```
library(plotly); library(plot3D)
## 使用散点图数据集，读取散点图数据
scatdata <- read.csv("data/chap5/ 散点图数据 .csv")
p1 <- plot_ly(data = scatdata,x = ~ var1,y = ~ var2,z = ~ var3,alpha = 0.5)%>%
   add_markers(## 设置每种类型点的颜色
               color = ~ factor(group),colors = c("red","blue","green"),
               ## 设置每种类型点的形状
               symbol = ~ factor(group),symbols = c("circle","square",'diamond'),
               size = I(100))
p1
```

　　在上面的程序中，通过"~ 变量名"的形式指定数据中的变量，可以获得如图 5-7 所示的可交互 3D 散点图。图 5-7 是一幅可交互的图形，可以通过鼠标单击对图形进行查看、旋转、缩放等。

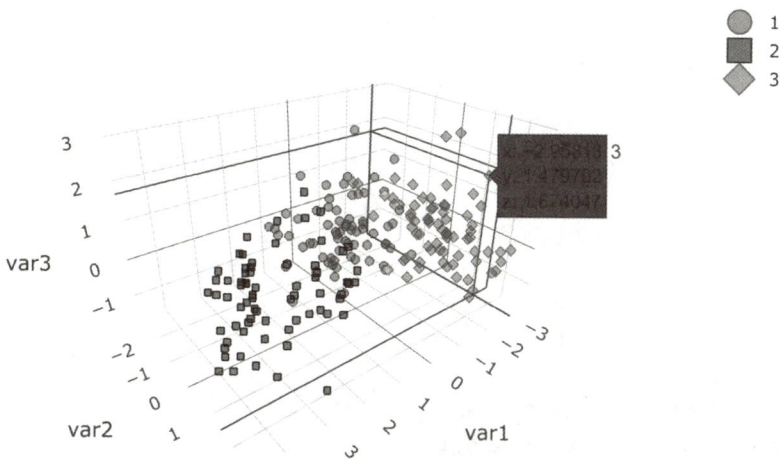

图 5-7　可交互 3D 散点图

　　在使用 plotly 包可视化图形时，很多参数的用法都是相通的。下面对 plotly 包中的一些参数及用法进行总结，如表 5-2 所示。

表 5-2　plotly 包中的参数及用法

| 参　数 | 用　法 |
| --- | --- |
| data | 指定在可视化时使用的数据 |
| x、y、z | 分别指定可视化时相应坐标使用的数据 |

| 参　数 | 用　法 |
| --- | --- |
| type | 指定数据可视化的图形类型，如 "scatter"、"bar"、"box" 等 |
| color | 指定所使用的颜色变量，如指定某种颜色，可以使用 color = I("red") 的方式 |
| colors | 指定与 color 相对应的颜色用于可视化 |
| alpha | 指定颜色的透明度，取值为 0 ~ 1 |
| size | 指定所使用变量的大小，若指定某种单一大小，可以使用 size = I(30) 的方式 |
| sizes | 指定与 size 相对应的大小用于可视化 |
| symbol | 指定所使用的线的形状变量，若指定某种单一形状，可以使用 symbol = I("pentagon") 的方式 |
| symbols | 指定与 symbol 相对应的形状用于可视化 |
| linetype | 指定所使用的线型变量，若指定某种单一线型，可以使用 linetype = I("dash") 的方式 |
| linetypes | 指定与 linetype 相对应的线型用于可视化 |
| width，height | 设置图形的宽和高 |

灵活应用 plotly 包中的相关参数，可以获得更精美的图形。例如，在可视化散点图时，通过设置点的大小可以获得可交互 3D 气泡图，程序如下所示：

```
## 可交互 3D 气泡图
scatdata$size <- round(abs(scatdata$var3) * 20)   # 气泡的大小变量
p2 <- plot_ly(data = scatdata,x = ~ var1,y = ~ var2,z = ~ var3,alpha = 0.5,
              ## 设置每种类型点的颜色
              color = ~ factor(group),colors = c("red","blue","green"),
              ## 设置气泡图的大小和类型
              type = "scatter3d", mode = "markers",marker = list(size = ~size),
              ## 单击时显示大小信息
              text = ~ paste("Size:", size))%>%
    layout(scene = list(xaxis = list(title = "X"),
                        yaxis = list(title = "Y"),
                        zaxis = list(title = "Z")))
p2
```

在上面的程序中，在可视化之前为 scatdata 数据添加一个 size 变量，用于指定点的大小，然后在 plot_ly() 函数中，通过设置参数 type = "scatter3d" 可视化 3D 散点图，并通过参数 size = ~size 设置点的大小，通过参数 text 设置图形上的点在鼠标单击时显示的文本内容。在使用 plot_ly() 函数获得图形的基础上，还通过 layout() 函数设置图形的坐标轴标签。最终可以获得如图 5-8 所示的可交互 3D 气泡图。

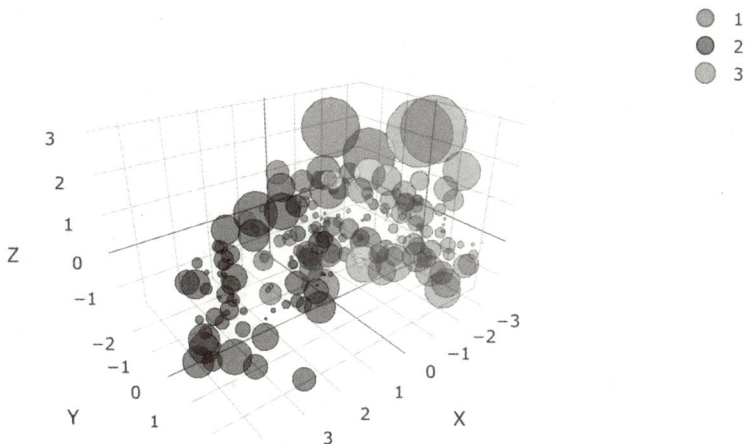

图5-8 可交互3D气泡图

下面介绍如何使用plotly包可视化3D曲线图（或折线图）。首先导入要使用的数据集，程序如下所示：

```
## 可交互3D曲线图
linedata <- read.csv("data/chap5/lines3D.csv")
head(linedata)
##              x              y   z   c
## 1      1997.890      66.62099   1   1
## 2      3987.123     266.20271   2   2
## 3      5961.070     598.10200   3   3
## 4      7913.136    1061.38196   4   4
## 5      9836.779    1654.81392   5   5
## 6     11725.517    2376.87987   6   6
```

在导入的数据linedata中有4个变量，分别为X轴、Y轴、Z轴的坐标和设置颜色的变量c。下面绘制该数据对应的3D曲线图，程序如下所示：

```
## 可视化图形
p3 <- plot_ly(linedata, x = ~ x, y = ~ y, z = ~ z,type = "scatter3d",mode ="lines",
            ## 设置可视化曲线图的参数
            line = list(width = 4, color = ~ c,
                        colorscale = list(c(0,"blue"), c(1,"red"))))
p3
```

在上面的程序中，使用type参数指定为3D散点图，使用mode参数指定可视化时使用线的模式，然后在line的相关参数中设置线的粗细、使用的颜色、颜色取值对应的映射，最大值为红色，最小值为蓝色。最后得到如图5-9所示的不同视角下的可交互3D曲线图。

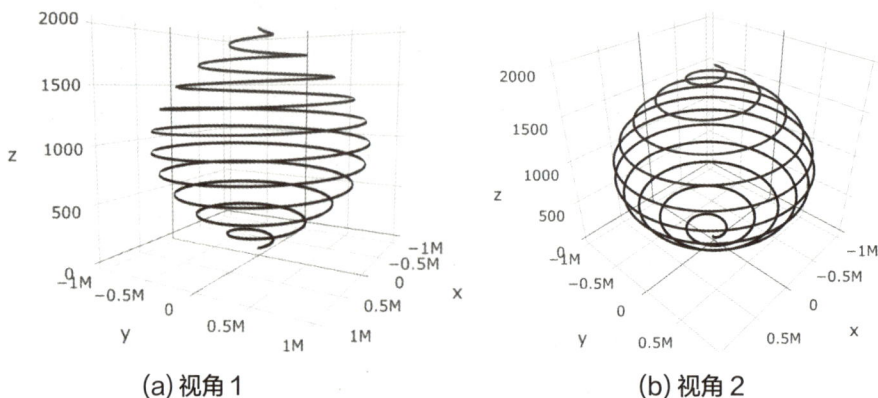

(a) 视角 1　　　　　　　　　　　　　(b) 视角 2

图 5-9　可交互 3D 曲线图

下面介绍如何使用 plotly 包中的函数可视化 3D 曲面图，程序如下所示：

```
## 生成数据
x <- seq(-pi, pi, by = 0.25)
y <- seq(-pi, pi, by = 0.25)
gridxy <- mesh(x, y)                    # 生成 2D 网格
xx <- gridxy$x                          # 注意 xx 是一个网格矩阵
yy <- gridxy$y                          # 注意 yy 是一个网格矩阵
## 计算每个网格下对应的数据 z
zz <- cos(xx) * sin(yy)                 # 注意 zz 也是一个网格矩阵
## 简单的 3D 曲面图
p4 <- plot_ly(z = zz)%>%add_surface()
p4
```

在上面的程序中，首先生成网格数据，然后使用参数 plot_ly(z = zz) 指定可视化时 Z 轴所用的网格数据，接着通过 add_surface() 函数绘制 3D 曲面图，最终得到如图 5-10 所示的可交互 3D 曲面图。需要注意的是，在可视化时并没有指定 X 轴和 Y 轴使用的数据，所以 X 轴和 Y 轴的坐标会根据网格数据 zz 的尺寸自行设置。

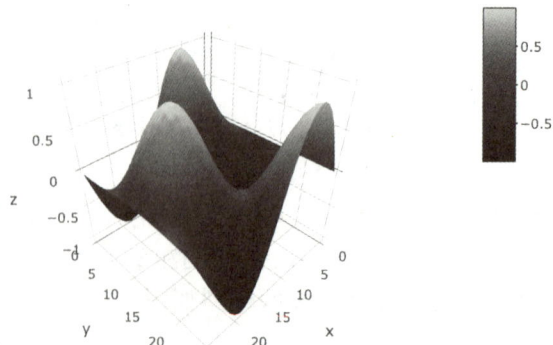

图 5-10　可交互 3D 曲面图

下面对图 5-10 的 3D 曲面图做进一步的调整，来获得更美观的图形，并且指定 X 轴和 Y 轴所使用的数据，程序如下所示：

```
## 指定 X 轴和 Y 轴坐标，并设置其他参数
p5 <- plot_ly(x = xx,y = yy,z = zz,opacity=0.8)%>%
    ## 添加曲面图并设置填充颜色
    add_surface(surfacecolor = ~ zz,colorscale = list(c(0, 1), c("red", "blue")),
            ## 添加等高线
            contours = list(z = list(show=TRUE,usecolormap=TRUE,
                                    highlightcolor="limegreen",
                                    project=list(z=TRUE))))
p5
```

在上面的程序中，使用 xx 和 yy 两个网格数据作为 3D 图形中的 X 轴和 Y 轴坐标，在可视化 3D 曲面图的 add_surface() 函数中，使用 surfacecolor 和 colorscale 参数设置曲面的颜色映射，并通过 contours 参数在 X–Y 面上添加等高线，调整后的可交互 3D 曲面图如图 5–11 所示。

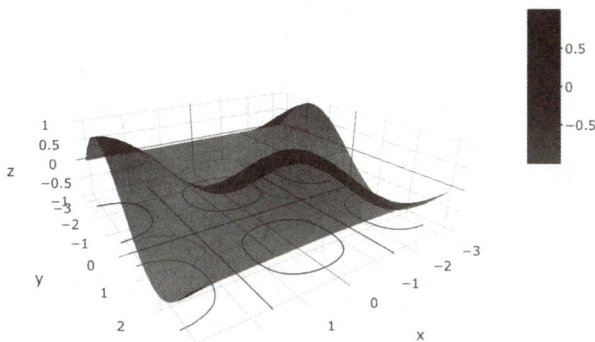

图 5-11　调整后的可交互 3D 曲面图

上面介绍的是使用网格数据可视化曲面图，还可以通过指定相应坐标轴的一维向量来绘制 3D 曲面图，程序如下所示：

```
## 生成数据
x <- seq(-pi, pi, by = 0.25)
y <- seq(-pi, pi, by = 0.25)
gridxy <- mesh(x, y)                                    # 生成 2D 网格
xx <- gridxy$x                                          # 注意 xx 是一个网格矩阵
yy <- gridxy$y                                          # 注意 yy 是一个网格矩阵
## 计算每个网格下对应的数据 z
zz <- cos(xx) * sin(yy)                                 # 注意 zz 也是一个网格矩阵
## 将网格数据转换为数据框
meshdf <- data.frame(x = as.vector(xx),y = as.vector(yy),z = as.vector(zz))
## 指定 X 轴和 Y 轴坐标，并设置其他参数
```

```
p6 <- plot_ly(meshdf,x = ~ x,y = ~ y,z = ~ z,type = "mesh3d",opacity=0.6)
p6
```

在上面的程序中，首先生成相应位置的网格数据，然后将网格数据转换为一维向量，并组成数据框 meshdf，接着通过 plot_ly() 函数指定相关位置所使用的向量数据来绘制图形，图形的类型为 mesh3d，最后得到如图 5-12 所示的向量数据的可交互 3D 曲面图。

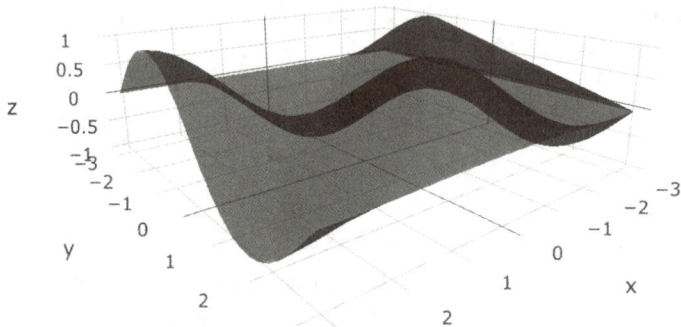

图 5-12　向量数据的可交互 3D 曲面图

前面绘制的 3D 曲面图的结构比较简单，下面使用 plotly 包官方教程中的直升机数据集，绘制相对复杂的 3D 曲面图，程序如下所示：

```
## 读取需要使用的网格数据
helicopter <- read.csv("data/chap5/3d-mesh-helicopter.csv")
p7 <- plot_ly(helicopter,x = ~ x, y = ~ y, z = ~ z,opacity = 0.5,
              i = ~ i, j = ~ j, k = ~ k,                  # 设置点的索引
              facecolor = ~ facecolor,
              type = "mesh3d")
p7
```

运行上面的程序，可以得到如图 5-13 所示的直升机 3D 曲面图。图 5-13 是可以进行旋转、缩放的可交互图形，非常便于数据的观察和分析。

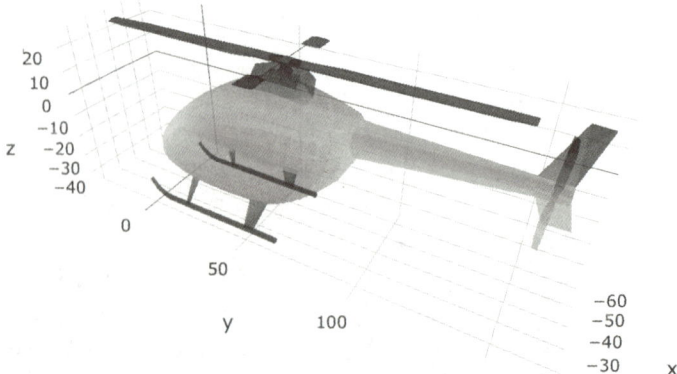

图 5-13　直升机 3D 曲面图

下面介绍如何使用 plotly 包进行可交互 3D 箭头图的可视化，程序如下所示：

```
## 使用一个官方的数据示例，读取数据
vortex <- read.csv("data/chap5/vortex.csv")
## 可视化 3D 箭头图
p8 <- plot_ly(vortex,type="cone",           # 设置可视化方式为箭头图
              x= ~ x,y= ~ y,z= ~ z,           # 指定点的坐标
              u= ~ u,v= ~ v,w= ~ w,           # 设置每个方向上的分量
              ## 设置箭头大小的调整方式
              sizemode= 'absolute',sizeref= 50)%>%
   ## 添加图层设置坐标轴比例
   layout(scene= list(aspectratio= list(x= 1, y= 1, z= 0.8)))
p8
```

在上面的程序中，首先读取了用于可视化的数据 vortex，然后设置可视化的图形类型为箭头图（type="cone"），并指定箭头的坐标和每个方向上的分量，最后得到如图 5-14 所示的可交互 3D 箭头图。

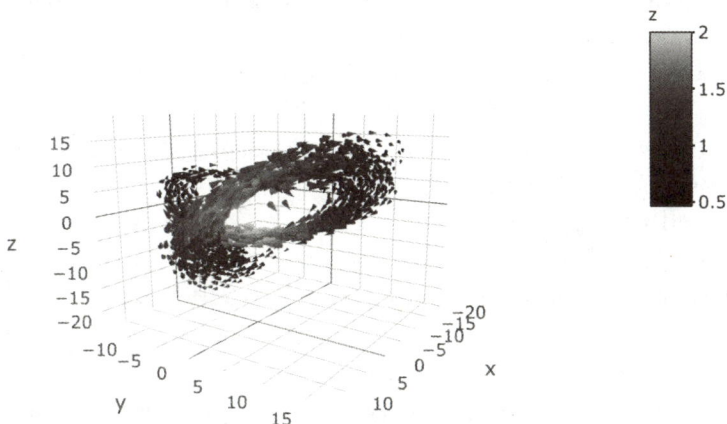

图 5-14　可交互 3D 箭头图

## 5.2.2　用 plotly 包 3D 可视化回归结果

本节重点介绍如何使用 plotly 包可视化二元回归分析的可交互 3D 图形。

针对鸢尾花数据集，使用 Sepal.Length 作为因变量，使用 Petal.Length 和 Sepal.Width 作为自变量，建立二元回归模型，程序如下所示：

```
data("iris")
mod1 <- lm(Sepal.Length ~ Petal.Length + Sepal.Width, data = iris)
summary(mod1)
## Call:
```

```
## lm(formula = Sepal.Length ~ Petal.Length + Sepal.Width, data = iris)
## Coefficients:
##               Estimate Std. Error t value Pr(>|t|)
## (Intercept)    2.24914    0.24797    9.07 7.04e-16 ***
## Petal.Length   0.47192    0.01712   27.57 < 2e-16 ***
## Sepal.Width    0.59552    0.06933    8.59 1.16e-14 ***
## ---
## Signif. codes:  0 '***' 0.001 '**' 0.01 '*' 0.05 '.' 0.1 ' ' 1
## Residual standard error: 0.3333 on 147 degrees of freedom
## Multiple R-squared:  0.8402, Adjusted R-squared:  0.838
## F-statistic: 386.4 on 2 and 147 DF,  p-value: < 2.2e-16
```

上述程序中使用 lm() 函数建立二元回归模型，从输出结果可知该模型是显著的。

下面使用 plotly 包绘制模型在三维空间的散点图和二元回归曲面，程序如下所示：

```
## 准备二元回归曲面的数据
lmx <- seq(min(iris$Petal.Length)-0.2,max(iris$Petal.Length)+0.2,length.out = 15)
lmy <- seq(min(iris$Sepal.Width)-0.2,max(iris$Sepal.Width)+0.2,length.out = 15)
gridxy <- mesh(lmx, lmy)   # 生成 2D 网格
xx <- gridxy$x            # 注意 xx 是一个网格矩阵
yy <- gridxy$y            # 注意 yy 是一个网格矩阵
xydf <- data.frame(Petal.Length = as.vector(xx),Sepal.Width = as.vector(yy))
## 计算每个网格数据在回归模型预测下的对应取值
mod1_pre <- predict(mod1,xydf)
## 将预测值转换为网格矩阵
zz <- matrix(mod1_pre,nrow = length(lmx),ncol = length(lmy))
## 可视化图形
plot_ly(x = ~ xx, y = ~ yy, z = ~ zz)%>%
  add_surface(showlegend = FALSE,opacity = 0.7,showscale=FALSE)%>%
  add_markers(data = iris,x = ~ Petal.Length, y = ~ Sepal.Width,
              z = ~ Sepal.Length, type = "scatter3d",opacity = 0.8,
              size = I(10),color = I("blue"))%>%
  layout(scene = list(xaxis = list(title = "Petal Length"),
                      yaxis = list(title = "Sepal Width"),
                      zaxis = list(title = "Sepal Length")))
```

在上面的程序中，首先构建可视化回归曲面所使用的网格矩阵，并使用指定网格下的模型预测值作为 Z 轴坐标。通过 add_surface() 函数为图形添加回归曲面，通过 add_markers() 函数为图形添加 3D 散点图，通过 layout() 函数对坐标轴进行设置。最后可以得到如图 5-15 所示的二元回归分析交互图。从图 5-15 可以发现，建立的二元回归模型很好地拟合了对应的散点图数据。

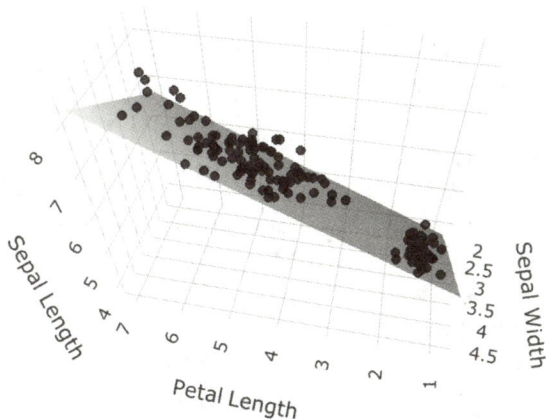

图 5-15　二元回归分析交互图

下面为该回归模型添加一个分组变量 Species 作为自变量，并对其进行可视化，程序如下所示：

```
mod2 <- lm(Sepal.Length ~ Petal.Length+Sepal.Width+Species, data = iris)
## 可视化空间中的点和回归曲面
## 准备二元回归曲面的数据
lmx <- seq(min(iris$Petal.Length)-0.2,max(iris$Petal.Length)+0.2,length.out = 15)
lmy <- seq(min(iris$Sepal.Width)-0.2,max(iris$Sepal.Width)+0.2,length.out = 15)
gridxy <- mesh(lmx, lmy)            # 生成 2D 网格
xx <- gridxy$x                      # 注意 xx 是一个网格矩阵
yy <- gridxy$y                      # 注意 yy 是一个网格矩阵
## setosa 分组下的网格数据在回归模型下的预测值
setosadf <- data.frame(Petal.Length = as.vector(xx),Sepal.Width = as.vector(yy),
                       Species = rep("setosa",length(as.vector(xx))))
mod2_pre <- predict(mod2,setosadf)
setosa_zz <- matrix(mod2_pre,nrow = length(lmx),ncol = length(lmy))
## versicolor 分组下的网格数据在回归模型下的预测值
versidf <- data.frame(Petal.Length = as.vector(xx),Sepal.Width = as.vector(yy),
                      Species = rep("versicolor",length(as.vector(xx))))
mod2_pre <- predict(mod2,versidf)
versi_zz <- matrix(mod2_pre,nrow = length(lmx),ncol = length(lmy))
## virginica 分组下的网格数据在回归模型下的预测值
virgindf <- data.frame(Petal.Length = as.vector(xx),Sepal.Width = as.vector(yy),
                       Species = rep("virginica",length(as.vector(xx))))
mod2_pre <- predict(mod2,virgindf)
virgin_zz <- matrix(mod2_pre,nrow = length(lmx),ncol = length(lmy))
```

在上面的程序中，针对分组变量的三个取值，分别计算各取值下的回归模型预测值。下面对这几组回归曲面的数据进行可视化。

```
plot_ly()%>%                    # 添加三维散点图
  add_markers(data = iris,x = ~ Petal.Length, y = ~ Sepal.Width,
              z = ~ Spal.Length, type = "scatter3d",opacity = 1,
              color = ~ Species,colors =c("red","blue","green"),
              size = I(10))%>%
  ## 添加 setosa 分组下的预测平面
  add_surface(x = ~ xx,y = ~ yy,z = ~ setosa_zz,showscale = FALSE,
              colorscale = list(c(0, 1), c("red", "red")),
              opacity = 0.7)%>%
  ## 添加 versicolor 分组下的预测平面
  add_surface(x = ~ xx,y = ~ yy,z = ~ versi_zz,showscale = FALSE,
              colorscale = list(c(0, 1), c("blue", "blue")),
              opacity = 0.7)%>%
  ## 添加 virginica 分组下的预测平面
  add_surface(x = ~ xx,y = ~ yy,z = ~ virgin_zz,showscale = FALSE,
              colorscale = list(c(0, 1), c("green", "green")),
              opacity = 0.7)%>%
  layout(scene = list(xaxis = list(title = "Petal Length"),
                      yaxis = list(title = "Sepal Width"),
                      zaxis = list(title = "Sepal Length"),
                      showlegend = FALSE, aspectmode="cube"))
```

在上面的程序中，首先通过 add_markers() 函数为图形添加 3D 散点图，并且设置不同分组下的点使用不同的颜色，然后使用 add_surface() 函数分别添加分组变量在不同取值下的回归曲面，在设置图层标签的 layout() 函数中，通过参数 aspectmode="cube" 将坐标轴的显示比例设定为 1:1:1，最后可以得到如图 5-16 所示的带分组变量的二元回归分析交互图。

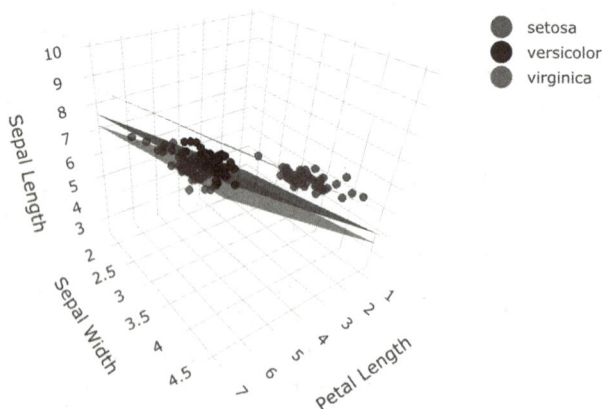

图 5-16　带分组变量的二元回归分析交互图

从图 5-16 可以看出，针对不同的分组情况，回归模型的预测结果可以较好地对数据进行拟合。

# 5.3 rayshader包可视化3D图形

rayshader 是 R 语言中用于生成 2D 和 3D 图形的开源包，常用于绘制 2D 和 3D 地形图，并可以将 ggplot2 包的输出对象转换为精美的 3D 图形。

本节主要介绍如何使用 rayshader 包绘制 3D 地形图，以及将 ggplot2 图形转换为 3D 图形。

扫一扫，看视频

## 5.3.1 用 rayshader 包绘制 3D 地形图

rayshader 包可以绘制 3D 地形图，并且可以为图形设置光照、添加水层等。下面使用该包自带的数据集 montereybay 展示如何绘制 3D 地形图，程序如下所示：

```
library(rayshader)
## 使用自带的数据集 montereybay 绘制 3D 地形图
## 计算光线追踪的阴影贴图与环境光遮挡图
montshadow = ray_shade(montereybay, zscale = 50, lambert = FALSE)
montamb = ambient_shade(montereybay, zscale = 50)
montereybay %>%
    sphere_shade(sunangle = 315,                       # 主要光线来源方向
                 texture = "imhof1",                   # 默认的贴图颜色
                 zscale = 10) %>%
    add_shadow(montshadow, 0.5) %>%                    # 添加光线的阴影
    add_shadow(montamb, 0) %>%                         # 添加环境光遮挡
    ## 在 3D 空间显示地图
    plot_3d(montereybay, zscale = 50,
            fov = 0, theta = -45, phi = 45,            # 设置视角
            windowsize = c(1000, 800), zoom = 0.75)
render_snapshot(clear=TRUE)                            # 显示当前图形
## 在上面地图的基础上添加水的显示
montereybay %>%
    sphere_shade(zscale = 10) %>%
    add_shadow(montshadow, 0.5) %>%
    add_shadow(montamb, 0) %>%
    plot_3d(montereybay, zscale = 50, fov = 0, theta = -45, phi = 45,
            windowsize = c(1000, 800), zoom = 0.75,
            ## 设置水的情况
            water = TRUE, waterdepth = 0,              # 水的水平线
            wateralpha = 0.8, watercolor = "lightblue",  # 水的颜色
            waterlinecolor = "red",waterlinealpha = 1) # 水的边界线
render_snapshot(clear=TRUE)              # 显示当前图形
```

运行上述程序，可以得到如图 5-17 所示的 3D 地形图。

图 5-17　3D 地形图

## 5.3.2　rayshader 包 3D 可视化 ggplot2 图形

通常情况下，如果在 ggplot2 图形中包含使用颜色来表示相应位置的取值大小（热力图、密度曲线等），就可以利用 rayshader 包中的 plot_gg() 函数对其进行 3D 可视化。

首先介绍如何对 ggplot2 包中 geom_tile() 函数获取的瓦片热力图进行 3D 可视化，程序如下所示：

```
library(ggplot2)
library(ggTimeSeries)
library(rayshader)
library(RColorBrewer)
## 使用瓦片图可视化热力图，读取数据
AirPas <- read.csv("data/chap3/MyAirPassengers.csv",stringsAsFactors = FALSE)
## 将月份变量转换为因子变量并重新排序
AirPas$month <- factor(AirPas$month,levels = c(" 一月 "," 二月 "," 三月 ",
                " 四月 "," 五月 ", " 六月 "," 七月 "," 八月 "," 九月 ",
                " 十月 "," 十一月 "," 十二月 "))
p1 <- ggplot(AirPas,aes(x=year,y=month))+geom_tile(aes(fill = x))+
    scale_fill_gradientn(colours=rev(brewer.pal(10,"RdYlBu")))+
    theme(legend.position = "right")+ggtitle(" 热力图 ")
p1
```

在上面的程序中，首先读取绘图时需要使用的数据集，接着使用 ggplot2 包中的相关函数进行热力图可视化，并使用颜色表对应位置的取值大小。运行程序后，可以得到如图 5-18 所示的 2D 热力图。

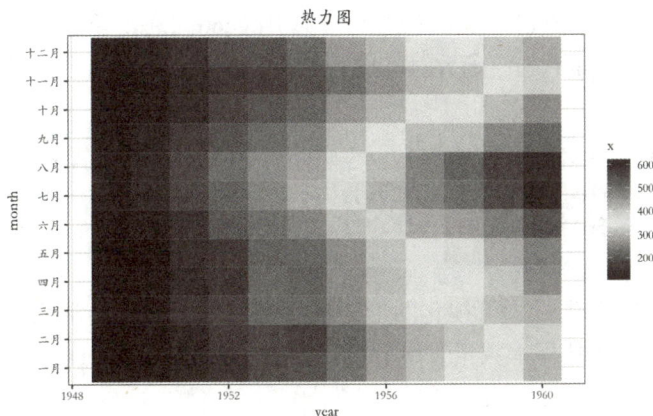

图 5-18　2D 热力图

下面使用 rayshader 包中的 plot_gg() 函数将 2D 热力图进行 3D 可视化，程序如下所示：

```
## 将热力图 p1 转换为 3D 对象
plot_gg(p1,multicore=FALSE,width=5,height=5,scale=250,
        windowsize = c(1200, 960),units = "mm",zoom = 0.5)
```

在上面的程序中，使用参数 multicore 设置是否使用多核计算对图形进行输出；参数 width 和 height 用于设置图形的宽和高；参数 windowsize 用于控制显示图形的窗口大小；参数 zoom 用于控制图形的缩放情况，合理的取值可以控制图形的大小和显示的清晰度。最后可以得到如图 5-19 所示的 3D 热点图。

图 5-19　3D 热力图

在绘制图 5-19 所示的 3D 热力图时，会单独打开一个图形窗口，窗口中的图形可以通过鼠标控制观察角度，对其进行旋转等相关操作。

下面针对 ggplot2 包中的 diamonds 数据集，使用 geom_hex() 函数绘制六边形热力图，然后利用 rayshader 包中的 plot_gg() 函数对其进行 3D 可视化，程序如下所示：

```
## 六边形热力图
theme_set(theme_classic(base_family = "STKaiti")) ## 设置绘图主题
p2 <- ggplot(diamonds[diamonds$x > 3,], aes(x=x, y=depth)) +
  geom_hex(bins = 50)+scale_fill_viridis_c(option = "C")
p2
```

在上面的程序中，首先设置可视化图形时使用的主题，然后绘制六边形热力图，并使用不同的颜色表示相应位置的样本数量，最后可得如图 5-20 所示的 2D 六边形热力图。

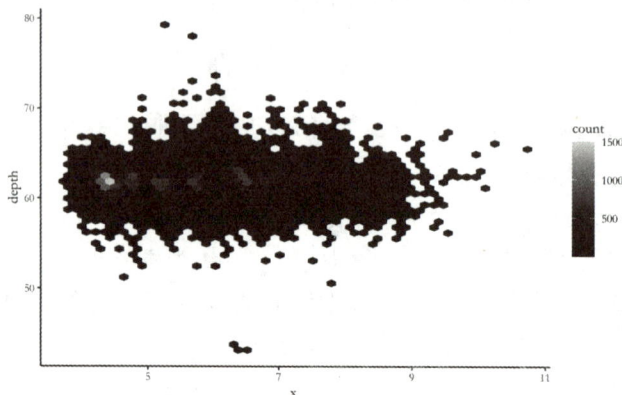

图 5-20　2D 六边形热力图

下面将图 5-20 所示的 2D 六边形热力图进行 3D 可视化，程序如下所示：

```
## 可视化为 3D 图形
plot_gg(p2,multicore=FALSE,width=6,height=6,scale=250,
        windowsize = c(1200, 960),zoom = 0.6)
```

运行上述程序后，可以获得如图 5-21 所示的 3D 六边形热力图。在图 5-21 中，根据高度的不同，能直观地对比出不同位置的样本数量。

图 5-21　3D 六边形热力图

针对分面的 ggplot2 图形，使用 rayshader 包也可以对其进行 3D 可视化，程序如下所示：

```
## 使用钻石数据集，可视化数据分面后的密度曲线
theme_set(theme_gray(base_family = "STKaiti"))        ## 设置绘图主题
p3 <- ggplot(diamonds, aes(x, depth))+
  stat_density_2d(aes(fill = stat(nlevel)), geom = "polygon",
                  n = 100,bins = 10,contour = TRUE) +
  facet_wrap(clarity ~ .)+scale_fill_viridis_c(option = "A")+
  ggtitle(" 密度曲线 ")
p3
```

运行上面的程序，可以获得如图 5-22 所示的 2D 分面密度曲线。

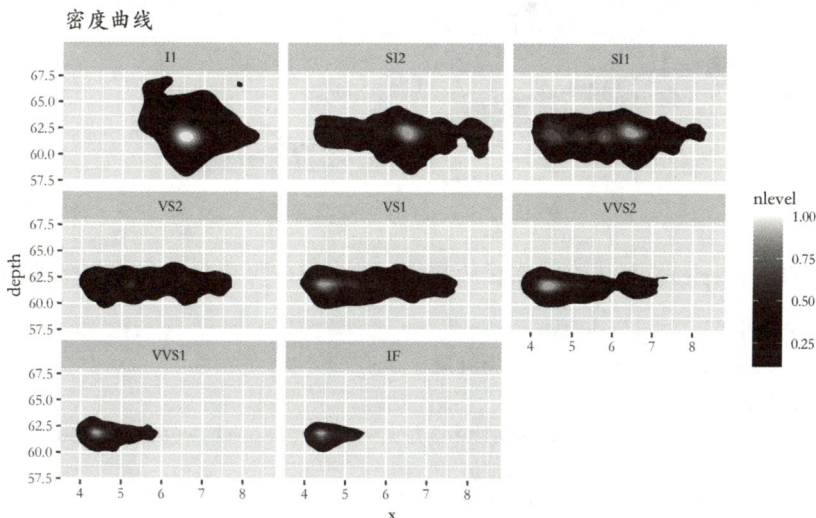

图 5-22　2D 分面密度曲线

下面使用 rayshader 包中的 plot_gg() 函数对 2D 分面密度曲线进行 3D 可视化，程序如下所示：

```
## 将 2D 分面密度曲线可视化为 3D 图形
plot_gg(p3,multicore=FALSE,width=5,height=5,scale=250,
        windowsize = c(1200, 960),units = "mm",zoom = 0.6)
render_snapshot(clear = TRUE)           # 获取当前显示的图形
```

在上面的程序中，使用 render_snapshot() 函数可以获取当前 3D 可视化窗口对应的截图，结果如图 5-23 所示。

rayshader 包不仅可以将 ggplot2 包的输出图形进行 3D 可视化，还可以将一些 ggplot2 拓展包的图形进行 3D 可视化。

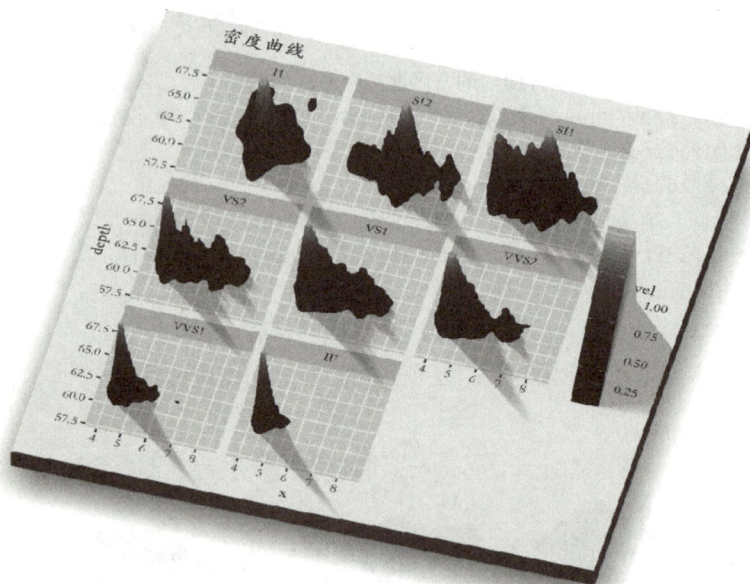

图 5-23　3D 分面密度曲线

下面将 ggTimeSeries 包绘制的 2D 日历热力图进行 3D 可视化，程序如下所示：

```
## 准备数据，可视化 3D 日历热力图
weather <- read.csv("data/chap4/weather_day.csv")
## 向数据中添加时间变量
weather$date <- as.Date(paste(weather$day,weather$month,weather$year,sep = "/"),
                        "%d/%m/%Y")
## 可视化 2014—2016 年的温度日历热力图，获取三年的数据
temp_3 <- weather[weather$year %in% c(2014,2015,2016),]
theme_set(theme_gray(base_family = "STKaiti"))            ## 设置绘图主题
p4 <- ggplot_calendar_heatmap(temp_3,                     ## 数据
                    cDateColumnName = "date",             ## 时间变量
                    cValueColumnName = "MeanTemp",        ## 数值变量
                    dayBorderSize = 0.2,                  ## 日边框线的粗细
                    dayBorderColour = "blue",             ## 日边框线的颜色
                    monthBorderSize = 0.8,                ## 月边框线的粗细
                    monthBorderColour = "gray80")+        ## 月边框线的颜色
scale_fill_continuous("温度",low = 'green', high = 'red')+ ## 设置图形的颜色填充
  facet_wrap( ~ year,ncol = 1)+                           ## 将图形分面
  labs(x = "月份",y = "星期",title = "温度变化日历图")
p4
```

上面的程序在 4.3.2 节中已经详细说明过，运行程序后，可以获得如图 5-24 所示的 2D 日历热力图。

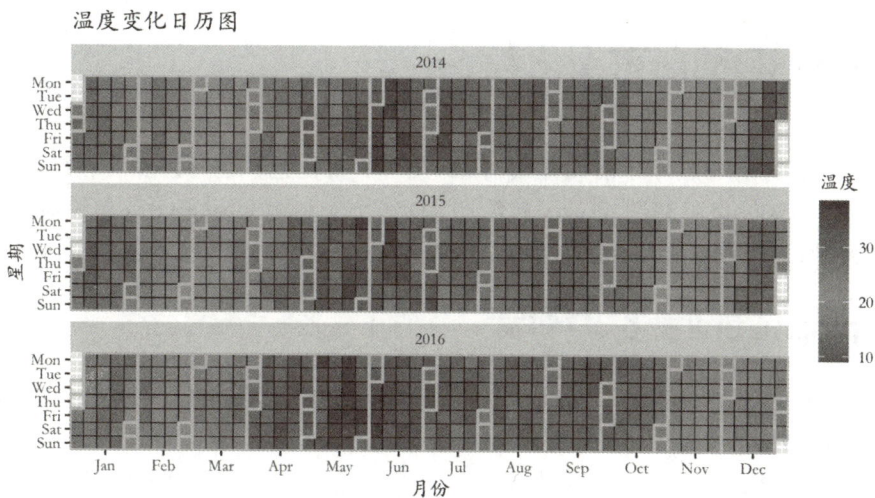

图 5-24　2D 日历热力图

下面使用 rayshader 包中的 plot_gg() 函数将 2D 日历热力图进行 3D 可视化,程序如下所示:

```
## 将图形可视化为 3D 图形
plot_gg(p4,multicore=FALSE,width=7,height=5,scale=250,
        windowsize = c(1200, 960),units = "mm",zoom = 0.6)
```

运行程序后, 可以获得如图 5-25 所示的 3D 日历热力图。

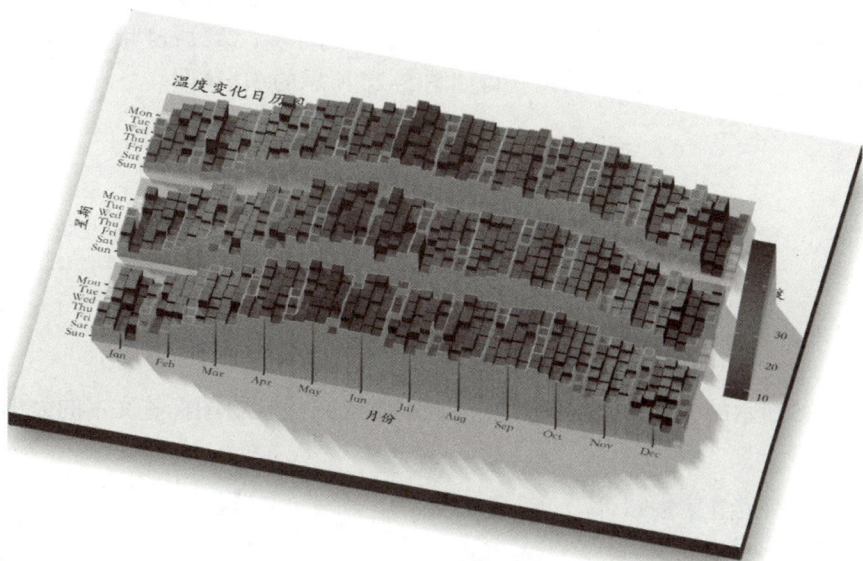

图 5-25　3D 日历热力图

使用 rayshader 包还可以获得其他一些丰富的 3D 可视化图形, 例如, 将 ggplot2 包输出的地图进行 3D 可视化等, 这里就不逐一介绍了。

# 5.4 其他3D图形可视化包

在 R 包中，除了前面介绍的 3D 图形可视化包，还有许多能够绘制 3D 图形的包。例如，可以利用 plotrix 包绘制 3D 饼图，利用 latticeExtra 包绘制 3D 条形图，利用 rgl 包制作 3D 动画等。

*扫一扫，看视频*

## 5.4.1 plotrix 包可视化 3D 饼图

在进行数据可视化时 3D 饼图用得较多。下面介绍如何利用 plotrix 包中的 pie3D() 函数绘制 3D 饼图，程序如下所示：

```
library(plotrix)
## 准备使用的数据、标签和颜色等向量
pievalue <- c(30,40,50,20,40)
pielabel <- c(" 三星 "," 华为 "," 苹果 "," 小米 "," 其他 ")
cols <- c("red","green","blue","pink","orange")
## 可视化 3D 饼图
par(family = "STKaiti")
pie3D(pievalue,radius=0.9,labels=pielabel,col = cols)
```

在 pie3D() 函数中，参数 pievalue 用于表示每种情况的数量；参数 radius 用于指定可视化时使用的圆的半径；参数 labels 用于指定每部分所表示的标签；参数 col 用于指定饼图中每部分扇形使用的颜色。运行程序后，可以获得如图 5-26 所示的 3D 饼图。

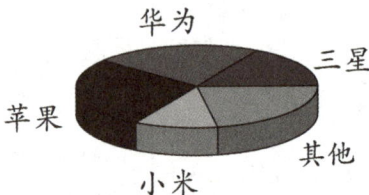

图 5-26　3D 饼图

针对图 5-26 所示的 3D 饼图，可以通过参数 labelcex 设置饼图标签文本的大小，程序如下所示：

```
## 设置 3D 饼图的标签文本的大小
par(family = "STKaiti")
pie3D(pievalue,radius=1,labels=pielabel,col = cols,labelcex=1)
```

运行程序后，可以获得如图 5-27 所示的调整标签大小的 3D 饼图。

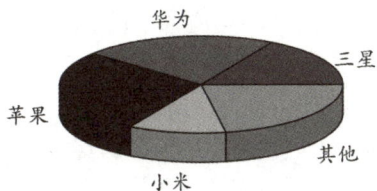

图 5-27　调整标签大小的 3D 饼图

针对图 5-27 所示的 3D 饼图，还可以通过参数 explode 获得每个部分都是分离的饼图，程序如下所示：

```
## 将饼图中的每一块分割开
par(family = "STKaiti")
pie3D(pievalue,radius=1,labels=pielabel,col = cols,labelcex=1,
    explode=0.1)
```

运行程序，可得如图 5-28 所示的分割的 3D 饼图。

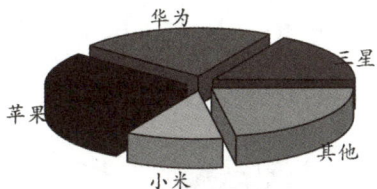

图 5-28　分割的 3D 饼图

## 5.4.2　latticeExtra 包绘制 3D 条形图

3D 条形图能够直观呈现变量之间的关系和数据变化趋势。下面使用一个案例展示如何使用 latticeExtra 包中的 cloud() 函数绘制 3D 条形图，程序如下所示：

```
library(latticeExtra)
library(dplyr)
data("ToothGrowth")
head(ToothGrowth)
##    len supp dose
## 1  4.2  VC  0.5
## 2 11.5  VC  0.5
## 3  7.3  VC  0.5
## 4  5.8  VC  0.5
## 5  6.4  VC  0.5
## 6 10.0  VC  0.5
```

导入的数据中包含三个变量，分别是 len（长度变量）及两个分组变量 supp 和 dose。下面绘制在两个分组的不同组合下 len 变量的均值大小的 3D 条形图，程序如下所示：

```
## 计算不同分组下的长度均值
ToothGrowth$dose <- as.factor(ToothGrowth$dose)
ToothGrowth <- ToothGrowth%>%group_by(supp,dose)%>%
    summarize(len = mean(len))
## 可视化 3D 条形图
cloud(len~supp+dose,data = ToothGrowth,panel.3d.cloud=panel.3dbars,
    xbase = 0.4, ybase = 0.4, zlim = c(0, max(ToothGrowth$len)),
    scales = list(arrows = FALSE, just = "right"),
    col.facet="lightblue",zoom = 0.9,
    ## 设置视角
    screen = list(z = 40, x = -60))
```

使用 cloud() 函数绘制 3D 条形图之前，首先计算出每个分组下的 len 变量的均值大小的数据 ToothGrowth，通过参数 panel.3d.cloud=panel.3dbars 设置图形为 3D 条形图，参数 col.facet 用于指定每个条形的颜色。运行程序后，可以获得如图 5-29 所示的 3D 条形图。

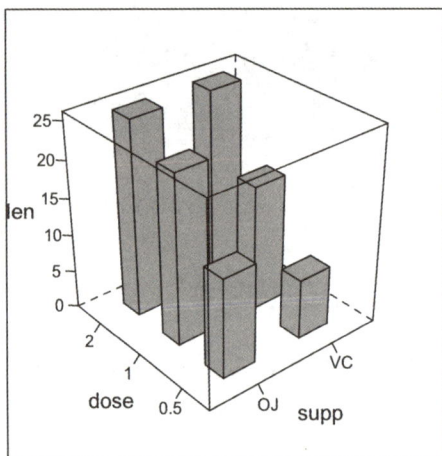

图 5-29　3D 条形图

## 5.4.3　rgl 包制作 3D 动画

在 R 语言应用包中，rgl 包不仅提供了可视化 3D 图形的函数，还提供了将 3D 图形进行动态旋转并保存为动画的函数。下面介绍一个将 3D 散点图进行动态转换的示例，程序如下所示：

```
library(rgl)
library(magick)
## 使用鸢尾花数据集可视化 3D 散点图动画
colors <- c("blue", "red", "green")
```

```
iris$color <- colors[as.numeric(as.factor(iris$Species))]
par3d(windowRect = c(20, 30, 800, 800))              # 设置窗口位置
# 静态 3D 散点图
plot3d(iris$Sepal.Length, iris$Sepal.Width,iris$Petal.Length,
       col = iris$color, type = "s", radius = .1 ,
       xlab = "Sepal Length",ylab = "Sepal Width",zlab = "Petal Length")
# 以固定的速度旋转图形并可视化
play3d(spin3d(axis = c(0, 0, 1), rpm = -10), duration = 10)
# 将动态 3D 散点图保存为 gif 图
movie3d(movie="3dAnimatedScatterplot",               # 3D 散点图动画
        spin3d( axis = c(0, 0, 1), rpm = -10),
        duration = 10,                               # 动画持续时间
        dir = "data/chap6",type = "gif", clean = TRUE)
```

在上面的程序中，首先使用 plot3d() 函数绘制鸢尾花数据集的静态 3D 散点图，然后利用 play3d() 和 spin3d() 函数输出旋转的 3D 图形，最后使用 movie3d() 函数将其保存为 gif 图，其中的两幅图形如图 5-30 所示。

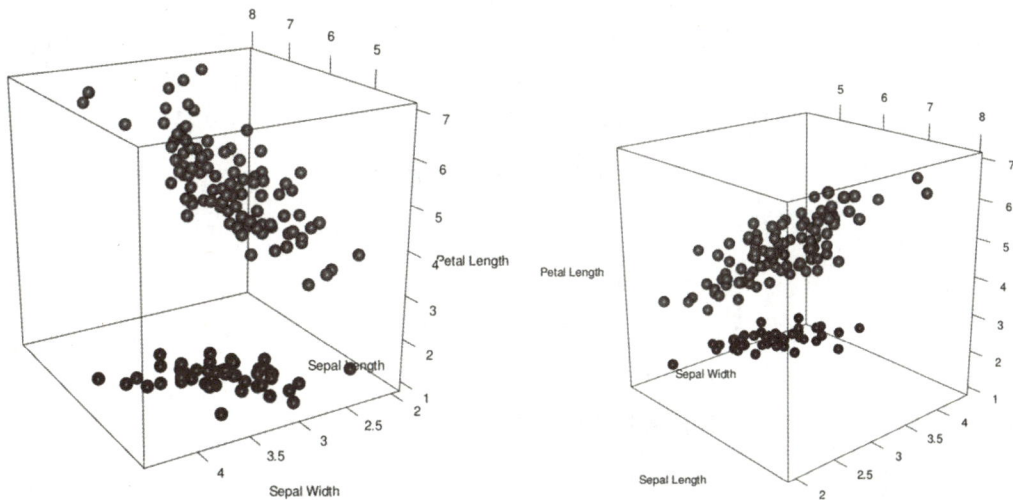

图 5-30　动态 3D 散点图的两幅图形

图 5-30 为动态 3D 散点图的两个时刻的截图，动态变化的结果可以在运行程序后观察更多的细节。

前面介绍的 3D 图形可视化提供了获取数据信息的一个视角，在交互式或旋转的 3D 图形中，可以轻松地对数据进行观察和比较大小，尤其是当关注的重点不是数据具体的大小时，3D 图形所呈现的深度可能会比其他方式（颜色、轮廓线、矢量线）更加有效地传递信息。

> **说明：** 利用 3D 图形对数据进行可视化，需要注意以下几个问题。
>
> （1）利用 3D 图形对数据进行可视化很容易被滥用。如果数据中没有三个变量，则不需要使用 3D 图形进行可视化；如果每个变量的数值是不连续的，则使用 3D 图形可能会带来数据连续的错觉。
>
> （2）有时候静态 3D 图形可视化很难解释。由于显示屏本身是二维的，所以很难准确地重建 3D 图形的深度信息，显示的图形可能会使数据信息失真。
>
> （3）有些 3D 图形之间相互遮挡比较严重，这些遮挡可能会造成从图形中获取信息的障碍，而且容易产生错觉。

## 5.5  本章小结

　　本章主要介绍了 R 语言应用包中常见的数据 3D 可视化包的功能及用法，包括静态 3D 图形可视化的 scatterplot3d 包和 plot3D 包，交互 3D 图形可视化的 plotly 包，可以将 ggplot2 对象进行 3D 图形可视化的 rayshader 包，以及可视化 3D 饼图和 3D 动画的包等。

　　本章介绍的主要包及其功能如表 5-3 所示。

表 5-3　本章介绍的主要包及其功能

| 包 | 功　　能 |
| --- | --- |
| scatterplot3d | 专门用于可视化 3D 散点图 |
| plot3D | 可用于 2D 和 3D 图形的可视化 |
| plotly | 可用于可交互 3D 图形的可视化 |
| rayshader | 可用于绘制 2D 和 3D 地形图 |

# 第 6 章

# shiny 数据可视化应用与仪表盘

## 本章导读

shiny 是通过 R 语言直接构建交互式 Web 应用程序的软件包，由 RStudio 公司开发，它可以让用户与对数据进行交互操作，获取更加直观、丰富的信息。与 shiny 包类似，flexdashboard 包支持以更简单、轻量级的方式构建数据可视化仪表盘，它通过 R Markdown 文件对数据进行可视化，并发布为网页形式的可视化仪表盘。本章从 shiny 应用的文件结构入手，介绍 shiny 包和 flexdashboard 包的功能设置与使用方法，并以实际数据集为例进行实战展示，让读者快速地构建易用、美观的可视化交互 App。

## 知识技能

本章的知识技能及实战案例如下图所示。

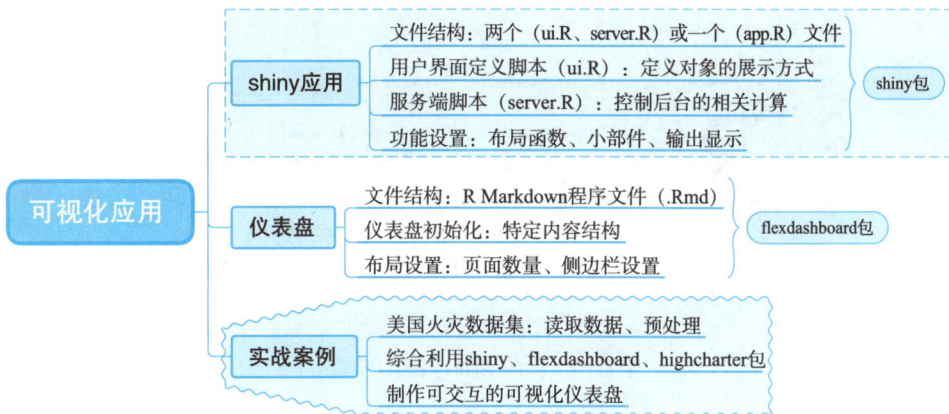

```
                          ┌─ shiny应用 ──┬── 文件结构：两个（ui.R、server.R）或一个（app.R）文件
                          │              ├── 用户界面定义脚本（ui.R）：定义对象的展示方式        ┐
                          │              ├── 服务端脚本（server.R）：控制后台的相关计算          ├ shiny包
                          │              └── 功能设置：布局函数、小部件、输出显示                ┘
                          │
   可视化应用 ────────────┼─ 仪表盘 ─────┬── 文件结构：R Markdown程序文件（.Rmd）              ┐
                          │              ├── 仪表盘初始化：特定内容结构                        ├ flexdashboard包
                          │              └── 布局设置：页面数量、侧边栏设置                     ┘
                          │
                          └─ 实战案例 ───┬── 美国火灾数据集：读取数据、预处理
                                         ├── 综合利用shiny、flexdashboard、highcharter包
                                         └── 制作可交互的可视化仪表盘
```

# 6.1 shiny应用的文件结构和使用方法

扫一扫，看视频

shiny 包不仅可以在网页上托管独立应用程序，嵌入 R Markdown 文件中，还可以使用 CSS 主题、htmlwidgets（网页小部件）、JavaScript 等操作扩展 shiny 应用程序。

利用 shiny 包制作可视化应用 App，具有以下几个优点。

（1）通过 shiny 包，使用 R 语言可以轻松开发交互式 Web 应用，只需要几行 R 语言的程序，不需要用 JavaScript。

（2）当用户修改输入时，shiny 应用程序会自动刷新计算结果，不需要在浏览器中手动刷新。

（3）shiny 应用程序可以在任何 R 语言环境中运行。

（4）预先构建有多种小部件和输出工具，用来展示 R 语言的图形、表格及输出结果等，且基于 shiny 包也衍生出了众多优秀易用的包，可用来丰富、美化 shiny 应用。

本节重点介绍如何构建一个 shiny 应用，并展示其输出结果，据此了解 shiny 应用的文件结构和使用方法。

## 6.1.1 shiny 应用的文件结构

在 R 语言中，完整的 shiny 应用包含两个脚本文件（见文件夹 chap6_first_app），分别是 ui.R（用户界面定义脚本）和 server.R（服务端脚本），它们分别控制 APP 前端的显示情况和后端的计算方式。shiny 应用也可以通过一个 app.R 文件来完成，两种构建方式几乎没有什么差别，这里主要介绍通过 ui.R 和 server.R 两个文件构建 shiny 应用的方法。

新建一个 shiny 应用非常简单，只需要单击 RStudio 的新建文件按钮下的 "Shiny Web App…" 选项，就会打开如图 6-1 所示的新建 shiny 应用界面。

图 6-1　新建 shiny 应用界面

输入新建应用的名称、选择应用的方式（单个 app.R 文件或 ui.R 和 server.R 共两个文件）和路径，就会在指定的文件夹下生成一个新的文件夹。shiny 应用的文件结构和内容如图 6-2 所示。

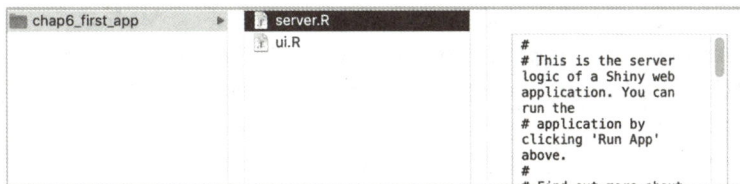

图 6-2　shiny 应用的文件结构和内容

在初始化的两个文件 ui.R 和 server.R 中，按照格式要求编写需要的程序后运行，即可获得相应分析结果的可交互式网页应用。

## 6.1.2　shiny 应用的使用方法

下面针对鸢尾花数据集，介绍如何快速创建 shiny 应用程序。

首先，针对 shiny 应用的 ui.R 文件（见文件夹 chap6_first_app），输入如下所示的程序：

```
## 导入会使用的包
library(shiny);library(shinythemes)
## 数据可视化应用所需要的 UI
shinyUI(fluidPage(
    themeSelector(),
    ## Application title 应用的名称
    titlePanel(" 鸢尾花数据探索和可视化分析 "),
    ## 使用直方图可视化指定变量的分布情况
    sidebarLayout(  # 布置侧边栏和主要显示区域
      ## 使用一个包含输入空间的侧边栏面板布置侧边栏
      sidebarPanel(
        h3(" 直方图可视化数据 "),
        ## 创建选择列表输入小部件
        selectInput("variable", " 变量 :", choices=colnames(iris)[1:4]),
        ## 添加一个滑块小部件
        sliderInput("bins"," 分箱的数量 :",min = 5,max = 50,value = 30),
        ## 创建选择列表输入小部件
        h3(" 散点图可视化数据 "),
        selectInput("xcol", "X 轴变量 ", choices=names(iris)),
        selectInput("ycol", "Y 轴变量 ", choices=names(iris),
                    selected = names(iris)[[2]]), # 指定默认变量
        h3(" 箱线图可视化数据 "),
        selectInput("boxy", "Y 轴变量 ", choices=names(iris)[1:4])
      ),
      ## 在主要显示区域可视化图形
      mainPanel(
```

```
        plotOutput("histplot",width = "600px", height = "400px"),
        plotOutput("scatterplot",width = "600px", height = "400px"),
        plotOutput("boxplot",width = "600px", height = "400px"),
        position = "right"
    )))))
```

在上面的 ui.R 脚本程序中，定义了网页中对象的展示方式，包括文字的字体、字号、颜色、排列方式，以及各种小部件的默认参数、可选参数等。程序中的基本组成单元将会在 6.2 节中详细介绍。

其次，针对 shiny 应用的 server.R 文件（见文件夹 chap6_first_app），使用如下的服务端脚本来控制后台的相关计算：

```
## 导入会使用的包
library(shiny);library(ggplot2);library(datasets)
## 导入鸢尾花数据集
data("iris")
# 定义数据可视化所需的服务器逻辑
shinyServer(function(input, output) {
    ## 可视化其中的第一幅图形，分组直方图
    output$histplot <- renderPlot({
        # 可视化直方图
        ggplot(iris,aes(x=eval(as.name(input$variable)),  # X 变量
                        fill = Species))+geom_histogram(bins = input$bins)+
        theme_bw(base_family = "STKaiti",base_size = 18)+
        labs(title = "直方图",x = input$variable)
    })
    ## 可视化其中的第二幅图形，分组散点图
    output$scatterplot <- renderPlot({
        # 可视化散点图
        ggplot(iris,aes(x=eval(as.name(input$xcol)),y=eval(as.name(input$ycol)),
                        colour = Species))+geom_point()+
        theme_bw(base_family = "STKaiti",base_size = 18)+
        labs(title = "散点图",x = input$xcol,y = input$ycol)+
        scale_color_brewer(palette = "Set1")
    })
    ## 可视化其中的第三幅图形，分组箱线图
    output$boxplot <- renderPlot({
        # 可视化箱线图
        ggplot(iris,aes(x=Species,y=eval(as.name(input$boxy)),
                        colour = Species,fill = Species))+
        geom_boxplot(notch = TRUE)+
        theme_bw(base_family = "STKaiti",base_size = 18)+
```

```
        labs(title = " 箱线图 ",x = "Species",y = input$boxy)+
        scale_color_brewer(palette = "Set1")
    })
})
```

准备好 shiny 应用的 ui.R 和 server.R 文件后，通过单击 RStudio 中的 Run App 按钮，或者运行代码 runApp('chap6_first_app')，即可自动运行程序，并输出一个可以用浏览器打开的可交互的 shiny 应用。shiny 应用的输出截图如图 6-3 所示。

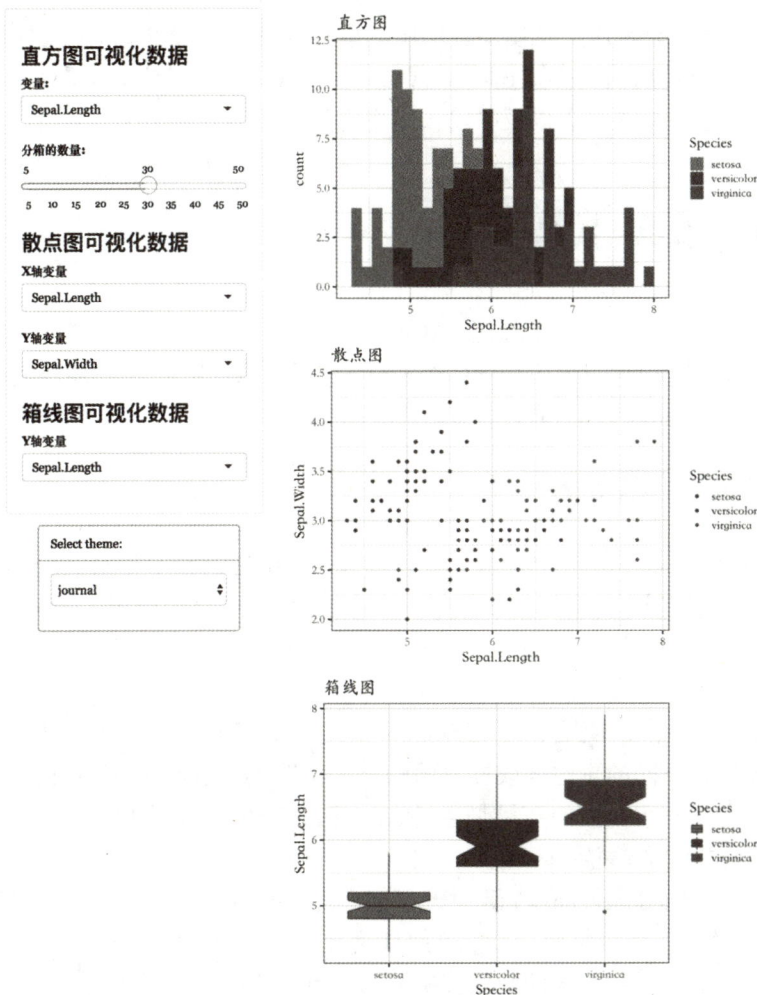

图 6-3  shiny 应用的输出截图

图 6-3 给出了鸢尾花数据集的探索和可视化分析界面，该界面大致可以分为三个部分：左侧的可交互的侧边栏，侧边栏下方的界面主题选择模块，右侧的可视化输出部分。

针对图 6-3 左侧的侧边栏，从上往下分别为：

（1）控制可视化直方图的小部件，包括可供选择变量的选择列表输入小部件、控制直方图分箱数目的滑块输入小部件等。

（2）控制可视化散点图的小部件，包括供选择 X 轴变量和 Y 轴变量的两个选择列表输入小部件。

（3）控制可视化箱线图的小部件，包括供选择 Y 轴变量的选择列表输入小部件。

在图 6-3 右侧的可视化输出部分，通过侧边栏的相关选择，在右侧输出其对应的直方图、散点图和箱线图，从而便于对数据进行探索和可视化分析。

shiny 包的 Web 框架本质上是使从页面中获取输入并传递给 R 语言变得更容易，然后把 R 语言代码的结果以输出值的形式返回给页面。由于 shiny 应用是交互式的，输入可以随时改变，输出结果也会立即更新，以反映输入的变化。

# 6.2 shiny包的常见功能

在 6.1.2 节中，使用鸢尾花数据集展示了一个可交互的数据探索和可视化分析应用。本节针对生成该应用的两个文件 ui.R 和 server.R，以及实现流程逐一进行解释，详细介绍 shiny 包的各种功能。

扫一扫，看视频

## 6.2.1 UI 布局的常用函数

在 6.1.2 节的 ui.R 脚本程序中，首先导入需要使用的包 shiny 与 shinythemes，接着是一段使用 shinyUI() 函数包裹的程序，该函数表示创建一个前端显示程序，用于控制整个应用的布局。shinyUI() 函数的首层嵌套函数 fluidPage() 用于设置整个应用页面为流体布局，并可以在其内部使用 column() 函数控制不同列的显示情况。

在 fluidPage() 函数中，使用 themeSelector() 函数可以为应用的页面添加一个前端主题选择器，可以通过选择不同的主题来改变界面的显示情况。接着使用 titlePanel() 函数为整个应用添加了一个名称。整个页面的布局是通过 sidebarLayout() 函数完成的，该函数将应用的整个页面切分为侧边栏和主要显示区域。

侧边栏可以通过 sidebarPanel() 函数设置显示效果，主要包括一些可用于单击、选择的小部件，侧边栏默认会占据整个页面的 1/3 宽度，位置在左侧。主要显示区域可以通过 mainPanel() 函数设置，包括想要的数据分析输出、可视化图形等，主要显示区域默认占据整个页面的 2/3 宽度，位置在右侧。可以通过 sidebarLayout() 函数中的参数 position = c("left", "right") 的取值，来调整侧边栏和主要显示区域的位置。

在 shiny 包中，还提供了其他可供使用的应用布局和图形显示方式的函数。UI 布局的常用函数如表 6-1 所示。

表 6-1  UI 布局的常用函数

| shiny 包中的 UI 布局函数 | 功　能 |
| --- | --- |
| fluidPage() | 创建流体布局的页面 |
| fillPage() | 创建的页面高度和宽度始终填充浏览器窗口的可用区域 |
| navbarPage() | 创建带有顶层导航栏的页面 |
| fixedPage() | 创建固定页面的布局 |
| tabsetPanel() | 创建一个选项卡面板 |
| tabPanel() | 创建一个数据表面板 |
| navbarMenu() | 创建顶层导航栏的菜单 |
| navlistPanel() | 创建导航列表面板 |
| absolutePanel()、fixedPanel() | 创建位置固定的面板 |
| conditionalPanel() | 根据表达式的值，创建一个可见的或不可见的面板 |
| titlePanel() | 创建一个包含应用名称的面板 |
| wellPanel() | 创建一个带有稍微嵌入的边框和灰色背景的面板 |
| verticalLayout() | 竖直布置 UI 元素 |
| sidebarLayout() | 布置侧边栏和主要显示区域 |
| sidebarPanel() | 布置侧边栏 |
| mainPanel() | 布置主要显示区域 |

根据表 6-1 中的 UI 布局函数，可以创建更加丰富、美观的 shiny 应用界面。

### 6.2.2  shiny 包的小部件

在 sidebarPanel() 函数中，除了使用 h3() 函数输出文本内容，还使用 selectInput() 函数定义了一个选择列表输入小部件，它的第一个参数为 inputId，取值为 "variable"，表示在 server. R 文件中可以通过 "variable" 来获取该按钮的实际取值，用于相关的计算输出；第二个参数为该小部件的标签，程序中将小部件的标签定义为 " 变量 :"；第三个参数为 choices，用于指定该变量选择按钮可以选择的变量。

sliderInput() 函数表示创建一个滑块小部件，它的前两个参数与 selectInput() 函数中的用法一样，后面的参数 min = 5、max = 50、value = 30 分别表示滑块的最小值、最大值和当前值。

在 shiny 包中，一共提供了 12 种小部件函数，可以方便地构建特定的应用，表 6-2 给出了这些小部件函数的功能。

表 6-2　shiny 包中的小部件函数

| 函　数 | 功　能 |
| --- | --- |
| actionButton() | 添加动作按钮小部件 |
| checkboxInput() | 添加单选框小部件 |
| checkboxGroupInput() | 添加复选框小部件 |
| dateInput() | 添加输入日期小部件 |
| dateRangeInput() | 添加日期范围小部件 |
| fileInput() | 添加导入文件小部件 |
| downloadButton() | 添加文件下载按钮小部件 |
| numericInput() | 添加输入数值小部件 |
| radioButtons() | 添加单选按钮小部件 |
| selectInput() | 添加选择框小部件 |
| sliderInput() | 添加滑块小部件 |
| textInput() | 添加输入文本小部件 |

　　为了更全面地展示这些小部件的使用方法，下面编写一个展示所有小部件的 App，其两个脚本文件 ui.R 和 server.R（见文件夹 chap6_widgets）的内容如下。

　　（1）ui.R 脚本文件。

```
## 展示 shiny 包中的小部件 widgets
library(shiny)
# 设计 UI 界面的显示
shinyUI(
    ## 创建 fluid 类型的布局
    fluidPage(
    # 应用的名称
    titlePanel(" 展示 shiny 库中的小部件 (widgets)"),
    ## 设置布局中的第一列内容
    fluidRow(
      column(width = 4, # 该列的宽度占据整个页面的 1/3
            actionButton("action",label = " 动作按钮 "),          # 动作按钮
            p(" 注意单击该动作按钮会触发相应的动作 "),            # 输出文本说明
            br(),                                              # 换行
            checkboxInput("checkbox",label = " 复选框 ",
                        value = TRUE),                        # 复选框部件
            br(), # 换行后，定义复选框组
            checkboxGroupInput("checkboxGroup",label = " 复选框组 ",
                        choices = c("A","B","C")),
```

```
            br(),                         # 换行后，定义输入日期部件
            dateInput("date",label = " 请输入日期 :"),
            p(" 注意日期格式为 :yyyy-mm-dd"),br()
          ),
## 设置布局中的第二列内容
column(width=4,                         # 该列的宽度占据整个页面的 1/3
            br(),                         # 换行
            fileInput("fileinput",label = " 导入文件按钮 "), # 导入文件部件
            br(),                         # 换行后，定义文件下载按钮
            downloadButton("opfile",label = " 文件下载按钮 "),
            br(),br(),br(),               # 换行后，定义输入数值部件
            numericInput("num",label = " 输入数值 ",
                     value = 1,min = 0,max = 10),
            br(),                         # 换行后，定义单选按钮
            radioButtons("radio",label = " 单选按钮 ",
                     choices = c("X","Y","Z"))
          ),
## 设置布局中的第三列内容
column(width=4,                         # 该列的宽度占据整个页面的 1/3
            br(),                         # 换行，定义选择框部件
            selectInput("sin",label = " 选择框 ",
                     choices = c("X","Y","Z")),
            br(),                         # 换行，定义滑块部件
            sliderInput("slide",label = " 滑块部件 ",min = 10,max=50,value = 25),
            br(),                         # 换行，定义输入文本部件
            textInput("text",label = " 请输入文本 "),
            br(),                         # 换行，定义输入日期范围部件
            dateRangeInput("date2",label = " 请输入起止日期 :")
))))
```

（2）server.R 脚本文件。

```
library(shiny)
shinyServer(function(input, output) { })
```

构建该应用的目的是展示小部件的使用方法，所以 server.R 脚本文件的 shinyServer() 函数中定义的内容为空，在 ui.R 脚本文件中分别使用 column() 函数将所有的小部件展示为三列。运行该应用后，可得如图 6-4 所示的应用界面。

在上面的 ui.R 脚本文件中，经常会出现 p()、h3()、br() 等函数，它们与 HTML 中的相关函数对应，可以直接输出文本，并对文本设置不同的显示效果。表 6-3 给出了 shiny 包中用于构建 HTML 文本的函数及其功能。

图 6-4　展示 shiny 包中的小部件的应用界面

表 6-3　shiny 包中用于构建 HTML 文本的函数及其功能

| 函　　数 | HTML 标签 | 功　　能 |
|---|---|---|
| p() | \<p\> | 添加一段文字 |
| h1() | \<h1\> | 添加一级标题 |
| h2() | \<h2\> | 添加二级标题 |
| h3() | \<h3\> | 添加三级标题 |
| h4() | \<h4\> | 添加四级标题 |
| h5() | \<h5\> | 添加五级标题 |
| h6() | \<h6\> | 添加六级标题 |
| a() | \<a\> | 添加超链接 |
| br() | \<br\> | 添加换行符 |
| div() | \<div\> | 添加具有统一样式的文本 |
| span() | \<span\> | 添加具有统一样式的文本的行内分隔 |
| pre() | \<pre\> | 添加以固定宽度的字体按原样显示文本 |
| code9() | \<code\> | 添加格式化的代码块 |
| img() | \<img\> | 添加图片 |
| strong() | \<strong\> | 添加粗体文字 |
| em() | \<em\> | 添加斜体文字 |

　　利用 shiny 包中的小部件函数和用于构建 HTML 文本的函数，可以针对所需要求定制出各种各样的界面。

## 6.2.3　Server 脚本的常用函数

　　在 6.1.2 节的 server.R 脚本程序中，首先使用 shinyServer() 函数创建一个服务器后端，该函数内嵌一个自定义函数 function(input, output)，其第一个参数 input 用来在交互过程中利用小部件获取得到的数值。例如，在 ui.R 脚本程序创建滑块的语句 sliderInput("bins"," 分箱的数量 :",min = 5,max = 50,value = 30) 中，如果调整滑块的取值，则 "bins" 的取值就会改变，而这一改变可以通过 server.R 脚本的 input$bins 来实时获取，从而可以实时计算。该自定义函数的第二个参数 output 是建立 server.R 脚本中的计算结果与 ui.R 脚本中的显示之间的联系，server.R 脚本的输出内容都保存在 output 列表中。例如，output$histplot 表示输出直方图，可以通过 ui.R 脚本中的 plotOutput("histplot", …) 语句实现，在 plotOutput() 函数中正是通过 "histplot" 来获取 output$histplot 的。整个 shiny 程序的实时变化流程如图 6-5 所示。

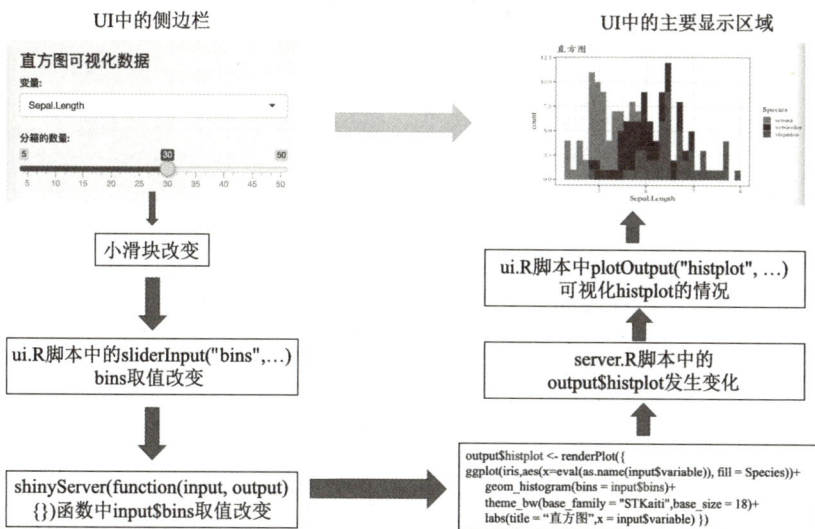

图 6-5　整个 shiny 程序的实时变化流程

server.R 脚本中输出的任何结果都是通过 render*() 系列函数完成的。例如，renderPlot() 函数表示创建一个用于输出的图形。shiny 包中还提供了创建不同类型输出对象的函数，如表 6-4 所示。

表 6-4　创建不同类型输出对象的函数

| 函　　数 | 功　　能 |
| --- | --- |
| renderDataTable() | 创建用于输出的数据表 |
| renderImage() | 创建用于输出的图片 |
| renderUI() | 创建用于输出的 HTML |
| renderPlot() | 创建用于输出的图形 |
| renderPrint() | 创建用于输出的内容 |
| renderTable() | 创建用于输出的表格 |
| renderText() | 创建用于输出的文本 |

针对表 6-4 中创建输出对象的函数，shiny 包还提供了可以在 ui.R 脚本中使用的显示相关输出对象的函数，如表 6-5 所示。

表 6-5　显示输出对象的函数

| 函　数 | 功　能 |
|---|---|
| htmlOutput() | 输出 HTML |
| uiOutput() | 输出原始 HTML |
| tableOutput() | 输出表格 |
| dataTableOutput() | 输出数据表格 |
| imageOutput() | 输出图片 |
| plotOutput() | 输出绘制的图形 |
| textOutput() | 输出文本内容 |
| verbatimTextOutput() | 逐字逐句输出 |

为了更好地展示各种输出对象的创建和显示，下面建立一个新的 App（见文件夹 chap6_output），该 App 可以输出数据表格、文本内容、绘制的图形、文件夹中的图片等，其界面如图 6-6 所示。

**展示各种输出**

输出数据表格:

Show 5 ⬍ entries　　　　　　　　　　　　　　Search:

| | Sepal.Length | Sepal.Width | Petal.Length | Petal.Width | Species |
|---|---|---|---|---|---|
| 1 | 5.1 | 3.5 | 1.4 | 0.2 | setosa |
| 2 | 4.9 | 3 | 1.4 | 0.2 | setosa |
| 3 | 4.7 | 3.2 | 1.3 | 0.2 | setosa |
| 4 | 4.6 | 3.1 | 1.5 | 0.2 | setosa |
| 5 | 5 | 3.6 | 1.4 | 0.2 | setosa |

Showing 1 to 5 of 150 entries　　Previous　1　2　3　4　5　…　30　Next

输出绘图:

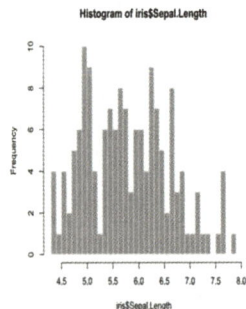

下面输出Iris数据集的summary:

```
  Sepal.Length    Sepal.Width     Petal.Length    Petal.Width
 Min.   :4.300   Min.   :2.000   Min.   :1.000   Min.   :0.100
 1st Qu.:5.100   1st Qu.:2.800   1st Qu.:1.600   1st Qu.:0.300
 Median :5.800   Median :3.000   Median :4.350   Median :1.300
 Mean   :5.843   Mean   :3.057   Mean   :3.758   Mean   :1.199
 3rd Qu.:6.400   3rd Qu.:3.300   3rd Qu.:5.100   3rd Qu.:1.800
 Max.   :7.900   Max.   :4.400   Max.   :6.900   Max.   :2.500
       Species
 setosa    :50
 versicolor:50
 virginica :50
```

输出图片:

图 6-6　展示各种输出对象的 shiny 应用界面

图 6-6 所示的 shiny 应用并没有展示用于控制显示的侧边栏，而是直接在主要显示区域中输出了两列内容，其 ui.R 脚本程序（见文件夹 chap6_output）如下所示：

```
library(shiny)
shinyUI(fluidPage(
    ## 应用的名称
    titlePanel(" 展示各种输出 "),
    sidebarLayout(
      sidebarPanel(width=0),                    # 工具栏不占宽度
      mainPanel(width=12,                       # 主要显示区域占据全部宽度
        ## 第一列的内容
        column(width=8,
          h4(" 输出数据表格 :"),
          dataTableOutput("tableone"),          # 显示数据表
          br(),  ## 换行
          h4(textOutput("text")),               # 输出文本
          verbatimTextOutput("irissummary")     # 逐字输出
          ),
        ## 第二列的内容
        column(width=4,
            h4(" 输出绘图 :"),
            plotOutput("distPlot",width = "100%",
                         height = "400px"),      # 输出绘制的图形并指定宽和高
            br(),  ## 换行
            h4(" 输出图片 :"),
            imageOutput("imageFile")            # 输出读取的图片
)))))
```

在该程序中，使用 sidebarPanel(width=0) 语句表示工具侧边栏不占宽度，通过 mainPanel() 函数设置主要显示区域，参数 width=12 表示主要显示区域占据全部宽度（注意在 shiny 包中默认一个输出 html 的界面宽度为 12）。为了将主界面切分为两列，需要使用两次 column() 函数，同样需要使用参数 width 指定每列的宽度，第一列宽度定义为 8，第二列宽度定义为 4。

定义好列之后，只需要在对应的列函数中，调用需要输出内容的函数即可。例如，使用 h4() 函数输出文本说明；通过 dataTableOutput() 函数输出数据表格；通过 verbatimTextOutput() 函数可以将内容逐字逐句输出；通过 plotOutput() 函数输出绘制的图形；通过 imageOutput() 函数输出读取的图片等。

图 6-6 所示的 shiny 应用的 server.R 脚本程序（见文件夹 chap6_output）如下所示：

```
library(shiny);library(datasets)
# 定义一个输出各种要素的逻辑结构
```

```
shinyServer(function(input, output) {
    # 建立一个可供输出的数据表格
    output$tableone <- renderDataTable(iris,options = list(pageLength = 5))
    ## 建立一个可供输出的绘图
    output$distPlot <- renderPlot({
      hist(iris$Sepal.Length, breaks = 30, col = 'lightblue', border = 'white')
    })
    ## 建立一个可供输出的文本内容
    output$text <- renderText(" 下面输出 Iris 数据集的 summary:")
    ## 建立一个可供输出的内容
    output$irissummary <- renderPrint({summary(iris)})
    ## 建立一个可供输出的图片
    output$imageFile <- renderImage({
      list(src = "image_Lena512rgb.png",contentType = "image/png",
           width = 200,height = 200)
    }, deleteFile = FALSE)
})
```

在该程序中，需要输出的内容与 ui.R 脚本中的程序对应。针对需要输出的数据表格，通过 renderDataTable() 函数定义；针对需要输出的可视化图形，通过 renderPlot() 函数定义；针对需要输出的文本内容，通过 renderText() 函数定义；针对需要输出的图片，通过 renderImage() 函数定义。

## 6.3 用flexdashboard包制作可视化仪表盘

flexdashboard 包与 shiny 包类似，可以制作交互的可视化应用。不同之处在于，flexdashboard 包只需要使用一个 R Markdown 文件，就可以灵活、简单地指定仪表盘在行和列的布局方式。它可以通过智能地调整组件的大小来填充浏览器以便于浏览，尤其适合在移动设备上进行显示，还可以利用 shiny 包动态驱动数据可视化，对其功能进行补充和拓展。

flexdashboard 包支持网页小部件、基本的网格图形、表格数据和文字注释等多种组件，还具有调用 shiny 包中的小部件的功能。

下面使用具体的实例，展示 flexdashboard 包的相关功能，介绍如何利用其制作有趣的数据可视化仪表盘。

### 6.3.1 可视化仪表盘的初始化

本节介绍如何初始化一个空白的数据可视化仪表盘。成功安装 flexdashboard 包后，在新建 R Markdown 文件（选择 File → New File → R Markdown 命令）时，在 From Template 模块，找到 Flex Dashboard 方式，如图 6-7 所示，即可建立一个包含预定义内容的程序文件。

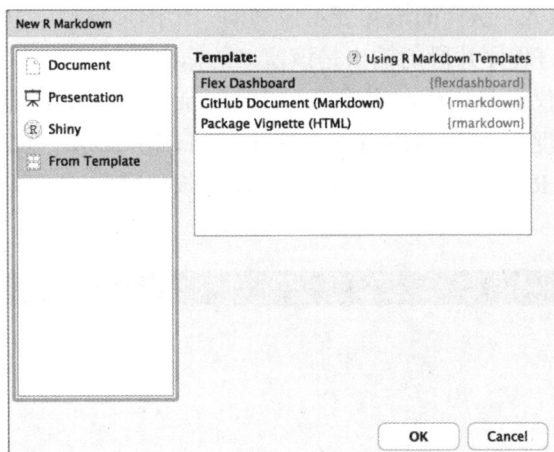

图 6-7　选择 Flex Dashboard 方式新建仪表盘

单击图 6-7 中的 OK 按钮，即会新建一个 R Markdown 文件，它是具有特定内容结构的初始化的数据仪表盘文件，可以修改标题、填充内容等，如图 6-8 所示。

图 6-8　初始化的数据仪表盘文件

在图 6-8 所示的 R Markdown 文件中，包含一些已经初始化的内容，如文件的名称 title，文件的输出格式 output。程序中通过 "'{r}...'" 的形式指定使用的可运行的 R 语言程序片段，通过 Column{} 语句将输出的整个页面切分为不同的列，可以指定列的宽度（Column{} 语句下面的一行单横线"————————"是必需的，用于对仪表盘的页面进行划分），并且在每列的内容下，"### Chart A"这样的语句表示该列的一个图形窗口，其中 Chart A 是该窗口的名称，下面对应的 R 语言程序片段的输出是该窗口的输出。

在该程序中，整个仪表盘文件的名称为"flaxdashboard 制作数据仪表盘"，整个页面切分为两列，第一列的宽度为 650，有 Chart A 一个窗口；第二列的宽度为 350，有 Chart B 和 Chart C 两个窗口。单击 RStudio 上方的 Knit 按钮运行该程序后，可以得到如图 6-9 所示的空白的数据仪表盘。

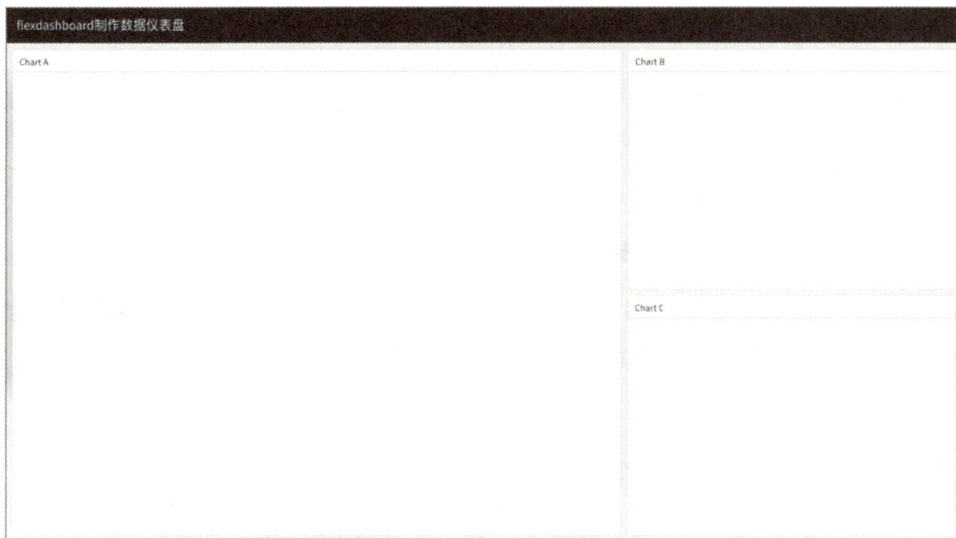

图 6-9　空白的数据仪表盘

在上述数据仪表盘的可视化程序中，没有相关的 R 语言程序，只设置了图形窗口的位置和分布，所以图 6-9 的图形窗口都是空白的。

### 6.3.2　可视化仪表盘的布局

在 flexdashboard 包中，可以根据不同的编程方式，设置不同的数据可视化仪表盘的布局。针对仪表盘在可视化时页面数量的不同，可以分为单页布局和多页布局，其中每个页面可以按照列或行排列。

在 R Markdown 文件中，标识符"=================="表示将程序片段进行分页，标识符"————————————————————"则表示将同一页的程序片段切分为不同的行或列。

针对 flexdashboard 包的布局方式，将会介绍以下几种。

（1）单页按照列布局的数据可视化仪表盘。

（2）单页按照行布局的数据可视化仪表盘。

（3）多页布局的数据可视化仪表盘。

首先介绍在单页中按照列布局的仪表盘设计（对应 R Markdown 格式的文件 chap6_single_page_layout.Rmd），程序内容如下所示：

```
---
title: " 在单页中按照列排列图像 "
output:
    flexdashboard::flex_dashboard:
        orientation: columns          # 按照列的布局排列
        vertical_layout: fill         # 自动填充图像的高度
---
'''{r setup, include=FALSE}
library(flexdashboard)
'''
Inputs {.sidebar}
-----------------------------------------
'''{r}
# 通过 "Inputs {.sidebar}" 定义页面中的侧边栏
# 该侧边栏可以使用 shiny 包中的小部件，如按钮、滑块等
'''
Column {data-width=650}
-------------------------------------------------------------
### 第一幅图像
'''r}
# 通过 "Column {data-width=650}" 定义页面中第一列的布局，宽度为 650
# 高度自动填充为整个页面
# 通过 "-------------------" 线将页面切分为多个部分
# 通过 "###" 三级标题定义每幅图像的名称
## 数据可视化程序
'''
Column {.tabset .tabset-fade}
-----------------------------------------
### 第二幅图像
'''r}
# 通过 "Column {.tabset .tabset-fade}" 定义页面中第二列的布局
# .tabset 表示该列为选项卡类型
# .tabset-fade 表示切换标签时会有淡入淡出的效果
## 数据可视化程序
'''
### 第三幅图像
'''{r}
## 数据可视化程序
'''
```

在上述程序中，首先使用 Inputs {.sidebar} 为仪表盘页面添加了一个侧边栏，该侧边栏对应的程序片段可以与 shiny 包相结合，为仪表盘设置一些可视化的滑块和按钮。然后通过 Column {data-width=650} 和标识符"----------------"将仪表盘中的其他区域切分为两列，通过参数 data-width=650 设置第一列所占的宽度，并且在该列下预设了一幅数据可视化图像；通过 Column {.tabset .tabset-fade} 定义第二列的布局方式，其中，参数 .tabset 表示该列为选项卡类型，参数 .tabset-fade 表示切换标签时有淡入淡出的效果。单击 Knit 按钮，运行该程序后可得如图 6-10 所示的数据可视化仪表盘的初始化界面。在图 6-10 中，应用界面分别为侧边栏、第一列的可视化窗口和第二列的可视化窗口。

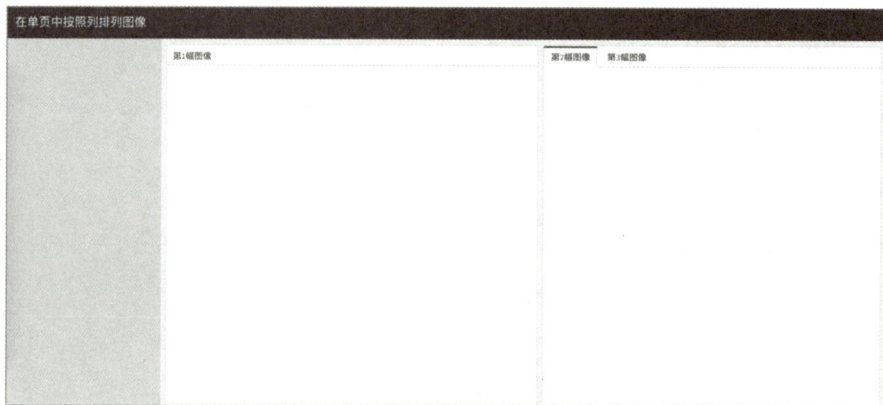

图 6-10　单页按照列布局的数据可视化仪表盘

接下来介绍在单页中按照行布局的仪表盘设计（对应 R Markdown 格式的文件 chap6_single_page_layout_rows.Rmd），程序如下所示：

```
---
title: "在单页中按照行排列图像"
output:
  flexdashboard::flex_dashboard:
    orientation: rows                    # 按照行的布局排列
    vertical_layout: scroll              # 在必要时滚动页面
---
'''{r setup, include=FALSE}
library(flexdashboard)
'''

Row {data-height=450}
-------------------------------------------
### 第一幅图像
'''{r}
# 通过 "Row {data-height=450}" 定义页面中的第一行布局，高度为 450
# 宽度自动设置填充
```

```
## 数据可视化程序
'''
### 第二幅图像
'''{r}
# 第一行两幅图像的窗口会自动设置宽度
## 数据可视化程序
'''
Row {.tabset .tabset-fade}
-------------------------------------
### 第三幅图像
'''{r}
## 数据可视化程序
'''
### 第四幅图像
'''{r}
## 数据可视化程序
'''
```

在上面的程序中，通过 vertical_layout: scroll 语句，将可视化仪表盘界面设置为在必要时滚动的形式，通过 Row {data-height=450} 和标识符"----------------------------"将页面切分为不同的数据可视化行，参数 data-height 用于指定行所占的高度。第一行下包含两个程序片段，表示该行在进行数据可视化时，自动分为两个子窗口。在第二行中，初始化时使用了参数 .tabset，该行的两幅图像使用选项卡的方式显示。单击 Knit 按钮，运行该程序，可得如图 6-11 所示的数据可视化仪表盘的初始化界面。

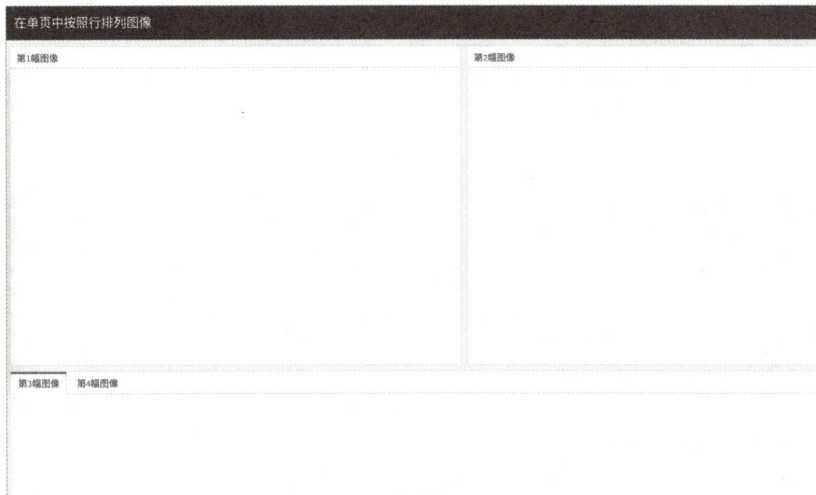

图 6-11　单页按照行布局的数据可视化仪表盘

最后介绍多个页面布局的仪表盘设计（对应 R Markdown 格式的文件 chap6_multiple_page_layout.Rmd），程序如下所示：

```
---
title: " 通过多页布局展示数据 "
output: flexdashboard::flex_dashboard
---
'''{r setup, include=FALSE}
library(flexdashboard)
'''

Sidebar {.sidebar}
====================================
'''{r}
# 通过 "Sidebar {.sidebar}" 设置一个针对多个页面的全局侧边栏控件
'''


第一个页面
====================================

Column {data-width=600}
-------------------------------------
### 第一个页面中的第一幅图形
'''{r}
# 通过一级标题和 "===================" 定义每个页面
# 在第一个页面通过 "Column" 表示图形的添加按照列的方式
'''


Column {data-width=400}
-------------------------------------
### 第一个页面中的第二幅图形
'''{r}
'''

### 第一个页面中的第三幅图形
'''{r}
'''


第二个页面 {data-orientation=rows}
====================================

Row {.tabset .tabset-fade}
-------------------------------------
### 第二个页面中的第一幅图形
'''{r}
'''
```

```
### 第二个页面中的第二幅图形
'''{r}
'''
```

在上面的程序中，首先通过"Sidebar {.sidebar}"和标识符"================"设置一个可以针对多个页面的全局侧边栏，该侧边栏可以定义 shiny 控件，然后通过标识符"================"分别定义两个仪表盘页面。

单击 Knit 按钮，运行上面的程序后可得数据可视化仪表盘的初始化界面。其中，第一个页面是按照列的方式布局的，设计为两列，共分为三个数据可视化子窗口，如图 6-12 所示；第二个页面通过"第二个页面 {data-orientation=rows}"定义该页面的名称和按照行的方式布局，设计为一行，并且通过单击标签栏来选择可视化的子窗口界面，如图 6-13 所示。

图 6-12　多页布局的第一个页面的可视化结果

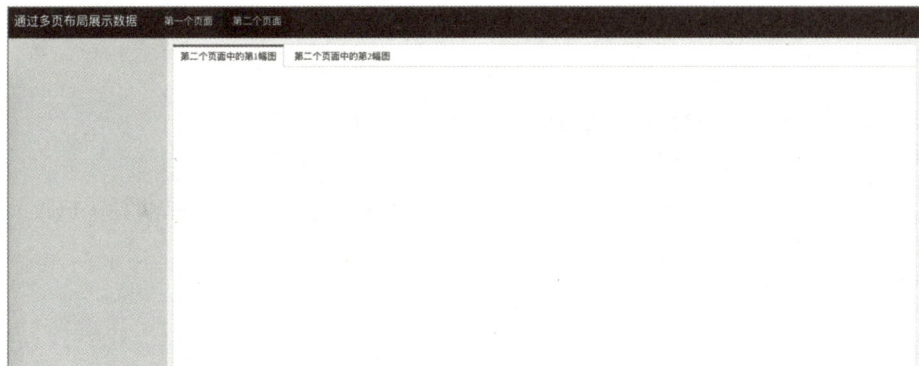

图 6-13　多页布局的第二个页面的可视化结果

由前面的介绍可以发现，通过 flexdashboard 包的不同的页面布局方式，灵活组合可以获得不同的可视化结果。

## 6.3.3  用 highcharter 包可视化可交互图形

highcharter 包是 R 语言中用于绘制 highcharts 图表的包，拥有丰富的可交互数据的可视化功能。highcharter 包中常用的可视化函数如表 6-6 所示。

表 6-6  highcharter 包中常用的可视化函数

| 函　　数 | 功　　能 |
| --- | --- |
| hcbar() | 可视化条形图 |
| hcboxplot() | 可视化箱线图 |
| hcdensity() | 可视化密度 |
| hchart() | 从特定数据类型创建一个 highchart 对象 |
| hchist() | 可视化直方图的快捷方式 |
| hciconarray() | 可视化图标数组图表的快捷方式 |
| hcmap() | 可视化地图 |
| hcparcords() | 可视化平行坐标的快捷方式 |
| hcpie() | 可视化饼图的快捷方式 |
| hcspark() | 可视化花键的快捷方式 |
| hctreemap() | 通过 treemap 包创建矩形树图进行可视化 |
| hctreemap2() | 通过数据表创建矩形树图 |
| hcts() | 可视化时间序列或折线图的快捷方式 |

下面结合几个简单的数据可视化示例，介绍 highcharter 包的使用方法。首先导入相关的包。

```
library(highcharter);library(dplyr);library(viridis)
library(treemapify);library(zoo)
```

针对 mpg 数据集，使用 hchart() 函数可视化发动机排量（displ）和油耗（hwy）关系的可交互散点图，程序如下所示：

```
## 散点图
data("mpg")
hchart(mpg,"scatter", hcaes(x = displ, y = hwy, group = class))%>%
    hc_title(text = " 散点图 ")%>%
    hc_xAxis(title = list(text = " 发动机排量 "))%>% # X 轴标签
```

```
        hc_yAxis(title = list(text = " 油耗 "))%>%  # Y轴标签
        hc_add_theme(hc_thm = hc_theme_gridlight()) # 使用网格线主题
```

在上面的程序中，hchart() 函数的第一个参数为使用的可视化数据集，第二个参数 "scatter" 指定了可视化的方式，即散点图。通过 hcaes() 函数设置图形的坐标系，该函数与 ggplot2 包中 aes() 函数的用法类似，利用 x 和 y 指定可视化时 X 轴和 Y 轴的数据变量，通过参数 group 指定数据的分组变量。通过 hc_title() 函数添加图形的名称。hc_xAxis() 和 hc_yAxis() 函数用于设置坐标系的标签。hc_add_theme() 函数用于设置使用的主题。运行程序，可以得到如图 6-14 所示的可交互散点图，用鼠标单击不同的点，会显示该点的坐标和数据取值等信息。

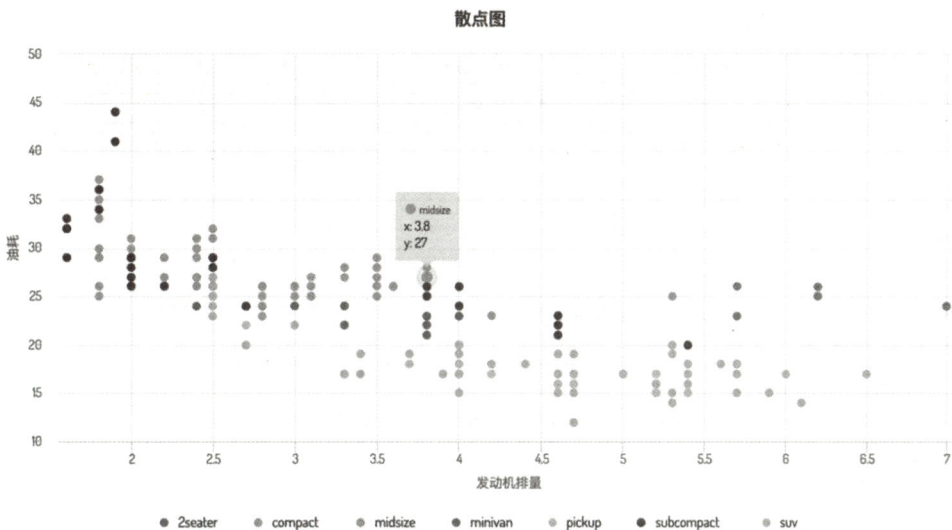

图 6-14　可交互散点图

在 highcharter 包中，有多种可供选择的主题，可以实现不同的显示效果。下面针对 mpg 数据集，使用 hcboxplot() 函数绘制可交互的分组箱线图，用于分析数据的分布情况，程序如下所示：

```
## 箱线图
hcboxplot(x = mpg$hwy,var = mpg$class,var2 = mpg$year,
          color = c("red","blue"))%>%hc_title(text = " 箱线图 ")%>%
    hc_chart(type = "column")%>%        # 竖直显示箱线图
    hc_add_theme(hc_theme_handdrawn()) # 使用手绘主题
```

在上述程序中，参数 var 用于指定绘制箱线图的变量；参数 var2 用于指定可视化时的分组变量；参数 color = c("red","blue") 用于对不同的分组取值指定颜色；hc_theme_handdrawn() 函数用于将图形的主题设置为手绘。运行程序，可以得到如图 6-15 所示的手绘主题的可交互分组箱线图。

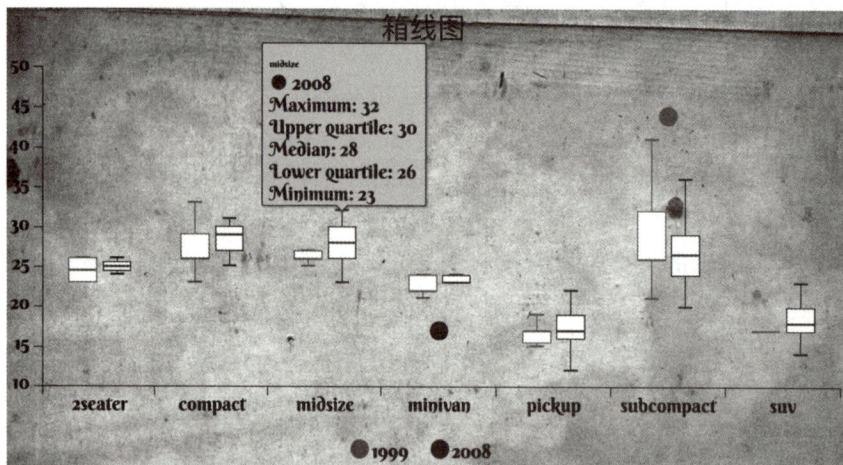

图 6-15　手绘主题的可交互分组箱线图

下面利用 mpg 数据集将条形图和饼图绘制在一个图形中，程序如下所示：

```
## 饼图和条形图
plotdata <- as.data.frame(table(mpg$class))
highchart() %>% # 创建一个图标小部件
    # 添加饼图和条形图
    hc_add_series(plotdata, "column",hcaes(x = Var1,y = Freq), name = "Bars")%>%
    hc_add_series(plotdata, "pie", hcaes(x = Var1, y = Freq), name = "Pie")%>%
    # 分别设置每类图形的显示情况，series 用于设置整体情况
    hc_plotOptions(series = list(showInLegend = FALSE,pointFormat = "{point.y}%"),
        column = list(colorByPoint = TRUE),        # 设置条形图和饼图的详细显示情况
        pie = list(colorByPoint = TRUE, center = c('50%', '20%'),
                    size = 200, dataLabels = list(enabled = FALSE)))%>%
    hc_xAxis(categories = plotdata$Var1)%>%        # 设置 X 轴标签
    hc_yAxis(title = list(text = " 数量 "))%>%     # 设置 Y 轴标签
    hc_title(text = " 条形图和饼图 ") %>%           # 设置标题和副标题
    hc_subtitle(text = " 数据来自 mpg 的 class 变量 ")%>%
    hc_add_theme(hc_theme_ffx())                   # 使用 Firefox 主题
```

在上述程序中，首先通过 table() 函数计算用于可视化的数据，分别是不同 class 分组下对应的出现次数。然后利用 highchart() 函数初始化一个数据可视化对象，通过 hc_add_series() 函数添加竖直条形图（"column"）和饼图（"pie"），通过 hc_plotOptions() 函数设置饼图和条形图的显示方式，通过参数 center 设置饼图的中心位置，将其大小设置为 200，使用 hc_subtitle() 函数为图形添加副标题。最后得到的可交互条形图和饼图如图 6-16 所示。

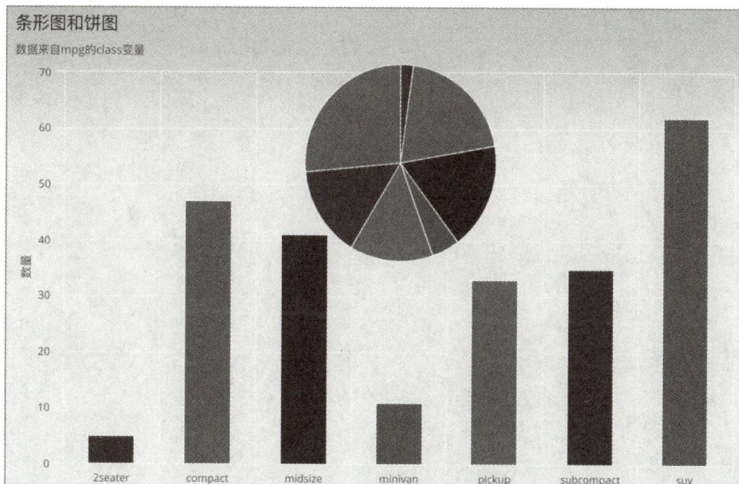

图6-16　可交互条形图和饼图

下面使用 highcharter 包可视化多个时间序列数据的平滑折线图，程序如下所示：

```
## 可视化时间序列数据
data(Canada, package = 'vars')
## 获取时间序列中的时间
Canadatime <- as.yearmon(time(Canada))
Canada <- as.data.frame(round(apply(Canada, 2, scale),digits = 4))
Canada$date <- Canadatime
head(Canada,2)
##          e     prod      rw        U   date
## 1 -1.5994 -0.5821 -2.3470 -1.1142    1 1980
## 2 -1.5783 -0.7544 -2.2610 -1.0085    4 1980
highchart() %>% # 创建一个图标小部件
    # 为图形添加折线图
    hc_add_series(Canada,type = "spline",hcaes(x = date,y = e), name = "e")%>%
    hc_add_series(Canada,type = "spline",hcaes(x = date,y = prod), name = "prod")%>%
    hc_add_series(Canada,type = "spline",hcaes(x = date,y = rw), name = "rw")%>%
    hc_add_series(Canada,type = "spline",hcaes(x = date,y = U), name = "U")%>%
    hc_add_theme(hc_theme_flatdark())%>%              # 设置主题
    hc_xAxis(title = list(text = " 时间 "))%>%          # 设置 X 轴标签
    hc_yAxis(title = list(text = " 标准化后数值 "))%>%   # 设置 Y 轴标签
    hc_title(text = " 时间序列平滑折线图 ")
```

在上述程序中，首先对数据进行预处理，数据表中一共有 4 个变量。然后通过 hc_add_series() 函数添加多个平滑折线图，用来展示不同时间序列数据的波动情况。最后可以获得如图 6-17 所示的多元时间序列数据的平滑折线图。

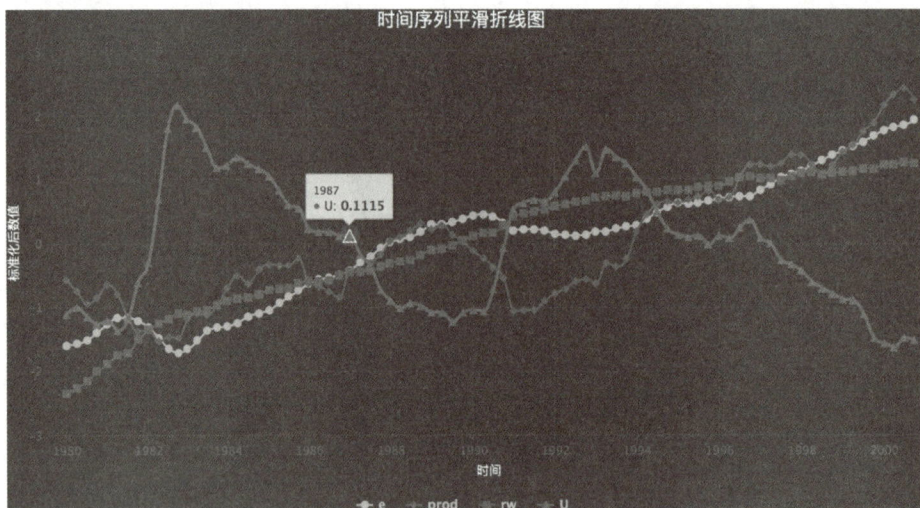

图 6-17　多元时间序列数据的平滑折线图

下面使用 highcharter 包中的 hctreemap2() 函数对 G20 数据集进行树图可视化，分析参加 2019 年 G20 会议各个国家的 GDP 情况，程序如下所示：

```
## 可视化树图
data("G20")
head(G20,2)
##           region         country gdp_mil_usd   hdi econ_classification
## 1         Africa    South Africa      384315 0.629          Developing
## 2  North America   United States    15684750 0.937            Advanced
##   hemisphere
## 1   Southern
## 2   Northern
## 使用国家作为颜色填充和数据的分组，面积表示 GDP，可视化树图
hctreemap2(G20,group_vars = c("country"),size_var = "gdp_mil_usd",
           color_var = "hdi",layoutAlgorithm = "squarified")%>%
  hc_title(text = "G20 Data") %>%        # 添加图形名，设置提示内容
  hc_tooltip(pointFormat = "<b>{point.name}</b>:<br>
                GDP: {point.value:,.0f}<br>
                hdi: {point.colorValue:,.2f}")
```

在上面的程序中，G20 数据集含有 6 个变量，其中，region 表示国家所在的区域；country 表示国家的名称；gdp_mil_usd 表示国家的 GDP；hemisphere 表示国家所在的半球等。在可视化树图时，参数 group_vars 用于设置数据的分组变量，size_var 用于设置图元的大小，color_var 用于设置图形的填充颜色。通过 hc_tooltip() 函数设置在鼠标单击图形的元素时显示的内容。最终得到的 G20 数据集的树图可视化如图 6-18 所示。

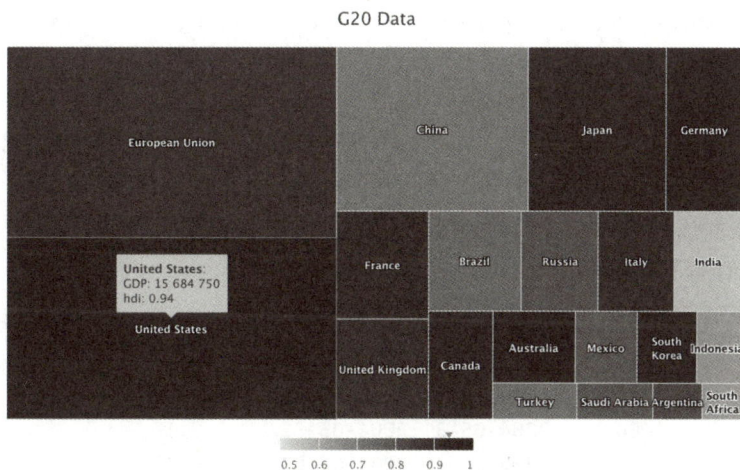

图 6-18　G20 数据集的树图可视化

在图 6–18 中,矩形所占的面积越大表示该国家的 GDP 越高,颜色越深表明 hdi 的取值越大。

## 6.3.4　可视化仪表盘案例

前面介绍了使用 flexdashboard 包制作可视化仪表盘时的布局方式,以及利用 highcharter 包可视化可交互图形的方法。本节将利用这两个包并使用现实场景数据集,制作一个可交互数据可视化仪表盘(对应 R Markdown 格式的文件为 chap6_dashboard_test.Rmd)。为了便于理解,下面对该程序的内容及功能分段介绍。

(1)仪表盘的整体设置程序段。

```
---
title: "flexdashboard 制作数据仪表盘 "
output:
    flexdashboard::flex_dashboard:
        orientation: columns
        social: menu
        source_code: embed
runtime: shiny
---
'''{r global, include=FALSE}
## 读取的数据为全局数据
library(highcharter)                          # 导入相关包
library(dplyr)
library(flexdashboard)
library(viridisLite)
## 读取要分析的火灾数据集
```

```
usedata <- read.csv("data/chap6/USA_wildfire.csv",stringsAsFactors = FALSE)
head(usedata)
```
```

该程序段中，首先，对输出的 html 文件进行相关设定，通过"title: "flexdashboard 制作数据仪表盘""设置仪表盘的名称，并设置 output 的相关输出方式，其中"orientation: columns"表示页面按照列布局。其次，导入使用的包并读取数据集（美国的火灾发生情况），使用 head(usedata) 查看数据的前几行，输出结果如下：

```
##    fod_id  fire_year discovery_date  cont_date  fire_size  fire_size_class
## 1     1      2005     2005-02-02  2005-02-02     0.10            A
## 2     2      2004     2004-05-12  2004-05-12     0.25            A
## 3     3      2004     2004-05-31  2004-05-31     0.10            A
## 4     4      2004     2004-06-28  2004-07-03     0.10            A
## 5     5      2004     2004-06-28  2004-07-03     0.10            A
## 6     6      2004     2004-06-30  2004-07-01     0.10            A
##    stat_cause_descr latitude longitude state      region
## 1    Miscellaneous  40.03694 -121.0058    CA    california
## 2        Lightning  38.93306 -120.4044    CA    california
## 3   Debris Burning  38.98417 -120.7356    CA    california
## 4        Lightning  38.55917 -119.9133    CA    california
## 5        Lightning  38.55917 -119.9331    CA    california
## 6        Lightning  38.63528 -120.1036    CA    california
```

在输出结果中，fod_id 表示火灾事件的 id；fire_year 表示火灾事件发生的年份；discovery_date 表示火灾事件发生的日期；cont_date 表示火灾事件受到控制的日期；fire_size 表示火灾事件的大小；fire_size_class 表示火灾事件的等级；stat_cause_descr 表示火灾事件的引起原因；latitude 和 longitude 表示火灾事件的经、纬度坐标；state 表示火灾事件发生州的编码；region 表示火灾事件发生州的名称。

**说明：** 上述查看数据的前几行语句在 R Markdown 程序中运行时会有输出结果，但在制作的仪表盘中并不会显示，这是因为没有指定其在数据仪表盘中的位置。

（2）仪表盘的侧边栏设置程序段。

```
Inputs {.sidebar}
-----------------------------------------------------------------------
```{r}
## 添加一个火灾发生时间按钮
selectInput("fireyear", label = h3("火灾时间"),
            choices = sort(unique(usedata$fire_year)),
            selected = unique(usedata$fire_year[2]))
```

```
p(" 选择一个感兴趣的火灾发生时间，用于数据可视化，1992 ～ 2015 年 ")
## 添加一个火灾原因选择按钮
selectInput("firecause", label = h3(" 火灾原因 "),
            choices = unique(usedata$stat_cause_descr),
            selected = unique(usedata$stat_cause_descr[2]))
p(" 选择一种感兴趣的火灾发生原因，用于数据可视化 ")
'''
```

　　该程序段的主要功能是为仪表盘添加一个控制可视化结果的侧边栏，并在侧边栏中添加相关内容。Inputs {.sidebar} 和 "--------------------" 表示定义侧边栏列，selectInput() 函数是为侧边栏添加 shiny 包中的选择按钮，p() 函数表示为选择按钮添加解释说明的文本内容。第一个选择按钮用于选择火灾发生的时间，第二个选择按钮用于选择火灾发生的原因。

　　（3）仪表盘的第二列（第一列为侧边栏）可视化内容程序段。

```
Column {data-width=600}
-------------------------------------------------------------------

### 热力图数据可视化
'''{r}
# 可视化每年每种类型火灾的情况
## 准备数据
plotdata1 <- usedata%>%group_by(fire_year,stat_cause_descr)%>%
    summarise(number = n())
colnames(plotdata1) <- c("year","cause","number")
## 定义鼠标位置的显示内容的方式
fntltp <- JS("function(){return this.point.x + ' ' +
this.series.yAxis.categories[this.point.y] + ':<br>' +
Highcharts.numberFormat(this.point.value, 0);}")
## 使用热力图对数据进行可视化
hchart(plotdata1, "heatmap", hcaes(x = year, y = cause, value = number))%>%
    ## 设置颜色和图例的位置
    hc_colorAxis(stops = color_stops(10, rev(inferno(10))),type = "arithmic")%>%
    hc_legend(layout = "vertical", verticalAlign = "top",align = "right")%>%
    ## 设置鼠标位置的显示内容
    hc_tooltip(formatter = fntltp)%>%
    hc_title(text = " 火灾时间和原因热力图 ")

'''

### 地图数据可视化
'''{r}
## 计算每个地区每年发生火灾的次数
plotdata2 <- usedata %>% group_by(fire_year,state,region,stat_cause_descr)%>%
```

```
        summarise(number = n())
## 获取选择按钮表示的原因
firecause2 <- reactive(as.character(input$firecause))
## 获取选择按钮表示的时间
fireyear2 <- reactive(as.integer(input$fireyear))
renderHighchart({
    ## 获取指定原因和时间下的火灾数据
    index <- (plotdata2$fire_year == fireyear2()) & (plotdata2$stat_cause_descr == firecause2())
    plotdata3 <- plotdata2[index,]
    ## 使用地图热力图可视化数据
    hcmap("countries/us/us-all", data = plotdata3, value = "number",
        joinBy = c("hc-a2", "state"), name = " 火灾数量 ",
        dataLabels = list(enabled = TRUE, format = '{point.name}'),
        borderColor = "#FAFAFA", borderWidth = 0.1,
        tooltip = list(valueDecimals = 0))%>%
    hc_mapNavigation(enabled = TRUE)                # 添加放大和缩小按钮
})
...
```

在上面的程序中，首先指定仪表盘的第二列宽度为 600，接下来的两段程序对应着两个数据可视化窗口，分别为使用热力图和地图热力图可视化数据。

第一幅热力图主要是可视化每年数据中不同类型的火灾原因、火灾发生的情况，它不涉及通过侧边栏控制图形的内容。在该段程序中，首先准备数据 plotdata1，然后定义鼠标单击时要显示的文本内容，最后通过 hchart() 函数可视化热力图。

第二幅地图热力图是单独可视化在不同的年份、火灾原因下每个州的火灾发生的情况，它受到侧边栏的控制，需要通过不同的按钮选择值获取不同的数据表，再对数据进行可视化。在该段程序中，首先通过 reactive() 函数获取侧边栏选择按钮对应的值。数据的获取和图形的显示都包含在 renderHighchart() 函数中，该函数是 highcharter 包为 shiny 应用准备的接口，最后获取可视化数据 plotdata3，并通过 hcmap() 函数可视化地图热力图。

（4）仪表盘的第三列可视化内容程序段。

```
Column {.tabset data-width=400}
-----------------------------------------------------------------------

### 条形图可视化
'''{r}
renderHighchart({
    ## 获取指定原因和时间下的火灾数据
    index <- (plotdata2$fire_year == fireyear2()) & (plotdata2$stat_cause_descr == firecause2())
    plotdata3 <- plotdata2[index,]%>%arrange(desc(number))
    ## 使用水平条形图进行火灾次数的可视化
```

```
        hchart(plotdata3,type ="bar",hcaes(x=region,y=number,group =fire_year),
            name = "number", pointWidth = 10)
})
```

### 输出数据表
'''{r}
## 输出可视化地图和条形图所使用的数据
renderTable({
    ## 获取指定原因和时间下的火灾数据
    index <- (plotdata2$fire_year == fireyear2()) & (plotdata2$stat_cause_descr == firecause2())
    plotdata3 <- plotdata2[index,]%>%arrange(desc(number))
})
'''
```

该段程序中，首先指定第三列的宽度为 400，接下来有两段数据可视化程序。第一段程序是可视化指定时间和火灾原因下，每个州发生火灾次数的水平条形图。绘制条形图需要在 renderHighchart() 函数中进行，通过侧边栏的内容获取可视化的数据，再使用 hchart() 函数可视化条形图。第二段程序是输出相应的数据表，需要在 renderTable() 函数中进行，通过侧边栏的内容获取需要输出的数据表。

单击 RStudio 上方的 Run Document 按钮，运行该程序（chap6_dashboard_test.Rmd），可以得到可交互数据仪表盘。

针对可视化仪表盘，通过侧边栏的选择按钮，可以选择不同的数据进行可视化。单击右上角的分享按钮，可以分享图形；单击 Source Code 按钮，可以查看完整的可视化源程序，结果如图 6-21 所示。

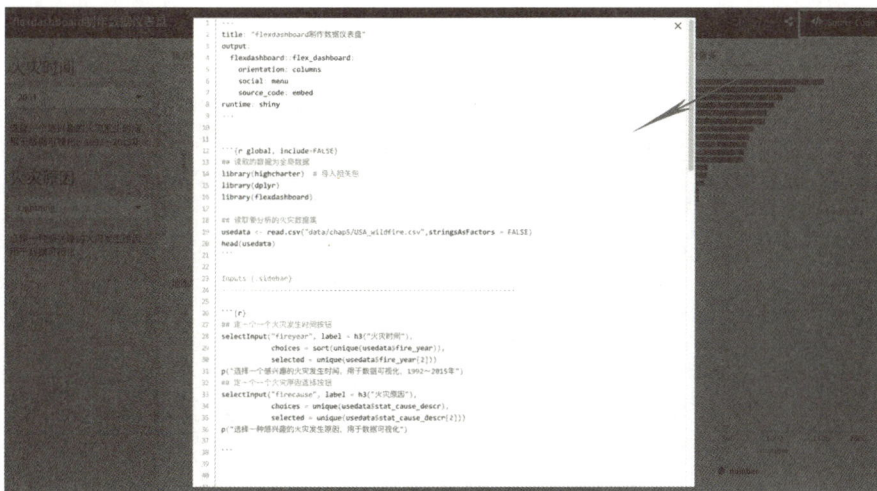

图 6-21　查看可视化仪表盘的源程序
```

通过以上分析可以发现，使用 flexdashboard 包制作数据可视化仪表盘非常简单、方便，可视化效果也很好。

# 6.4 本章小结

本章主要介绍了如何利用 R 语言应用包中的 shiny 包和 flexdashboard 包，使用给定的数据集创建可视化应用。针对 shiny 包，首先整体介绍如何创建数据可视化应用，然后分别针对 shiny 应用的 UI 布局和 Server 脚本的常用功能进行了详细介绍。针对 flexdashboard 包，主要介绍了如何使用合适的语句对数据仪表盘进行布局，最后以实际的数据集为例，制作了一个可交互的数据仪表盘可视化应用。

本章介绍的主要包及其功能如表 6-7 所示。

表 6-7　本章介绍的主要包及其功能

| 包 | 功　能 |
| --- | --- |
| shiny | 通过 R 语言直接构建交互式 Web 应用程序 |
| flexdashboard | 制作简单、可交互的可视化应用 |

# 第 7 章

## 数据清洗、探索与可视化

### 📢 本章导读

在数据收集、整理和传输的过程中，难免会出现遗漏和错误，使得数据集存在缺失和错误的情况。借助 R 语言可视化数据的方法，不但可以全面理解数据，进一步清洗数据，而且有助于数据的探索分析。本章从数据缺失值的可视化入手，介绍数据集中样本之间的关系、变量之间的关系，以及数据分布类型的可视化分析方法，最后利用 shiny 包制作一个包含缺失值探索、相关性探索和多元统计分析的可交互 Web 应用，让读者进行数据清洗与探索的实战训练。

### 💡 知识技能

本章的知识技能及实战案例如下图所示。

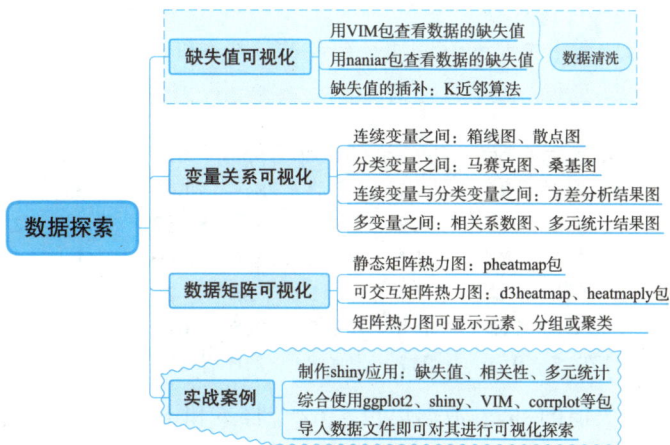

# 7.1 数据缺失值可视化

针对较大的数据集，通过直接观察来查找数据的缺失情况是非常不现实的，可以借助缺失值预处理包来可视化缺失值的分布以及对其进行预处理。

在 R 语言应用包中，可视化缺失值的包主要有 VIM 包和 naniar 包。

## 7.1.1 用 VIM 包可视化数据的缺失值

VIM 包不仅含有很方便的数据可视化函数，还具有对缺失值的预处理功能。VIM 包中常用的缺失值可视化函数如表 7-1 所示。

表 7-1　VIM 包中常用的缺失值可视化函数

| 函　数 | 功　能 |
|---|---|
| aggr() | 可视化数据中变量的缺失值数量及缺失值在数据中的分布 |
| KNN() | 使用 K 近邻算法进行缺失值填补 |
| scattmatrixMiss() | 使用矩阵散点图可视化缺失值或其填补情况 |
| marginplot() | 可视化缺失值散点图，或在边界可视化缺失值的缺失信息 |
| parcoordMiss() | 使用平行坐标图可视化缺失值的分布情况 |
| mapMiss() | 可视化地图上的缺失值分布情况 |

下面针对具体的数据集，介绍如何使用 VIM 包中的相关函数，对数据集中的缺失值进行可视化。首先导入要使用的包和带有缺失值的数据集。

```
library(VIM);library(e1071)
## 准备数据，使用 VIM 包中的 sleep 数据集，包含 62 个样本和 10 个变量
data("sleep")
head(sleep)
##      BodyWgt BrainWgt NonD Dream Sleep  Span Gest Pred Exp Danger
## 1   6654.000   5712.0   NA    NA   3.3  38.6  645    3   5      3
## 2      1.000      6.6  6.3   2.0   8.3   4.5   42    3   1      3
## 3      3.385     44.5   NA    NA  12.5  14.0   60    1   1      1
## 4      0.920      5.7   NA    NA  16.5    NA   25    5   2      3
## 5   2547.000   4603.0  2.1   1.8   3.9  69.0  624    3   5      4
## 6     10.550    179.5  9.1   0.7   9.8  27.0  180    4   4      4
```

上面导入的带有缺失值的 sleep 数据集包含 62 个样本和 10 个变量，从输出结果可以发现，数据中的缺失值是用 NA 表示的。

下面使用 aggr() 函数可视化缺失值的分布情况，程序如下所示：

```
## 可视化数据的缺失值的分布情况
par(cex = 0.9)
aggr(sleep,col = c("skyblue", "red"),    # 分别设置非缺失值与缺失值的颜色
    prop = FALSE,numbers = TRUE,         # 是否可视化缺失值所占的比例
    gap = 2)                             # 控制两个子图之间的空间大小
```

运行上面的程序后，可以获得如图 7-1 所示的缺失值分布图。

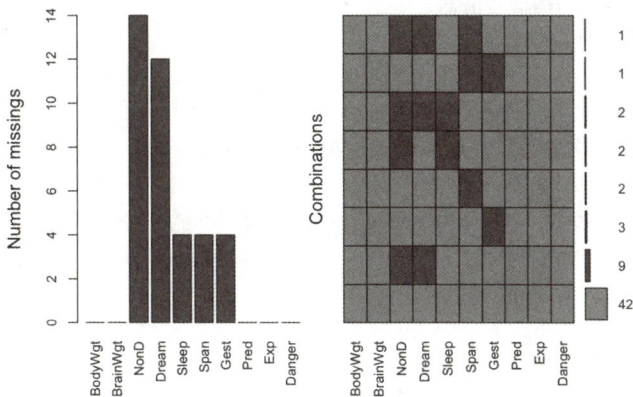

图 7-1　缺失值分布图

在图 7-1 中，使用两种方法对缺失值进行描述。左图表示数据中每个变量的缺失值所占的数量，有 4 个变量带有缺失值。右图表示缺失值在数据表中的分布情况，红色表示有缺失值，蓝色表示没有缺失值，图中共有 42 个样本没有缺失值，NonD 和 Dream 变量共有 12（9+2+1=12）个同时包含缺失值的样本。

使用 aggr() 函数时，如果设置参数 combined = TRUE，则会获得将描述缺失值的两种方法综合起来的可视化图形。使用下面的程序可以获得如图 7-2 所示的综合的缺失值分布图。

```
## 可视化缺失值分布图
aggr(sleep,numbers = TRUE,prop = TRUE,combined = TRUE)
```

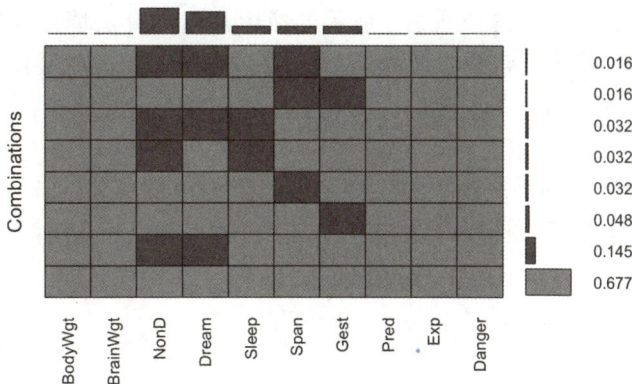

图 7-2　综合的缺失值分布图

在图 7-2 中，红色方块表示缺失值在数据分布中的位置；右边的数字表示对应位置的缺失值占样本总量的比例；最上方的条形图表示数据集中每个变量包含缺失值的数量。

在 VIM 包中，KNN() 函数表示通过 K 近邻算法对数据中的缺失值进行填补，对填补后的数据还可以进一步使用相关函数进行可视化。下面使用 K 近邻算法对 sleep 数据集的缺失值进行填补，程序如下所示：

```
## 使用 K 近邻算法对缺失值进行填补
sleep_KNN <- VIM::kNN(sleep,k = 5)
head(sleep_KNN ,2)
##     BodyWgt BrainWgt NonD Dream Sleep Span Gest Pred Exp Danger BodyWgt_imp
## 1 6654.000   5712.0  3.2   0.8   3.3 38.6  645    3   5      3       FALSE
## 2    1.000      6.6  6.3   2.0   8.3  4.5   42    3   1      3       FALSE
##   BrainWgt_imp NonD_imp Dream_imp Sleep_imp Span_imp Gest_imp Pred_imp
## 1        FALSE     TRUE      TRUE     FALSE    FALSE    FALSE    FALSE
## 2        FALSE    FALSE     FALSE     FALSE    FALSE    FALSE    FALSE
##   Exp_imp Danger_imp
## 1   FALSE      FALSE
## 2   FALSE      FALSE
```

从填补后的数据 sleep_KNN 的前两行可以发现，相比于原始数据 sleep，sleep_KNN 增加了新的变量 **_imp，用于指定 ** 变量下的每个样本是否为填充缺失值后的数据。

下面挑选出一些带有缺失值的变量，使用矩阵散点图可视化，查看缺失值的填补位置，程序如下所示：

```
## 可视化缺失值情况的矩阵散点图，定义需要使用的变量
vars <- c("NonD","Dream","Sleep","Span",
          "NonD_imp","Dream_imp","Sleep_imp","Span_imp")
scattmatrixMiss(sleep_KNN[,vars],          # 使用填补后的数据可视化矩阵散点图
                delimiter = "_imp",        # 指定填补数据变量的索引
                lty = c(1,2))              # 指定密度曲线的类型
```

运行上面的程序，可以获得如图 7-3 所示的使用 K 近邻算法填补缺失值的矩阵散点图。在图 7-3 中，蓝色圆圈代表不是缺失值的点；橙色加号（+）代表使用 KNN 方法填补缺失值的位置。在对角线的两条曲线中，蓝色实线表示非缺失值的密度曲线；橙色虚线表示填补的数值的密度曲线。

边缘图是对常规散点图的增强，它在图形的边缘使用数值和估算值箱线图以及估算值的单变量散点图来突出显示变量的估值。在 VIM 包中，marginplot() 函数可以用来可视化边缘图。

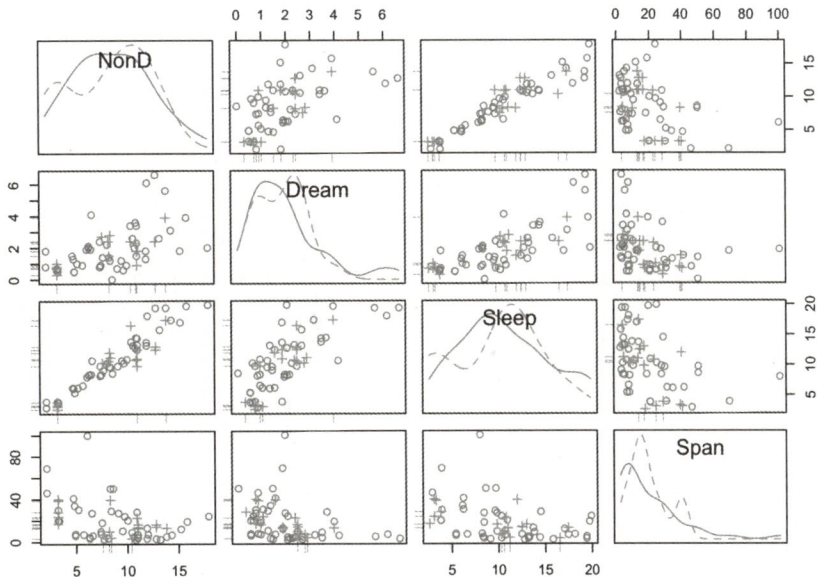

图 7-3　使用 K 近邻算法填补缺失值的矩阵散点图

下面针对 tao 数据集，介绍如何利用边缘图进行缺失值分析，程序如下所示：

```
## 使用 tao 数据集
data("tao")
tao <- tao[,5:8]              # 只使用数据的后 4 列
## 对数据进行缺失值的 KNN 填补
tao_KNN <- kNN(tao,k = 7)
## 对数据使用均值填补，然后可视化 "Air.Temp" 和 "Humidity" 的边缘图
tao_mean <- as.data.frame(impute(tao,what = "mean"))
## 添加两列是否为异常值的变量
tao_mean$Air.Temp_imp <- is.na(tao$Air.Temp)
tao_mean$Humidity_imp <- is.na(tao$Humidity)
## 分析 "Air.Temp" 和 "Humidity" 两个变量之间的关系与缺失值情况
vars <- c("Air.Temp","Humidity","Air.Temp_imp","Humidity_imp")
## 将两幅图绘制在一幅图上
par(mfcol = c(1,2),cex = 0.75,family = "STKaiti",mai = c(0.65,0.65,0.4,0.2))
marginplot(tao_KNN[vars],delimiter = "_imp",
           col = c("skyblue", "red", "orange","green"),
           main = "KNN 填补缺失值 ")
marginplot(tao_mean[vars],delimiter = "_imp",
           col = c("skyblue", "red", "orange","green"),
           main = " 均值填补缺失值 ")
```

在上面的程序中，分别使用 KNN（获得数据 tao_KNN）和均值（获得数据 tao_mean）对缺失值进行填补，然后对数据集中的 Air.Temp 变量和 Humidity 变量，分别使用 marginplot()

函数可视化其边缘图，如图 7-4 所示，显示不同方法的缺失值填补结果。

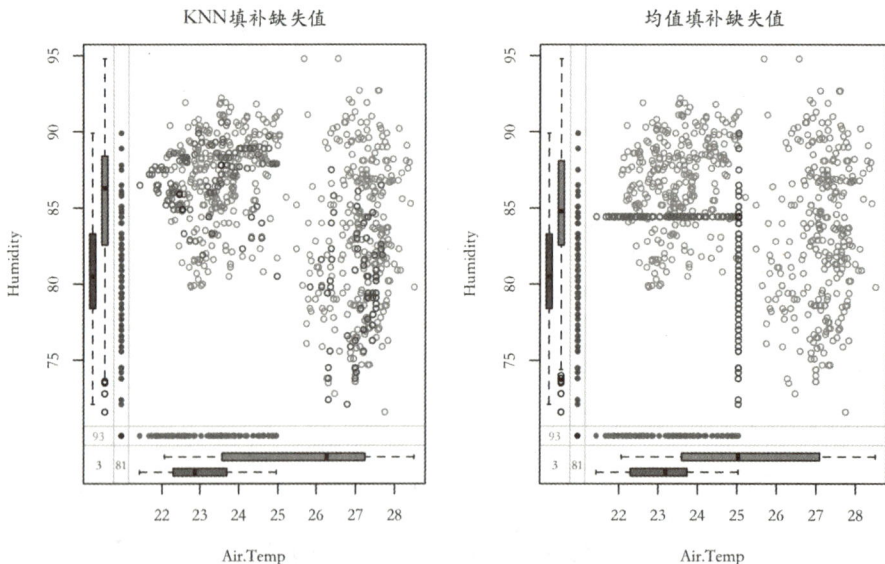

图 7-4　不同方法的缺失值填补结果

在图 7-4 中，蓝色圆圈为非缺失值的散点图；红色圆圈为只有 Air.Temp 变量缺失的散点图；绿色圆圈为只有 Humidity 变量缺失的散点图，两个变量中都有缺失值的样本共有 3 个，使用黑色圆圈表示。图形两边蓝色的箱线图为非缺失值的分布，红色和绿色的箱线图为对应变量缺失值的分布。图 7-4 的左图为使用 KNN 填补缺失值后的数据分布，右图是使用均值填补缺失值后的数据分布。可以发现，使用 KNN 进行缺失值填补的结果比使用均值填补的结果好一些。

平行坐标图可以分析缺失值填补后在所有变量中的变化趋势，如果其变化趋势和不带有缺失值的样本变化相似，则说明缺失值填补的结果比较好。在 VIM 包中，parcoordMiss() 函数用来绘制平行坐标图。

下面针对 KNN 填补的 sleep 数据集，使用平行坐标图可视化缺失值的情况，程序如下所示：

```
## 使用 KNN 填补后的 sleep 数据集
par(family = "STKaiti")
parcoordMiss(sleep_KNN, delimiter = "_imp",col = c("blue", "red"),
            lty = c(1,2),alpha = 0.8,main = " 平行坐标图可视化缺失值 ",
            selection = "any")              # 如果有缺失值，则样本使用红色虚线
```

在上面的程序中，分别使用红色和蓝色的线表示是否带有缺失值的样本。运行程序后可获得如图 7-5 所示的平行坐标图。在图 7-5 中，红色的虚线表示带有缺失值的样本变化趋势；蓝色的实线表示未带有缺失值的样本变化趋势。

平行坐标图可视化缺失值

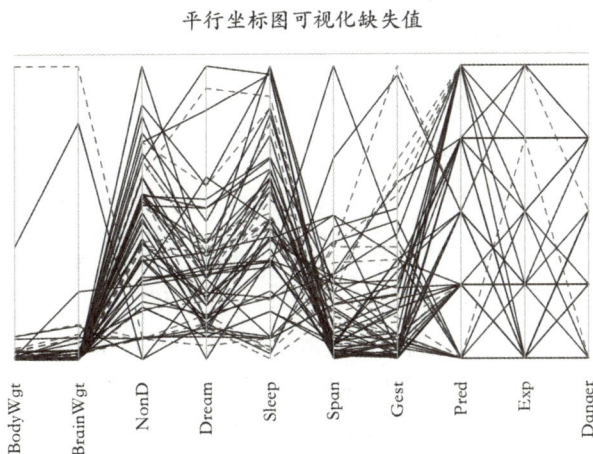

图 7-5　可视化缺失值情况的平行坐标图

下面使用 VIM 包中的 chorizonDL 数据集，介绍对于带有缺失值的地图数据，如何使用 mapMiss() 函数进行可视化，程序如下所示：

```
data(chorizonDL, package = "VIM")              ## 导入带有缺失值的数据
data(kola.background, package = "VIM")         # 导入缺失值的背景地图
## 可视化地图上带有缺失值的点
coords <- chorizonDL[,c("XCOO","YCOO")]        ## 获取数据中样本的坐标
## 获取数据中感兴趣的特征
usedata <- chorizonDL[ ,c("Al2O3","As","Bi","Be")]
mapMiss(usedata,coords = coords,selection = "any",
        map = kola.background)                 #使用的地图背景
```

运行上述程序后，可获得如图 7-6 所示的图形。在图 7-6 中，红色的方块表示数据 usedata 在相应的位置带有缺失值。

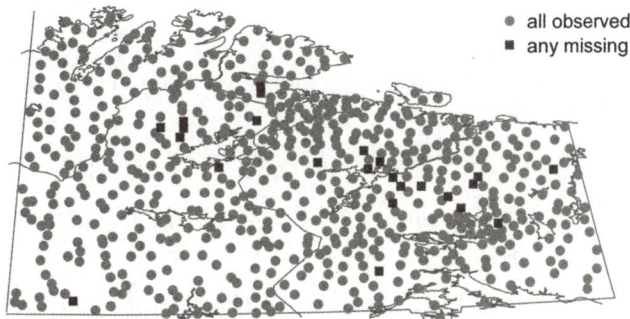

图 7-6　地图数据上缺失情况的可视化

利用 VIM 包中的缺失值可视化函数，可以帮助读者更充分地了解数据中缺失值的分布，以及缺失值预处理后的数据分布，这些有助于下一步的数据分析。

## 7.1.2　用 naniar 包可视化数据的缺失值

naniar 包的缺失值可视化图形是基于 ggplot2 包的，因此 naniar 可以更好地与 ggplot2 包结合对图形进行调整。naniar 包中常用的可视化函数如表 7-2 所示。

表 7-2　naniar 包中常用的可视化函数

| 函　数 | 功　能 |
|---|---|
| vis_miss() | 可视化一个数据表的缺失值信息 |
| gg_miss_upset() | 使用 upset 图可视化缺失值的分布情况 |
| gg_miss_case() | 可视化数据的每行有多少个缺失值 |
| gg_miss_case_cumsum() | 可视化数据的每行缺失值的累加数量 |
| gg_miss_var() | 可视化每个变量的缺失值的数量 |
| gg_miss_var_cumsum() | 可视化变量的缺失值的累加数量 |
| geom_miss_point() | 可视化缺失值的散点图 |

下面使用具体的数据集，介绍如何使用 naniar 包中的函数可视化缺失值的分布情况。首先导入相关数据可视化包并读取数据，程序如下所示：

```
library(naniar);library(ggplot2);library(gridExtra)
## 利用 naniar 包可视化数据集的缺失值的分布情况
## 读取数据集 market.csv，在该数据集中缺失值使用 ? 号表示
mardata <- read.csv("data/chap7/market.csv",na.strings = "?")
head(mardata,2)
##    Sex MaritalStatus Age Education Occupation YearsInSf DualIncome
## 1    2             1   5         4          5         5          3
## 2    1             1   5         5          5         5          3
##    HouseholdMembers Under18 HouseholdStatus TypeOfHome EthnicClass Language
## 1                 3       0               1          1           7       NA
## 2                 5       2               1          1           7        1
##    Income
## 1       9
## 2       9
```

在上面的程序中，使用参数 na.strings = "?" 指定数据中缺失值使用的符号，该 mardata 数据有 14 个变量。

下面使用 vis_miss() 函数可视化数据集中缺失值的分布情况，程序如下所示：

```
## 可视化数据集中缺失值的分布情况
vis_miss(mardata)+ggtitle(" 数据集缺失值分布情况 ")+
    ## 对数据的显示情况进行调整
    theme(axis.text.x = element_text(angle = 30,size = 8),
```

```
                legend.position = "right",
                plot.title = element_text(hjust = 0.5,family = "STKaiti"))
```

因为 naniar 包的图形是基于 ggplot2 包的，所以其结果可以与 ggplot2 包中的相关图层叠加，获取更加合适的可视化结果。运行上面的程序，可以获得如图 7-7 所示的缺失值分布情况的可视化图形。在图 7-7 中，黑色的区域表示缺失值在整个数据集中的分布情况，并且针对每个变量均输出了缺失值所占的百分比。

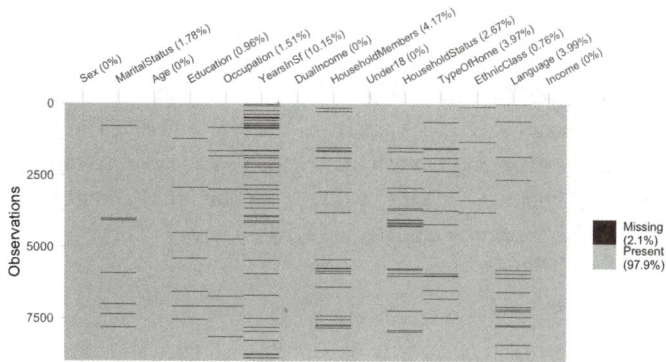

图 7-7　数据集的缺失值分布情况

在 naniar 包中，gg_miss_upset() 函数可以绘制 upset 图，可视化不同变量的缺失值组合下的样本数量。运行下面的程序，可以获得如图 7-8 所示的可视化缺失值分布情况的 upset 图。

```
## 使用 upset 图可视化缺失值的分布情况
gg_miss_upset(mardata,nintersects = 40,main.bar.color = "red",
              sets.bar.color = "blue",shade.color = "green")
```

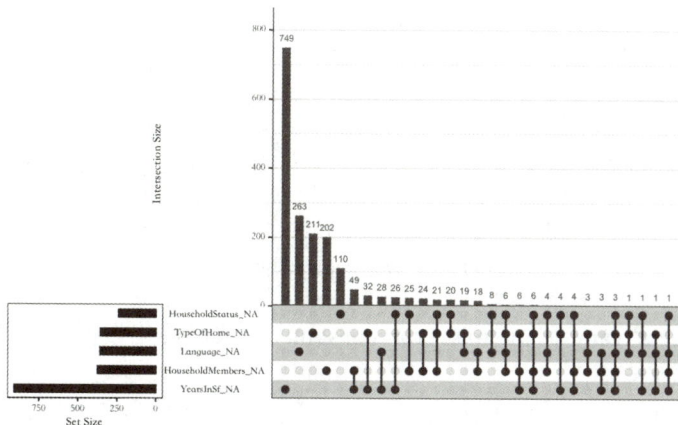

图 7-8　可视化缺失值分布情况的 upset 图

在图 7-8 中，左图中蓝色的条形图表示不同变量中缺失值的数量，右图表示不同变量的缺失值组合下的样本数量。例如，在所有的样本中，只是 YearsInSf 变量有缺失值的样本有 749 个，YearsInSf 和 HouseholdMembers 变量同时有缺失值的样本有 49 个。

在 naniar 包中，常常可以根据行（样本）或列（变量）确定数据集中缺失值的数量和分布情况。下面首先使用 gg_miss_case() 和 gg_miss_case_cumsum() 函数可视化每个样本（行）缺失值的情况，程序如下所示：

```
## 可视化数据的每个样本（行）有多少个缺失值
p1 <- gg_miss_case(mardata)+ggtitle(" 样本缺失值数量分布 ")+
    theme(plot.title = element_text(hjust = 0.5,family = "STKaiti"))
## 随着行数的增加，可视化缺失值的累加数量
p2 <- gg_miss_case_cumsum(mardata)+ggtitle(" 随着样本增加缺失值累加数量 ")+
    theme(plot.title = element_text(hjust = 0.5,family = "STKaiti"))+
    scale_x_discrete(breaks = round(seq(1,nrow(mardata),length.out = 10)))+
    scale_y_continuous(breaks = seq(0,3000,by = 500))
## 将两幅图形绘制到一个图形窗口
grid.arrange(p1,p2,nrow = 1)
```

运行上面的程序后，可以获得如图 7-9 所示的图形。通过图 7-9 可以直观地看出数据集中每个样本缺失值的情况，以及随着样本数量的增加，缺失值的累加数量。

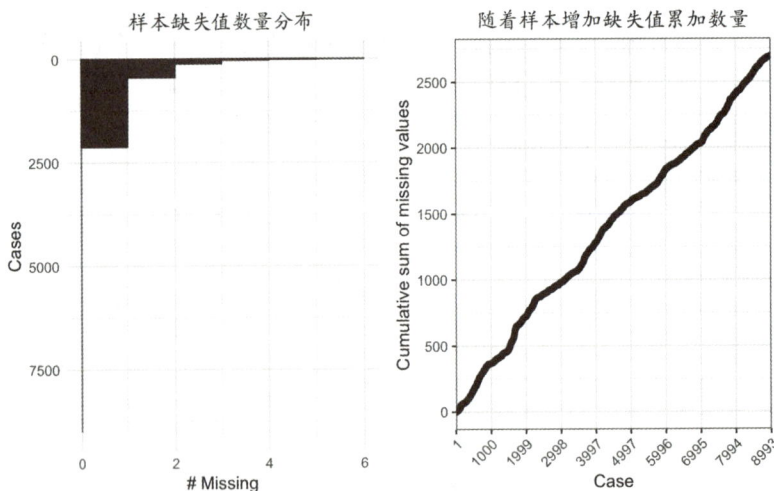

图 7-9  样本的缺失值的情况

下面使用 gg_miss_var() 和 gg_miss_var_cunsum() 函数可视化数据集中每个变量（列）的缺失值情况，程序如下所示：

```
## 可视化每个变量的缺失值数量
p3 <- gg_miss_var(mardata)+ggtitle(" 变量缺失值数量分布 ")+
```

```
        theme(plot.title = element_text(hjust = 0.5,family = "STKaiti"))+
        scale_y_continuous(breaks = seq(0,900,by = 200))
## 根据变量的变化, 可视化缺失值的累加数量
p4 <- gg_miss_var_cumsum(mardata)+ggtitle(" 随着变量增加缺失值累加数量 ")+
        theme(plot.title = element_text(hjust = 0.5,family = "STKaiti"))+
        scale_y_continuous(breaks = seq(0,3000,by = 500))
## 将两幅图形可视化到一个图形窗口
grid.arrange(p3,p4,nrow = 1)
```

运行上面的程序后, 可以获得如图 7-10 所示的图形。从图 7-10 中可以分析数据集中每个变量缺失值的情况, 以及随着变量的增加, 缺失值的累加数量。

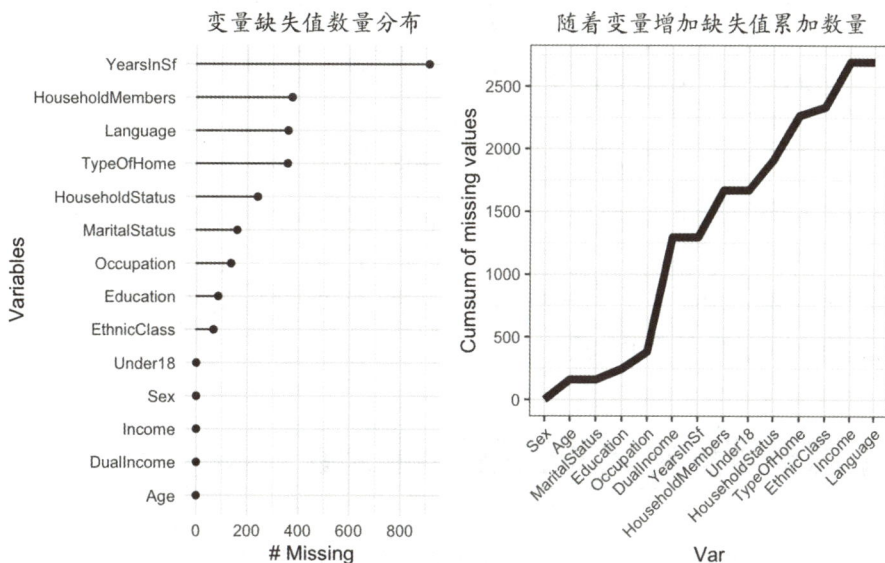

图 7-10　变量的缺失值情况

在 naniar 包中, geom_miss_point() 函数可以利用散点图可视化两个变量中缺失值的相对分布位置。下面绘制变量 HouseholdMembers 和 YearsInSf 的缺失值分布散点图, 并将图形根据 Income 变量进行分面, 程序如下所示:

```
## 通过散点图可视化缺失值的情况
ggplot(mardata,aes(x = HouseholdMembers,y = YearsInSf))+
        ggtitle(" 缺失值情况分面散点图 ")+
        geom_miss_point() +              ## 使用散点图可视化缺失值的图层
        facet_wrap( ~ Income)            # 根据收入对散点图分面
```

运行程序后, 可以获得如图 7-11 所示的使用分面的缺失值分布散点图。

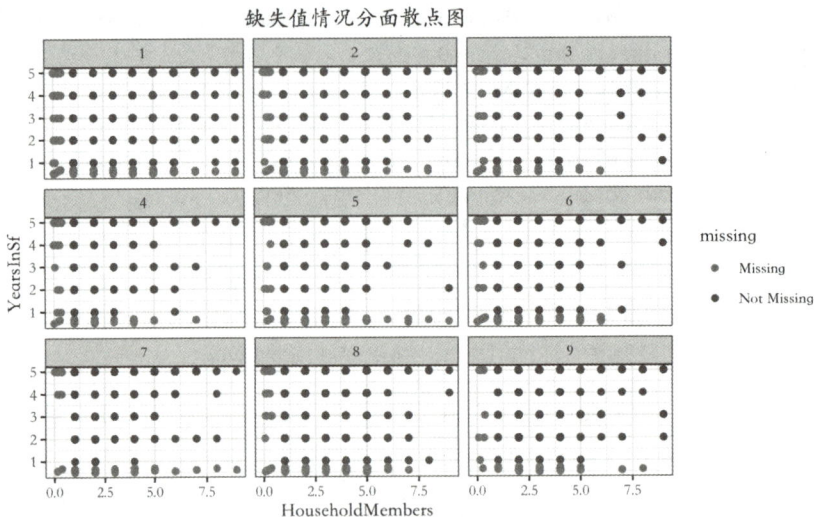

图 7-11　使用分面的缺失值分布散点图

在图 7-11 中，红色的点表示缺失值，由图形可以直观地看出这两个变量中缺失值的相对分布位置。

数据缺失情况的可视化，属于数据探索性分析的初级内容，接下来将会进一步介绍数据探索性分析中用到的其他可视化方法。

# 7.2　不同类型变量之间关系的可视化

本节重点讨论两种不同类型变量之间关系的可视化，包括连续变量之间的关系、分类变量之间的关系、分类变量和连续变量之间的关系等，理解探索分析的结果。

扫一扫，看视频

## 7.2.1　连续变量之间关系的可视化

除了可以使用散点图分析两个连续变量之间的关系，还可以使用箱线图对比数据的分布和差异。

下面使用某国不同性别运动员的年龄数据，探索不同性别下的年龄差异，程序如下所示：

```
library(ggpubr);library(factoextra);library(FactoMineR)
## 读取某国不同性别运动员的年龄数据，分析是否有差异
agedata <- read.csv("data/chap7/ 运动员年龄 .csv")
## 使用箱线图可视化不同性别运动员的年龄数据的分布情况
ggboxplot(agedata,x = "Sex",y = "Age",color = "Sex",notch = TRUE,
          add = "jitter",title = " 不同性别运动员的年龄 ")+
      theme(plot.title = element_text(hjust = 0.5,family = "STKaiti"))
```

上面的程序通过 ggpubr 包中的 ggboxplot() 函数绘制箱线图，并通过 add = "jitter" 参数为其添加抖动的散点图。运行程序后可以获得如图 7-12 所示的箱线图和抖动的散点图。

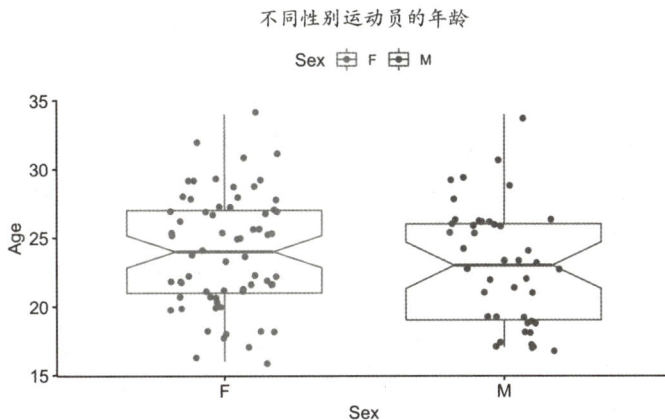

图 7-12　箱线图和抖动的散点图

从图 7-12 中可以看出，不同性别运动员的年龄分布是有差异的，其中女性的平均年龄比男性的高。

## 7.2.2　分类变量之间关系的可视化

针对两个分类变量之间的关系，可以使用卡方检验和对应分析进行探索，并且可以通过马赛克图、对应分析图等对分析结果进行可视化。

下面使用一个关于外卖的市场调查数据，分析两个分类变量之间的关系。首先导入需要使用的包和数据，程序如下所示：

```
## 导入相关包
library(vcd);library(ca)
## 读取数据
mymarkdata <- read.csv("data/chap7/关于外卖的市场调查部分数据.csv",
                        stringsAsFactors = FALSE, encoding="UTF-8")
## 把一些变量定义为因子变量，并为它们指定等级
mymarkdata$q4 <- factor(mymarkdata$q4,
                        levels = c("500元以下","500-900",
                                   "900-1300元","1300元以上"))
mymarkdata$q6 <- factor(mymarkdata$q6,
                        levels = c("0-5次","5-10次",
                                   "10-15次","15次以上"))
head(mymarkdata,2)
```

```
##   q1  q2        q4    q5       q6      q8  q9zhiliang  q9anquan  q9stime
## 1 男 大三  900-1300元  一般   0-5次  6-10元          8         7        8
## 2 男 大三   500-900元  满意   0-5次  6-10元          8         8        8
##   q9jiage  q9baozhuang  q9kouwei  q9xiaoliang  q9kefu
## 1       7            7         6            7       6
## 2       7            6         7            7       5
```

在导入的市场调查数据中，q1 表示性别；q2 表示年级；q4 表示每月生活费；q5 表示对食堂饭菜的满意度；q6 表示每周平均订外卖的次数；q8 表示外卖的理想价格；q9 是一个多选问题，表示对影响外卖的多个因素的打分。

下面针对 q6 和 q4 两个分类变量之间的关系进行可视化分析，计算两个分类变量之间的列联表，程序如下所示：

```
## 分析 q6 和 q4 之间的关系，计算两个分类变量之间的列联表
tab46 <- table(mymarkdata$q4,mymarkdata$q6)
tab46
##                 0-5次    5-10次    10-15次    15次以上
##   500元以下        24        1         0           1
##   500—900元       116        9         3           0
##   900—1300元       93       21         6           2
##   1300元以上        19        3         1           2
```

通过列联表可以分析出哪些组合出现的次数较多，哪些组合出现的次数较少，但是并不是很直观。下面使用马赛克图对列联表数据进行可视化，程序如下所示：

```
## 使用马赛克图可视化列联表数据
mosaic( ~ q6+q4,data = mymarkdata,
        ## 设置坐标轴文本的显示情况
        labeling= labeling_border(rot_labels = c(0,0,0,0),
                                  gp_labels = gpar(fontfamily = "STKaiti",
                                                   fontsize = 8),
                                  gp_varnames = gpar(fontfamily = "STKaiti",
                                                     fontsize = 8)),
        ## 设置马赛克名称和字体
        main = "每月生活费 VS 每周平均订外卖的次数",
        main_gp = gpar(fontsize = 12,fontfamily = "STKaiti"))
```

上面的程序中使用 mosaic() 函数绘制马赛克图，并且详细设置了坐标轴上文本的显示情况，以减轻默认情况下的文字遮挡问题。运行程序，获得如图 7-13 所示的两个分类度量的马赛克图。

马赛克图是利用观察的方法分析两个分类变量之间的关系，详细地观察两个分类变量是否独立可以使用卡方检验进行分析。其中，卡方检验的原假设为行变量和列变量之间相互独立；备择假设为："行变量和列变量之间不独立"。

每月生活费VS每周平均订外卖的次数

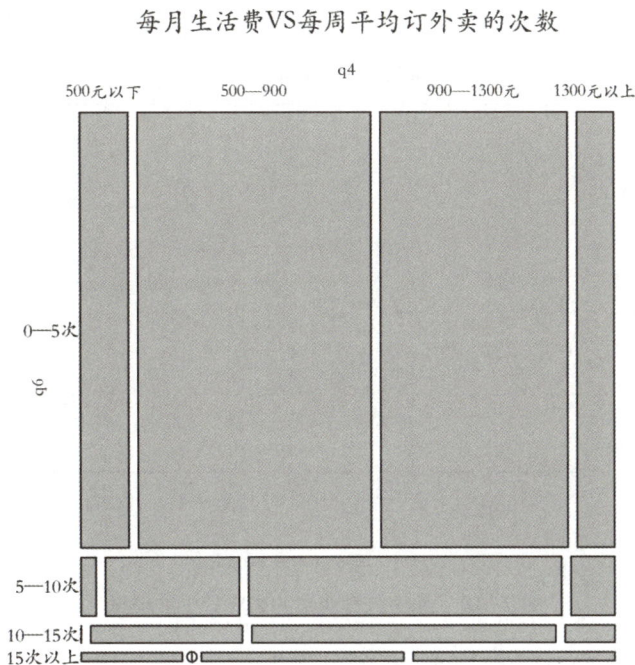

图 7-13　两个分类变量的马赛克图

下面通过 chisq.test() 函数对列联表数据进行卡方检验，程序如下所示：

```
chisq.test(tab46)
##  Pearson's Chi-squared test
## data:  tab46
## X-squared = 20.208, df = 9, p-value = 0.01667
```

从输出结果可知，p-value = 0.01667 < 0.05，说明应该拒绝原假设，即两个分类变量是不独立的。

针对不独立的两个分类变量，还可以进一步使用对应分析来研究两个分类变量中各个等级（水平）之间关系的紧密程度。下面利用 ca 包对上述外卖的市场调查数据进行对应分析并可视化，程序如下所示：

```
## 可视化对应分析，分析两个分类变量中各个水平之间的关系
ca46 <- ca(tab46)
par(family  = "STKaiti")
plot(ca46,main = " 每月生活费 VS 每周平均订外卖的次数 ")
```

在上面的程序中，用 ca() 函数对列联表数据进行对应分析，使用 plot() 函数可视化两个分类度量的对应分析的结果，如图 7-14 所示。

根据图 7-14 可以分析两个分类变量中哪些水平之间的联系更加紧密。例如，每月的生

活费等级为900–1300元与每周平均订外卖的次数是5–10次和10–15次的联系更加紧密。

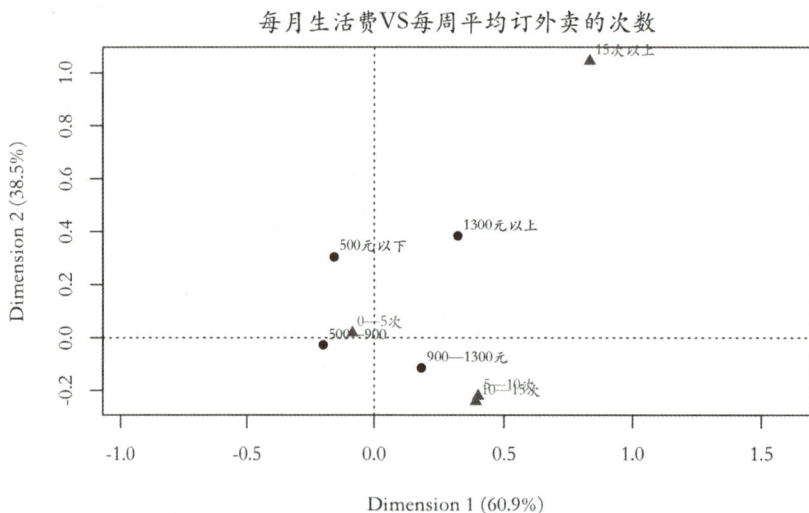

图 7-14　两个分类变量的对应分析的结果

前面介绍的是两个分类变量之间关系的可视化方法。针对具有多个分类变量的数据表，可以利用桑基图可视化变量之间的流动趋势以及全局的流动状态，从而达到分析多个分类变量之间关系的目的。

> **说明**：桑基图又叫作桑基能量分流图，它是一种特定类型的流程图，图中延伸的分支的宽度对应数据流量的大小，其最明显的特征是始末端的分支宽度的总和相等，即所有主干宽度的总和应与所有分出去的分支宽度的总和相等，保持能量的平衡。

在 R 语言中，可以使用 ggalluvial 包绘制桑基图。下面针对泰坦尼克数据集，使用桑基图探讨多个分类变量之间数据的流动情况，程序如下所示：

```
library(ggalluvial);library(dplyr)
## 数据准备
Titanic <- read.csv("data/chap7/Titanic 数据 .csv")
## 将连续变量转换为离散变量
Titanic$Pclass <- as.factor(Titanic$Pclass)
Titanic$Age <- cut(Titanic$Age,4,
                labels = c("0 ~ 20","20 ~ 40","40 ~ 60","60 ~ 80"))
Titanic$SibSp <- as.factor(Titanic$SibSp)
Titanic$Parch <-  as.factor(Titanic$Parch)
Titanic$Fare <- ifelse(Titanic$Fare < 50, "low","high")
Titanic$Survived <- as.factor(Titanic$Survived)
head(Titanic)
##   Pclass  Name   Sex    Age SibSp Parch  Fare Embarked Survived
```

```
## 1      3   Mr.   male 20 ~ 40    1    0   low    S      0
## 2      1   Mrs. female 20 ~ 40   1    0   high   C      1
## 3      3   Miss. female 20 ~ 40  0    0   low    S      1
## 4      1   Mrs. female 20 ~ 40   1    0   high   S      1
## 5      3   Mr.   male 20 ~ 40    0    0   low    S      0
## 6      3   Mr.   male 20 ~ 540   0    0   low    Q      0
```

在上面的程序中，首先导入相关的包和数据集，并将数据集中的连续变量转换为离散变量，这样所有的变量均为分类变量。

下面计算用于可视化桑基图的数据，首先计算每个因子组合出现的次数，然后通过 to_lodes_form() 函数将宽型数据转换为长型数据，程序如下所示：

```
## 数据准备，计算每个因子组合出现的次数
Titanic2 <- Titanic%>%group_by(Sex,Name,Age,Pclass,Fare,
                               Embarked,SibSp,Survived)%>%
    summarise(freq = n())
## 转换为长型数据
Titanic.long <- to_lodes_form(Titanic2, -c(freq,Survived),
                              key = "key", value = "stratum",
                              id = "alluvium")
head(Titanic.long)
## # A tibble: 6 x 5
##   Survived  freq alluvium   key    stratum
##   <fct>    <int>   <int>  <fct>     <fct>
## 1   1        1       1    Sex      female
## 2   1        1       2    Sex      female
## 3   1        3       3    Sex      female
## 4   0        1       4    Sex      female
## 5   1        1       5    Sex      female
## 6   1        3       6    Sex      female
```

准备好数据之后，可以通过 geom_flow()、geom_stratum() 等图层函数绘制桑基图，程序如下所示：

```
## 可视化桑基图
ggplot(Titanic.long,aes(x = key, stratum = stratum,
                        alluvium = alluvium,y = freq)) +
    theme_minimal(base_family = "STKaiti")+
    geom_flow(aes(fill = Survived), width = 1/6, aes.flow = "backward") +
    geom_stratum(width = 1/6, fill = "lightgreen", color = "black") +
    geom_label(stat = "stratum",infer.label = TRUE) +
    scale_fill_brewer( palette = "Set1") +
    labs(x = "",y = "")
```

运行上面的程序后，可以获得如图 7–15 所示的多个分类变量的桑基图。

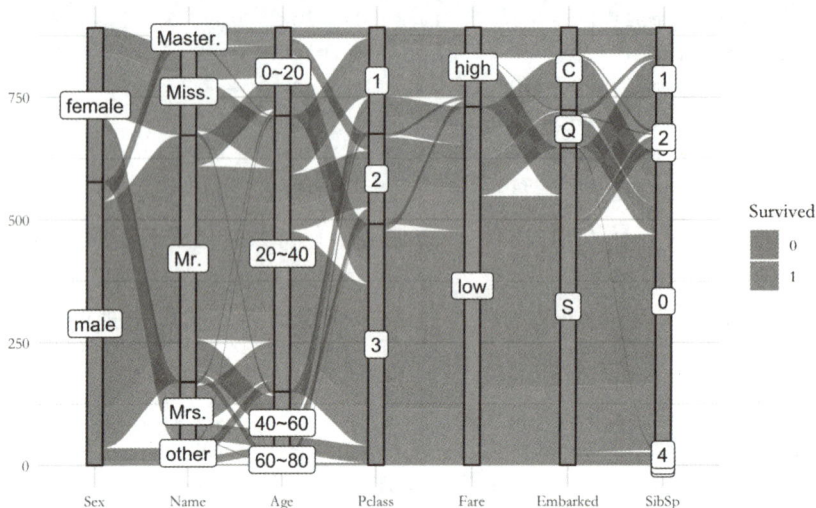

图 7-15　多个分类变量的桑基图

在图 7-15 中，变量和变量之间通过流动的曲线来表示泰坦尼克号的船员"是否存活"在数据之间的分布和流动趋势。

## 7.2.3　分类变量与连续变量之间关系的可视化

针对分类变量和连续变量之间的关系，通常可以使用方差分析进行可视化。例如，使用单因素方差分析，可以分析一个分类变量和一个连续变量之间的关系；使用多因素方差分析，可以分析两个分类变量和一个连续变量之间的关系。

下面使用 R 语言中自带的数据集，对其进行方差分析并可视化。首先导入相关包和数据集，程序如下所示：

```
library(gplots)
## 在可视化分析结果时，使用 R 语言中自带的 ToothGrowth 数据集
data("ToothGrowth")
head(ToothGrowth)
##     len supp dose
## 1  4.2   VC  0.5
## 2 11.5   VC  0.5
## 3  7.3   VC  0.5
## 4  5.8   VC  0.5
## 5  6.4   VC  0.5
## 6 10.0   VC  0.5
```

导入的 ToothGrowth 数据集中共有 3 个变量，包括 2 个因子变量 supp、dose 和 1 个连续变量 len，共 60 个样本，每种组合下均有 10 个样本。

下面首先介绍单因素方差分析的结果，可以使用 plotmeans() 函数进行可视化，程序如下所示：

```
## 一个分类变量和一个连续变量，单因素方差分析
par(family = "STKaiti")
plotmeans(len ~ supp,data = ToothGrowth,mean.labels = FALSE,
        barwidth=2,col="red",main = "supp 不同取值下 len 的均值 ")
```

运行上面的程序，可以得到 supp 不同取值下 len 的均值比较图，如图 7-16 所示。

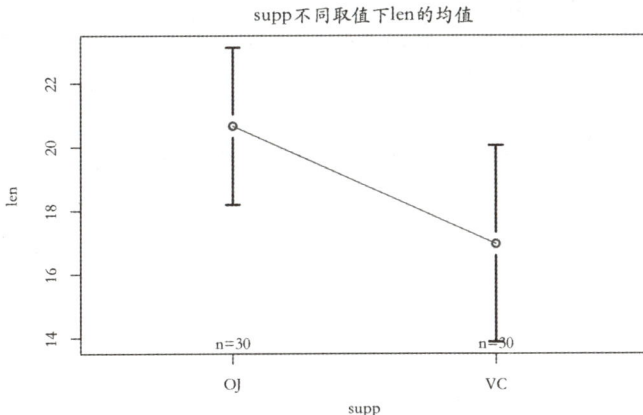

图 7-16　supp 不同取值下 len 的均值比较图

由图 7-16 可以发现，supp 不同取值下 len 的均值差异较大，其中 OJ 取值下 len 的均值相对更大。

使用同样的方法，可得出 dose 不同取值下 len 的均值比较图，程序如下所示：

```
par(family = "STKaiti")
plotmeans(len ~ dose,data = ToothGrowth,mean.labels = FALSE,
        barwidth=2,col="red",main = "dose 不同取值下 len 的均值 ")
```

运行上面的程序，可以得到如图 7-17 所示的 dose 不同取值下 len 的均值比较图。

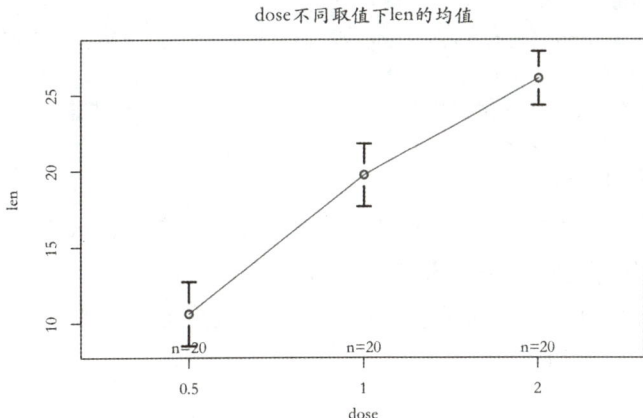

图 7-17　dose 不同取值下 len 的均值比较图

由图 7-17 可以发现，dose 不同取值下 len 的均值差异较大，且随着 dose 取值的增大，len 的均值也逐渐增大。

同样可以使用 plotmeans() 函数进行多因素方差分析结果的可视化，程序如下所示：

```
## 两个分类变量和一个连续变量，多因素方差分析
## 直接使用可视化的方式进行对比分析
plotmeans(len ~ interaction(supp,dose,sep ="-"),        #将两个分类变量连接起来
          data = ToothGrowth,
          connect=list(1:2,3:4,5:6),                    # 指定线的连接方式
          xlab = "supp and dose")
abline(v=c(2.5, 4.5), lty=2)
```

运行上面的程序，可以获得如图 7-18 所示的多因素方差分析的结果。

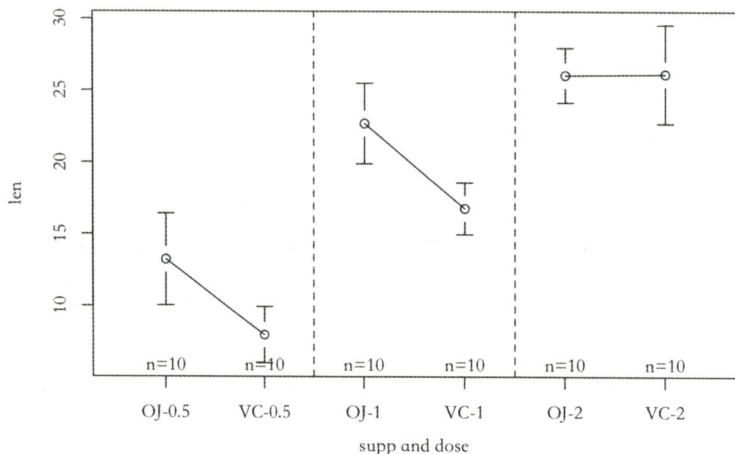

图 7-18　多因素方差分析的结果

类似地，交换两个分类变量的顺序，可以获得根据 supp 分组的结果，程序如下所示：

```
## 交换两个分类变量的顺序
plotmeans(len ~ interaction(dose,supp,sep ="-"),        #将两个分类变量连接起来
          data = ToothGrowth,
          connect=list(1:3,4:6),                        # 指定线的连接方式
          xlab = "dose and supp")
abline(v=c(3.5), lty=2)
```

运行上面的程序，可以获得如图 7-19 所示的变换分类变量顺序的多因素方差分析的结果。

值得注意的是，前面分析连续变量在分类变量的不同水平下的均值时，并没有使用方差分析函数输出相应的统计结果，而是借助可视化的方式更加直观地对数据的均值进行对比，获得分类变量和连续变量之间的关系。

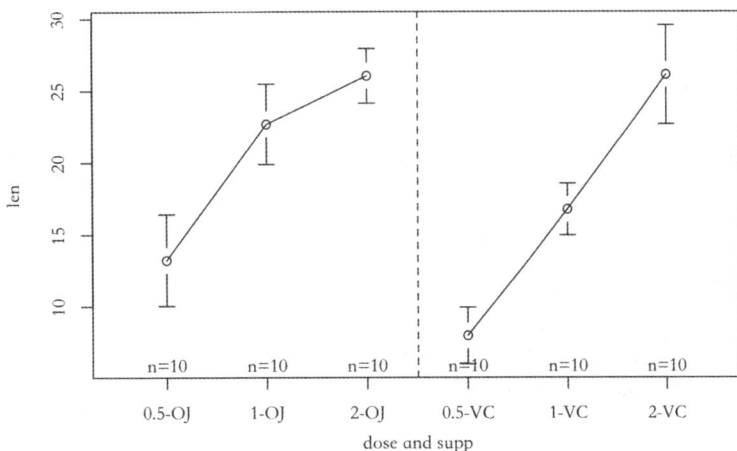

图 7-19　交换分类变量顺序的多因素方差分析的结果

# 7.3　多个变量之间关系的可视化

本节主要介绍多个变量之间关系的可视化方法，包括变量相关系数的可视化和多元统计分析的可视化等。

## 7.3.1　变量相关系数的可视化

变量之间的相关系数是比较变量之间关系的常用指标，其取值范围通常在 [-1,1] 区间，如果小于 0，则说明变量之间为负相关，越接近 -1，负相关性越强；如果大于 0，则说明为正相关，越接近 1，正相关性越强。在 R 语言中，相关性的可视化分析包有 corrplot 包、ggcorrplot 包等。

下面使用一个小麦种子数据集，介绍如何可视化变量之间的相关系数。首先导入相关包和要使用的数据，程序如下所示：

```
library(corrplot);library(ggcorrplot)
## 读取第 4 章使用的小麦种子数据集
seeddf <- read.table("data/chap4/seeds_dataset.txt")
colnames(seeddf) <- c("x1","x2","x3","x4","x5","x6","x7","label")
seeddf$label <- as.factor(seeddf$label)
head(seeddf)
##       x1    x2    x3    x4    x5    x6    x7 label
## 1 15.26 14.84 0.8710 5.763 3.312 2.221 5.220     1
## 2 14.88 14.57 0.8811 5.554 3.333 1.018 4.956     1
## 3 14.29 14.09 0.9050 5.291 3.337 2.699 4.825     1
```

```
## 4 13.84 13.94 0.8955 5.324 3.379 2.259 4.805        1
## 5 16.14 14.99 0.9034 5.658 3.562 1.355 5.175        1
## 6 14.38 14.21 0.8951 5.386 3.312 2.462 4.956        1
```

从数据前几行的输出可知，数据框 seeddf 有 7 个数值变量和 1 个分组变量 label。

下面使用 cor() 函数计算变量之间的相关系数，并通过 cor_pmat() 函数对相关系数的显著性进行检验，最后通过 corrplot() 函数绘制相关系数图，程序如下所示：

```
## 计算变量之间的相关系数和对应的 P 值
seedcor <- cor(seeddf[,1:7],method = "pearson")
pmat <- cor_pmat(seeddf[,1:7],method = "pearson")
## 使用热力图可视化变量之间的相关系数
par(cex = 0.7,mfrow =c(2,2))
# 使用椭圆表示相关系数的大小
corrplot(seedcor,method = "ellips",type = "full")
# 使用数字表示相关系数的大小，并只可视化对角线上方的内容
corrplot(seedcor,method = "number", number.cex = 0.8,type = "upper")
## 将变量名称放在对角线，饼图表示相关系数的大小
corrplot(seedcor,method = "pie",type = "full",tl.pos = "d")
## 添加对变量的聚类结果
corrplot(seedcor,method = "circle",type = "full",tl.pos = "d",
        order = "hclust", addrect = 3, rect.col = "blue")
```

在上面的程序中，通过 corrplot() 函数使用不同的参数设置来控制输出图形的内容。在第一幅子图的程序中，通过参数 method = "ellips" 和 type = "full" 设置使用椭圆表示相关系数的大小，并且绘制整个图形。在第二幅子图的程序中，通过参数 method = "number" 和 type = "upper" 设置使用数字表示相关系数的大小，并只绘制上三角形的区域。在第三幅子图的程序中，通过参数 method = "pie" 设置使用饼图表示相关系数的大小，并通过参数 tl.pos = "d" 设置变量名称在对角线的位置。在第四幅子图的程序中，通过参数 method = "circle" 设置使用圆表示相关系数的大小，并通过参数 order = "hclust" 和 addrect = 3 将变量聚类为 3 类。运行程序后可得如图 7-20 所示的多变量相关系数的可视化图形。

还可以通过corrplot.mixed()函数对相关系数图做进一步的调整。例如，将下三角区域使用饼图，上三角区域使用数字进行可视化，通过P值矩阵将相关系数不显著的变量不可视化，程序如下所示：

```
## 可视化数字和形状混合的相关系数图
par(mfrow =c(1,1))
corrplot.mixed(seedcor,lower = "pie", upper = "number",tl.col="red",
              tl.pos = "d",tl.cex = 1,number.cex = 1,p.mat = pmat)
```

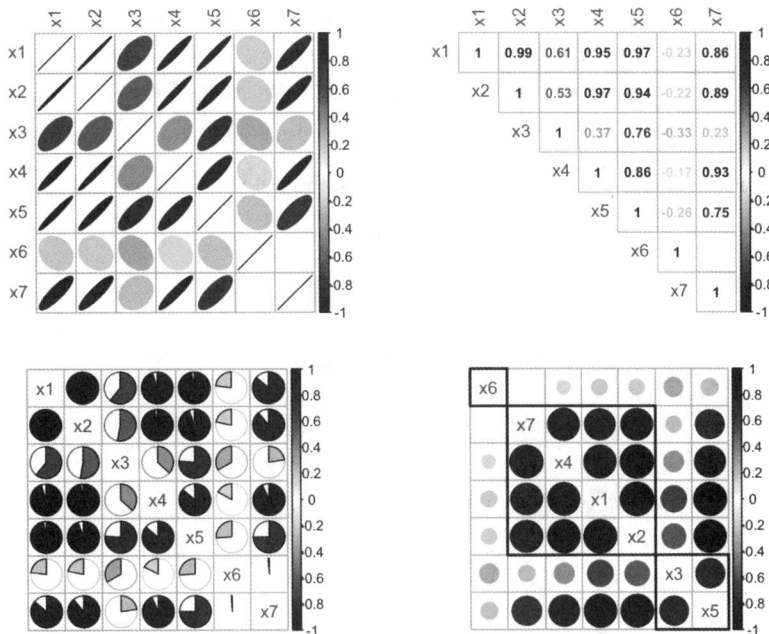

图 7-20　多变量相关系数的可视化图形

运行程序，可得如图 7-21 所示的精修图形。在图 7-21 中，不显著的变量在图形中使用叉号表示。

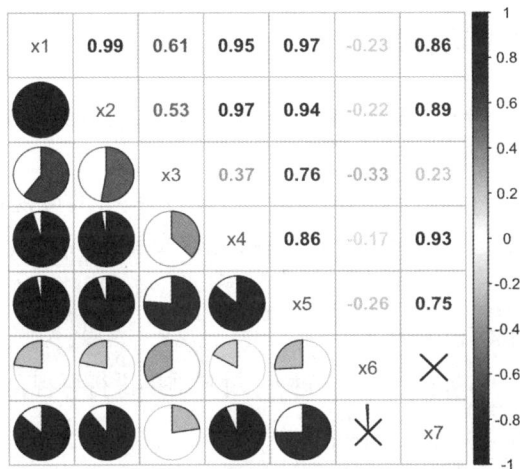

图 7-21　精修多变量相关系数的可视化图形

在 R 语言中，还可以使用 ggcorrplot 包绘制相关系数图，该包是在 ggplot2 包的基础上进行可视化的，所以可以借助 ggplot2 包中的图层函数对结果进行调整。

下面使用 ggcorrplot 包中的 ggcorrplot() 函数进行相关系数的可视化，程序如下所示：

```
## 通过 ggcorrplot 包可视化相关系数图，并根据 P 值判断相关系数是否显著
ggcorrplot(seedcor,method = "circle",type = "upper",p.mat = pmat,
        sig.level = 0.05)+ggtitle(" 相关系数大小可视化 ")+
    theme(plot.title = element_text(hjust = 0.5,family = "STKaiti"))
```

运行上面的程序，可以获得如图 7-22 所示的 ggcorrplot 包相关系数的可视化图形。

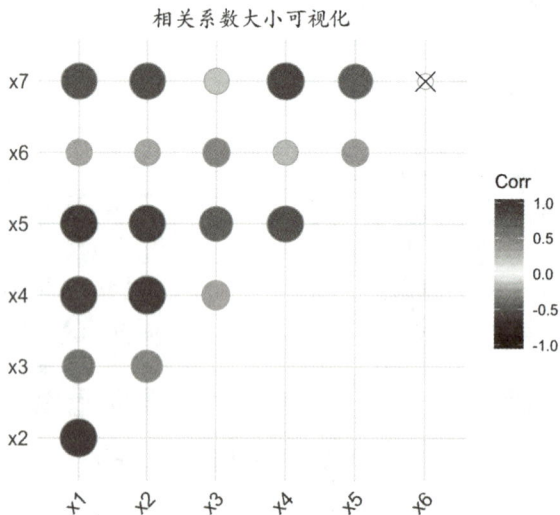

图 7-22　ggcorrplot 包相关系数的可视化图形

## 7.3.2　多元统计分析的可视化

本节主要介绍多元统计分析中的主成分分析和聚类分析的结果的可视化。首先介绍使用 ggbiplot 包可视化主成分分析的结果。

ggbiplot 包是一个基于 ggplot2 包的可视化包，用它获得的可视化图形具有 ggplot2 的图形风格。可以利用 devtools 包中的 install_github() 函数安装 ggbiplot 包，代码如下所示：

```
library(devtools)
install_github("vqv/ggbiplot")
```

下面使用小麦种子数据集进行主成分分析并对其结果进行可视化，程序如下所示：

```
library(ggbiplot);library(gridExtra)
## 使用小麦种子数据集进行主成分分析并可视化
pcaplot <- princomp(seeddf[,1:7],cor = TRUE)      ## 主成分分析
xy <- as.data.frame(pcaplot$scores)               # 保存主成分得分
## 可视化主成分分析的 biplot 图
p1 <- ggbiplot(pcaplot, choices = 1:2,obs.scale = 1, var.scale = 1,
        ellipse = TRUE, circle = TRUE,varname.size = 5)+
```

```
## 为每个点添加 label 标签，使用主成分得分确定位置
geom_text(data = xy,aes(x= Comp.1-0.1,y = Comp.2,label = seeddf$label,
                        colour = seeddf$label),size = 3,show.legend = FALSE)+
ggtitle(" 前两个主成分的 biplot")
p1
```

在上面的程序中，首先通过 princomp() 函数对小麦种子数据集的 7 个数值变量进行主成分分析，然后将主成分得分保存为数据表 xy。在可视化 biplot 图时，ggbiplot() 函数中第一个参数 pcaplot 为主成分分析的结果，参数 choices = 1:2 表示使用前两个主成分得分可视化散点图，在获得图形后，使用 geom_text() 图层函数用数据表 xy 为每个样本点添加标签。最后可以获得如图 7-23 所示的主成分分析的 biplot 图，其中，箭头表示相应的主成分所对应的方向。

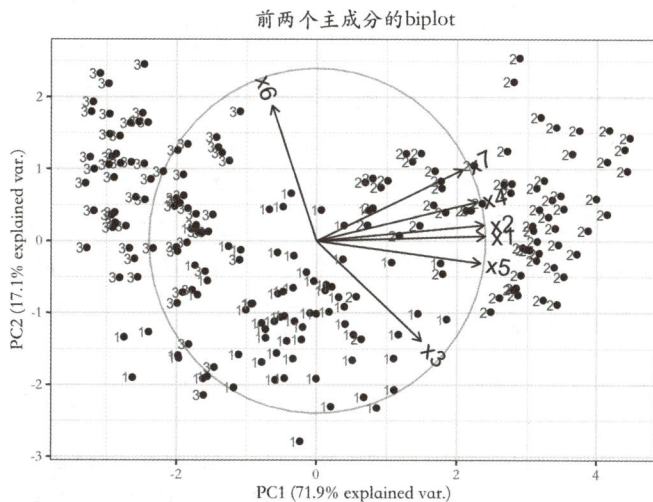

图 7-23　主成分分析的 biplot 图

进行主成分分析时，可以通过碎石图刻画每个主成分得分的大小，或者通过累加碎石图分析主成分的个数对原始数据信息的解释程度。

在 R 语言中，可以使用 ggbiplot 包中的 ggscreeplot() 函数绘制碎石图，程序如下所示：

```
## 可视化主成分分析的碎石图
p2 <- ggscreeplot(pcaplot,type = "pev")+ggtitle(" 碎石图 ")
p3 <- ggscreeplot(pcaplot,type = "cev")+ggtitle(" 累加碎石图 ")
grid.arrange(p2,p3,nrow = 1)
```

在 ggscreeplot() 函数中，通过 type 参数来获取对应的碎石图。运行程序后可得如图 7-24 所示的主成分得分的碎石图。

使用碎石图，可以确定在主成分分析后如何选择合适的主成分的个数。图 7-24 表明，使用前三个主成分进行后续的分析比较合适。

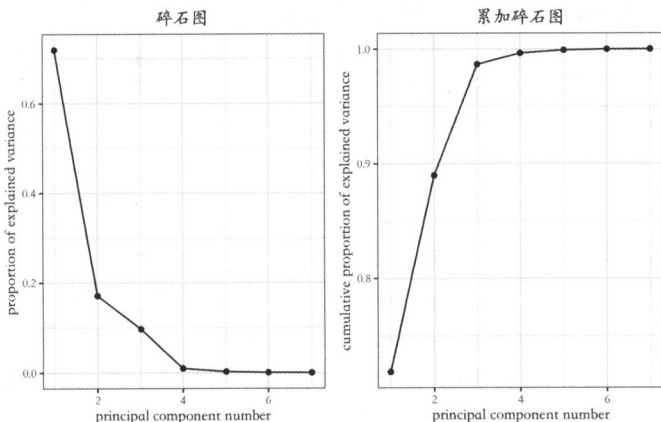

图 7-24　主成分得分的碎石图

　　下面介绍使用 factoextra 包对聚类分析的结果进行可视化，包括绘制聚类后的数据分布、选择合适的聚类数量的统计曲线，绘制聚类结果的轮廓图等。

　　首先介绍 factoextra 包中选择合适的聚类数量的 fviz_nbclust() 函数的用法，该函数可以对指定的算法根据轮廓系数等指标选择合适的聚类数量。下面针对小麦种子数据集，利用 kmeans 聚类算法，使用该函数绘制出较合适的聚类数量的图形，程序如下所示：

```
## 可视化评价样本聚类好坏的轮廓图
library(factoextra)
library(cluster)
## 可视化较合适的聚类数量
grid.arrange(fviz_nbclust(seeddf[,1:7], kmeans, method = "silhouette"),
             fviz_nbclust(seeddf[,1:7], kmeans, method = "gap_stat"),
             nrow = 1)
```

　　运行上面的程序后，可以得到如图 7-25 所示的选择合适的聚类数量的可视化图形。

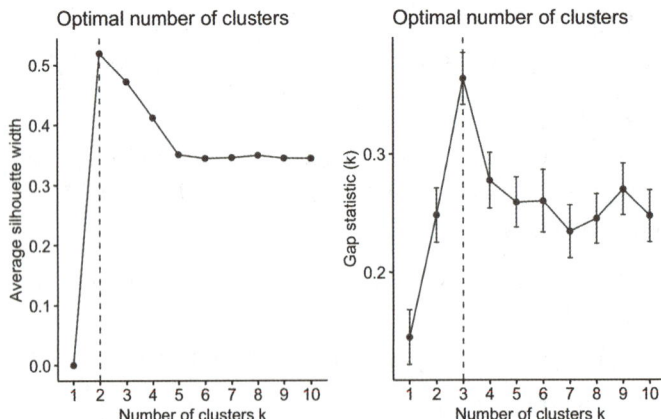

图 7-25　选择合适的聚类数量的可视化

在图 7–25 中，左图是通过平均轮廓系数建议的合适的聚类数量，右图是通过间隙统计信息建议的合适的聚类数量，这两种评价指标的值越大，说明其对应的聚类数量越好。结果表明，将数据集聚类为 2 类或者 3 类是比较合适的选择。

下面将数据集分别聚类为 2 类和 3 类，并通过相关的可视化图形分析聚类结果。首先使用 factoextra 包中的 fviz_cluster() 函数可视化聚类结果，程序如下所示：

```
## 将数据聚类为 2 类和 3 类
seedk2 <- kmeans(seeddf[,1:7],centers = 2,iter.max = 50)
seedk3 <- kmeans(seeddf[,1:7],centers = 3,iter.max = 50)
## 可视化聚类为 2 类和 3 类的散点图
p1 <- fviz_cluster(seedk2,data = seeddf[,1:7],labelsize = 8)+
    ggtitle(" 聚类为 2 类 ")+theme_bw(base_family = "STKaiti")+
    theme(legend.position = "none")
p2 <- fviz_cluster(seedk3,data = seeddf[,1:7],labelsize = 8)+
    ggtitle(" 聚类为 3 类 ")+theme_bw(base_family = "STKaiti")+
    theme(legend.position = "none")
grid.arrange(p1,p2,nrow = 1)
```

运行上面的程序后，可以获得如图 7–26 所示的聚类结果的散点图。

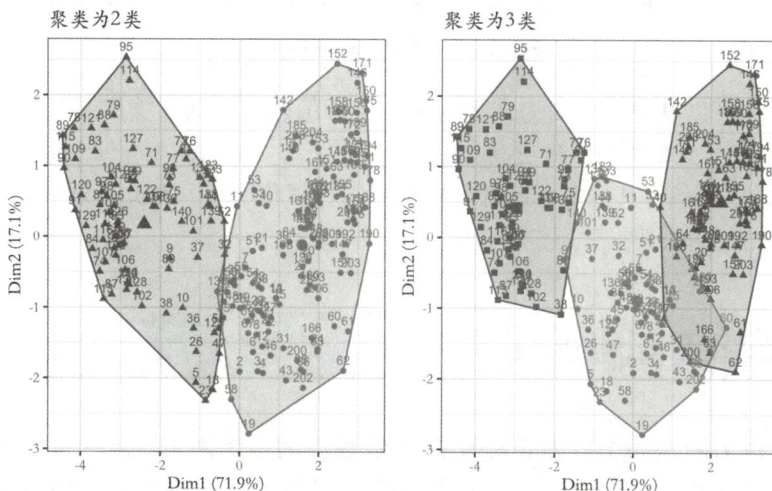

图 7-26　聚类结果的散点图

图 7–26 的左图是聚类为 2 类的结果，右图是聚类为 3 类的结果，从分好簇的散点图可以发现，该数据聚类为 2 类或 3 类的效果都很好。

下面使用 factoextra 包中的 fviz_silhouette() 函数绘制数据集分别聚类为 2 类或 3 类的轮廓图。首先使用 silhouette() 函数计算每个样本的轮廓值，程序如下所示：

```
## 可视化轮廓图，计算每个样本的聚类后的轮廓得分
sil2 <- silhouette(seedk2$cluster, dist(seeddf[,1:7]))
```

```
sil3 <- silhouette(seedk3$cluster, dist(seeddf[,1:7]))
p3 <- fviz_silhouette(sil2,print.summary = FALSE)+
    theme(legend.position = "none")
p4 <- fviz_silhouette(sil3,print.summary = FALSE)+
    theme(legend.position = "none")
grid.arrange(p3,p4,nrow = 1)
```

运行上面的程序，可以获得如图 7-27 所示的聚类结果的轮廓图。

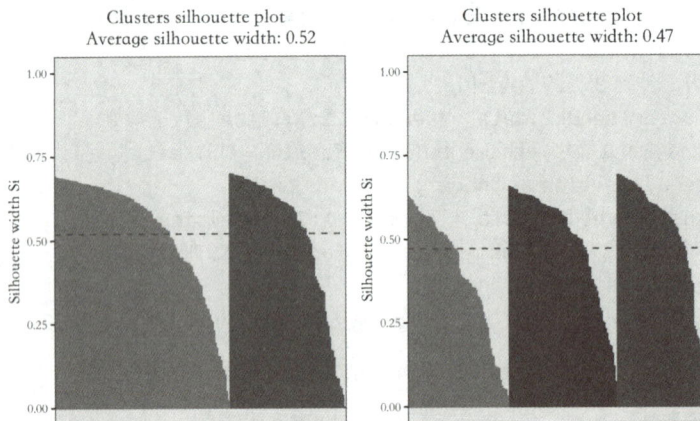

图 7-27　聚类结果的轮廓图

从图 7-27 中可以发现，聚类为 2 类的平均轮廓值较聚类为 3 类的平均轮廓值更大，即相对来说数据集聚类为 2 类的质量更高。

factoextra 包中还包含其他多元统计分析结果的可视化函数，在此不逐一介绍，更多的内容可以查看该包的帮助文档。

# 7.4　矩阵热力图可视化

热力图是一个以颜色变化来显示数据的矩阵图形。R 语言中有多个可视化数据热力图的包，其中，pheatmap 包可用于可视化静态热力图；d3heatmap 包和 heatmaply 包可用于可视化可交互热力图。

扫一扫，看视频

## 7.4.1　可视化静态热力图

在使用 pheatmap 包可视化静态热力图时，可以通过相关参数确定是否对数据进行聚类，从而获得聚类热力图，还可以通过调整图形参数呈现不同的可视化结果。

下面使用一个具体的数据集，通过设定相关参数来获得不同样式的热力图。首先查看使用的数据，程序如下所示：

```
## pheatmap 包可视化热力图
library(pheatmap)
## 读取数据
heatdata <- read.csv("data/chap7/heatmapdata.csv")
rownames(heatdata) <- heatdata$X   # 样本的名称
heatdata$X <- NULL
head(heatdata,2)
##            x1         x2         x3          x4         x5          x6
## s1  0.6233548  0.8689628 -0.7714585  1.03643822  0.1732907 -0.40040473
## s2  0.2788597  0.3447895 -0.1180091  0.06086811  0.3007104 -1.42981739
##            x7         x8         x9         x10        x11          x12
## s1  0.4520505 -0.1974291 -0.2234693  0.3815340 -0.5462031  0.02595463
## s2 -0.6068787  0.3722166  0.2874612  0.9202306 -0.1085077  0.48286433
##           x13        x14
## s1  0.3073600 -0.51683749
## s2 -1.3522296  0.08458339
```

从输出的前几行可以看出，该数据集共有 14 个数值变量。下面针对该数据集首先可视化没有聚类的热力图，程序如下所示：

```
## 可视化不进行聚类的热力图，样本为横坐标
pheatmap(t(heatdata),main = "heatmap",
         cluster_rows = FALSE,cluster_cols = FALSE,      ## 不聚类
         fontsize_row = 10, fontsize_col = 8)            ## 横、纵坐标标签字体的大小
```

在程序中通过 t() 函数对数据进行转置，这样在热力图中变量对应 Y 轴，行名对应 X 轴，并将 cluster_rows 和 cluster_cols 参数设置为 FALSE，表示不对数据的行和列进行聚类。运行程序后，可以获得如图 7-28 所示的基础的矩阵热力图。

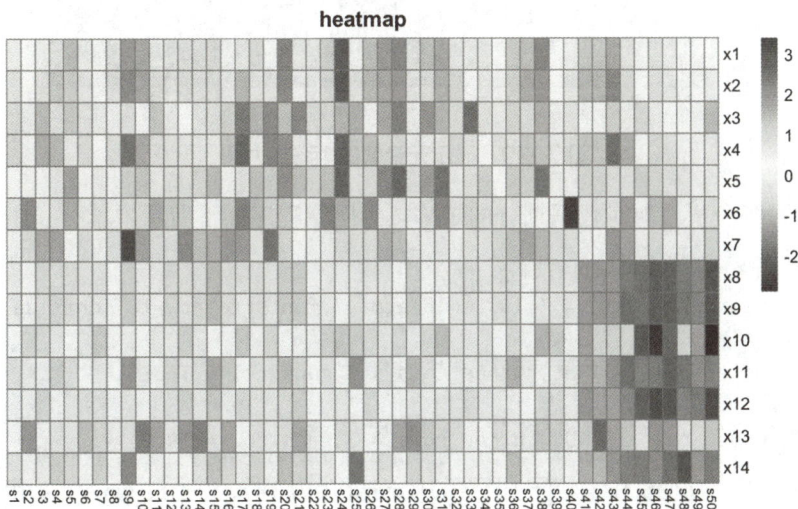

图 7-28　基础的矩阵热力图

针对图 7-28 所示的矩阵热力图，还可以通过设置相关参数控制每个单元格的大小，并显示每个单元格对应的数值，程序如下所示：

```
## 固定单元的大小并显示数值
pheatmap(heatdata,cluster_rows = FALSE,cluster_cols = FALSE,
        fontsize_row = 7, fontsize_col = 10,
        ## 对数值进行调整，保留两位小数，数字大小为 5 号
        display_numbers = TRUE, number_format = "%.2f",fontsize_number = 5,
        ## 固定单元格的大小
        cellwidth = 30, cellheight = 5.5)
```

上面的程序通过 display_numbers、number_format、fontsize_number 等参数设置单元格中数字的显示情况，并通过 cellwidth 和 cellheight 两个参数控制单元格的宽和高。运行程序后可以获得如图 7-29 所示的显示元素值的矩阵热力图。

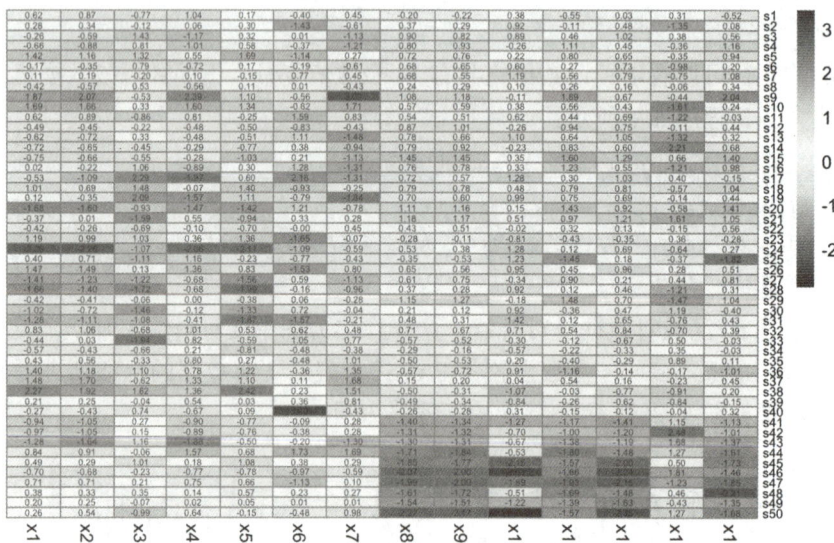

图 7-29 显示元素值的矩阵热力图

下面利用聚类分析获取对数据划分的矩阵热力图，程序如下所示：

```
## 在矩阵热力图中对聚类结果进行划分
pheatmap(t(heatdata),main = "cluster heatmap",fontsize_row=10,fontsize_col=8,
        ## 所有样本聚类为 3 类
        cluster_cols = TRUE,cutree_cols = 3,gaps_col = TRUE,
        ## 所有变量聚类为 3 类
        cluster_rows = TRUE,cutree_rows = 3,gaps_row = TRUE)
```

在上面的程序中，将变量和样本通过聚类算法分别聚类为 3 类，并通过 gaps_col 和 gaps_row 等参数绘制对数据切分的空白间隙。运行程序后可得如图 7-30 所示的包含聚类的矩阵热力图。

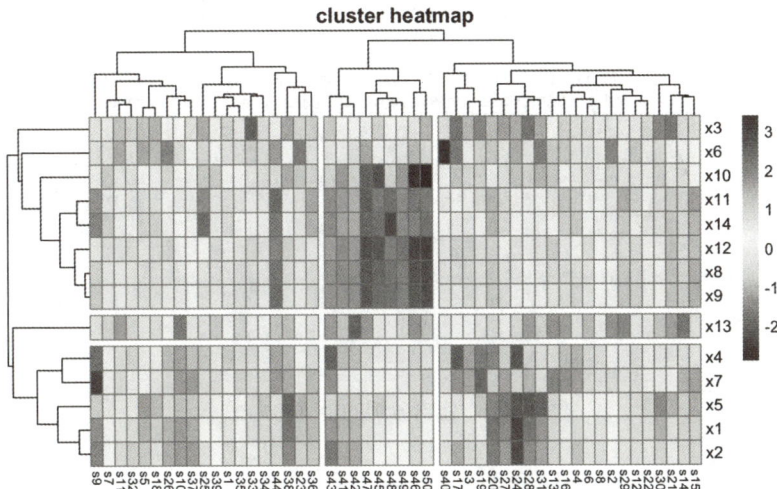

图 7-30　包含聚类的矩阵热力图

下面进一步对数据进行预处理，生成对变量（列）进行分组的数据和对样本（行）进行分组的数据，为矩阵热力图的行和列添加分组信息，程序如下所示：

```
## 生成新的数据表，对热力图数据中的变量进行分组
ann_var <- data.frame(lab = as.factor(rep(c("lab1","lab2","lab3"),c(5,5,4))))
rownames(ann_var) <- colnames(heatdata)
## 生成新的数据表，对热力图数据中的样本进行分组
ann_sample <- data.frame(group = as.factor(rep(c("G1","G2","G3"),c(20,15,15))))
rownames(ann_sample) <- rownames(heatdata)
```

在上面的程序中，生成了两个新的数据表，一个是变量分组数据表 ann_var，其中 lab 标签对应每个变量的分组，数据表的行名对应 heatdata 变量的名称；另一个是样本分组数据表 ann_sample，其中 group 对应每个样本的分组，数据表的行名对应 heatdata 变量的样本名称。

数据表准备好之后，使用下面的程序进行数据可视化。

```
## 可视化行和列均分组的热力图，并调整热力图的配色
pheatmap(t(heatdata),cluster_rows = FALSE,cluster_cols = TRUE,
         main = "Group heatmap",fontsize_row = 10, fontsize_col = 8,
         ## 指定样本和变量的分组情况
         annotation_row = ann_var,annotation_col = ann_sample,
         ## 使用颜色插值函数指定热力图的配色
         color = colorRampPalette(c("red", "white", "blue"))(50))
```

在上面的程序中，通过 annotation_row 和 annotation_col 两个参数设置 X 轴分组和 Y 轴分组对应的数据表，并且通过 color 参数指定新的颜色映射。运行程序后可以获得如图 7-31 所示的包含分组的矩阵热力图。

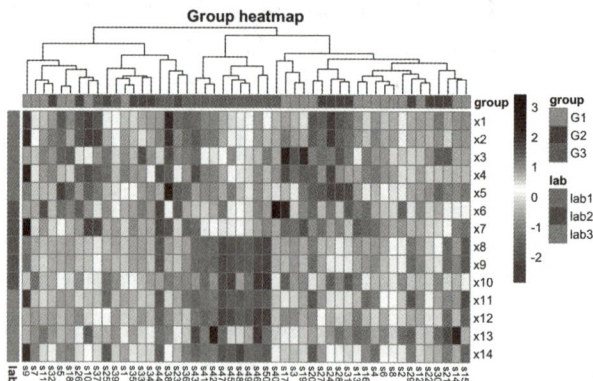

图 7-31　包含分组的矩阵热力图

## 7.4.2　可视化可交互热力图

本节介绍如何使用 d3heatmap 包和 heatmaply 包获得可交互热力图。

可以利用 devtools 包中的 install_github() 函数安装 d3heatmap 包，代码如下所示：

```
library(devtools)
devtools::install_github("rstudio/d3heatmap")
```

使用 d3heatmap 包中的 d3heatmap() 函数绘制可交互热力图，程序如下所示：

```
library(d3heatmap)
d3heatmap(t(heatdata),dendrogram = "both",      # 可视化聚类树
        k_row = 3,k_col = 3,                     # 行和列均聚类为 3 类
        colors = "RdYlGn")                       # 设置颜色填充
```

运行上面的程序后，可以获得如图 7-32 所示的使用 d3heatmap 包的可交互热力图。

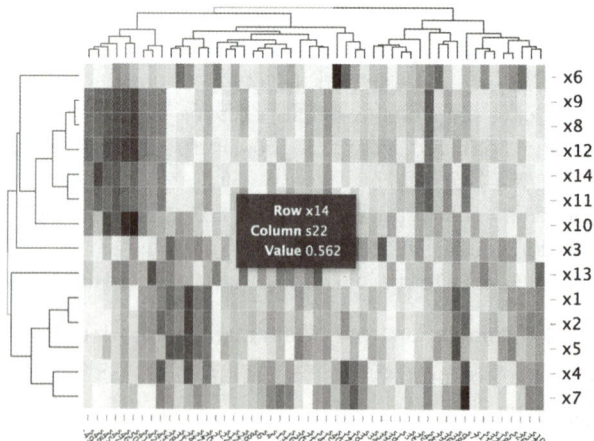

图 7-32　使用 d3heatmap 包的可交互热力图

在图 7-32 所示的可交互热力图中，通过鼠标单击可以实时显示对应位置的取值，便于直观地理解数据。

下面使用 heatmaply 包中的 heatmaply() 函数绘制可交互热力图，程序如下所示：

```
library(heatmaply)
heatmaply(t(heatdata), dendrogram = "both",k_col = 3, k_row = 3,
          colors = RdYlGn(10),grid_gap = 1,
          fontsize_row = 10,fontsize_col = 7,column_text_angle = 90)
```

利用该函数获得的图形是基于 plotly 包的图形，所以它具有 plotly 包的可交互功能。运行程序后，可以获得如图 7-33 所示的使用 heatmaply 包的可交互热力图。

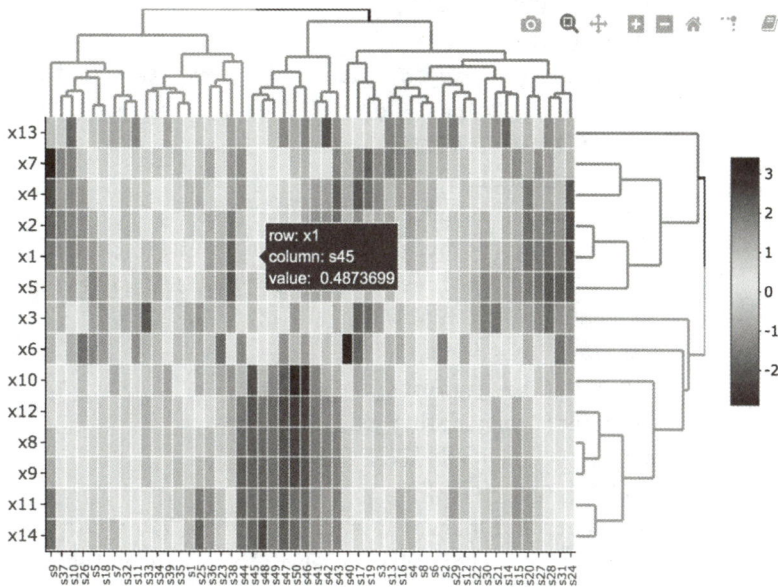

图 7-33　使用 heatmaply 包的可交互热力图

## 7.5 shiny数据探索可视化应用

本节针对数据的预处理与探索，介绍如何构建一个 shiny 可视化应用。该 shiny 应用涉及三个分析页面，而且可以从外部导入数据。下面对该 shiny 应用（见文件夹 chap7_EDA）中的 ui.R 脚本和 server.R 脚本分别进行介绍。

首先，介绍 ui.R 脚本包含的内容，程序如下所示：

```
library(shiny)
library(shinythemes)
```

扫一扫，看视频

```r
# 定义数据探索可视化应用的 UI
shinyUI(fluidPage(
    themeSelector(),
    # 带有水平导航栏的页面
    navbarPage(" 数据探索 ",
        ## 导航栏的第一栏
        tabPanel(title = " 缺失值探索 ",
            ## 定义侧边栏
            sidebarPanel(
                ## 添加一个文本导入按钮
                textInput("miss_txt", " 缺失值符号 :", "NA"),
                ## 添加一个数据导入按钮
                fileInput("file", " 数据导入 :"),
                radioButtons("radio_any",label = " 分析数据缺失值情况 :",
                            choices = c("Yes","No"),selected = "No"),
                ## 根据条件是否显示的按钮
                conditionalPanel(
                    condition = "input.radio_any == 'Yes'",
                    radioButtons("plotaggr",label = " 是否可视化聚合图 :",
                            choices = c("TRUE","FALSE"),selected = "TRUE"),
                    ## 添加缺失值边缘图像的变量选择参数
                    h4(" 边缘图可视化 "),
                    uiOutput("marginplotX_var_ui"),
                    uiOutput("marginplotY_var_ui"),
                    p(" 绿色的点表示 KNN 填补后的位置 "),
                    h4(" 平行坐标图可视化 "),
                    radioButtons("parsel",label = " 可视化方式 :",
                            choices = c("any","all"),selected = "any"),
                    p(" 红色表示带有缺失值的样本 ")
                )
            ),
            ## 定义主要显示区域
            mainPanel(
                dataTableOutput("usedata"), # 输出数据表的前几行
                plotOutput("aggrplot"),
                plotOutput("marginplot1"),
                plotOutput("parmissplot1")
            )
        ),
        ## 导航栏的第二栏
        tabPanel(title = " 相关性探索 ",
            ## 定义侧边栏
```

```
        sidebarPanel(
          h4(" 相关系数可视化 "),
          p(" 注意：这里使用的数据为缺失值填充后的数据 "),
          conditionalPanel(
            condition = "input.radio_any == 'Yes'",
            radioButtons("cormethod",label = " 相关系数的方法 :",
                         choices = c("pearson", "kendall", "spearman"),
                         selected = "pearson"),
            radioButtons("corlower",label = " 图像 lower:",
                         choices = c("circle", "square", "ellipse",
                                     "number", "pie"),
                         selected = "pie"),
            radioButtons("corupper",label = " 图像 upper:",
                         choices = c("circle", "square", "ellipse",
                                     "number", "pie"),
                         selected = "number"),
            h4(" 散点图可视化 "),
            uiOutput("scatterplotX_var_ui"),
            uiOutput("scatterplotY_var_ui")
          )
        ),
        ## 定义主要显示区域
        mainPanel(
          plotOutput("corplot"),
          plotOutput("scaterplot")
        )
),
## 导航栏的第三栏，主成分分析和聚类分析
tabPanel(title = " 多元统计 ",
         ## 定义侧边栏
         sidebarPanel(
           p(" 注意：这里使用的数据为缺失值填充后的数据 "),
           conditionalPanel(
             condition = "input.radio_any == 'Yes'",
             h4(" 主成分分析 "),
             uiOutput("mlp_var_ui"),
             br(),
             h4("k 均值聚类 "),
             uiOutput("kmean_var_ui"),
             br(),
             uiOutput("kmeans_k_ui")
           )
```

```
    ),
    ## 定义主要显示区域
    mainPanel(
      plotOutput("pcaplot"),
      plotOutput("clusterplot")
    )
  ))
))
```

在上面的 ui.R 脚本程序中，通过 navbarPage() 函数定义一个包含三个页面的可视化应用，通过单击 RStudio 中的 Run App 按钮，自动运行程序并输出一个可交互的 shiny 应用，若在应用界面中单击 Browse 按钮，导入数据文件 market.csv（data/chap7/market.csv），并在缺失值符号文本框中输入符号"？"，则可以获得带有导航栏主题的 UI 界面，如图 7-34 所示。

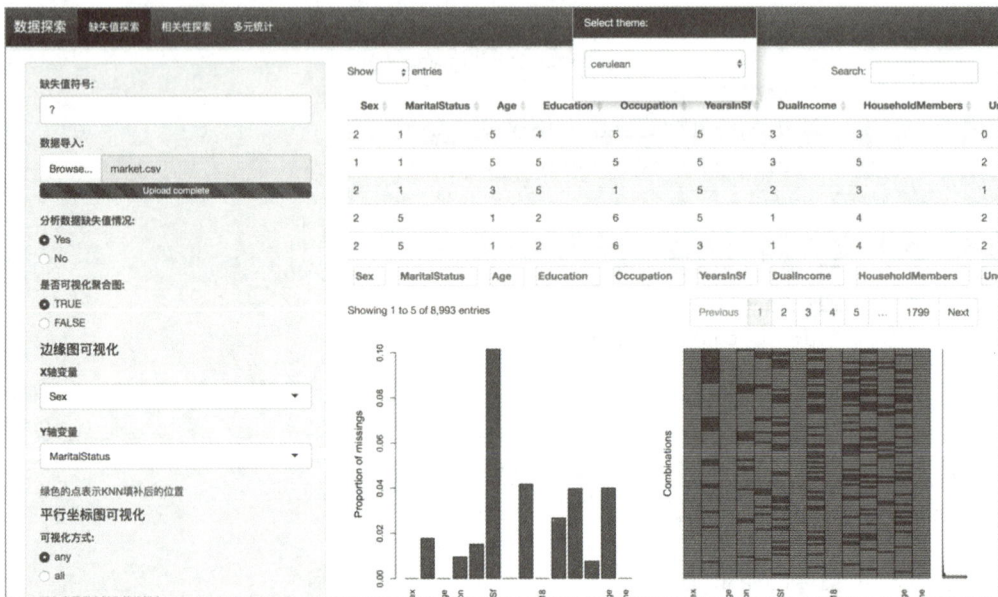

图 7-34　shiny 应用的 UI 界面

在图 7-34 所示的 UI 界面中，通过鼠标单击可以选择缺失值探索、相关性探索、多元统计三个页面对应的分析，它们所包含的具体内容如下。

（1）缺失值探索：在该页面的侧边栏中，除了一些常用的文件导入、选择按钮外，还使用 conditionalPanel() 函数定义了一个根据条件是否显示的隐藏面板，其中包含一些用于探索性分析的按钮。该页面的输出面板主要包含输出数据表、缺失值预处理和检查的几幅图形。

（2）相关性探索：该页面的侧边栏中包含根据数据是否导入成功，进而判断显示相关分析功能的按钮，这是通过 conditionalPanel() 函数完成的。在该页面的输出面板中，主要输出相关系数图和散点图。

（3）多元统计：该页面的侧边栏中包含根据 conditionalPanel() 函数判断数据是否导入成功，进而判断显示多元统计分析功能的按钮，定义的小部件是与主成分分析和聚类分析相关的一些功能。在该页面的输出面板中，主要输出主成分分析的 biplot 图，以及聚类分析的散点图和轮廓图等。

接下来，介绍 server.R 脚本（见文件夹 chap7_EDA）中的内容，程序如下所示：

```
## 导入需要的包
library(shiny);library(VIM);library(corrplot);library(ggplot2);library(ggbiplot);
library(gridExtra);library(rlist);library(stringr);library(factoextra);
library(cluster);library(ggcorrplot)
# 定义数据探索应用的 server
shinyServer(function(input, output) {
    ## 保存导入的数据
    Dataset <- reactive({
      inFile <- input$file
      if (is.null(inFile)) {
        # User has not uploaded a file yet
        return(NULL)
      }
      mydata <- read.csv(inFile$datapath,na.strings = input$miss_txt)
      mydata
      })
    # 输出数据的前几行
    output$usedata <- renderDataTable(Dataset(),options = list(pageLength = 5))
    ## 获取数据的 KNN 填补后的数据
    DatasetKNN <- reactive({
      if(!is.null(Dataset()) & (input$radio_any == "Yes")){
        datasetknn <- kNN(Dataset())
        datasetknn
      }
    })
    ## 可视化缺失值的整体情况
    output$aggrplot <- renderPlot({
      if(!is.null(Dataset()) & (input$radio_any == "Yes")){
        if (input$plotaggr)
          aggr(Dataset())
      }
      return(NULL)
    })
    ## 获取数据中的变量名
    output$marginplotX_var_ui <- renderUI({
      selectInput("marginplotX","X轴变量 ", choices= colnames(Dataset()),
```

```
                    selected = colnames(Dataset()[1]))
})
output$marginplotY_var_ui <- renderUI({
  selectInput("marginplotY","Y轴变量 ", choices= colnames(Dataset()),
             selected = colnames(Dataset()[2]))
})
## 可视化缺失值的边缘图
output$marginplot1 <- renderPlot({
  if(!is.null(Dataset()) & (input$radio_any == "Yes")){
    ## 定义可视化的变量
    usevar <- c(input$marginplotX,input$marginplotY,
               paste(input$marginplotX,"_imp",sep = ""),
               paste(input$marginplotY,"_imp",sep = ""))
    ## 可视化图形
    par(pty="s",cex = 0.8)
    marginplot(DatasetKNN()[usevar],delimiter = "_imp",
              col = c("skyblue", "red", "orange","green"),
              main = "k-Nearest Neighbour Imputation")
  }
})
## 可视化缺失值的平行坐标图
output$parmissplot1 <- renderPlot({
  if(!is.null(Dataset()) & (input$radio_any == "Yes")){
    ## 可视化图形
    par(cex = 0.8)
    parcoordMiss(DatasetKNN(), delimiter = "_imp",col = c("blue", "red"),
                lty = c(1,2),alpha = 0.8,
                main = "Parallel coordinate plot with missing values",
                selection = input$parsel)
  }
})
## 可视化相关系数热力图
output$corplot <- renderPlot({
  if(!is.null(DatasetKNN()) & (input$radio_any == "Yes")){
    ## 获取可视化使用的变量
    usevars <- colnames(Dataset())[apply(Dataset(),2,is.numeric)]
    ## 计算相关系数
    datacor <- cor(DatasetKNN()[,usevars],method = input$cormethod)
    pmat <- cor_pmat(DatasetKNN()[,usevars],method = input$cormethod)
    ## 可视化数字和形状混合的相关系数图
    par(mfrow =c(1,1))
    corrplot.mixed(datacor,lower = input$corlower, upper = input$corupper,
```

```
                              tl.col="red",tl.pos = "d",tl.cex = 1,number.cex = 1,
                              p.mat = pmat)
  }
})
## 获取数据中的变量名，用于可视化两个变量的散点图
output$scatterplotX_var_ui <- renderUI({
  selectInput("scaterplotX","X 轴变量 ", choices= colnames(Dataset()),
              selected = colnames(Dataset()[1]))
})
output$scatterplotY_var_ui <- renderUI({
  selectInput("scaterplotY","Y 轴变量 ", choices= colnames(Dataset()),
              selected = colnames(Dataset()[2]))
})
## 可视化任意两个变量的散点图
output$scaterplot <- renderPlot({
  if(!is.null(DatasetKNN()) & (input$radio_any == "Yes")){
    ggplot(DatasetKNN(),aes(x = eval(as.name(input$scaterplotX)),
                            y = eval(as.name(input$scaterplotY))))+
      geom_point(colour = "red")+ggtitle(" 散点图 ")+
      theme_bw(base_family = "STKaiti")+
      labs(x = input$scaterplotX,y = input$scaterplotY)
  }
})
## 定义多元统计使用的变量名
output$mlp_var_ui <- renderUI({
  ## 获取可视化使用的变量
  usevars <- names(Dataset())[apply(Dataset(),2,is.numeric)]
  checkboxGroupInput("mlpvars"," 选择多个变量 ", choices = usevars,
                     selected = usevars)
})
## 主成分分析结果的可视化
output$pcaplot <- renderPlot({
  if(!is.null(DatasetKNN()) & (input$radio_any == "Yes")){
    ## 使用数据进行主成分分析并对数据可视化
    vars <- input$mlpvars
    pca <- princomp(DatasetKNN()[,vars],cor = TRUE) ## 主成分分析
    ## 可视化主成分分析的 biplot 图
    ggbiplot(pca, choices = 1:2,obs.scale = 1, var.scale = 1,
             ellipse = TRUE, circle = TRUE,varname.size = 5)+
      theme_bw(base_family = "STKaiti")+
      ggtitle(" 主成分分析的 biplot")
  }
```

```
})
## 定义聚类分析使用的变量名
output$kmean_var_ui <- renderUI({
  ## 获取可视化使用的变量
  usevars <- names(Dataset())[apply(Dataset(),2,is.numeric)]
  checkboxGroupInput("kmeanvars","选择多个变量", choices = usevars,
                     selected = usevars)
})
## 定义聚类分析的类别数量
output$kmeans_k_ui <- renderUI({
  ## 获取聚类分析的类别数量
  sliderInput("kmeans_k","聚类的数量k:",min = 1,
              max = 20,value = 2)
})
## 聚类分析可视化
output$clusterplot <- renderPlot({
  if(!is.null(DatasetKNN()) & (input$radio_any == "Yes")){
    ## 使用数据进行聚类分析并对数据可视化
    vars <- input$kmeanvars
    usedata <- DatasetKNN()[,vars]
    datakmean <- kmeans(usedata,centers = input$kmeans_k,
                        iter.max = 50)
    ## 可视化聚类分析的散点图
    p1 <- fviz_cluster(datakmean,usedata,labelsize = 8)+
      ggtitle(paste("聚类为",input$kmeans_k,"类"))+
      theme_bw(base_family = "STKaiti")+
      theme(legend.position = "none")
    # 可视化轮廓图，计算每个样本的聚类后的轮廓得分
    sil2 <- silhouette(datakmean$cluster, dist(DatasetKNN()[,vars]))
    p2 <- fviz_silhouette(sil2,print.summary = FALSE)+
      theme(legend.position = "none")
    grid.arrange(p1,p2,nrow = 1)
  }
})
})
```

在上面的程序中，通过 shinyServer() 函数完成整个应用的数据探索功能，其中三个应用界面的具体内容如下。

（1）缺失值探索：由于数据是从指定的文件导入的，所以首先利用 reactive() 函数导入指定的数据 Dataset；接着输出数据表的前几行，通过 renderDataTable() 函数完成；然后通过 reactive() 函数的单击交互，获取经过 KNN 进行缺失值填补后的数据 DatasetKNN；通过 renderPlot() 函数输出数据中缺失值的整体情况；再使用 renderUI() 函数获取两个变量选择按

钮对应的值，输出所选择变量的缺失值边缘图；最后输出缺失值平行坐标图。

类似地，通过单击 RStudio 中的 Run App 按钮，重新运行可交互的 shiny 应用，在应用界面中单击 Browse 按钮，导入数据文件 mytao.csv（data/chap7/mytao.csv），则可得如图 7-35 所示的缺失值处理结果。

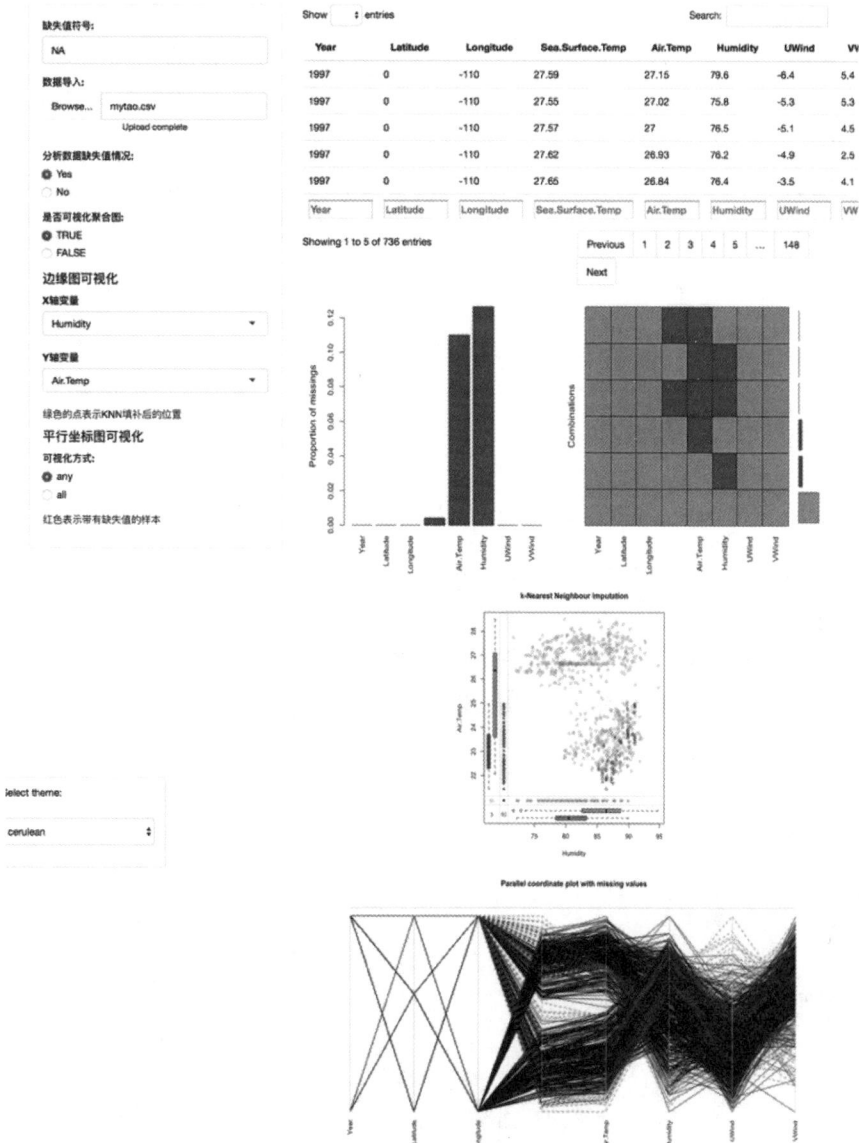

图 7-35　shiny 应用的缺失值处理结果

在图 7-35 中，可视化图形主要为数据中的缺失值分布情况图、缺失值边缘图和缺失值平行坐标图等。

（2）相关性探索：该页面对应的程序从输出相关系数热力图 output$corplot 开始，首先判断数据中是否有缺失值，若有则使用缺失值填补后的数据；然后输出两个变量选择按钮，供定义侧边栏时使用；最后输出可视化任意两个变量的散点图。运行程序后，可得如图 7-36 所示的相关性分析结果，两幅图形分别为数据中变量的相关系数图和两个变量的散点图。

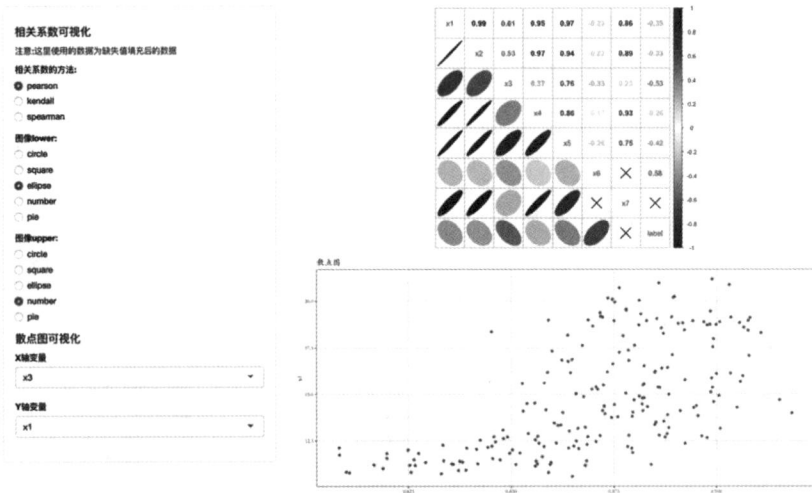

图 7-36　shiny 应用的相关性分析结果

（3）多元统计：该页面对应的程序从 output$mlp_var_ui 开始，首先定义了一个供侧边栏使用的变量选择小部件，对导入的数据进行主成分分析，并输出主成分分析结果的 biplot 图；然后定义聚类分析使用的变量选择小部件和聚类数量选择小部件，供侧边栏的定义使用；最后对数据进行聚类分析，并输出聚类分析的散点图和轮廓图。运行程序后，可得如图 7-37 所示的多元统计分析结果。

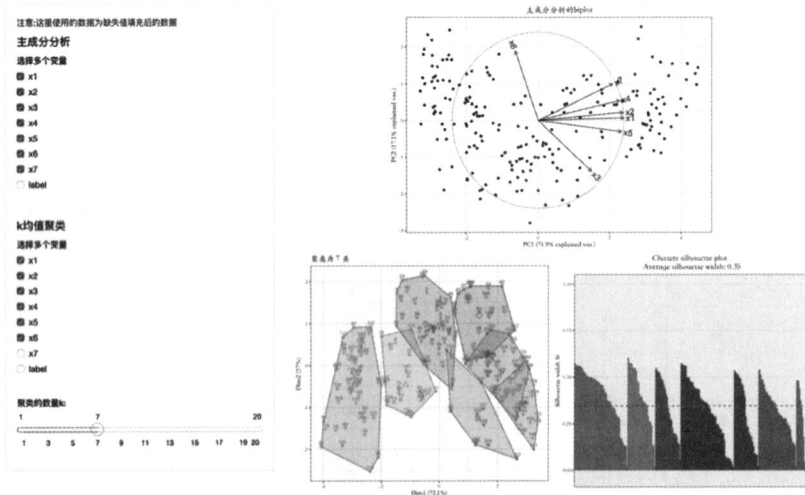

图 7-37　shiny 应用的多元统计分析结果

图 7–37 中包含两幅可视化图形，分别为主成分分析的 biplot 图和聚类分析图，并且第二幅图形包含聚类分析的散点图与轮廓图两幅子图。

## 7.6　本章小结

本章主要介绍了如何使用 R 语言进行可视化的数据清洗与探索。首先介绍了缺失值的发现和填补的相关可视化方法；针对不同变量之间的关系，随后介绍了如何使用直观分析、相关系数、主成分分析和聚类分析等方法进行可视化；接着介绍了如何使用静态热力图和可交互热力图对数据进行可视化分析；最后通过建立一个 shiny 数据清洗与探索的可视化应用对所学内容进行综合训练。

本章介绍的主要包及其功能如表 7–3 所示。

表 7–3　本章介绍的主要包及其功能

| 包 | 功　能 |
| --- | --- |
| VIM | 数据缺失值可视化与预处理包 |
| naniar | 基于 ggplot2 包的缺失值可视化包 |
| ggpubr | 基于 ggplot2 包的数据可视化包 |
| factoextra | 多元统计分析及可视化包 |
| FactoMineR | 多元统计分析与数据挖掘包 |
| ca | 对应分析及可视化包 |
| ggalluvial | 基于 ggplot2 包的桑基图可视化包 |
| gplots | 包含多种可视化功能的包 |
| corrplot | 相关系数可视化包 |
| ggcorrplot | 基于 ggplot2 包的相关系数可视化包 |
| ggbiplot | 基于 ggplot2 包的主成分分析的可视化包 |
| cluster | 数据聚类分析包 |
| pheatmap | 静态热力图可视化包 |
| d3heatmap | 可交互热力图可视化包 |
| heatmaply | 可交互热力图可视化包 |

# 第 8 章

## 地图信息数据可视化

### 📢 本章导读

　　地图信息数据可视化常用于可视化与地理位置相关的数据。地图的引入，可以使读者在理解数据的大小、关系、变化趋势的同时，进一步分析数据在地理位置上的对应关系，从而传递更多的有用信息。本章从如何绘制静态地图入手，介绍 maps、ggmap、tmap 包的使用方法，如何制作地图动画，以及使用 leaflet、mapview 包绘制可交互地图等，最后利用 shiny、flexdashboard 包制作一个包含数据统计分析、地图可视化分析的可交互 Web 应用，让读者进行地图信息可视化的实战训练（本章涉及的地图在书中没有展示，可通过运行程序后查看）。

### 💡 知识技能

　　本章的知识技能及实战案例如下图所示。

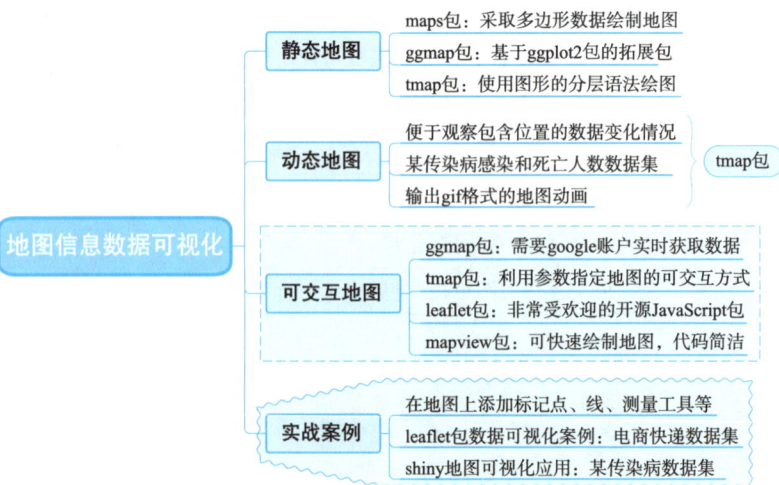

| 地图信息数据可视化 | | |
|---|---|---|
| 静态地图 | maps包：采取多边形数据绘制地图 | |
| | ggmap包：基于ggplot2包的拓展包 | |
| | tmap包：使用图形的分层语法绘图 | |
| 动态地图 | 便于观察包含位置的数据变化情况 | tmap包 |
| | 某传染病感染和死亡人数数据集 | |
| | 输出gif格式的地图动画 | |
| 可交互地图 | ggmap包：需要google账户实时获取数据 | |
| | tmap包：利用参数指定地图的可交互方式 | |
| | leaflet包：非常受欢迎的开源JavaScript包 | |
| | mapview包：可快速绘制地图，代码简洁 | |
| 实战案例 | 在地图上添加标记点、线、测量工具等 | |
| | leaflet包数据可视化案例：电商快递数据集 | |
| | shiny地图可视化应用：某传染病数据集 | |

# 8.1 可视化静态地图

本节利用真实的与地理位置相关的数据集，介绍 R 语言中可视化静态地图包的使用方法，主要包括最常用的 maps 包和 ggmap 包。

## 8.1.1 用 maps 包可视化地图

maps 包采用多边形数据绘制地图，提供了一种利用地图映射数据的方法，且这些数据不一定是 shapefile 数据。利用该包可以快速绘制出美国各州县地图、世界上其他国家和地区的地图等。maps 包中常用的地图可视化函数如表 8-1 所示。

表 8-1　maps 包中常用的地图可视化函数

| 函　　数 | 功　　能 |
| --- | --- |
| map() | 可视化地图 |
| map.axes() | 设置地图的坐标系 |
| map.scale() | 设置地图的比例尺 |
| north.arrow() | 在地图上添加指向北的箭头 |
| map.where() | 在地图上获取指定点的名称 |
| points() | 在地图上添加点 |
| text() | 在地图上添加文本 |
| lines() | 在地图上添加直线 |
| world() | maps 包中的世界地图数据 |
| usa()、state()、county() | maps 包中的美国本土地图数据 |

下面通过可视化世界地图的示例，介绍 maps 包中 map() 函数的基本参数设置，程序如下所示：

```
library(maps);library(GISTools);library(geosphere)
## 可视化两种不同视角的世界地图数据
map(database = "world",boundary = TRUE,  # 可视化边界线
    col="blue",lwd=2)                     # 设置边界颜色和粗细
map.axes(cex.axis=0.8)                    # 添加一个坐标系框
## 将比例尺添加到现有的地图
maps::map.scale(x=-170,y=-50,ratio=FALSE,relwidth=0.2,cex=0.7)
## 如果 fill=TRUE，则 col 参数可指定填充颜色
map(database = "world2",fill=TRUE,col="skyblue")
```

```
north.arrow(xb = 330,yb = 50,len=3,lab="N",
            col='red',tcol = "blue")            #在地图上添加指向北的箭头
```

上面的程序中使用 map() 函数绘制了两幅世界地图。在绘制第一幅世界地图的 map() 函数中，boundary 参数用于设置是否可视化国家或地区之间的边界线，col 参数用于指定边界线的颜色，lwd 参数用于设置边界线的粗细，通过 map.axes() 函数为地图添加一个坐标系框，通过 map.scale() 函数为地图在指定位置添加一个比例尺。在绘制第二幅世界地图的 map() 函数中，参数 fill=TRUE 和参数 col 用于指定填充颜色，通过 north.arrow() 函数在地图上添加了一个指向北的箭头。

下面介绍如何在 maps 包获得的地图上添加点、文本、线条等，程序如下所示：

```
## 可视化一个局部地图，并添加点
## 计算出坐标点所在的区域
lonx <- 260
laty <- 40
xymane <- map.where(database = "world2", x = lonx ,y = laty)
## 可视化一个局部地图
par(family = "STKaiti")
map(database = "world2",fill=TRUE,col="lightcoral",
    xlim = c(195,345),ylim = c(0,90),     ## 控制可视化的范围
    bg = "lightblue")                      # 设置背景填充颜色
map.axes(cex.axis=0.8)                      # 添加一个坐标系框
north.arrow(xb = 200,yb = 80,len=2,lab="N",
            col='red',tcol = "black")    #在地图上添加指向北的箭头
# 添加一个点和点的名称文本
points(x = lonx,y = laty,pch=19,col="blue",cex = 1.5)
text(x = lonx,y = laty,labels = xymane,pos = 1,cex = 0.8)
title(" 局部地图添加点和文本 ")
```

在上面的程序中，首先通过 map.where() 函数在世界地图 world2 上利用指定经、纬度获得该点所属的国家或地区，然后利用 map() 函数可视化世界地图，并通过 xlim 和 ylim 参数控制地图可视化的范围，接着通过 points() 函数在地图上显示一个点，通过 text() 函数在指定的位置添加文本，最后可以得到添加点和文本的地图。

下面介绍在地图上添加两点之间的连线，程序如下所示：

```
## 在局部地图中添加一条线
lonx1 <- 260
laty1 <- 40
lonx2 <- 245
laty2 <- 60
xymane1 <- map.where(database = "world2", x = lonx1 ,y = laty1)
xymane2 <- map.where(database = "world2", x = lonx2 ,y = laty2)
```

```
par(family = "STKaiti")
map(database = "world2",fill=TRUE,col="lightcoral",
    xlim = c(195,345),ylim = c(0,90),      # 控制可视化的范围
    bg = "lightblue")                      # 设置背景填充颜色
map.axes(cex.axis=0.8)                     # 添加一个坐标系框
north.arrow(xb = 200,yb = 80,len=2,lab="N",
            col='red',tcol = "black")      # 在地图上添加一个指向北的箭头
## 将比例尺添加到现有的地图
maps::map.scale(x=200, y=10, ratio = TRUE, relwidth=0.25,cex = 0.7)
# 添加两点和点的名称文本
points(x = lonx1,y = laty1,pch=19,col="blue",cex = 1.5)
points(x = lonx2,y = laty2,pch=19,col="blue",cex = 1.5)
text(x = lonx1,y = laty1,labels = xymane1,pos = 1,cex = 0.8)
text(x = lonx2,y = laty2,labels = xymane2,pos = 3,cex = 0.8)
## 在两个点之间连接一条线
lines(x = c(lonx1,lonx2),y = c(laty1,laty2),col="black", lwd=2)
title(" 局部地图添加点线 ")
```

在上面的程序中，首先绘制两个点，接着根据点的经、纬度坐标并通过 lines() 函数绘制两点之间的连线，最后可以得到添加点和线的地图。

在 maps 包中，自带的美国本土地图（map of the United States mainland）数据有三种不同的形式，下面对其进行可视化。

```
## maps 包中预先准备好的三种不同形式的美国本土地图
windows() #若不能正确显示较大的地图，则可以打开一个窗口用于显示
par(mfcol = c(1,3))
map(database = "usa",fill = TRUE,col = "lightblue")
map(database = "state",fill = TRUE,col = "lightblue")
map(database = "county",fill = TRUE,col = "lightblue",lwd=0.1)
par(mfcol = c(1,1))
```

在上述程序中，分别对 usa、state、county 等不同形式的地图数据进行可视化。

由运行程序后所得的图形可以看出，usa 数据只绘制出美国本土的主体区域；state 数据绘制出美国本土各州的轮廓，county 数据绘制出美国本土各州的乡村区域。

下面通过美国航班和航线数据集，绘制机场在地图上的位置和机场之间的航线，展示 maps 包的数据可视化功能。

首先读取机场位置相关信息的数据，程序如下所示：

```
## 读取美国航线数据集
airport <- read.csv("data/chap8/airportusa.csv")
head(airport)
##                                Name        City IATA ICAO Latitude Longitude
## 1    Orlando Executive Airport     Orlando  ORL KORL  28.5455  -81.3329
```

```
## 2      Laurence G Hanscom Field      Bedford  BED KBED  42.4700  -71.2890
## 3      Oscoda Wurtsmith Airport       Oscoda   OSC KOSC  44.4516  -83.3941
## 4      Marina Municipal Airport     Fort Ord   OAR KOAR  36.6819 -121.7620
## 5    Sacramento Mather Airport    Sacramento   MHR KMHR  38.5539 -121.2980
## 6 Bicycle Lake Army Air Field   Fort Irwin   BYS KBYS  35.2805 -116.6300
```

从 airport 的前几行输出可以发现，数据中包含机场的名称、所在城市、编码及经度坐标与纬度坐标等信息。

下面在美国本土地图上绘制出数据中所有机场的位置分布情况，程序如下所示：

```
## 在地图上可视化机场的位置
par(family = "STKaiti")
map("state",col="lightblue", fill=TRUE, lwd=0.2)
map.axes(cex.axis=0.8)                    # 添加坐标系
north.arrow(xb = -72,yb = 47,len=0.6,lab="N",
            col='red',tcol = "black")    # 在地图上添加指向北的箭头
## 将比例尺添加到现有的地图
maps::map.scale(x=-122, y=28, ratio = TRUE, relwidth=0.15,cex = 0.7)
# 添加机场的位置坐标
points(x=airport$Longitude, y=airport$Latitude,
       pch=19, cex=0.4,col="tomato")
title(" 地图上机场位置 ")
```

在上面的程序中，使用圆点在地图上标出机场的位置分布情况。运行程序后，可得使用圆点表示机场位置的地图。

接着读取机场之间的航线数据集，并通过 maps 包将其可视化，程序如下所示：

```
## 可视化地图上机场的航线，读取航线数据
airline <- read.csv("data/chap8/usaairline.csv")
head(airline,3)
##   destination.apirport source.airport Latitude.x Longitude.x Latitude.y
## 1                  ABE            MYR    33.6797    -78.9283    40.6521
## 2                  ABE            CLT    35.2140    -80.9431    40.6521
## 3                  ABE            DTW    42.2124    -83.3534    40.6521
##   Longitude.y
## 1    -75.4408
## 2    -75.4408
## 3    -75.4408
```

机场航线数据集 airline 中每行包含两个机场之间的经度坐标、纬度坐标和机场编码，两个机场之间可以用线进行连接，程序如下所示：

```
## 在地图上可视化机场的位置
par(family = "STKaiti")
map("state",col="lightblue", fill=TRUE, lwd=0.2)
```

```
map.axes(cex.axis=0.8)                        # 添加坐标系
north.arrow(xb = -72,yb = 47,len=0.6,lab="N",
            col='red',tcol = "black")     # 在地图上添加指向北的箭头
## 将比例尺添加到现有的地图
maps::map.scale(x=-122, y=28, ratio = TRUE, relwidth=0.15,cex = 0.7)
# 添加机场的位置坐标
points(x=airport$Longitude, y=airport$Latitude,
       pch=19, cex=0.4,col="red")
## 定义调整 alpha 的颜色
col1 <- adjustcolor("tomato", alpha=0.4)
## 添加航线所表示的边
for(i in 1:nrow(airline)) {
  node1 <- airline[i,c("Latitude.x","Longitude.x")]
  node2 <- airline[i,c("Latitude.y","Longitude.y")]
  ## 在两点之间插入点来平滑曲线
  arc <- gcIntermediate( c(node1$Longitude.x, node1$Latitude.x),
                         c(node2$Longitude.y, node2$Latitude.y),
                         n=1000, addStartEnd=TRUE )
  lines(arc, col= col1, lwd=0.2)
}
title(" 地图上机场之间的航线 ")
```

在上面的程序中，通过 for 循环为地图上添加多条航线。首先获取两个点及其经度、纬度坐标，然后通过 gcIntermediate() 函数在两个点之间利用插值获取一条平滑曲线，最后通过 lines() 函数将曲线绘制在地图上。运行程序后可得使用线标识飞机航线的地图。

由航线地图可以直观地看出美国机场的分布情况，以及机场之间的航线情况。

## 8.1.2　用 ggmap 包可视化地图

ggplot2 包可以实现对地理信息数据进行可视化，ggmap 包是基于 ggplot2 包可视化地图的拓展包，其绘图方法与 ggplot2 包类似。ggmap 包还可以绘制可交互地图，但需要 google 账户实时获取地图数据，所以本节只介绍使用该包绘制静态地图的功能。

下面利用 ggmap 包和 ggplot2 包可视化机场与航线数据，展示如何绘制点、线和地图热力图等，程序如下所示：

```
## 导入包
library(ggplot2);library(ggmap);library(maps);library(ggsn)
library(geosphere);library(dplyr);library(RColorBrewer);library(readxl)
## 读取美国机场数据集
airport <- read.csv("data/chap8/airportusa.csv")
head(airport,3)
##                         Name       City IATA ICAO Latitude Longitude
```

```
## 1    Orlando Executive Airport    Orlando  ORL KORL  28.5455  -81.3329
## 2    Laurence G Hanscom Field     Bedford  BED KBED  42.4700  -71.2890
## 3    Oscoda Wurtsmith Airport     Oscoda   OSC KOSC  44.4516  -83.3941
## 针对美国机场数据，采用 ggmap 包可视化地图方式
usamapdata <- map_data("state")
usamapdata <- fortify(usamapdata)
head(usamapdata,3)
##          long      lat group order   region subregion
## 1 -87.46201 30.38968     1     1 alabama      <NA>
## 2 -87.48493 30.37249     1     2 alabama      <NA>
## 3 -87.52503 30.37249     1     3 alabama      <NA>
```

在上面的程序中，通过 map_data() 函数导入美国各州机场数据表，并使用 fortify() 函数对其进行简化，在输出的结果中包含经度、纬度坐标和分组等变量。

下面使用读取的数据集进行地图可视化，首先在地图上绘制机场的位置坐标，程序如下所示：

```
## 可视化美国本土地图
ggplot(usamapdata, aes(x = long, y = lat))+
    # 不同的州使用不同的颜色填充
    geom_polygon(aes(group = group,fill = region),colour = "white")+
    theme(legend.position = "none")+
    scale_fill_viridis_d(alpha = 0.5)+
    ## 添加点
    geom_point(data = airport,aes(x = Longitude,y = Latitude),
               colour = "tomato",size = 0.5)+
    ggtitle(" 地图上机场位置 ")+
    # 在地图上添加其他的小部件
    ggsn::north(usamapdata,location = "topright",
                scale = 0.15,symbol = 1)+
    ## 添加标尺
    ggsn::scalebar(data = usamapdata,location = "bottomleft",
                   dist = 500,model = "WGS84",dist_unit = "km",
                   transform = TRUE,st.size = 3)
```

在上面的程序中，首先通过 ggplot() 和 geom_polygon() 函数绘制地图，然后利用 geom_point() 函数在地图上添加点，最后使用 ggsn 包中的小部件函数 north() 和 scalebar() 在地图上添加指向北的图标与标尺。

下面进一步添加机场之间的航线，程序如下所示：

```
## 可视化机场航线，读取航线数据
airline <- read.csv("data/chap8/usaairline.csv")
## 可视化美国本土地图
ggplot(usamapdata, aes(x = long, y = lat))+
    # 不同的州使用不同的颜色填充
```

```
geom_polygon(aes(group = group,fill = region),colour = "white")+
theme(legend.position = "none")+
scale_fill_viridis_d(alpha = 0.5)+
## 添加点
geom_point(data = airport,aes(x = Longitude,y = Latitude),
           colour = "tomato",size = 0.5)+
ggtitle(" 地图上机场位置 ")+
# 在地图上添加其他的小部件
ggsn::north(usamapdata,location = "topright",
            scale = 0.15,symbol = 1)+
## 添加标尺
ggsn::scalebar(data = usamapdata,location = "bottomleft",
               dist = 500,model = "WGS84",dist_unit = "km",
               transform = TRUE,st.size = 3)+
geom_segment(aes(x = Longitude.x, y = Latitude.x,
                 xend = Longitude.y, yend = Latitude.y),
             data = airline,colour = "orange",alpha = 0.5,size=0.1)
```

在上面的程序中，首先读取飞机航线数据 airline，然后通过 geom_segment() 函数绘制两点之间的连线。

由绘图过程可以发现，相较于 maps 包中通过 for 循环添加线，使用 ggplot2 包中的 geom_segment() 函数为地图添加线更加简单。

针对机场的位置分布情况，还可以通过在散点图上添加密度热力图图层，来分析机场在地图上的分布密度，程序如下所示：

```
## 读取机场数量数据
airport2 <- read.csv("data/chap8/airportusa2.csv")
## 在地图上可视化密度热力图
ggplot(usamapdata, aes(x = long, y = lat))+
    geom_polygon(aes(group = group),fill = "lightblue",colour = "white")+
    ## 添加密度曲线
    geom_density2d(data = airport2,aes(x=Longitude, y=Latitude),size = 0.1)+
    ## 添加密度热力图
    stat_density2d(data = airport2, aes(x = Longitude, y =  Latitude,
                                        fill = ..level.., alpha = ..level..),
                   size = 0.3, bins = 40, geom = "polygon")+
    ## 设置填充颜色和透明度
    scale_fill_gradientn(colours=rev(brewer.pal(8, "Spectral")))+
    scale_alpha(range = c(0, 0.3))+theme(legend.position = "none")+
    ## 添加点
    geom_point(data = airport2,aes(x = Longitude,y = Latitude),
               colour = "tomato",size = 0.5,alpha = 0.8)+
```

ggtitle(" 美国机场密度热力图 ")

在上面的程序中，通过 geom_density2d() 函数在地图上添加密度曲线，通过 stat_density2d() 函数添加密度热力图，并设置了填充颜色和透明度。

还可以通过气泡图可视化美国各州机场数量的分布情况，程序如下所示：

```
## 准备数据，计算每个州的机场数量
aipporenum <- airport2 %>% group_by(state)%>%
  ## 计算经度、纬度坐标和机场数量
  summarise(Lat = mean(Latitude),
            Lon = mean(Longitude),
            number = n())
head(aipporenum)
## # A tibble: 6 x 4
##    state          Lat    Lon   number
##    <fct>         <dbl>  <dbl>   <int>
## 1 Alabama        32.8  -86.5     26
## 2 Arizona        33.4  -112.     37
## 3 Arkansas       35.0  -92.6     16
## 4 California     35.9  -119.    109
## 5 Colorado       39.2  -106.     29
## 6 Connecticut    41.5  -72.8      9
```

通过上面的程序，计算获得了美国各州的所有机场的平均经度、纬度坐标和机场数量。下面绘制美国各州机场数量的气泡图。

```
## 可视化气泡图
ggplot(usamapdata, aes(x = long, y = lat))+
    # 不同的州使用不同的颜色填充
    geom_polygon(aes(group = group),colour = "white",fill = "lightblue")+
    ## 添加气泡散点
    geom_point(data = aipporenum,aes(x = Lon,y = Lat,size = number),
               colour = "red",alpha = 0.75,shape = 19)+
    ggtitle(" 各州机场数量气泡图 ")
```

运行上面的程序，可以得到气泡图。所得图形中气泡的位置为该州所有机场的经度、纬度坐标的平均值，气泡的大小表示该州机场的数量。

# 8.2 tmap包可视化地图

tmap 包是 R 语言中较专业的地图数据可视化包，由 Martijn Tennekes 编写，主要用于绘制主题地图，与 ggplot2 包的 "图形的分层语法" 相同，可通过 "+" 来添加不同的图层。

与 tmap 包相关的 tmaptools 包常用于读取和处理空间数据，其目的是提供工作流程以创建主题地图，包括读取形状文件、设置地图投影、添加数据、计算面积和距离、查询 OpenStreetMap 等。

tmap 包中常用的地图可视化函数如表 8-2 所示。

表 8-2　tmap 包中常用的地图可视化函数

| 函　数 | 功　能 |
| --- | --- |
| qtm() | 快速绘制专题地图 |
| tm_shape() | 指定形状对象 |
| tm_polygons() | 创建一个多边形图层 |
| tm_symbols() | 创建一个符号图层 |
| tm_lines() | 在地图上添加线图层 |
| tm_raster() | 在地图上绘制栅格 |
| tm_text() | 在地图上添加文本图层 |
| tm_basemap() | 将图块层绘制为底图 |
| tm_tiles() | 将图块层绘制为覆盖层 |
| tm_fill() | 设置地图上的填充颜色 |
| tm_borders() | 可视化地图上多边形的边界 |
| tm_bubbles() | 在地图上可视化气泡 |
| tm_squares() | 在地图上可视化正方形 |
| tm_dots() | 在地图上可视化点 |
| tm_markers() | 在地图上可视化标记 |
| tm_facets() | 为可视化图形设置分面 |
| tm_scale_bar() | 在地图上添加标尺 |
| tm_xlab()、tm_ylab() | 在地图上添加坐标轴标签 |
| tm_layout() | 设置地图的图层 |
| tm_legend() | 在地图上设置图例图层 |
| tm_view() | 设置地图为可交互地图 |
| tm_style() | 设置地图的图层的类型 |

本节主要使用具体的数据集介绍 tmap 包中这些函数的使用方法，包括可视化静态地图、可交互地图和地图动画的相关功能。

## 8.2.1　用 tmap 包可视化静态地图

针对 spData 包中的 world 数据集，下面使用 tmap 包对其进行静态地图的可视化，程序如下所示：

```
library(tmap);library(spData);library(ggplot2)
library(dplyr);library(sf)
## 导入 spData 包中自带的 world 数据集
data("world",package = "spData")
head(world)
## Simple feature collection with 6 features and 10 fields
## geometry type:  MULTIPOLYGON
## dimension:      XY
## bbox:           xmin: -180 ymin: -18.28799 xmax: 180 ymax: 83.23324
## CRS:            EPSG:4326
## # A tibble: 6 x 11
##   iso_a2 name_long continent region_un subregion type     area_km2 pop     lifeExp
##   <chr>  <chr>     <chr>     <chr>     <chr>     <chr>    <dbl>    <dbl>   <dbl>
## 1 FJ     Fiji      Oceania   Oceania   Melanesia Sove… 1.93e4    8.86e5
## 2 TZ     Tanzania  Africa    Africa    Eastern   Sove… 9.33e5    5.22e7
## 3 EH     Western…  Africa    Africa    Northern… Inde… 9.63e4    NA
## # … with 2 more variables: gdpPercap <dbl>, geom <MULTIPOLYGON [°  ]>
```

在上面的程序中，首先从 spData 包中导入 world 数据集，该数据集是一个包含地图位置信息的数据集（SF 数据对象），其中 geom 变量包含每个区域边界点的坐标位置，在绘制地图时可以自动将相应的趋势呈现出来。world 数据集的变量及其含义如表 8-3 所示。

表 8-3　world 数据集的变量及其含义

| 变量 | 含义 | 变量 | 含义 |
| --- | --- | --- | --- |
| iso_a2 | 国家或地区的 ISO 2 编码 | continent | 国家所属大陆的名称 |
| name_long | 国家或地区的名称 | region_un | 国家或地区所属的区域 |
| subregion | 国家或地区所属的子区域 | lifeExp | 2014 年出生时的预期寿命 |
| type | 国家或地区的类型字符串 | geom | 地理位置数据 |
| area_km2 | 国家或地区的面积 | gdpPercap | 2014 年的人均 GDP |
| pop | 国家或地区在 2014 年的人口 | | |

下面使用 tmap 包中的 qtm() 函数快速绘制一个非洲地图，程序如下所示：

```
## 使用 qtm() 函数快速可视化非洲地图
Africadata <- world[world$continent == "Africa",]
```

```
qtm(Africadata,    ## 使用人均 GDP 作为填充颜色
    fill = "gdpPercap",fill.palette = "div",fill.n = 6)
```

在使用 qtm() 函数对 world 数据集可视化时，会自动识别 geom 变量中的地图轮廓，通过参数 fill = "gdpPercap" 设置每个区域的填充颜色。从运行程序后得到的图形可以看出，不同的颜色表示 GDP 的大小，可以发现非洲中部国家或地区的 GDP 较低。

下面介绍 tmap 包中如何通过 "+" 对绘制的地图添加图层，程序如下所示：

```
## 使用图层叠加的方式可视化地图
tm_shape(Africadata,                      ## 设置可视化地图的边界
         bbox = st_bbox(c(xmin = -40, xmax = 60,
                          ymin = -40, ymax = 40)))+
    ## 设置地图的边界
    tm_borders(col = "red",alpha = 0.5,lwd = 1)+
    ## 设置每个区域的填充颜色
    tm_fill(col = "gdpPercap",n = 6,palette = "YlGnBu",colorNA = "gray",
            legend.show = TRUE,legend.hist = FALSE,
            title = "gdpPercap")+
## 添加表示人口数量的气泡图
    tm_bubbles(size = "pop",col = "red",alpha = 0.8,border.col = "red")+
    tm_scale_bar(text.size = 0.5)+                      ## 添加标尺
## 添加网格线
    tm_grid(x = seq(-40, 70, by=10), y=seq(-40,40,by=10),
            lwd = 0.5,col = "gray80")+
    tm_xlab("Longitude") + tm_ylab("Latitude")+        # 坐标轴标签
    tmap_mode(mode = "plot")                            ## 静态地图的可视化形式
```

上面的程序是通过图层叠加的方式可视化静态地图。首先通过 tm_shape() 函数指定使用的地图数据；通过 tm_borders() 函数绘制每个国家或地区的区域，并用红色线条作为分界线；通过 tm_fill() 函数设置每个区域的填充颜色，col 参数用于指定填充时所映射的数值变量；通过 tm_bubbles() 函数为图形添加气泡，其中 size = "pop" 表示气泡的大小根据 pop 变量的取值而定；通过 tm_scale_bar() 函数为地图添加标尺；通过 tm_grid() 函数设置地图的网格线；最后通过 tmap_mode() 函数指定地图的可视化形式，其中 mode = "plot" 表示可视化为静态地图。

还可以通过 tmap 包中的 tmap_arrange() 函数设置多个地图的布局。下面使用非洲的地图数据获取多个图形，然后对其进行重新布局，程序如下所示：

```
## 对多个地图进行排列布局
# 2=dashed, 3=dotted, 4=dotdash, 5=longdash, 6=twodash
Africadata <- world[world$continent == "Africa",]
Africadata$gdpPercap_int <- round(Africadata$gdpPercap)
map1 <- tm_shape(Africadata)+
    tm_borders(col = "black",lwd = 1,lty = "solid")+
```

```
        tm_fill("pop",title = " 人口 ",palette = "YlGnBu",
                legend.show = TRUE,legend.hist = FALSE)+
        tm_text("iso_a2",size = 0.7)+              # 显示国家或地区的名称
        tm_layout(fontfamily = "STKaiti")+         # 指定显示的字体
        tmap_mode(mode = "plot")
    map2 <- tm_shape(Africadata)+
        tm_borders(col = "black",lwd = 1,lty = "dotted")+
        tm_fill("lifeExp",style ="fixed",breaks = c(50,60,70,80),
                title = "LifeExp",palette = "RdYlGn")+
        tm_text("gdpPercap_int",size = 0.5)+       # 显示面积的大小
        tm_style("natural")+tm_graticules()+       # 添加刻度线
        tmap_mode(mode = "plot")
    map3 <- tm_shape(Africadata)+
        tm_borders(col = "black",lwd = 1,lty = "dashed")+
        tm_fill("lifeExp",style ="fixed",breaks = c(50,60,70,80),
                title = "LifeExp",palette = "RdYlGn",
                legend.show = TRUE,legend.hist = TRUE)+
        tm_legend(outside = FALSE,stack = "vertical")+
        tmap_mode(mode = "plot")
    map4 <- tm_shape(Africadata,projection = "+proj=robin")+
        tm_borders(col = "black",lwd = 1,lty = "dotdash")+
        tm_fill("gdpPercap",n = 6,palette = "RdYlGn",legend.show = FALSE)+
        tm_graticules() +tm_style("classic")+
        tm_layout(frame=FALSE,fontfamily = "STKaiti")+
        tm_compass(size = 2, position=c("left", "center"))+      ## 添加一个指南针
        tmap_mode(mode = "plot")
    ## 将多个窗口重新排列显示
    tmap_arrange(map1,map2,map3,map4,ncol = 2,nrow = 2,
                 widths = c(0.5, 0.5),heights = c(0.5,0.5))
```

　　在上面的程序中，绘制了 4 幅不同形式的地图。针对第一幅子图 map1，通过 tm_text() 函数添加需要显示的文本，并根据人口数量进行填充；针对第二幅子图 map2，通过 tm_style() 函数将地图的主题设置为 natural 类型，然后通过 tm_graticules() 函数为地图添加经度、纬度刻度线，在地图上显示的文本为区域面积的大小，并根据预测寿命为图形填充颜色；针对第三幅子图 map3，通过 tm_fill() 函数中的参数 legend.show = TRUE 和 legend.hist = TRUE，显示预测寿命数据的直方图，通过 tm_legend() 函数将图例设置为竖直堆积的形式；针对第四幅子图 map4，使用 classic 主题绘制出世界地图，通过 tm_compass() 函数为地图在指定的位置添加一个指南针图标。最后通过 tmap_arrange() 函数将 4 幅地图排列成 2 行 2 列。

## 8.2.2 用 tmap 包可视化可交互地图

在 tmap 包中，可以通过 tmap_mode(mode = "view") 函数或 tm_view() 函数进行可交互地图的绘制。

下面通过一个具体的例子，介绍 tmap 包中绘制可交互地图的功能和用法，程序如下所示：

```
## 获取欧洲和南美洲的地图数据
plotdata2 <- world[world$continent %in% c("Europe","South America"),]
## 利用分面可视化两个可交互地图
tm_shape(plotdata2)+
    ## 设置地图的边界
    tm_borders(col = "red",alpha = 0.5,lwd = 1)+
    ## 设置每个区域的填充颜色
    tm_fill(col = "gdpPercap",n = 6,palette = "YlGnBu",colorNA = "gray",
            title = "per-capita GDP in 2014",legend.show = TRUE)+
    ## 添加表示人口数量的气泡图
    tm_bubbles(size = "pop",col = "red" ,alpha = 0.8)+
    ## 地图根据所在洲进行分面
    tm_facets(by = "continent",nrow = 1,ncol = 2)+
    tmap_mode(mode = "view")    # 可交互的可视化方式
```

在上面的程序中，首先获取需要可视化的国家或地区的地图数据，然后在地图上根据每个区域 GDP 的情况进行颜色映射，并使用气泡的大小表示人口数量，接着利用 tm_facets() 函数将不同的洲单独使用一个子窗口进行可视化，最后通过 tmap_mode() 函数中的参数 mode = " view " 指定可视化的形式为可交互。运行程序后，可得包含两个子窗口的可交互地图。

## 8.2.3 用 tmap 包制作地图动画

在 tmap 包中，不仅提供了绘制静态地图、可交互地图的方法，还提供了制作地图动画的方法，可以更好地观察数据的变化情况。

下面针对美国约翰斯·霍普金斯大学发布的美国本土各州某传染病感染和死亡人数的数据集（截至 2020 年 4 月初），使用地图动画对其进行可视化，程序如下所示：

```
## 导入美国本土各州 states 地图数据
load("data/chap8/us_states.RData")
## 计算美国本土地图的边界
usbbox <- st_bbox(us_states)
## 读取美国某传染病数据集
covid_usa <- read.csv("data/chap8/mcrb-USA.csv")
## 在 covid_usa 中只使用 us_states 中的州名
covid_usa <- covid_usa[covid_usa$state %in% us_states$NAME,]
```

```
head(covid_usa)
##          date       county        state fips cases deaths
## 1 2020-01-21 Snohomish Washington 53061     1      0
## 2 2020-01-22 Snohomish Washington 53061     1      0
## 3 2020-01-23 Snohomish Washington 53061     1      0
## 4 2020-01-24      Cook    Illinois 17031     1      0
## 5 2020-01-24 Snohomish Washington 53061     1      0
## 6 2020-01-25    Orange  California  6059     1      0
```

在上面的程序中，首先导入美国本土各州 states 地图数据，并通过 st_bbox() 函数计算美国本土地图的边界，然后读取美国某传染病的患病情况，并对数据集 covid_usa 进行筛选，其中 cases 为当前日期的患者数量，deaths 为当前日期的死者数量。

下面进一步对数据进行融合及转换处理，程序如下所示：

```
## 将数据根据时间和州进行预处理
covid_usa <- covid_usa %>% group_by(date,state)%>%
  summarise(sum_cases = sum(cases),sum_deaths = sum(deaths))
head(covid_usa)
## # A tibble: 6 x 4
## # Groups:   date [5]
##   date       state        sum_cases sum_deaths
##   <fct>      <fct>            <int>      <int>
## 1 2020-01-21 Washington           1          0
## 2 2020-01-22 Washington           1          0
## 3 2020-01-23 Washington           1          0
## 4 2020-01-24 Illinois             1          0
## 5 2020-01-24 Washington           1          0
## 6 2020-01-25 California            1          0
## 数据融合，并转换为地理数据
plotdata <- left_join(covid_usa,us_states,by = c("state"="NAME"))
## into character vector
plotdata <- st_as_sf(as.data.frame(plotdata))
class(plotdata)
## [1] "sf"          "data.frame"
```

在上面的程序中，首先计算每天各州累计的患者数量和死亡数量，然后将该数据与美国本土地图数据连接起来。由于地图数据中包含位置信息，tmap 包在可视化时需要使用地理空间格式的数据表格，所以使用 st_as_sf() 函数将融合的数据表格进行转换，从 class(plotdata) 函数的输出结果可知，处理后的数据具有地理空间数据属性 sf 和数据表属性 data.frame。

在准备好数据之后，就可以开始制作地图动画，程序如下所示：

```
## 设置颜色和切分对应的区间
pal = RColorBrewer::brewer.pal(7,"YlOrRd")
```

```
pbreaks =  c(0,1,5,10,50,100,200,500) *100
## 可视化动画, 使用 us_states 可视化背景地图
cases_ani <- tm_shape(us_states,bbox = usbbox)+tm_borders(lwd = 2)+
    tm_shape(plotdata)+                    # 可视化地图动画的数据
    tm_polygons(col = "sum_cases",palette = pal,breaks = pbreaks,
                alpha = 1,title = " 患者数量 ")+
    ## 根据时间进行分面, 并通过 along 参数指定图像根据时间变化
    tm_facets(free.scales.fill = FALSE, ncol = 1,nrow = 1, along = "date")+
    # 设置图例
    tm_layout(legend.position = c("left", "bottom"),
              legend.title.fontfamily = "STKaiti")+
    tmap_mode(mode = "plot")
## 保存动画, 并设置合适的宽度和高度
tmap_animation(tm = cases_ani, filename = "data/chap8/USA_mcrb_cases.gif",
               width=1500,height = 1200)
```

在上面的程序中, 首先通过 tm_facets() 函数中的 along 参数指定每帧图像使用的变量; 其次将各州的填充颜色映射到患者数量上, 并根据时间更新图像, 绘制出每天的患者数量在地图上的分布; 最后通过 tmap_animation() 函数将获得的动画保存起来。

在预处理后的 plotdata 数据中, 还包含当前时间的死亡人数, 因此可以采取与前面相同的方式获得每天死亡人数的变化情况, 程序如下所示:

```
## 可视化死亡人数的地图动画
pal <- RColorBrewer::brewer.pal(6,"YlOrRd")
pbreaks <- c(0,100,200,300,500,800,1000)
## 可视化动画
death_ani <- tm_shape(us_states,bbox = usbbox)+tm_borders(lwd = 2)+
    tm_shape(plotdata)+
    tm_polygons(col = "sum_deaths",palette = pal,breaks = pbreaks,
                alpha = 1,title = " 死亡人数 ")+
    tm_facets(free.scales.fill = FALSE, ncol = 1,nrow = 1, along = "date")+
    tm_layout(legend.position = c("left", "bottom"),
              legend.title.fontfamily = "STKaiti")+
    tmap_mode(mode = "plot")
## 保存动画, 并设置合适的宽度和高度
tmap_animation(tm = death_ani, filename = "data/chap8/USA_mcrb_death.gif",
               width=1500,height = 1150)
```

运行上面的程序后, 即可在指定的文件夹下生成死亡人数的地图动画。

# 8.3 用leaflet包地图数据可视化

在 R 语言中，leaflet 是一个很受欢迎的可视化可交互地图的开源 JavaScript 包。使用 leaflet 包绘制可交互地图具有很多优点，包括可以交互式平移、缩放地图；在地图上添加地图图块、标记、多边形、线、弹出窗口；将地图嵌入 knitr、R Markdown 文件或 shiny 应用程序中等。leaflet 包中的常用函数如表 8-4 所示。

表 8-4　leaflet 包中的常用函数

| 函　数 | 功　能 |
| --- | --- |
| addAwesomeMarkers() | 在地图上添加标记 |
| addTiles() | 在地图上添加平铺图层 |
| addPopups() | 在地图上添加弹出窗口 |
| addMarkers() | 在地图上添加标记 |
| addCircleMarkers() | 在地图上添加圆形标记 |
| addCircles() | 在地图上添加圆形 |
| addPolylines() | 在地图上添加多边形 |
| addRectangles() | 在地图上添加矩形 |
| addGraticule() | 在地图上添加刻度线 |
| addLayersControl() | 添加 UI 控件，以打开和关闭图层 |
| addLegend() | 在地图上添加颜色图例 |
| addMapPane() | 添加 Pane 控件到地图中，以控制图层顺序 |
| addMeasure() | 将测量控件添加到地图上 |
| addMiniMap() | 将小地图添加到地图上 |
| addProviderTiles() | 在地图上添加平铺图层 |
| addScaleBar() | 添加或删除比例尺 |
| addTerminator() | 在地图顶部添加日照图层 |
| colorNumeric() | 设置颜色映射 |
| leafletOutput() | 将地图处理为可以被 shiny 包使用的形式 |
| setView() | 操纵地图小部件的方法 |
| showGroup()、hideGroup() | 显示或隐藏图层组 |

本节主要介绍如何使用 leaflet 包绘制不同类型的可交互地图；如何在地图上添加点、线；

如何在地图上设置图例和对应的颜色映射；使用 leaflet 包的综合案例。

## 8.3.1　绘制不同类型的地图

本节重点介绍如何使用 leaflet 包绘制不同类型的地图。首先介绍简单的地图可视化方法，程序如下所示：

```
library(leaflet);library(dplyr)
## 初始化一个地图并指定宽和高
leaflet(width = 600, height = 400)%>%
    ## 指定查看地图的经度、纬度和缩放倍数
    setView(lng = 121, lat = 31, zoom = 9)%>%
    addTiles()                          # 添加一个平铺图层来显示地图
```

在上面的程序中，通过 leaflet() 函数初始化一个地图窗口，并指定窗口的宽和高，通过 setView() 函数指定查看地图位置的中心经度、纬度坐标，其中，zoom 参数用于指定地图的缩放倍数，然后通过 addTiles() 函数在地图窗口上添加一个平铺图层，用于显示地图。运行程序，可得简单的可交互地图。

可交互地图左上角的" + "和" − "工具可用于对地图进行放大和缩小，使用鼠标还可以对地图进行平移。

leaflet 包中的地图支持上百种主题，可以通过 names(providers) 查看主题名称，使用 addProviderTiles() 函数设置地图的显示主题。下面对几种具有代表性的主题进行可视化，程序如下所示：

```
## 可视化不同类型底图的可交互地图，类型 1
leaflet(width = 700, height = 200)%>%
    ## 指定查看地图的经度、纬度和缩放倍数
    setView(lng = 121, lat = 31, zoom = 9)%>%addTiles()%>%
    ## OpenStreetMap.HOT 类型的底图
    addProviderTiles(provider = providers$OpenStreetMap.HOT)
## 可视化不同类型底图的可交互地图，类型 2
leaflet(width = 700, height = 200)%>%
    ## 指定查看地图的经度、纬度和缩放倍数
    setView(lng = 121, lat = 31, zoom = 9)%>%addTiles()%>%
    ## CartoDB.Positron 类型的底图
    addProviderTiles(provider = providers$CartoDB.Positron)
## 可视化不同类型底图的可交互地图，类型 3
leaflet(width = 700, height = 200)%>%
```

```
## 指定查看地图的经度、纬度和缩放倍数
setView(lng = 121, lat = 31, zoom = 9)%>%addTiles()%>%
## Stamen.Toner 类型的底图
addProviderTiles(provider = providers$Stamen.Toner)
## 可视化不同类型底图的可交互地图，类型 4
leaflet(width = 700, height = 200)%>%
## 指定查看地图的经度、纬度和缩放倍数
setView(lng = 121, lat = 31, zoom = 9)%>%addTiles()%>%
## Stamen.Terrain 类型的底图
addProviderTiles(provider = providers$Stamen.Terrain)
```

在上面的程序中，针对同一位置和窗口大小的地图使用了 4 种不同的显示主题，以其作为可视化地图时的底图，分别是 OpenStreetMap.HOT、CartoDB.Positron、Stamen.Toner 和 Stamen.Terrain 类型的底图。运行程序后可得不同显示主题的可交互地图。

## 8.3.2 在地图上添加内容

在 leaflet 包中，可以使用相关函数在地图上添加标记、点和线等内容，还可以在地图上添加小地图、比例尺和测量工具，以及管理图层的控制工具等。

### 1. 在地图上添加标记、点和线

使用 leaflet 包中的函数可以在地图上添加标记、点和线，还可以通过相关参数设置鼠标单击时显示的内容，程序如下所示：

```
## 在地图上添加一个标记
leaflet(width = 600, height = 400)%>%
    setView(lng = 121, lat = 31, zoom = 9)%>%addTiles()%>%
    addProviderTiles(provider = providers$CartoDB.PositronNoLabels)%>%
    ## 在指定位置添加一个标记并设置鼠标单击后显示的内容
    addAwesomeMarkers(lng = 121.48, lat = 31.22,layerId = "shanghaiAM",
                      popup = "这里是上海",
                      popupOptions = popupOptions(textsize = 10))
## 在地图上添加一个圆形标记
leaflet(width = 600, height = 400)%>%
    setView(lng = 121, lat = 31, zoom = 9)%>%addTiles()%>%
    addProviderTiles(provider = providers$CartoDB.PositronNoLabels)%>%
    ## 在指定位置添加一个标记并设置鼠标单击后显示的内容
    addCircleMarkers(lng = 121, lat = 31,radius = 20,layerId = "mycircle",
                     color = "red",fillOpacity = 0.5,popup = "红色的圆")
## 在地图上添加矩形
leaflet(width = 600, height = 400)%>%
```

```
    setView(lng = 121, lat = 31, zoom = 9)%>%addTiles()%>%
    addProviderTiles(provider = providers$CartoDB.PositronNoLabels)%>%
    ## 指定两个坐标，添加一个矩形并设置显示情况
    addRectangles(lng1 = 121, lat1 = 31, lng2 = 121.48, lat2=31.22,
                  layerId = "myrect",color = "blue",fillOpacity = 0.2,
                  popup = " 矩形 ")
## 在地图上添加直线
leaflet(width = 600, height = 400)%>%
    setView(lng = 121, lat = 31, zoom = 9)%>%addTiles()%>%
    addProviderTiles(provider = providers$CartoDB.PositronNoLabels)%>%
    ## 指定两点的经度和纬度来添加直线
    addPolylines(lng = c(121,121.48), lat = c(31,31.22),color = "black",
                 weight = 5,popup = " 直线 ",group = " 直线 ")
```

在上面的程序中，首先通过 addAwesomeMarkers() 函数在指定位置添加一个标记，其次通过 addCircleMarkers() 函数在指定位置添加一个圆形标记，接着通过 addRectangles() 函数在指定位置添加一个矩形，最后通过 addPolylines() 函数在指定两点的经度和纬度间添加线。这几个函数的参数设置是相似的，都是通过参数 popup 设置鼠标单击时显示的内容，通过参数 lng 和 lat 分别指定经度和纬度，使用参数 color 设置颜色，使用参数 fillOpacity 设置颜色的透明度，使用参数 radius 设置圆形的半径，通过参数 weight 设置线的粗细等。运行程序后，可得添加标记、点和线的地图，且添加的标记、点和线等均可以通过鼠标单击显示已经设定好的内容。

### 2. 在地图上添加小地图

在地图上添加的小地图有两种显示方式，一种是显示在地图的某一角；另一种是通过鼠标单击标记来查看完整的小地图。程序如下所示：

```
## 在地图上添加小地图
minimap <- leaflet(width = 600, height = 400)%>%
    setView(lng = 121, lat = 31, zoom = 9)%>%addTiles()
leaflet(width = 600, height = 400)%>%
    setView(lng = 121, lat = 31, zoom = 9)%>%addTiles()%>%
    addProviderTiles(provider = providers$CartoDB.PositronNoLabels)%>%
    ## 添加小地图并指定位置
    addMiniMap(minimap,position = "bottomright", width = 150, height = 150)
## 另一种添加小地图的方式
leaflet(width = 600, height = 400)%>%
    setView(lng = 121, lat = 31, zoom = 9)%>%addTiles()%>%
    addProviderTiles(provider = providers$CartoDB.PositronNoLabels)%>%
    ## 添加小地图并指定位置
    addMiniMap(toggleDisplay = TRUE)
```

在上面的程序中，使用 addMiniMap() 函数在地图上添加小地图，其中第二种方式是通过

参数 toggleDisplay = TRUE 设置小地图可以缩小为图标。运行程序后，可得如图 8-5 所示的添加小地图的地图。通过鼠标单击小地图右下角的箭头将其缩小为图标，从而可以减少遮挡区域。

### 3. 在地图上添加比例尺和测量工具

在地图上添加测量工具可以测量两点连线的距离、多个点围成的面积等，程序如下所示：

```
## 在地图上添加比例尺和测量工具
leaflet(width = 600, height = 400)%>%
    setView(lng = 121, lat = 31, zoom = 9)%>%addTiles()%>%
    addProviderTiles(provider = providers$CartoDB.PositronNoLabels)%>%
    ## 在地图上添加比例尺
    addScaleBar(position = c("bottomright"),
                options = scaleBarOptions(maxWidth = 100))%>%
    ## 在地图上添加测量工具
    addMeasure(position = "topright",activeColor = "red",completedColor = "red")
```

在上面的程序中，首先通过 addScaleBar() 函数在地图上添加比例尺，然后利用 addMeasure() 函数在地图上添加测量工具。运行程序后，可得添加比例尺和测量工具的地图。

比例尺在地图的右下角位置，测量工具在地图的右上角位置，单击测量工具可以开启测量模式，通过鼠标在地图上单击可以显示出测量线和对应的区域，同时在右上角的测量工具中会出现相应的测量结果。

### 4. 在地图上添加管理图层的控制工具

用 leaflet 包绘制的地图是通过图层叠加来丰富所显示的内容的，因此可以对图层进行控制。下面使用 addLayersControl() 函数添加管理图层的控制工具，程序如下所示：

```
## 添加管理不同图层的控制工具
leaflet(width = 600, height = 400)%>%
    setView(lng = 121, lat = 31, zoom = 9)%>%addTiles()%>%
    addProviderTiles(provider = providers$CartoDB.PositronNoLabels)%>%
    ## 在指定位置添加一个标记并设置鼠标单击后的显示内容
    addAwesomeMarkers(lng = 121.48, lat = 31.22,popup = " 这里是上海 ",
                      popupOptions = popupOptions(textsize = 10),group = " 标记 ")%>%
    addCircleMarkers(lng = 121, lat = 31,radius = 20,color = "red",
                     fillOpacity = 0.5,popup = " 红色的圆 ",group = " 圆 ")%>%
    addRectangles(lng1 = 121, lat1 = 31, lng2 = 121.48, lat2=31.22,
                  color = "blue",fillOpacity = 0.2,
                  popup = " 矩形 ",group = " 矩形 ")%>%
    ## 添加直线
    addPolylines(lng = c(121,121.48), lat = c(31,31.22),color = "black",
                 weight = 5,popup = " 直线 ",group = " 直线 ")%>%
```

```
## 添加一个图层控制面板
addLayersControl(overlayGroups = c("标记","圆","矩形","直线"),
                 options = layersControlOptions(collapsed = FALSE),
                 position = "topleft")
```

在上面的程序中，添加标记和线的函数中均含有参数 group，该参数用于指定图层所属的分组，addLayersControl() 函数中的参数 overlayGroups 用于设置控制工具内的分组图层（多选操作），参数 options 用于设置图层的控制工具的显示，参数 position 用于设置控制工具的显示位置。运行程序后，可得添加管理图层的控制工具的地图。

通过鼠标单击可以选择不同的图层按钮，在地图上就会有选择地显示或隐藏相应图层的内容。

## 8.3.3 图例和颜色映射

leaflet 包提供了设置颜色映射的函数，用其可以准确地为地图中的元素进行颜色填充，有助于对图形的理解。leaflet 包中的颜色映射函数如表 8-5 所示。

表 8-5　leaflet 包中的颜色映射函数

| 函　数 | 功　能 |
| --- | --- |
| colorNumeric() | 对连续值进行线性颜色映射 |
| colorBin() | 对连续值指定颜色映射，并对数据进行分组 |
| colorQuantile() | 对连续值进行百分比颜色映射 |
| colorFactor() | 对因子（离散）变量指定颜色映射 |

针对美国本土各州的某传染病数据集，下面利用 leaflet 包中的颜色映射函数对其进行地图数据可视化，程序如下所示：

```
## 导入美国本土各州 states 地图数据
load("data/chap8/us_states.RData")
## 读取 2020 年 4 月 5 日前美国本土各州的某传染病数据集
covid_usa <- read.csv("data/chap8/mcrb_USA_2020405.csv")
head(covid_usa)
##         date       state cases deaths
## 1 2020-04-04    Alabama  1633     44
## 2 2020-04-04     Alaska   171      5
## 3 2020-04-04    Arizona  2019     53
## 4 2020-04-04   Arkansas   743     14
## 5 2020-04-04 California 13796    323
## 6 2020-04-04   Colorado  4574    126
```

下面可视化 covid_usa 数据中的感染人数和死亡人数在美国本土各州的分布，程序如下所示：

```
## 数据融合，并转换为地理数据
plotdata <- left_join(us_states,covid_usa,by = c("NAME" = "state"))
plotdata <- st_as_sf(as.data.frame(plotdata))
## 使用感染人数定义一个颜色映射盘
pal1 <- colorNumeric(palette = RColorBrewer::brewer.pal(9,"YlOrRd"),
                     domain = plotdata$cases)
## 可视化美国某传染病的感染人数地图
leaflet(plotdata)%>%addTiles()%>%
    ## 可视化美国本土每个州的地图
    addPolygons(stroke = TRUE, color = "black",weight = 1,opacity = 0.5,
                fillOpacity = 1,fillColor = ~pal1(plotdata$cases),
                popup = paste(plotdata$NAME,plotdata$cases,sep = ":"),
                group = " 感染人数 ")%>%
    ## 添加图例的相关信息
    addLegend(position = "bottomright", pal = pal1, values = ~plotdata$cases,
      title = " 感染人数 ",opacity = 1,group = " 感染人数 ")
```

在上面的程序中，首先使用 colorNumeric() 函数将 covid_usa 数据中的感染人数进行颜色映射，然后可视化感染人数分布的地图热力图，并且设置鼠标单击时显示所在州和患者数量等信息，最后通过 addLegend() 函数在指定位置添加图例，显示用于表示感染人数的颜色条。

在某传染病数据集中，包含感染人数和死亡人数两个数值变量，因此可以同时在一个地图上利用不同图层可视化这两个变量的地图热力图，程序如下所示：

```
## 分别使用感染人数和死亡人数定义两个颜色映射盘
pal1 <- colorNumeric(palette = RColorBrewer::brewer.pal(9,"YlOrRd"),
                     domain = plotdata$cases)
pal2 <- colorNumeric(palette = RColorBrewer::brewer.pal(8,"Reds"),
                     domain = plotdata$deaths)
leaflet(plotdata)%>%addTiles()%>%
    ## 可视化每个州的感染人数
    addPolygons(stroke = TRUE, color = "black",weight = 1,opacity = 0.5,
                fillOpacity = 1,fillColor = ~pal1(plotdata$cases),
                popup = paste(plotdata$NAME,plotdata$cases,sep = ":"),
                group = " 感染人数 ")%>%
    addLegend(position = "bottomright", pal = pal1, values = ~cases,
      title = " 感染人数 ",opacity = 1,group = " 感染人数图例 ")%>%
    ## 可视化每个州的死亡人数
    addPolygons(stroke = TRUE, color = "black",weight = 1,opacity = 0.5,
                fillOpacity = 1,fillColor = ~pal2(plotdata$deaths),
                popup = paste(plotdata$NAME,plotdata$deaths,sep = ":"),
                group = " 死亡人数 ")%>%
    addLegend(position = "bottomright", pal = pal2, values = ~deaths,
```

```
                title = " 死亡人数 ",opacity = 1,group = " 死亡人数图例 ")%>%
    addLayersControl(baseGroups = c(" 感染人数 "," 死亡人数 "),
                     overlayGroups = c(" 感染人数图例 "," 死亡人数图例 "),
                     options = layersControlOptions(collapsed = TRUE),
                     position = "topleft")%>%
    hideGroup(" 死亡人数图例 ")      # 隐藏一个图层
```

在上面的程序中，首先定义了两个颜色映射盘，分别可视化不同变量的地图热力图，在 addPolygons() 和 addLegend() 函数中，利用参数 group 指定对应的分组；接着通过 addLayersControl() 函数控制相关图层的显示情况，其中，地图热力图是基础图层，图例是上层图层；最后使用 hideGroup() 函数隐藏一个图层。运行程序后，通过鼠标单击按钮可以选择需要显示的图层。

### 8.3.4　用 leaflet 包可视化案例

前面介绍的是 leaflet 包中的一些地图可视化的基础功能，本节将以真实的数据集为例，综合利用该包中的可视化函数，从而获得更加丰富的地图可视化效果。

下面针对电商快递数据集，利用 leaflet 包对其进行可视化分析，程序如下所示：

```
## 导入包
library(leaflet);library(readr);library(dplyr)
## 读取数据
Shop_data<- read_csv("data/chap8/ 电商快递数据 / 商户包裹数据 .csv")
head(Shop_data,3)
## # A tibble: 6 x 5
##   Shop_id   Lng    Lat o2o_num    info
##   <chr>    <dbl>  <dbl>  <dbl>    <chr>
## 1 S002     121.   31.0     49    商户 :S002; 包裹 :49 个
## 2 S005     121.   31.0      2    商户 :S005; 包裹 :2 个
## 3 S008     121.   31.0      7    商户 :S008; 包裹 :7 个
Site_data <- read_csv("data/chap8/ 电商快递数据 / 网点包裹数据 .csv")
head(Site_data,3)
## # A tibble: 6 x 5
##   Site_id   Lng    Lat bagnum  info
##   <chr>    <dbl>  <dbl>  <dbl>  <chr>
## 1 A116     121.   31.0   5597   网点 :A116; 包裹 :5597 个
## 2 A051     122.   31.2    259   网点 :A051; 包裹 :259 个
## 3 A074     121.   31.3   1748   网点 :A074; 包裹 :1748 个
Spot_data <- read_csv("data/chap8/ 电商快递数据 / 配送点包裹数据 .csv")
head(Spot_data,3)
## # A tibble: 6 x 7
##    Spot_id    Lng    Lat bag_num o2o_num all_num info
```

```
##    <chr>    <dbl> <dbl>    <dbl>    <dbl>    <dbl> <chr>
## 1 B9211    122.  31.2      63        2       65 配送点:B9211;电商包裹:63;020包裹:2
## 2 B0006    121.  31.1      13        0       13 配送点:B0006;电商包裹:13;020包裹:0
## 3 B0008    121.  31.3      90        6       96 配送点:B0008;电商包裹:90;020包裹:6
```

在上面的程序中，一共导入了三个数据集，第一个是商户包裹数据集，包含商户的id，所在位置的经度、纬度和o2o包裹数量等信息；第二个是网点包裹数据集，包含网店的id，所在位置的经度、纬度和bag包裹数量等信息；第三个是配送点包裹数据集，包含配送点的id，所在位置的经度、纬度及o2o、bag包裹数量等信息。

下面使用这三个数据集在地图上显示相关对象的位置和包裹数量，程序如下所示：

```
## 可视化商户、网点、配送点在地图上的分布
centers <- c(mean(Site_data$Lng),mean(Site_data$Lat))          # 地图中心点
map <- leaflet(data = Site_data,width = 800, height = 600) %>%
    setView(lng = centers[1],lat = centers[2],zoom = 10)%>%addTiles() %>%
    addCircleMarkers(lng = ~ Lng, lat = ~ Lat,stroke = FALSE,group = " 网点 ",
                    color = "green",fillOpacity = 0.6,
                    radius = ~ (Site_data$bagnum / 500),
                    popup = ~ (Site_data$info)) %>%
    addCircleMarkers(lng = Spot_data$Lng,lat = Spot_data$Lat,
                    stroke = FALSE,group = " 配送点 ",color = "red",
                    fillOpacity = 0.6,radius = ~ (Spot_data$all_num/50),
                    popup = ~ (Spot_data$info)) %>%
    addCircleMarkers(lng = Shop_data$Lng,lat = Shop_data$Lat,
                    stroke = FALSE,group = " 商户 ",color = "blue",
                    fillOpacity = 0.6,radius = ~ (Shop_data$o2o_num / 20),
                    popup = ~ (Shop_data$info)) %>%
    addLayersControl(overlayGroups = c(" 网点 "," 配送点 "," 商户 "),
                    options = layersControlOptions(collapsed = FALSE),
                    position = "topleft")

map
```

在上述程序的三个 addCircleMarkers() 函数中，依次使用 Site_data、Spot_data、Shop_data 为地图添加三种圆，并使用预处理后的包裹数量设置圆的大小，使用每个数据中的 info 变量指定鼠标单击后显示的文本，最后使用 addLayersControl() 函数添加显示三种圆点图层的控制工具。运行程序后，可得可交互散点地图。

可交互散点地图中的圆点表示快递包裹将会出现的位置，其中，绿色的点表示网点位置和包裹数量的信息；蓝色的点表示商户位置和包裹数量的信息；红色的点表示配送点位置和包裹数量的信息。

为了使用线来表示包裹的流动信息，需要导入包裹在快递员之间的配送网络。下面随机

选择部分样本对其进行可视化，程序如下所示：

```
## 读取包裹配送数据
fly_line_data <- read_csv("data/chap8/ 电商快递数据 / 包裹配送数据 .csv")
## 为了节省绘图时间，只挑选出一部分的配送路线进行可视化
linenum <- nrow(fly_line_data)
index <- sample(c(1:linenum),round(0.25*linenum))
fly_line_data <- fly_line_data[index,]
head(fly_line_data)
## # A tibble: 6 x 13
##   Courier_id Addr.x Lng.x Lat.x Group.x Num.x Amount.x Addr.y Lng.y Lat.y
##   <chr>      <chr>  <dbl> <dbl> <chr>   <dbl>    <dbl> <chr>  <dbl> <dbl>
## 1 D0358      A040   122.  31.3  Site      443      443 B8077  122.  31.3
## 2 D0127      S612   122.  31.0  Shop       23       23 B4456  122.  31.0
## 3 D0586      A077   121.  31.1  Site      119      119 B7728  121.  31.1
## 4 D0739      A102   121.  31.2  Site      605      605 B3969  121.  31.1
## 5 D0805      S528   122.  31.2  Shop        3        3 B7475  122.  31.3
## 6 D0737      S100   121.  31.1  Shop        2        2 B0818  121.  31.1
## # … with 3 more variables: Group.y <chr>, Num.y <dbl>, Amount.y <dbl>
```

在上面的程序中，首先读取用于可视化的包裹配送数据，该数据包含配送员的 id，两个坐标点的 id 及其经度、纬度信息，包裹属于哪种类型的分组变量，包裹数量的信息等。

在地图上添加线，需要先绘制相关的点，程序如下所示：

```
## 网点、配送点、商户之间的路线交互地图
map2 <- leaflet(data = Site_data,width = 800, height = 600) %>%
    setView(lng = centers[1],lat =centers[2],zoom = 10)%>%addTiles()%>%
    ## 添加各种类型的点
    addCircleMarkers(lng = Site_data$Lng, lat = Site_data$Lat,
                    stroke = FALSE,group = " 网点 ",color = "green",
                    fillOpacity = 0.6,radius = 6,
                    popup = ~ (Site_data$info)) %>%
    addCircleMarkers(lng = Spot_data$Lng,lat = Spot_data$Lat,
                    stroke = FALSE,group = " 配送点 ",color = "red",
                    fillOpacity = 0.6,radius = 1,
                    popup = ~ (Spot_data$info)) %>%
    addCircleMarkers(lng = Shop_data$Lng,lat = Shop_data$Lat,
                    stroke = FALSE,group = " 商户 ",color = "blue",
                    fillOpacity = 0.6,radius = 4,
                    popup = ~ (Shop_data$info))
```

下面获取包裹从网点到配送点的路线数据，并通过 for 循环在地图上逐条添加线，程序如下所示：

```
## 在地图上可视化包裹从网点到配送点的路线
fly_line_Site <- fly_line_data[fly_line_data$Group.x == "Site",]
fly_line_Site$info <- paste(" 快递员 :",fly_line_Site$Courier_id,";",
                            fly_line_Site$Addr.x,"->",fly_line_Site$Addr.y,sep = "")
## 通过 for 循环在地图上逐条添加线
for (i in 1:nrow(fly_line_Site)) {
    map2 <- addPolylines(map2,data = fly_line_Site,weight = 1,
                         lng = as.numeric(fly_line_Site[i,c("Lng.x","Lng.y")]),
                         lat = as.numeric(fly_line_Site[i,c("Lat.x","Lat.y")]),
                         color = "black",fillOpacity = 1,
                         stroke = TRUE,group = " 网点 - 配送点 ",
                         popup = ~ (fly_line_Site$info[i]))
}
```

　　类似地，进一步获取包裹从商户到配送点的路线数据，并通过 for 循环在地图上逐条添加线，程序如下所示：

```
## 在地图上可视化包裹从商户到配送点的线
fly_line_Shop <- fly_line_data[fly_line_data$Group.x == "Shop",]
fly_line_Shop$info <- paste(" 快递员 :",fly_line_Shop$Courier_id,";",
                    fly_line_Shop$Addr.x,"->",fly_line_Shop$Addr.y,sep="")
for (i in 1:nrow(fly_line_Shop)) {
    map2 <- addPolylines(map2,data = fly_line_Shop,weight = 1,
                         lng = as.numeric(fly_line_Shop[i,c("Lng.x","Lng.y")]),
                         lat = as.numeric(fly_line_Shop[i,c("Lat.x","Lat.y")]),
                         color = "orange",fillOpacity = 1,
                         stroke = TRUE,group = " 商户 - 配送点 ",
                         popup = ~(fly_line_Shop$info[i]))
}
## 为地图添加图层控制工具
map2 <- addLayersControl(map2,overlayGroups = c(" 网点 "," 配送点 "," 商户 ",
                                        " 网点 - 配送点 "," 商户 - 配送点 "),
                         options = layersControlOptions(collapsed = FALSE),
                         position = "topleft")
map2
```

　　在上面的程序中，首先绘制对应的点、线图层，然后通过 addLayerControl() 函数添加图层显示的控制工具。运行程序后，可得包裹流动地图。

　　由包裹流动地图可以看出，从网点到配送点的平均路程相对较短，但从商户到配送点的路程相对长一些。

　　在包裹的流动路线中，从网点到配送点的配送路线呈现团状，这是因为电商包裹会就近配送，而从商户到配送点的配送路线没有呈现明显的聚集状态，这是因为当地商户的网上购物客户更关注自己喜欢的店铺。

# 8.4 用mapview包可视化可交互地图

mapview 包是在 leaflet 包的基础上进一步封装的包，它可以快速、方便地对空间数据进行可视化，并且可以使用更少的程序绘制可交互地图。

mapview 包可以通过 CRAN 安装，也可以利用 devtools 包中的 install_github() 函数安装（建议使用该方式），具体代如下所示：

```
library(devtools)
install_github("r-spatial/mapview")
```

在 mapview 包中，使用一个 mapview() 函数即可完成可交互地图的可视化，该函数中的常用参数如表 8-6 所示。

表 8-6　mapview() 函数中的常用参数

| 参　数 | 功　能 |
| --- | --- |
| x | 用于可视化地图的数据 |
| map | 可选择的现有地图 |
| zcol | 需要可视化的数据列名 |
| at | 在可视化时提供的截断点 |
| col.regions | 使用的颜色映射调色盘 |
| na.color | 缺失值使用的颜色 |
| alpha.regions | 所用颜色的透明度 |
| legend | 图形的图例 |
| layer.name | 在地图上显示的图层名称 |
| popup | 设置鼠标单击时显示的内容 |
| lwd | 线的宽度 |
| map.types | 设置使用的地图类型 |

本节将使用具体的数据集，介绍如何使用 mapview 包进行地图数据可视化。

## 8.4.1　用 mapview() 函数可视化地图

通过 mapview 包中的 mapview() 函数即可轻松绘制可交互地图，程序如下所示：

```
library(mapview);library(dplyr);library(leaflet)
```

```
library(leafpop);library(sf);library(tiff);library(imager);library(lattice)
## 导入美国本土各州 states 地图数据
load("data/chap8/us_states.RData")
## 不显示图例的美国本土各州地图
mapview(us_states,legend = FALSE,color = "red",          # 边界线的颜色
        ## 设置每个区域的填充颜色
        col.regions = RColorBrewer::brewer.pal(8,"Accent"))
```

在上面的程序中，通过 mapview() 函数对地图数据 us_states 进行可视化。其中，参数 legend = FALSE 表示不显示图例；参数 color 用于设置边界线的颜色为红色；参数 col.regions 用于设置每个区域的填充颜色。

在 mapview() 函数绘制的可交互地图中，默认带有多个可供选择的主题，并可以通过图层控制工具对其进行选择。

可以通过 "+" 号对 mapview() 函数绘制的可交互地图进行合并，从而获取具有更多图层的可交互地图。下面针对美国本土各州的某传染病数据集，展示如何将感染人数和死亡人数的分布地图进行合并，程序如下所示：

```
## 读取 2020 年 4 月 5 日之前美国本土各州的某传染病数据
covid_usa <- read.csv("data/chap8/mcrb_USA_2020405.csv")
head(covid_usa)
##         date       state  cases  deaths
## 1 2020-04-04    Alabama    1633      44
## 2 2020-04-04     Alaska     171       5
## 3 2020-04-04    Arizona    2019      53
## 4 2020-04-04   Arkansas     743      14
## 5 2020-04-04 California   13796     323
## 6 2020-04-04   Colorado    4574     126
```

在读取数据后，可以进一步将感染人数和死亡人数的分布地图进行合并，程序如下所示：

```
## 使用可交互地图可视化美国 2020 年 4 月 4 日的疫情状况
## 组合感染者的地图数据
mapdata1 <- left_join(us_states,covid_usa[,c("state","cases")],by = c("NAME" = "state" ))
case_at <- c(0,2,5,10,15,20,25,30,40,150)*1000   # 数值分为 9 组
## 获取感染人数的可交互地图
map1 <- mapview(mapdata1,zcol = "cases",at = case_at,
                col.regions = RColorBrewer::brewer.pal(9,"Reds"),
                alpha.regions = 1,map.types = "CartoDB.DarkMatter",
                layer.name = "USA MCRB Cases")
## 组合死亡者的地图数据
mapdata2 <- left_join(us_states,covid_usa[,c("state","deaths")],
```

```
                          by = c("NAME" = "state" ))
death_at <- c(0,100,500,1000,2000,3000,4000)   # 数值分为 6 组
## 获取死亡人数的可交互地图
map2 <- mapview(mapdata2,zcol = "deaths",at = death_at,
               col.regions = RColorBrewer::brewer.pal(6,"Blues"),
               alpha.regions = 1,layer.name = "USA MCRB Deaths")
## 不同的地图可以通过 "+" 号合并
map1 + map2
```

在上面的程序中，首先通过数据中的 cases 变量进行数据映射，获得感染人数的分布地图 map1；然后通过数据中的 deaths 变量进行数据映射，获得死亡人数的分布地图 map2；最后通过 "+" 号将两个地图合并，获得地图 map1+map2。

综合前面的示例可以发现，使用 mapview() 函数可视化可交互地图非常方便，通过鼠标单击就可以显示出当前位置对应的数据信息。8.4.2 节将介绍如何更加丰富地显示鼠标单击后的内容。

## 8.4.2　设置鼠标单击后显示的内容

在使用 mapview 包获得的可交互地图中，通过鼠标单击通常可以显示三种类型的位置信息：数据表格、统计图形和图片，默认情况下显示数据表格。针对这三种类型的显示内容，可以通过 popupTable() 函数进行详细设置，具体方法如下。

### 1. 单击显示数据表格

针对美国本土各州地图和某传染病数据集，下面展示如何设置鼠标单击后数据表格显示的内容，程序如下所示：

```
## 组合用于可视化的数据
mapdata <- left_join(us_states,covid_usa,by = c("NAME"="state"))
head(mapdata,3)
## Simple feature collection with 6 features and 4 fields
## geometry type:  MULTIPOLYGON
## dimension:      XY
## bbox:           xmin: -114.8136 ymin: 24.55868 xmax: -71.78699 ymax: 42.04964
## CRS:            EPSG:4269
##          NAME       date cases deaths                    geometry
## 1     Alabama 2020-04-04  1633     44 MULTIPOLYGON (((-88.20006 3...
## 2     Arizona 2020-04-04  2019     53 MULTIPOLYGON (((-114.7196 3...
## 3    Colorado 2020-04-04  4574    126 MULTIPOLYGON (((-109.0501 4...
class(mapdata)
```

```
## [1] "sf"           "data.frame"
## 可视化地图在鼠标单击后显示的信息为数据表格
case_at <- c(0,2,5,10,15,20,25,30,40,150)*1000   # 数值分为 9 组
## 获取感染人数可交互地图
mapview(mapdata,zcol = "cases",at = case_at,
        col.regions = RColorBrewer::brewer.pal(9,"Reds"),
        alpha.regions = 1,layer.name = "USA mcrb Cases",
        ## 设置鼠标单击时显示的数据表格
        popup = popupTable(mapdata,feature.id = FALSE,
                        zcol = c("NAME","date","cases","deaths")))
```

在上面的程序中，首先将美国本土各州地图数据和某传染病感染人数与死亡人数数据集通过州名进行合并，进而获得了具有地理位置信息的数据表格；接着绘制可交互的感染人数的地图热力图，并通过 popupTable() 函数设置 popup 参数，其中参数 feature.id = FALSE 表示不显示特征的 id，参数 zcol 指定鼠标单击后数据表格显示的列。运行程序后可获得显示数据表格的可交互地图，其中显示的数据表格中只有 NAME、date、cases 和 deaths 列的信息。

### 2. 单击显示统计图形

在使用 mapview 包得到的可交互地图中，还可以设置鼠标单击后显示数据的统计图形，帮助读者对数据进行更加全面的分析。

下面针对美国某传染病感染人数的地图热力图，设置在单击对应的州后，显示出死亡人数与感染人数关系的散点图，程序如下所示：

```
## 可视化感染人数和死亡人数关系的散点图
p <- xyplot(deaths ~ cases, data = mapdata, col = "blue",
            pch = 20, cex = 1,alpha = 0.5)
p <- mget(rep("p", nrow(mapdata)))        # 复制样本行数的各散点图
clr <- rep("blue", nrow(mapdata))         # 颜色向量
shap <- rep(20, nrow(mapdata))            # 形状向量
alp <- rep(0.5, nrow(mapdata))            # 填充向量
ce <- rep(1, nrow(mapdata))               # 显示大小向量
## 分别对每个图形更新对应点的颜色
p <- lapply(1:length(p), function(i) {
    clr[i] <- "red"
    shap[i] <- 18
    alp[i] <- 1
    ce[i] <- 1.5
    ## 更新每行对应的散点图
    update(p[[i]], col = clr, pch = shap,alpha = alp,
           cex = ce,main = mapdata$NAME[i])
})
```

在上面的程序中，首先通过 xyplot() 函数可视化死亡人数和感染人数关系的散点图，其中为了突出显示指定州的死亡人数和感染人数在所有点中的位置，采用并行计算得出很多幅散点图，将其统一保存在图形列表 p 中。

在准备好散点图之后，就可以绘制鼠标单击后显示散点图的可交互地图热力图，程序如下所示：

```
## 可视化地图，交互后显示统计图形
mapview(mapdata,zcol = "cases",at = case_at,
        col.regions = RColorBrewer::brewer.pal(9,"Reds"),
        alpha.regions = 1,layer.name = "USA mcrb Cases",
        ## 设置鼠标单击后显示的散点图
        popup = popupGraph(p,width = 300,height = 200))
```

在上面的程序中，popup 参数通过 popupGraph() 函数进行设置。

从获得的图形可以发现，通过鼠标单击对应的位置就可以获得一个散点图，并且该州所对应的数据点使用更明显的红色的菱形显示。

### 3. 单击显示图片

在 mapview() 函数中，还可以通过 popupImage() 函数对 popup 参数进行设置，显示一幅准备好的图片，需要注意的是图片路径为设备上的绝对路径。使用鼠标单击可交互地图后显示图片，程序如下所示：

```
## 设置在地图上用鼠标单击后会显示图片
pnt <- data.frame(x = 86.92527778, y = 27.98805556) # 可视化点的经度、纬度
pnt <- st_as_sf(pnt, coords = c("x", "y"), crs = 4326)
## 设置图片的绝对路径
impath <- paste(getwd(),"/data/chap8/zmlmf.jpg ",sep = "")
## 在地图上可视化一个点，鼠标单击后会显示照片
mapview(pnt,popup = popupImage(img = impath, src = "local",embed = TRUE))
```

在上面的程序中，首先通过 st_as_sf() 函数将一个坐标点设置为地理位置数据，然后定义需要显示图片的绝对路径，最后通过 mapview() 函数可视化点 pnt 在地图上所处的位置。运行程序后获得可交互地图，用鼠标单击该地图上的标识点后会显示一张图片。

## 8.5 shiny地图可视化应用

前面介绍了可视化地图数据的各种包的使用方式，包括可视化静态地图、可交互地图以及地图动画等。本节将使用一个综合的数据可视化案例，制作 shiny 地图可视化应用，为了更好地对图形进行布局，将使用 flexdashboard 包制作数据的可视化仪表盘。整个应用的程序（见文件 chap8_dashboard.Rmd）很长，下面对程序进行分段说明。

（1）程序头、导入包和全局数据准备程序片段。

```
---
title: " 美国某传染病 "
output:
    flexdashboard::flex_dashboard:
        orientation: columns
        social: menu
        source_code: embed
runtime: shiny
---
```

上面的程序是设置应用的名称、布局和输出的应用类型等内容。

```
'''{r global, include=FALSE}
library(flexdashboard);library(shiny);library(ggplot2)
library(plotly);library(leaflet);library(mapview)
library(mapdata);library(dplyr);library(tidyr)
library(sf);library(stringr);library(leafpop)
## 导入美国的某传染病数据
usavis <- read.csv("data/chap8/us-counties.csv")
## 读取美国本土各州的地图数据
load("data/chap8/us_states.RData")
## 数据预处理
usavis <- usavis[usavis$state %in% us_states$NAME,]
head(usavis)
## 计算每个州当天的累计感染人数和死亡人数
usaplotdata <- usavis%>%group_by(date,state)%>%
  summarise(cases = sum(cases),deaths = sum(deaths))
head(usaplotdata)
## 读取美国的 county 地图数据
county <- st_as_sf(map("county",plot = FALSE, fill = TRUE))
## 切分字符串
splistres <- as.data.frame(str_split_fixed(county$ID,pattern = ",",n = 2))
county$state <- str_to_title(splistres$V1) # 首字母大写
county$county <- str_to_title(splistres$V2)
## 地图中每个区域的编码
county <- left_join(county,county.fips,by = c("ID" = "polyname"))
'''
```

该段程序首先通过 r global 将应用设置为全局模式，这样在该段程序中读取的数据可以被文件中所有的 R 语言程序片段使用。在导入使用的包后，接着读取数据并对数据进行预处理，读取的数据包括美国各城市的某传染病数据 usavis，美国本土各州地图数据 us_states 和城市地图数据 county，预处理得到的每个州当天感染人数和死亡人数的数据表 usaplotdata 等。

（2）设置全局控制侧边栏程序片段。

```
Sidebar {.sidebar data-width=250}
===================================

'''{r}
## 定义一个感兴趣的州的数据的时间按钮
selectInput("plotdate","时间", choices= unique(usaplotdata$date),
            selected = "2020-03-25")
p("选择一个感兴趣的时间，用于数据可视化")
## 定义一个感兴趣的州的数据选择按钮
selectInput("plotstate","州(state)", choices= unique(usaplotdata$state),
            selected = "New York")
p("选择一个感兴趣的州，用于数据可视化")

'''
```

该侧边栏的设置程序通过 "=============" 进行分页，它表示该侧边栏是一个全局侧边栏，其内容的更改会影响到后面定义的两个页面的可视化结果。在侧边栏中使用 selectInput() 函数定义了两个用于选择的按钮，分别是选择感兴趣的时间和州进行数据可视化。

（3）第一页整体情况可视化仪表盘程序片段。

该页面共分为两列，第一列包含美国本土州的感染人数与死亡人数随时间变化的可交互曲线，以及在选择的日期下美国本土各州的感染人数与死亡人数的可交互地图热力图；第二列使用两个可选择查看的条形图进行数据可视化，分别是指定时间下的感染人数与死亡人数的排序条形图。

① 可视化美国某传染病数据随时间变化情况的程序片段（第一页中第一列的第一幅图）。

```
### 整体情况可视化
===================================

Column {data-width=650}
-------------------------------------------------------------------

### 美国某传染病数据随时间变化可视化

'''{r}
## 计算全国每天的感染人数和死亡人数情况
usavisall <- usaplotdata%>%group_by(date)%>%
  summarise(cases = sum(cases),deaths = sum(deaths))
## 可视化时间序列图形
```

```
fig <- plot_ly(usavisall, x = ~ date)
fig <- fig %>% add_lines(y = ~ cases, name = "感染人数")
fig <- fig %>% add_lines(y = ~ deaths, name = "死亡人数")
fig <- fig %>%rangeslider() %>%
  layout(legend = list(orientation = "h",xanchor = "center",x = 0.5))
fig
'''
```

该段程序是通过"=============="获得一个"整体情况可视化"的应用页面，然后通过 Column 和"----------------"获取该页面的第一列，该列的第一幅可视化图形为"美国某传染病数据随时间变化可视化"。在可视化的程序中，通过 plotly 包中的相关函数获取可交互图形，并通过 rangeslider() 函数为图形添加一个可供选择的时间条，两条曲线分别表示感染人数和死亡人数的情况。

② 利用地图可视化选定时间的美国本土各州某传染病的感染人数和死亡人数的程序片段（第一页中第一列的第二幅图）。

```
### 选定时间的某传染病地图数据可视化

'''{r}
renderLeaflet({
    ## 提取需要可视化的时间和数据
    plotdata <- usaplotdata[usaplotdata$date == input$plotdate,]
    # plotdata <- usaplotdata[usaplotdata$date == "2020-04-04",]
    plotdata <- left_join(us_states,plotdata[,c("state","cases","deaths")],
                    by = c("NAME"="state"))
    ## 获取感染人数可交互地图
    case_at <- c(0,2,5,10,15,20,25,30,40,150)*1000   # 数值分为 9 组
    map1 <- mapview(plotdata,zcol = "cases",at = case_at,
                    col.regions = RColorBrewer::brewer.pal(9,"Reds"),
                    alpha.regions = 1,layer.name = "USA mcrb Cases")
    ## 获取死亡人数可交互地图
    death_at <- c(0,100,500,1000,2000,3000,4000)   # 数值分为 6 组
    map2 <- mapview(plotdata,zcol = "deaths",at = death_at,
                    col.regions = RColorBrewer::brewer.pal(6,"Blues"),
                    alpha.regions = 1,layer.name = "USA mcrb Deaths")
    map <- map1 + map2
    map@map
})
'''
```

上面是获取第一列的第二幅名为"选定时间的某传染病地图数据可视化"的可视化图形的程序。该可交互的地图热力图通过 renderLeaflet() 函数输出，然后通过 mapview() 函数绘制

地图热力图，注意 mapview 包输出的地图本质上还是 leaflet 包的地图。在绘图之前需要获得根据侧边栏指定时间下用于可视化的数据，将感染人数和死亡人数数据与地图数据融合后，即可进行地图热力图的可视化。map1 是可视化感染人数的地图，map2 是可视化死亡人数的地图，输出的 map 地图是融合两幅地图后得到的结果，最后可以通过 map@map 输出用于可视化的可交互地图。

③ 利用条形图可视化选定时间的美国本土各州某传染病的感染人数和死亡人数排名的程序片段（第一页中第二列的两幅图）。

在该段程序中使用了 tabset 类型的可视化窗口，并通过单击窗口名称进行图像切换，具体程序如下所示：

```
Column {.tabset data-width=350}
----------------------------------------------------------------------


### 各州的感染人数
'''{r}
renderPlotly({
    ## 获取数据
    plotdata <- usaplotdata[usaplotdata$date == input$plotdate,]
    ## 可视化分组条形图
    p1 <- ggplot(plotdata,aes(x = reorder(state,cases),y = cases))+
      theme_bw(base_family = "STKaiti")+
      geom_bar(stat = "identity",fill = "red")+
      coord_flip()+labs(x = "state",y = "number")
    ggplotly(p1)
})
'''
### 各州的死亡人数
'''{r}
renderPlotly({
    ## 获取数据
    plotdata <- usaplotdata[usaplotdata$date == input$plotdate,]
    ## 可视化分组条形图
    p1 <- ggplot(plotdata,aes(x = reorder(state,deaths),y = deaths))+
      theme_bw(base_family = "STKaiti")+
      geom_bar(stat = "identity",fill = "blue")+
      coord_flip()+labs(x = "state",y = "number")
    ggplotly(p1)
})
'''
```

在上面的程序中，第一段是可视化"各州的感染人数"条形图；第二段是可视化"各州的死亡人数"条形图，均会输出 plotly 包的对象。

（4）第二页指定州的数据可视化仪表盘程序片段。

① 可视化美国指定州的某传染病数据随时间变化情况的程序片段（第二页中第一列的第一幅图）。

```
### 指定州数据可视化分析
====================================

Column {data-width=650}
---------------------------------------------------------------------

### 指定州的某传染病数据随时间变化可视化

'''{r}
renderPlotly({
    ## 计算指定州每天的感染人数和死亡人数情况
    # usavis_state <- usavis[usavis$state =="Alabama",]
    usavis_state <- usavis[usavis$state ==input$plotstate,]
    plotstate <- usavis_state%>%group_by(date)%>%
        summarise(cases = sum(cases),deaths = sum(deaths))
    ## 可视化时间序列图形
    fig <- plot_ly(plotstate, x = ~date)
    fig <- fig %>% add_lines(y = ~cases, name = " 感染人数 ")
    fig <- fig %>% add_lines(y = ~deaths, name = " 死亡人数 ")
    fig <- fig %>%rangeslider() %>%
        layout(legend = list(orientation = "h",xanchor = "center",x = 0.5))
    fig
})
'''
```

在上面的程序中，首先初始化"指定州数据可视化分析"应用页面，接着制作第二页第一列的第一幅可视化应用"指定州的某传染病数据随时间变化可视化"，输出结果仍然是 plotly 包的曲线图。

② 利用地图可视化选定时间和选定州的某传染病数据的感染人数和死亡人数情况的程序片段（第二页中第一列的第二幅图）。

```
### 指定州各区域的某传染病地图数据可视化

'''{r}
renderLeaflet({
    ## 获取指定州的可视化数据
    plotstate <- usavis[usavis$state == input$plotstate,]
```

```r
## 获取指定时间的可视化数据
plotstate <- plotstate[plotstate$date == input$plotdate,]
## 根据 fips 对数据进行组合
plotstate <- left_join(plotstate,county[,c("fips","geom")],by = "fips")
## 剔除缺失值
plotstate <- plotstate[!is.na(plotstate$fips),]
plotstate <- st_as_sf(plotstate)
## 获取感染人数可交互地图
map1 <- mapview(plotstate,zcol = "cases",
                col.regions = RColorBrewer::brewer.pal(9,"Reds"),
                alpha.regions = 1,layer.name = "mcrb Cases",
                ## 设置单击时显示的数据表格
                popup = popupTable(plotstate,feature.id = FALSE,
                  zcol = c("date","state","county","cases","deaths")))
## 获取死亡人数可交互地图
map2 <- mapview(plotstate,zcol = "deaths",
                col.regions = RColorBrewer::brewer.pal(8,"Blues"),
                alpha.regions = 1,layer.name = "mcrb Deaths",
                popup = popupTable(plotstate,feature.id = FALSE,
                  zcol = c("date","state","county","cases","deaths")))
map <- map1 + map2
map@map
})

...
```

在上面的程序中，首先获取指定时间和指定州的数据，然后可视化该州所有城市感染人数的可交互地图热力图，以及该州所有城市死亡人数的可交互地图热力图。

③ 利用条形图可视化选定时间及选定州的某传染病的感染和死亡人数排名的程序片段（第二页中第二列的两幅图）。

```r
Column {.tabset data-width=350}
-----------------------------------------------------------------------

### 指定州各个城市的感染人数

'''{r}
renderPlotly({
    ## 获取数据
    plotstate <- usavis[usavis$state == input$plotstate,]
    plotstate <- plotstate[plotstate$date == input$plotdate,]
    plotstate <- left_join(plotstate,county[,c("fips")],by = "fips")
```

```r
    plotstate <- plotstate[!is.na(plotstate$fips),]
    ## 可视化分组条形图
    p1 <- ggplot(plotstate,aes(x = reorder(county,cases),y = cases))+
      theme_bw(base_family = "STKaiti")+
      geom_bar(stat = "identity",fill = "red")+
      coord_flip()+labs(x = "county",y = "number")
    ggplotly(p1)
})
'''


### 指定州各个城市的死亡人数
'''{r}
renderPlotly({
## 可视化分组条形图
    plotstate <- usavis[usavis$state == input$plotstate,]
    plotstate <- plotstate[plotstate$date == input$plotdate,]
    plotstate <- left_join(plotstate,county[,c("fips")],by = "fips")
    plotstate <- plotstate[!is.na(plotstate$fips),]
    p1 <- ggplot(plotstate,aes(x = reorder(county,deaths),y = deaths))+
      theme_bw(base_family = "STKaiti")+
      geom_bar(stat = "identity",fill = "blue")+
      coord_flip()+labs(x = "county",y = "number")
    ggplotly(p1)
})
'''
```

在上面的程序中，分别可视化指定时间和指定州的各个城市的感染人数条形图，以及死亡人数条形图，最后使用 plotly 包获得可交互分组条形图。

单击 RStudio 上方的 Run Document 按钮运行该程序（chap8_dashboard.Rmd），可获得一个可交互的数据可视化应用。

综上可知，借助可交互的数据可视化仪表盘的应用，可以更方便地对数据进行分析，并且便于用户查看自己感兴趣的内容。

## 8.6 本章小结

本章主要介绍了 R 语言中地图信息可视化包的使用方法。针对静态地图介绍了 maps、ggmap、tmap 等包的使用方法，针对可交互地图介绍了 tmap、leaflet、mapview 等包的使用方法，同时介绍了如何使用 tmap 包制作地图可视化动画，最后利用地图数据可视化制作了一个可交互分析的 shiny 地图可视化应用。

本章介绍的主要包及其功能如表 8-7 所示。

表 8-7　本章介绍的主要包及其功能

| 包 | 功　　能 |
| --- | --- |
| maps | 地图可视化包 |
| ggmap | 基于 ggplot2 包的地图可视化包 |
| tmap | 静态与可交互地图可视化包 |
| leaflet | 可交互地图可视化包 |
| mapview | 对 leaflet 包进一步封装的可交互地图可视化包 |
| mapdata | 地图数据包 |
| leafpop | 设置表格、图形等可弹出窗口的形式 |

# 第 **9** 章

# 文本数据分析与可视化

## 📢 本章导读

　　文本数据作为常见的非结构化数据，具有很强的挖掘价值。文本挖掘已成为一种重要的数据挖掘方法。本章从如何对英文和中文文本数据进行清洗入手，介绍词频的提取与可视化、LDA 主题模型分析、文本聚类分析与可视化、词向量的计算及其可视化等，并利用《三国演义》等文本数据集进行案例演示，让读者获得文本处理与可视化分析的实战训练。

## 💡 知识技能

　　本章的知识技能及实战案例如下图所示。

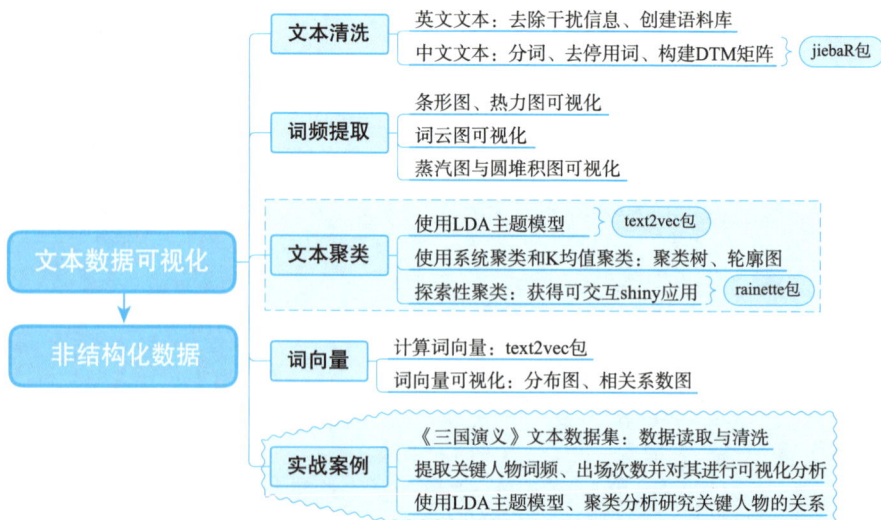

```
                                    ┌─ 文本清洗 ──┬─ 英文文本：去除干扰信息、创建语料库
                                    │            └─ 中文文本：分词、去停用词、构建DTM矩阵  [jiebaR包]
                                    │
                                    ├─ 词频提取 ──┬─ 条形图、热力图可视化
                                    │            ├─ 词云图可视化
                                    │            └─ 蒸汽图与圆堆积图可视化
                                    │
          文本数据可视化 ──────────┤            ┌─ 使用LDA主题模型  [text2vec包]
                 │                  ├─ 文本聚类 ─┤ 使用系统聚类和K均值聚类：聚类树、轮廓图
                 ↓                  │            └─ 探索性聚类：获得可交互shiny应用  [rainette包]
          非结构化数据 ────────────┤
                                    ├─ 词向量 ──┬─ 计算词向量：text2vec包
                                    │           └─ 词向量可视化：分布图、相关系数图
                                    │
                                    └─ 实战案例 ─┬─《三国演义》文本数据集：数据读取与清洗
                                                 ├─ 提取关键人物词频、出场次数并对其进行可视化分析
                                                 └─ 使用LDA主题模型、聚类分析研究关键人物的关系
```

# 9.1 文本数据预处理

从文本数据中获取信息并对其进行表示，首先要进行的工作就是对文本数据进行预处理。针对中文和英文这两种类型的文本数据，由于其语言结构不同，需要使用不同的数据预处理方法。

## 9.1.1 英文文本数据预处理

下面使用英国广播公司（BBC）的 5 种类型的英文文本数据，举例说明如何进行数据的预处理，其中每种类型的新闻均使用一个文件夹，文件夹中每条新闻均以 txt 文件进行保存。

读取需要使用的数据，程序如下所示：

```
## 导入包
library(tm);library(stringr);library(readtext)
## 使用 readtext() 函数自动读取文件夹下的所有 txt 文件
bbc <- readtext("data/chap9/bbc",encoding = "UTF-8")
head(bbc)
## readtext object consisting of 6 documents and 0 docvars.
## # Description: df[,2] [6 × 2]
##   doc_id                text
## * <chr>                 <chr>
## 1 business/001.txt/001.txt "\"Ad sales b\"..."
## 2 business/002.txt/002.txt "\"Dollar gai\"..."
## 3 business/003.txt/003.txt "\"Yukos unit\"..."
## 4 business/004.txt/004.txt "\"High fuel \"..."
## 5 business/005.txt/005.txt "\"Pernod tak\"..."
## 6 business/006.txt/006.txt "\"Japan narr\"..."
```

上面的程序通过 readtext() 函数自动读取文件夹下的所有 txt 文件，并输出一个数据表，该数据表包含一个文件路径变量 doc_id 和一个文本内容变量 text。

下面针对已获取的变量进行预处理，程序如下所示：

```
bbc$label <- sapply(bbc$doc_id,function(x){
    unlist(str_split(x,pattern = "/"))[1]
})
bbc$doc_id <- NULL
```

在预处理后的数据表 bbc 中，label 变量为通过字符串提取操作获取每条新闻的文件名称后，对应的每个文件名称的类别标签。读取数据的截图如图 9-1 所示。

| | text | label |
|---|---|---|
| 1 | Ad sales boost Time Warner profit Quarterly profits at US media gian... | business |
| 2 | Dollar gains on Greenspan speech The dollar has hit its highest level... | business |
| 3 | Yukos unit buyer faces loan claim The owners of embattled Russian ... | business |
| 4 | High fuel prices hit BA's profits British Airways has blamed high fuel ... | business |
| 5 | Pernod takeover talk lifts Domecq Shares in UK drinks and food firm... | business |
| 6 | Japan narrowly escapes recession Japan's economy teetered on the b... | business |
| 7 | Jobs growth still slow in the US The US created fewer jobs than expe... | business |
| 8 | India calls for fair trade rules India, which attends the G7 meeting of... | business |
| 9 | Ethiopia's crop production up 24% Ethiopia produced 14.27 million t... | business |
| 10 | Court rejects $280bn tobacco case A US government claim accusing ... | business |

图 9-1　读取数据的截图

在读取文本数据后，需要对其进行清洗，将数据中的错误、干扰、不重要的信息去除，这些操作可以通过 tm 包完成。将所有的文本创建为一个语料库，程序如下所示：

```
## 使用 tm 包构建语料库并对文本进行预处理
bbc_cp <- Corpus(VectorSource(bbc$text))
## 输出语料库的内容
print(bbc_cp)
## <<SimpleCorpus>>
## Metadata: corpus specific: 1, document level (indexed): 0
## Content: documents: 2225
```

通过 Corpus() 函数创建的语料库 bbc_cp 中包含 2225 个文档。针对该语料库，可以使用 tm_map() 函数对每个文档指定预处理操作，进而对文本进行清洗。清洗操作包括使用 removePunctuation() 函数从文本文档中删除标点符号；使用 tolower() 函数将所有的字母均转换为小写；使用 removeNumbers() 函数去除语料库中的所有数字；使用 removeWords() 函数去除文本中的停用词；使用 stripWhitespace() 函数去除文本中的额外空格等，具体程序如下所示：

```
##  tm_map() 函数是作用于语料库的转换函数，对文本进行清洗
## 从文本文档中删除标点符号
bbc_clearn <- tm_map(bbc_cp,removePunctuation)
## 将所有的字母均转换为小写
bbc_clearn <- tm_map(bbc_clearn,tolower)
## 去除语料库中的所有数字
bbc_clearn <- tm_map(bbc_clearn,removeNumbers)
## 去除停用词
bbc_clearn <- tm_map(bbc_clearn,removeWords,stopwords())
## 去除额外的空格
bbc_clearn <- tm_map(bbc_clearn,stripWhitespace)
```

下面输出一条预处理前后的文本内容，对比分析预处理操作的效果，如表 9-1 所示。

表 9-1　文本预处理前后的结果比较

| 预处理前：inspect(bbc_cp[2]) | 预处理后：inspect(bbc_clearn[2]) |
| --- | --- |
| Dollar gains on Greenspan speech\n\nThe dollar has hit its highest level against the euro in almost three months after the Federal Reserve head said the US trade deficit is set to stabilise.\n\nAnd Alan Greenspan highlighted the US government's willingness to curb spending and rising household savings as factors which may help to reduce it. In late trading in New York, the dollar reached $1.2871 against the euro, from $1.2974 on Thursday. … | dollar gains greenspan speech dollar hit highest level euro almost three months federal reserve head said us trade deficit set stabilise alan greenspan highlighted us governments willingness curb spending rising household savings factors may help reduce late trading new york dollar reached euro thursday … |

由表 9-1 可以发现，文本经过预处理后，已经把标点、冠词、代词、介词、连词等不重要的内容剔除了，只保留了重要的信息。

可以将预处理后的数据转换为表格进行保存，以方便后面的使用，程序如下所示：

```
## 将文本数据从语料库中转换为数据框
bbcdf <- data.frame(text=sapply(bbc_clearn, identity), stringsAsFactors=F)
bbcdf$label <- bbc$label
## 保存清洗好的数据
save(bbcdf,file = "data/chap9/bbcdf.RData")
```

前面介绍的是英文文本数据的预处理工作，针对中文文本数据，其预处理操作会因为语言类型不同而有所区别。

## 9.1.2　中文文本数据预处理

中文文本在预处理时首先需要进行分词操作，这是因为中文文本没有像英文文本中空格一样的标识符将其切分为相应的词语。在 R 语言中，对中文进行分词的常用包为 jiebaR 包。

下面使用《三国演义》文本数据，介绍如何对中文文本进行预处理操作，程序如下所示：

```
## 导入相关包
library(jiebaR);library(stringr);library(dplyr)
library(tm);library(tmcn);library(ggplot2)
## 读取《三国演义》文本数据
filename <-"data/chap9/ 三国演义 / 三国演义 .txt"
ThreeK <- readLines(filename,encoding='UTF-8')
## 对读取的数据进行清洗
## 去除字符串长度小于 10 的行
charnum <- sapply(ThreeK, nchar, USE.NAMES = FALSE)
ThreeK <- ThreeK[charnum > 10]
## 找到每个章节（回）的名称
```

```
nameindex <- grep(ThreeK,pattern = "^ 第 +.+ 回 ")
## 生成数据表
ThreeKdf <- data.frame(name = ThreeK[nameindex],chapter = 1:120)
## 处理每回的名称，根据空格切分字符串
names <- data.frame(str_split(ThreeKdf$name,pattern = "[[:blank:]]+",
                             simplify =TRUE))
## 连接字符串
ThreeKdf$Name <- apply(names[,2:3],1,str_c,collapse = ",")
ThreeKdf$name <- NULL              # 删除一列
## 找出每回的头部行数和尾部行数
## 每回的开始行数
ThreeKdf$chapbegin<- grep(ThreeK,pattern = "^ 第 +.+ 回 ")
## 每回的结束行数
ThreeKdf$chapend <- c((ThreeKdf$chapbegin-1)[-1],length(ThreeK))
## 每回的段落长度
ThreeKdf$chaplen <- ThreeKdf$chapend - ThreeKdf$chapbegin
## 获取每回所有的文本内容
for (ii in 1:nrow(ThreeKdf)){
    ## 将一回的所有段落连接起来
    chapstrs <- str_c(ThreeK[(ThreeKdf$chapbegin[ii]+1):ThreeKdf$chapend[ii]],
                      collapse = "")
    ## 剔除每回中不必要的空格
    ThreeKdf$content[ii]<-str_replace_all(chapstrs,pattern = "[[:blank:]]",
                                         replacement = "")
}
## 保存数据清洗后的文本
save(ThreeKdf,file = "data/chap9/ 三国演义文本 .RData")
```

在上面的程序中，主要进行了以下操作。

（1）通过 readLines() 函数读取整个文本数据，在读取的内容中将每段当作一个文本片段，由于文本中的空行会成为数据表 ThreeK 中的一行，因此将字符数量小于 10 的行剔除。

（2）通过字符串匹配""^ 第 +.+ 回 ""找到每个章节（回）的名称，并根据章节名称所在位置确定每个章节的文本的开始位置和结束位置。

（3）计算每个章节的段落数量。

（4）根据章节的开始位置和结束位置，将每个章节的内容进行字符串拼接，获得章节的完整内容。

（5）将清洗后的数据保存，以方便后面的使用。

下面对文本内容进行分词、去停用词等操作，分词时使用 jiebaR 包，程序如下所示：

```
## 对《三国演义》进行分词
## 定义使用自定义词典的分词器，分词方式为 "mix"：最大概率分割模型
```

```
TK_fen <- worker(type = "mix",user="data/chap9/ 三国演义 / 三国演义词典 2.txt",
                 stop_word="data/chap9/ 三国演义 / 综合停用词表 .txt")
## 获取文本内容
content <- ThreeKdf$content
Fen_TK <- apply_list(as.list(content),TK_fen)
length(Fen_TK)
## [1] 120
## 查看分词后的部分结果
lapply(Fen_TK[1:2],head,10)
## [[1]]
##  [1] " 滚滚 "        " 长 "           " 江东 "         " 逝水 "         " 浪花 "         " 淘尽 "
##  [7] " 英雄 "        " 是非成败 "    " 转头 "         " 空 "
## [[2]]
##  [1] " 董卓 " " 仲颖 " " 陇西 " " 临洮 " " 官拜 " " 河东 " " 太守 " " 自来 " " 骄傲 " " 当日 "
## 保存三国演义分词后的内容
save(Fen_TK,file = "data/chap9/ 三国演义分词后 .RData")
```

在上面的程序中，通过 worker() 函数定义一个分词器，使用 user 参数指定自定义词典，用于提升分词的准确度，使用 stop_word 参数指定需要去除的停用词表，最后使用 apply_list() 函数调用分词器对文本进行分词。

下面使用 createDTM() 函数创建文档——词项频数（TF）矩阵，程序如下所示：

```
## 词频统计
## 构建文档——词项频数 (TF) 矩阵
## 针对中文，前面已经剔除过停用词，这里不再重复操作
TK_dtm <- createDTM(Fen_TK, removeStopwords = FALSE)
TK_dtm
## <<DocumentTermMatrix (documents: 120, terms: 43997)>>
## Non-/sparse entries: 142595/5137045
## Sparsity           : 97%
## Maximal term length: 10
## Weighting          : term frequency (tf)
## 剔除不重要的词减轻 TF 矩阵的稀疏性
TK_dtm2 <- removeSparseTerms(TK_dtm,0.85)
TK_dtm2
## <<DocumentTermMatrix (documents: 120, terms: 1233)>>
## Non-/sparse entries: 47107/100853
## Sparsity           : 68%
## Maximal term length: 4
## Weighting          : term frequency (tf)
```

在上面的程序中，首先使用 createDTM() 函数创建文档——词项频数矩阵 TK_dtm，可以发现矩阵中包含 43997 个词语，由于该矩阵过于稀疏，进一步通过 removeSparseTerms() 函数

剔除不重要的词，以减轻 TK_dtm 矩阵的稀疏性，处理后只保留了 1233 个较重要的词语。

可以使用下面的方式查看 DTM 矩阵中的相关内容。

```
## 将 DTM 矩阵转换为数据框
TK_dtmdf <- as.matrix(TK_dtm2)
TK_dtmdf <- as.data.frame(TK_dtmdf)
TK_dtmdf[1:3,1:6]
##     隘口 安 安得  安敢 安肯 安民
## 1    0   2   0    0    0    2
## 2    0   0   0    0    0    0
## 3    0   0   1    1    1    0
```

在该矩阵中，行表示章节（回），列表示所对应的关键词，矩阵的内容是出现的频次。

# 9.2 词频提取与可视化

前面介绍了两种文本数据的预处理方法，本节主要介绍几种常见的文本词频可视化方法，包括词频的计算、条形图可视化、热力图可视化、词云图可视化和蒸汽图可视化等。

## 9.2.1 条形图和热力图可视化

针对文本数据中的高频词，可以使用条形图进行可视化，程序如下所示：

```
## 计算词频
word_freq <- sort(colSums(TK_dtmdf),decreasing = TRUE)
word_freq <- data.frame(word = names(word_freq),freq=word_freq,row.names = NULL)
head(word_freq)
##    word freq
## 1  玄德 1796
## 2  孔明 1657
## 3    皆 1153
## 4  曹操  913
## 5    遂  870
## 6    操  818
## 用条形图可视化词频
num <- 50
ggplot(word_freq[1:num,],aes(x= reorder(word,-freq),y = freq))+
    geom_bar(stat = "identity",fill = "red",alpha = 0.7)+
    theme(axis.text.x = element_text(angle = 90,hjust = 1,vjust = 0.5))+
    labs(x = " 词语 ",y = " 词频 ",title = " 三国演义 ")
```

在上面的程序中，首先针对文档——词项频数矩阵计算每个词语出现的次数，然后利用 ggplot2 包对前 50 个高频词进行可视化。运行程序后可获得如图 9-2 所示的词频条形图。由图 9-2 可以发现，高频词中有些是人名，有些是单个的字。

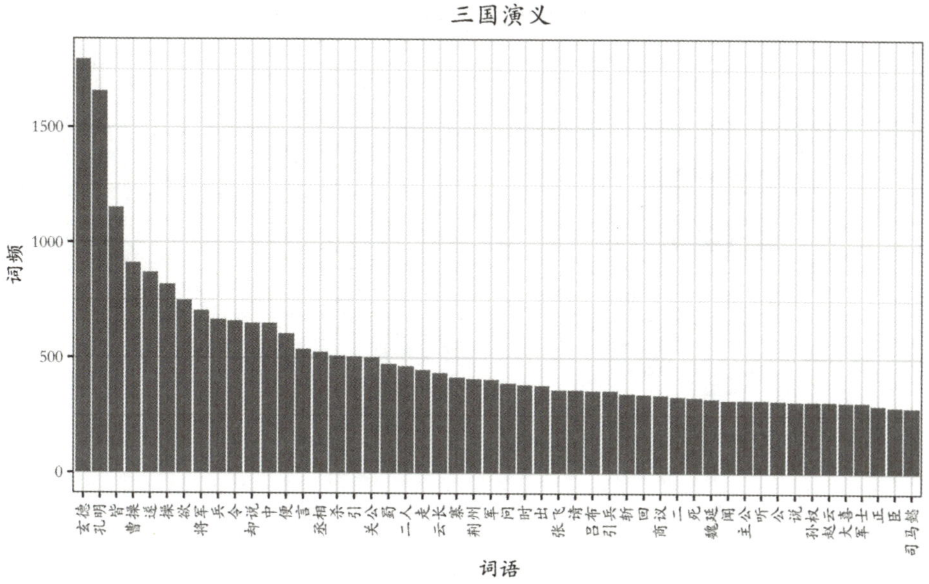

图 9-2　词频条形图

《三国演义》中出现了很多人物，有些属于关键人物。下面使用热力图可视化一些关键人物之间的关系，程序如下所示：

```
## 读取三国人物名称数据文件
filename <-"data/chap9/ 三国演义 / 三国人物名称 .txt"
Tk_name <- readLines(filename,encoding='UTF-8')
## 获取高频词中是人名的词频矩阵
index <- TK_dtm2$dimnames$Terms %in% Tk_name
Tk_nameTF <- as.matrix(TK_dtm2)[,index]
## 可视化主要人物在每个章节出场次数的热力图
library(d3heatmap)
d3heatmap(Tk_nameTF,dendrogram = "column",                  #可视化聚类热力图
          xaxis_font_size = 9, yaxis_font_size = 5,k_col = 6,
          colors = "Blues",show_grid = FALSE,               # 设置颜色填充
          width = 700, height = 700)
```

在上面的程序中，首先从文件中读取待分析的"三国人物名称"数据，然后通过名称索引获取相应人物在每个章节（回）中出现的次数矩阵，最后通过 d3heatmap 包绘制可交互的

聚类热力图，分析每个人物的出场情况和他们之间的关系。运行程序后可获得如图 9-3 所示的关键人物出场情况的聚类热力图。

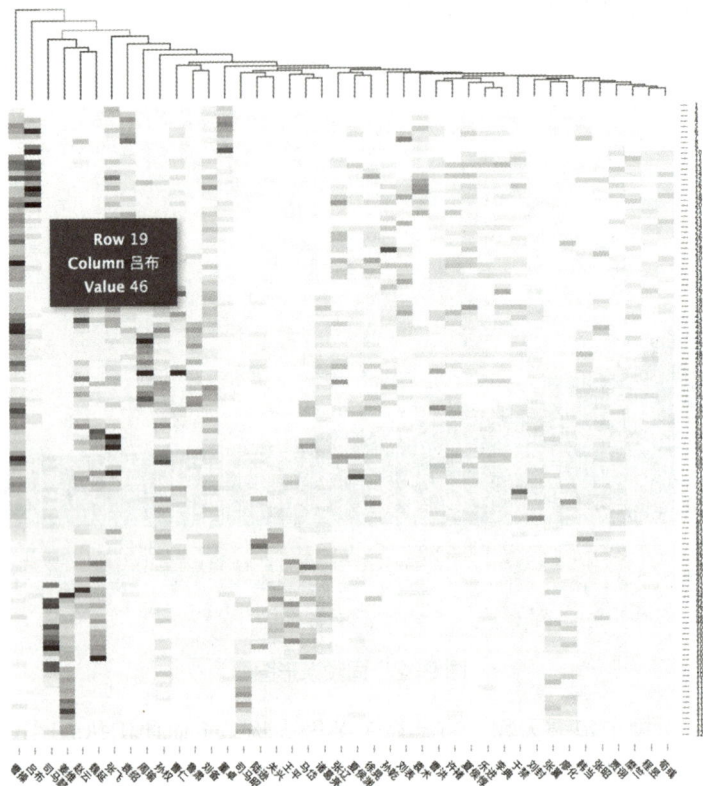

图 9-3　关键人物出场情况的聚类热力图

　　针对关键人物在全书 120 回的出场情况，可以计算他们之间的相关系数并可视化，相关程序如下所示：

```
## 计算关键人物之间按照出场情况的相关系数
Tk_name_cor <- cor(Tk_nameTF,method = c("pearson"))
library(corrplot)
## 可视化相关系数图
par(family = "STKaiti")
corrplot(Tk_name_cor,method = "circle",type = "full",tl.pos = "d",tl.cex = 0.5,
        order = "hclust", addrect = 4, rect.col = "black",rect.lwd = 0.5)
```

　　运行上述程序后，可获得如图 9-4 所示的关键人物出场情况的相关系数图。由图 9-4 可以分析任意两个关键人物之间的关系，并将所有人物聚类为 4 个簇。

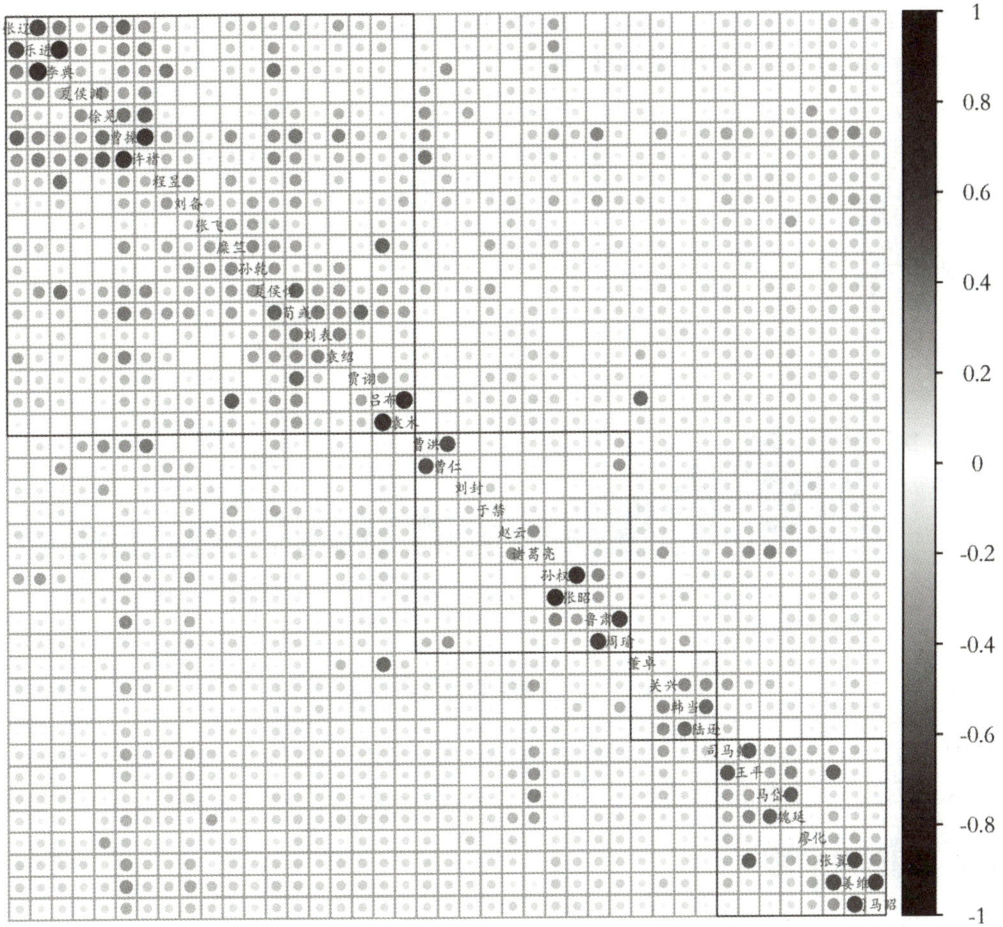

图 9-4 关键人物出场情况的相关系数图

下面使用条形图对关键人物的出场次数进行可视化。每个人物的出场次数可以通过文档——词项频数（TF）矩阵获得，也可以通过 tmcn 包中的 createWordFreq() 函数计算所有词频，然后提取相应词的词频获得，程序如下所示：

```
##  使用另一种方法计算所有词的词频
name_fre <- tmcn::createWordFreq(unlist(Fen_TK))
index <- name_fre$word %in% Tk_name
name_fre <- name_fre[index,]
## 条形图可视化词频
num <- 50
ggplot(name_fre[1:num,],aes(x= reorder(word,-freq),y = freq))+
    geom_bar(stat = "identity",fill = "red",alpha = 0.7)+
    theme(axis.text.x = element_text(angle = 90,hjust = 1,vjust = 0.5))+
    labs(x = " 人物名称 ",y = " 词频 ",title = " 三国演义关键人物 ")
```

在上面的程序中，首先获取关键人物的词频，然后通过 ggplot2 包对其进行可视化。运行程序后可得如图 9-5 所示的关键人物词频条形图。

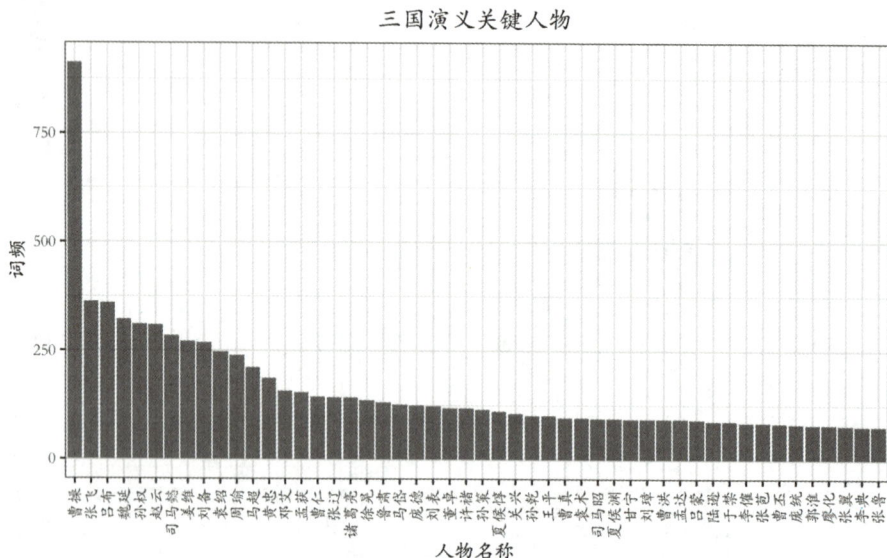

图 9-5　关键人物词频条形图

从图 9-5 中可以发现，刘备、诸葛亮的出现次数并不多，这与书中经常使用他们的"字"有关，这一问题将会在 9.2.3 节解决。

## 9.2.2　词云可视化

针对文本的出现次数，使用词云进行可视化是一个很好的选择，它能够充分吸引人们的注意力。在 R 语言中，有两个常用的可视化词云包，分别是静态可视化词云包 wordcloud 和动态可视化词云包 wordcloud2。

下面介绍使用 wordcloud 包可视化静态词云，使用的数据为《三国演义》分词后的词频数据 word_freq，该数据的前几行程序如下所示：

```
library(wordcloud);library(RColorBrewer)
head(word_freq)
##    word  freq
## 1  玄德  1796
## 2  孔明  1657
## 3   皆   1153
## 4  曹操   913
## 5   遂    870
## 6   操    818
```

```
## 使用词云图可视化《三国演义》中的关键词
par(family = "STKaiti")
wordcloud(words = word_freq$word,freq = word_freq$freq,
          scale=c(4,.5),                              ## 可视化时词的大小范围
          min.freq=50,                                ## 词频小于 min.freq 的不可视化
          max.words=250,                              ## 最多可视化 300 个词
          colors = brewer.pal(10,"RdYlGn")            # 设置颜色
          )
```

在上面的程序中，通过 wordcloud() 函数可视化词云。其中，参数 words 指定需要可视化的词；参数 freq 指定每个词的频数；参数 min.freq 指定词频小于 min.freq 的词不进行可视化；参数max.words 指定最多的可视化词语的数量。运行程序后可获得如图9-6所示的静态词云图。在图 9-6 中，词语的尺寸越大，表示所对应的词频越高。

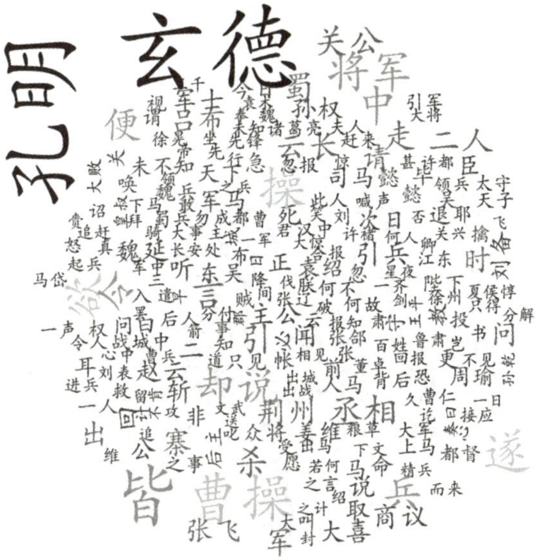

图 9-6　静态词云图

在 wordcloud 包中，comparison.cloud() 函数可以绘制不同分组下的对比词云图。下面使用该函数将《三国演义》的前 60 回和后 60 回的高频词进行对比，程序如下所示：

```
## 可视化《三国演义》的前 60 回和后 60 回关键词的差异
## 准备数据
TKdtm_mat <- as.matrix(TK_dtm2)
compword_df <- data.frame(word = colnames(TKdtm_mat))
rownames(compword_df) <-compword_df$word
compword_df$word <- NULL
compword_df$Top_60<- colSums(TKdtm_mat[1:60,])
```

```
compword_df$Last_60<- colSums(TKdtm_mat[61:120,])
##  可视化词云图
par(family = "STKaiti")
comparison.cloud(compword_df,scale=c(4,.5),max.words=300,
                ##  设置颜色
                colors=c("red","blue"),random.order=FALSE,
                ##  设置标题
                title.size=1,title.colors=c("red","blue"))
```

在数据 compword_df 中，待可视化的词语通过行名表示，数据中的每个变量表示不同分组下词语的频数。运行程序后，可获得如图 9-7 所示的静态分组词云图。在图 9-7 中，前 60 回的高频词使用红色（图形上半部分）进行可视化；后 60 回的高频词使用蓝色（图形下半部分）进行可视化。

图 9-7　静态分组词云图

前面介绍的是静态词云图，下面介绍如何使用 wordcloud2 包可视化丰富的可交互词云图。

使用 wordcloud2 包中的 letterCloud() 函数可视化字母词云图，程序如下所示：

```
# 从 github 网站下载并安装 wordcloud2 包
# library(devtools)
# devtools::install_github("lchifon/wordcloud2")
library(wordcloud2)
## 指定可视化的图形
letterCloud(word_freq,word = "R",wordSize = 1,
```

```
        color ="random-dark",backgroundColor = "snow" ## 颜色
        )
```

在上面的程序中，通过 letterCloud() 函数可视化可交互的字母词云图，字母通过 word = "R" 指定。运行程序后，可获得如图 9-8 所示的可交互字母词云图。在图 9-8 中，通过鼠标单击汉字可以显示出对应词出现的频数。

图 9-8    可交互字母词云图

类似于字母词云图，还可以绘制指定汉字形状的可交互词云图。例如，使用下面的程序可视化词云图，组成文字"三国"：

```
## 将图形可视化为文字并设置词语的主题
letterCloud(word_freq,word = " 三国 ",wordSize = 3,
            letterFont = "STKaiti")+WCtheme(2)
```

在上面的程序中，通过 letterCloud() 函数可视化汉字可交互词云图，并通过 WCtheme(2) 指定使用 wordcloud 包预定义好的第二套图形主题。运行程序后，可获得如图 9-9 所示的可交互汉字词云图。

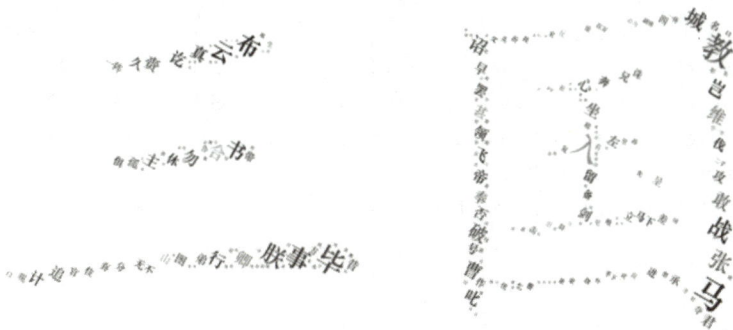

图 9-9    可交互汉字词云图

需要说明的是，由于字体形状的限制，在图 9-9 中绘制的词并不是出现频率很高的词。

针对可交互的词云图，还可以通过 shape 参数设置词云图的形状。例如，绘制五角星的词云图，可以使用如下所示的程序：

```
## 设置词云图的形状，五角星
wordcloud2(word_freq,size = 1, ## 字体大小
           fontFamily = "Segoe UI", fontWeight = "bold", ## 设置字体
           ## 设置颜色，"random-dark" 或者 "random-light"
           color = "random-dark", backgroundColor = "white",
           ## 设置形状，默认圆形
           shape = "star")+WCtheme(3) # 背景受到主题的影响
```

运行上面的程序后，可获得如图 9-10 所示的可交互五角星词云图。

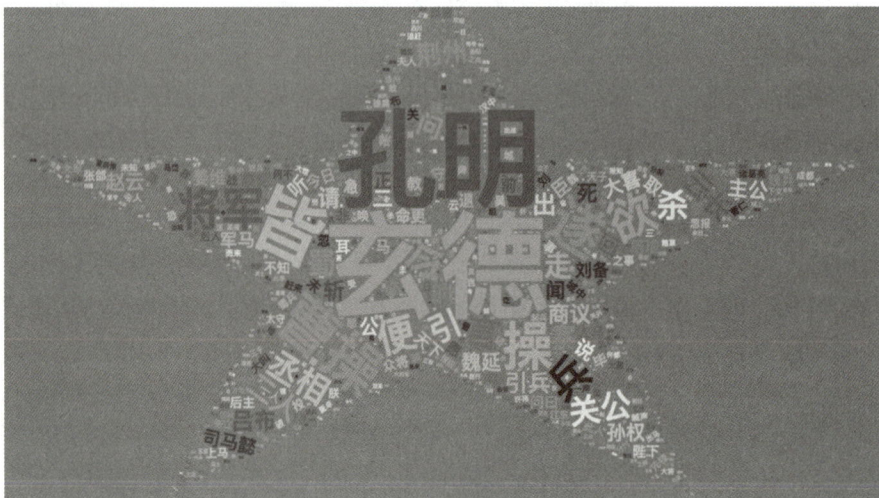

图 9-10　可交互五角星词云图

类似地，可视化菱形词云图的程序如下所示：

```
## 设置词云的形状，菱形
wordcloud2(word_freq,size = 1,                              ## 字体大小
           fontFamily = "Segoe UI", fontWeight = "bold",      ## 设置字体
           ## 设置颜色，"random-dark" 或者 "random-light"
           color = "random-light", backgroundColor = "white",
           ## 设置形状，默认为圆形
           shape = "diamond")+WCtheme(2)
```

运行程序后，可获得如图 9-11 所示的可交互菱形词云图。

图 9-11　可交互菱形词云图

还可以使用一幅图片来指定词云图的形状。例如，指定参数 figPath 的可视化词云图，程序如下所示：

```
## 根据指定的图片可视化词云图
figpaths <- "data/chap9/ 三国演义 / 三国演义图像 2.jpg"
wordcloud2(word_freq,size = 1,figPath = figpaths)
```

运行程序后，可获得如图 9-12 所示的以图片为背景的可交互词云图。

图 9-12　以图片为背景的可交互词云图

前面介绍了 R 语言中丰富的可视化词云图的方法，但是使用词云图可视化也有一些缺点。例如，词所占的面积有时人眼很难区分，较长的词语虽然词频不高，但通常显得很大，等等。

## 9.2.3　蒸汽图和圆堆积图可视化

词云图可用于分析文本数据中的词频情况，但是很难给出高频词在整个文本数据中的变化过程。本节将使用可交互蒸汽图进行文本可视化，分析《三国演义》中一些关键人物随每个章节（回）变化的发展趋势。

在 R 语言中，streamgraph 包可以用来绘制可交互蒸汽图，其安装方法如下：

```
library(devtools)
devtools::install_github("hrbrmstr/streamgraph")
```

导入相关包和数据，程序如下所示：

```
## 导入相关的可视化包
library(streamgraph);library(stringr)
## 读取关键人物的数据
TK_name <- read.csv("data/chap9/ 三国演义 / 一些三国人物的名和字 .csv",
                    stringsAsFactors = FALSE, encoding='UTF-8')
head(TK_name)
##          名   字 阵营
## 1     曹操 孟德 曹魏
## 2     曹丕 子桓 曹魏
## 3   司马懿 仲达 曹魏
## 4     荀彧 文若 曹魏
## 5     荀攸 公达 曹魏
## 6     郭嘉 奉孝 曹魏
```

在导入的三国关键人物的数据 TK_name 中，包含人物的名、字和所属的阵营等信息。下面通过文本匹配的方式计算每个人物在书中每个章节（回）出现的次数。在计算出现次数时，使用"名"的出现次数和"字"的出现次数之和作为实际的出现次数，程序如下所示：

```
## 导入处理好的 " 三国演义文本 " 数据
load(file = "data/chap9/ 三国演义文本 .RData")
## 计算关键人物在每个章节的出场次数
## 初始化一个保存数据的数据表
namefredf <- matrix(data = seq(1,120*nrow(TK_name)),nrow = 120,
                    ncol = nrow(TK_name))
namefredf <- data.frame(namefredf)
colnames(namefredf) <- TK_name$ 名
## 根据 for 循环计算每个人物在每个章节中出现的次数
```

```
for(ii in c(1:nrow(TK_name))){
  ## 计算 "名" 在每回出现的次数
  match_name <- str_match_all(ThreeKdf$content,TK_name$ 名 [ii])
  namenum <- sapply(match_name,function(x){length(as.vector(x))},
                  simplify = TRUE)
  ## 计算 "字" 在每回出现的次数
  if (!is.na(TK_name$ 字 [ii])){          #   如果不是缺失值计算
    match_zi <- str_match_all(ThreeKdf$content,TK_name$ 字 [ii])
    zinum <- sapply(match_zi,function(x){length(as.vector(x))},
                  simplify = TRUE)
  } else{zinum <- rep.int(0, 120)}
  ## 人物两种方式的出现次数相加
  namefredf[,ii] <- namenum + zinum
}
```

在上面的程序中，首先初始化一个 120 行、列数为人物数量的 namefredf 数据表，然后通过 for 循环计算每个人物在每个章节（回）出现的次数。

下面使用可交互蒸汽图可视化，得出刘备、曹操、孙权三人随章节（回）变化的出场次数的发展趋势，程序如下所示：

```
## 可视化三个关键人物随章节（回）的变化情况
usename <- c(" 刘备 "," 曹操 "," 孙权 ")
index <- colnames(namefredf) %in% usename
plotdata <- namefredf[,index]
plotdata$chap <- 1:120
## 将宽型数据转换为长型数据
plotdata <- tidyr::pivot_longer(plotdata,names_to = "name",
                                values_to = "freq",-chap)
## 可视化可交互蒸汽图
streamgraph(plotdata,key = "name",value = "freq",date = chap,
          offset = "zero",                # 图形显示在 0 的上方
          scale = "continuous"            # 设置坐标系为数值型
          )%>%
  sg_axis_x(tick_interval = 10)%>%        # 控制 X 轴标签的显示密度
  sg_fill_brewer("Set2")                  # 控制使用的填充颜色
```

在上面的程序中，首先将数据使用 pivot_longer() 函数转换为长型数据表，然后通过 streamgraph() 函数可视化可交互蒸汽图，其中，参数 offset = "zero" 表示绘制的图形在 0 的上方；参数 scale = "continuous" 表示将 X 轴坐标设置为数值型。运行程序后，可获得如图 9–13 所示的人物走势可交互蒸汽图。在图 9–13 中，不同颜色的蒸汽表示不同人物随章节（回）变化的出场次数。

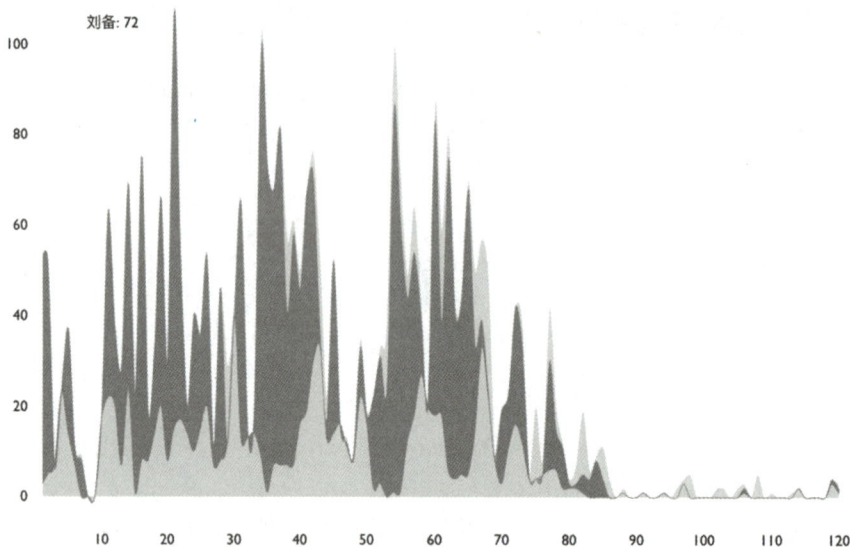

图9-13　人物走势可交互蒸汽图

下面使用另一种类型的可交互蒸汽图，绘制更多人物的出场次数的发展趋势，程序如下所示：

```
## 可视化多个关键人物随章节的变化情况
usename <- c("刘备","诸葛亮","曹操","关羽","赵云",
             "吕布","张飞","魏延","孙权","司马懿")
index <- colnames(namefredf) %in% usename
plotdata <- namefredf[,index]
plotdata$chap <- 1:120
## 将宽型数据转换为长型数据
plotdata <- tidyr::pivot_longer(plotdata,names_to = "name",
                                values_to = "freq",-chap)
## 可视化可交互蒸汽图
streamgraph(plotdata,key = "name",value = "freq",date = chap,
            offset = "silhouette",              # 形状显示在水平轴的两侧
            scale = "continuous"                # 设置坐标系为数值型
            )%>%
  sg_axis_x(tick_interval = 10)%>%              # 控制 X 轴标签的显示密度
  sg_fill_brewer("Set1")%>%                     # 控制使用的填充颜色
  sg_legend(show=TRUE, label=" 名称：")         # 添加可交互图例
```

在上面的程序中，通过 streamgraph() 函数绘制 10 个人物的可交互蒸汽图。其中，参数 offset = "silhouette" 用于设置蒸汽图的形状显示在水平轴的两侧；sg_legend() 函数用于设置一个可选择人物的可交互图例。运行程序后，可获得如图 9-14 所示的带图例的人物走势可交互蒸汽图。

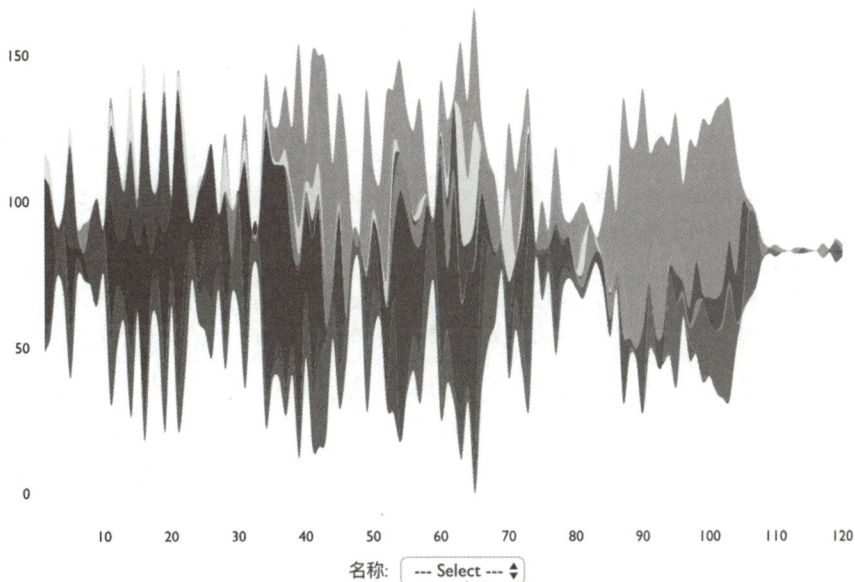

图9-14 带图例的人物走势可交互蒸汽图

针对《三国演义》中的关键人物，可以使用圆堆积图分析他们在各个阵营（势力范围）的分布情况，程序如下所示：

```
## 使用一个集合图形像可视化各个阵营的相关人物情况
# circlepackeR 包的安装方法
# library(devtools); install_github("jeromefroe/circlepackeR")
library(circlepackeR);library(data.tree);library(servr)
##  计算所有人物的出现次数
TK_namefre <- sort(colSums(namefredf),decreasing = TRUE)
TK_namefre <- data.frame( 名 = names(TK_namefre),freq = TK_namefre)
##  与读取的带阵营数据连接
TK_namefre <- dplyr::left_join(TK_namefre,TK_name,by = "名")
head(TK_namefre)
##      名 freq    字  阵营
## 1  刘备 2089 玄德  蜀汉
## 2 诸葛亮 1812 孔明  蜀汉
## 3  曹操  945 孟德  曹魏
## 4  关羽  444 云长  蜀汉
## 5  赵云  404 子龙  蜀汉
## 6  吕布  375 奉先  群雄
```

在上面的程序中，首先导入用于可视化圆堆积图的 circlepackeR 包和将数据表转换为树数据的 data.tree 包，然后将关键人物频数数据 TK_namefre 和名称数据 TK_name 进行连接，可以获得包含名、freq（频数）、字和阵营的数据表。

下面将该数据表转换为 data.tree 格式的数据，使用 circlepackeR() 函数可视化圆堆积图，程序如下所示：

```
## 将数据表转换为 data.tree 格式的数据
TK_namefre$pathString <- paste(" 三国 ", TK_namefre$ 阵营 , TK_namefre$ 名 ,sep = "/")
TK_namefre_plot <- as.Node(TK_namefre)
## 可视化圆堆积图
circlepackeR(TK_namefre_plot,size = "freq",color_min = "hsl(56,80%,80%)",
            color_max = "hsl(341,30%,40%)")
```

运行上面的程序后，可获得如图 9-15 所示的关键人物的出场次数圆堆积图。图 9-15 是一幅可交互的图形，通过鼠标单击可以方便地进行数据信息的获取和对比，其中大圆是一个大的阵营分组，大圆中包含表示每个关键人物的小圆，小圆的大小对应着关键人物的出场次数。

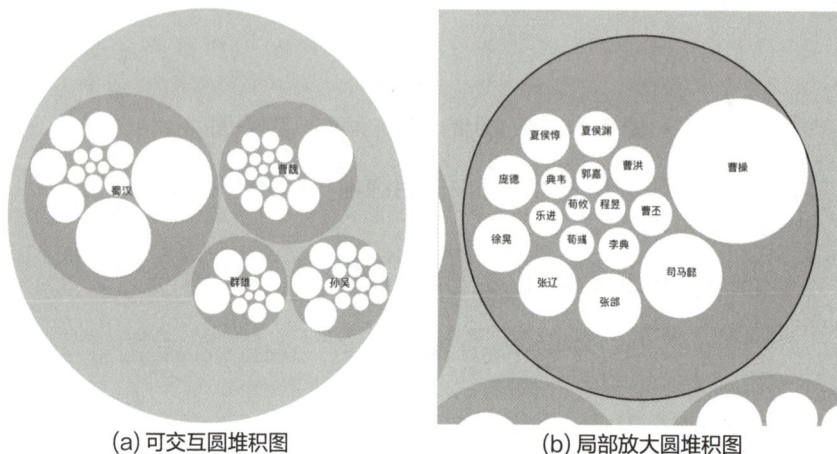

(a) 可交互圆堆积图　　　　　　　　　　(b) 局部放大圆堆积图

图 9-15　关键人物的出场次数的圆堆积图

# 9.3　文本聚类与可视化

文本聚类通常是通过文本数据的特征，将内容相似的文本聚集到相同的簇。文本数据最常用的聚类方法是 LDA 主题模型、系统聚类、K 均值聚类和探索性聚类等。本节将利用相关的 R 语言应用包对文本数据进行聚类分析，并对其结果进行可视化。

## 9.3.1　LDA 主题模型可视化

本节重点介绍如何使用 LDA 主题模型对《三国演义》文本数据进行聚类分析，其中主要使用的包为 text2vec 包，该包提供了一个高效的分析框架及简捷易用的 API，常用于文本数据分析和自然语言处理（NLP）等任务。

进行 LDA 主题模型分析之前，首先导入相关包以及前面保存的分词后的数据（三国演义分词后 .RData），并通过 createDTM() 函数创建 DTM 矩阵。因为 tm 包和 text2vec 包的数据结构有些不同，所以需要将 tm 包中的 DTM 矩阵转换为 text2vec 包中可以使用的 dgcMatrix 形式，程序如下所示：

```
## 使用聚类分析可视化文本数据
library(jiebaR);library(text2vec);library(tmcn); library(LDAvis)
library(tm);library(Matrix);library(tidyr);library(ggplot2)
## 对三国演义数据建立主题模型，并进行可视化
load("data/chap9/ 三国演义分词后 .RData")          # 导入三国演义分词后的数据
## 构建 DTM 矩阵
TK_dtm <- createDTM(Fen_TK, removeStopwords = FALSE)
## 剔除不重要的词以减轻 TF 矩阵的稀疏性
TK_dtm <- removeSparseTerms(TK_dtm,0.98)
# 将 tm 包中的 DTM 矩阵转换为 text2vec 包中可以使用的 dgcMatrix 形式
TK_dtm2 <- Matrix::sparseMatrix(i=TK_dtm$i, j=TK_dtm$j, x=TK_dtm$v,
                                dims=c(TK_dtm$nrow, TK_dtm$ncol),
                                dimnames = TK_dtm$dimnames)
str(TK_dtm2)
## Formal class 'dgCMatrix' [package "Matrix"] with 6 slots
##   ..@ i        : int [1:102989] 33 40 41 53 60 82 19 112 113 114 ...
##   ..@ p        : int [1:10352] 0 6 10 16 21 24 30 34 45 48 ...
##   ..@ Dim      : int [1:2] 120 10351
##   ..@ Dimnames:List of 2
##   .. ..$ Docs : chr [1:120] "1" "2" "3" "4" ...
##   .. ..$ Terms: chr [1:10351] " 阿斗 " " 阿附 " " 哀 " " 哀告 " ...
##   ..@ x        : num [1:102989] 1 9 3 1 13 1 1 1 1 1 ...
##   ..@ factors  : list()
```

上面程序输出的数据为 text2vec 包中可以使用的 dgcMatrix 形式，在数据准备好之后，就可以建立 LDA 主题模型，程序如下所示：

```
## 建立主题模型
lda_model <- LDA$new(n_topics = 5, doc_topic_prior = 0.1,
                     topic_word_prior = 0.01)
TK_lda <- lda_model$fit_transform(x = TK_dtm2, n_iter = 1000,
                                  convergence_tol = 0.001,
                                  n_check_convergence = 25,
                                  progressbar = FALSE)

head(TK_lda)
```

```
##             [,1]       [,2]      [,3]      [,4]      [,5]
## 1 0.10311751 0.10199840 0.1935252 0.2916067 0.3097522
## 2 0.07698413 0.11001221 0.2093407 0.2088523 0.3948107
## 3 0.10072464 0.04289855 0.1935507 0.2184783 0.4443478
## 4 0.08730298 0.03695271 0.1801226 0.2370403 0.4585814
## 5 0.10715990 0.11724344 0.2116348 0.3028043 0.2611575
## 6 0.10041736 0.11986644 0.1945743 0.2558431 0.3292988
```

在 TK_lda 的前几行输出中，行代表章节（回），列代表每个主题，数值可以看作每个章节（回）所对应主题的概率。

针对该数据，还可以使用可视化的方式查看每个章节属于某个主题的情况，程序如下所示：

```
## 用条形图可视化每个章节（回）属于相应主题的可能性
TK_lda <- as.data.frame(TK_lda)
TK_lda$chap <- 1:120
## 将宽型数据转换为长型数据
TK_lda_l <- pivot_longer(TK_lda,names_to = "topic",values_to = "value",-chap)
ggplot(TK_lda_l,aes(x = chap,y = value,fill = topic))+
    geom_bar(stat = "identity",colour = "black",alpha = 1,size = 0.1)+
    labs(x = " 章节 ",y = " 可能性 ",
        title = "《三国演义》每章表示的主题 ")+
    theme(legend.position = "top",
        plot.title = element_text(hjust = 0.5))+
    scale_x_continuous(seq(0,120,by = 10),seq(0,120,by = 10))+
    scale_fill_brewer(palette = "Set2")
```

上面的程序是利用 ggplot2 包的条形图对数据进行可视化，针对每个章节（回）属于某个主题（群雄逐鹿、赤壁鏖战、三足鼎立、南征北战、三国归晋等）的可能性，使用不同的颜色表示。运行程序后，可获得如图 9-16 所示的可视化每个章节所属主题的概率的图形。

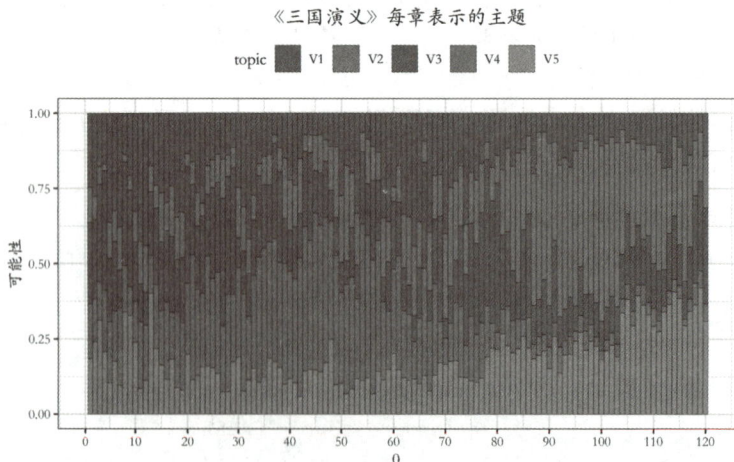

图 9-16　可视化每个章节所属主题的概率

针对 text2vec 包获得的 LDA 主题模型 lda_model，可以通过 lda_model$plot() 的方式绘制可交互的 LDA 主题模型，所得图形与使用 LDAvis 包的可视化结果一致，程序如下所示：

```
## 借助 LDAvis 包可视化 LDA 主题模型
lda_model$plot()
```

运行程序后，可获得如图 9-17 所示的 LDA 主题模型的可视化图形。在图 9-17 中，左边部分的每个圆表示每个主题所处的位置，圆的大小表示包含章节的数量，右边部分的条形图表示选择的主题所对应词的数量。

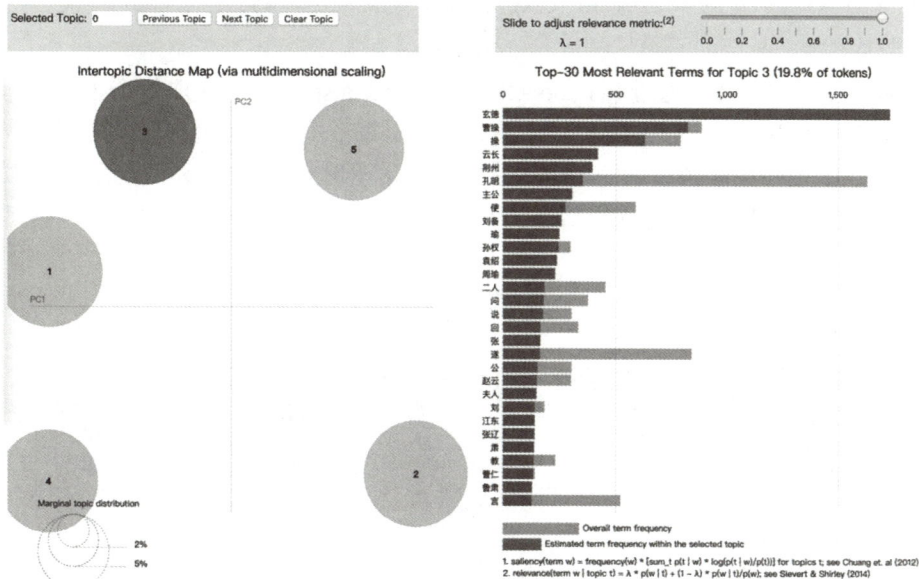

图 9-17　LDA 主题模型可视化

针对每个主题，可以计算出该主题的关键人物和对应的权重，然后对其进行可视化，程序如下所示：

```
## 计算每个主题下的关键词和权重
top_name <- as.data.frame(lda_model$topic_word_distribution)
## 只保留是人名的关键词，读取三国人物名称数据
filename <-"data/chap9/ 三国演义 / 三国人物名称 .txt"
Tk_name <- readLines(filename,encoding='UTF-8')
## 获取高频词中是人名的词频矩阵
index <- colnames(top_name) %in% Tk_name
top_name <- top_name[,index]
top_name$topic <- 1:nrow(top_name)
## 数据转换，每个主题只保留可能性权重较大的 20 个人
top_name_long <- gather(top_name,key = "name",value = "pro",-topic)%>%
```

```
    ## 计算每个人物最可能的主题
    group_by(name)%>%top_n(1,wt =pro)%>%
    ## 计算该主题中权重较大的 20 人
    group_by(topic)%>%top_n(20,wt =pro)
  ## 用条形图可视化属于相应主题的可能性
ggplot(top_name_long,aes(x = reorder(name, pro),y = pro))+
    geom_bar(aes(fill = factor(topic)),stat = "identity",
            show.legend = FALSE)+
    facet_wrap( ~ topic,scales = "free",ncol = 5)+coord_flip()+
    theme(axis.text.x = element_text(size = 6,angle = 45))+
    labs(x = "",y = "",title = "《三国演义》")
```

在上面的程序中，首先通过 lda_model$topic_word_distribution 获取每个主题下每个关键词的权重，然后只保留权重较大的 20 个人，最后绘制出每个主题的关键人物条形图。运行程序，可获得如图 9-18 所示的每个主题的关键人物的可视化图形。由图 9-18 可以发现，群雄逐鹿、赤壁鏖战、三足鼎立、南征北战、三国归晋 5 个主题中权重最大的人物分别是吕布、魏延、董卓、曹操和姜维等。

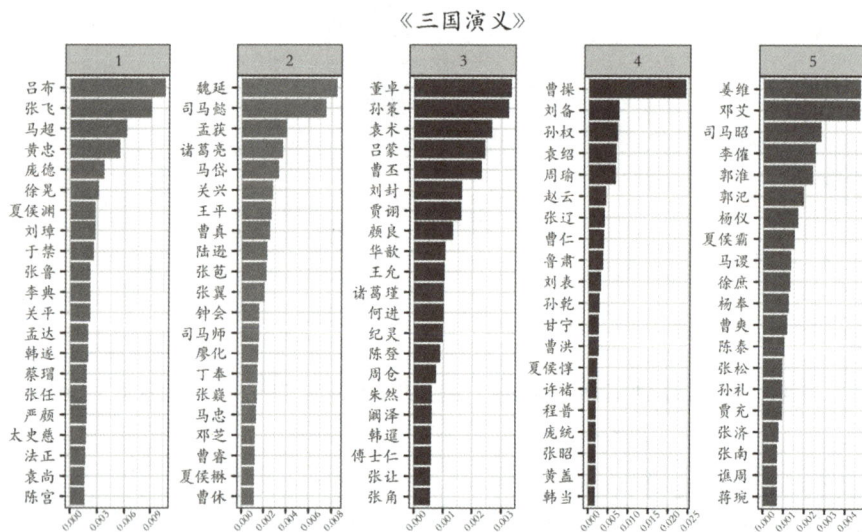

图 9-18　每个主题的关键人物可视化

## 9.3.2　K 均值聚类和系统聚类可视化

前面介绍了使用 LDA 主题模型进行文本聚类，本节将使用 K 均值聚类和系统聚类对《三国演义》文本数据进行聚类分析，并对其结果进行可视化。

在 LDA 主题模型中，使用的是数据频率的 TF 特征，而进行 K 均值聚类和系统聚类时将使用数据的 TF-IDF 特征，程序如下所示：

```
library(factoextra);library(cluster);library(ape)
library(gridExtra)
## 对三国演义数据建立主题模型，并进行可视化
load("data/chap9/ 三国演义分词后 .RData")          # 导入三国演义分词后的数据
## 构建 DTM 矩阵
TK_dtm <- createDTM(Fen_TK, removeStopwords = FALSE)
## 剔除不重要的词以减轻 TF 矩阵的稀疏性
TK_dtm <- removeSparseTerms(TK_dtm,0.9)
# 将 tm 包中的 DTM 矩阵转换为 text2vec 包中可以使用的 dgcMatrix 形式
TK_dtm2 <- Matrix::sparseMatrix(i=TK_dtm$i, j=TK_dtm$j, x=TK_dtm$v,
                                dims=c(TK_dtm$nrow, TK_dtm$ncol),
                                dimnames = TK_dtm$dimnames)
## 计算 TF-IDF 特征
tfidf = TfIdf$new()
dtm_tfidf = tfidf$fit_transform(TK_dtm2)
dim(dtm_tfidf)
## [1]  120 2263
```

获取数据的 TF-IDF 特征后，就可以使用 fviz_nbclust() 函数可视化，分别得出 K 均值聚类和系统聚类的合适的聚类数量，程序如下所示：

```
## 选择合适的聚类数量
p1 <- fviz_nbclust(as.matrix(dtm_tfidf), kmeans,method = "silhouette")+
    ggtitle("K 均值聚类 ")+theme_bw(base_family = "STKaiti")
p2 <- fviz_nbclust(as.matrix(dtm_tfidf), hcut, method = "silhouette")+
    ggtitle(" 系统聚类 ")+theme_bw(base_family = "STKaiti")
grid.arrange(p1,p2,ncol = 1)
```

运行程序后，可获得如图 9-19 所示的选择合适的聚类数量的可视化图形。

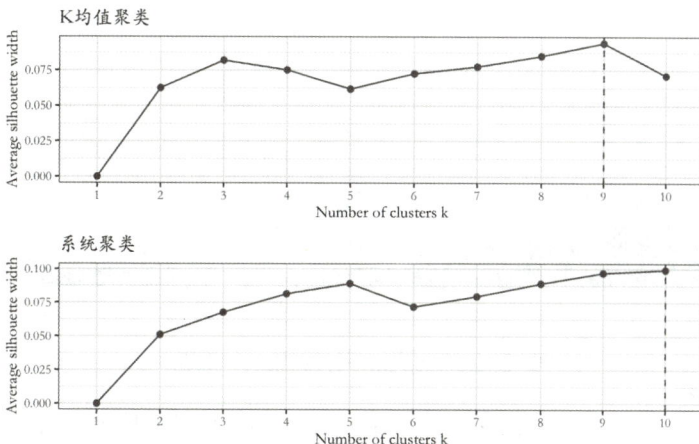

图 9-19　选择合适的聚类数量的可视化

从图 9–19 中可以发现，采用 K 均值聚类算法，合适的聚类数量是 9；利用系统聚类算法，合适的聚类数量是 10。为了聚类分析的可视化效果，可以将 K 均值聚类的聚类数量减少为 4（类），系统聚类的聚类数量减少为 5（类），此时它们的平均轮廓值并不是很低。

下面首先使用 K 均值聚类算法进行聚类分析，并可视化其聚类结果的轮廓图，程序如下所示：

```
##   为了可视化效果，使用 K 均值聚类算法将数据聚类为 4 类
dtm_kmean <- kmeans(dtm_tfidf,4,iter.max = 100)
## 计算每个样本聚类后的轮廓得分
sil <- silhouette(dtm_kmean$cluster, dist(as.matrix(dtm_tfidf)))
## 可视化轮廓图
fviz_silhouette(sil)+scale_fill_brewer(palette = "Set1")+
    scale_colour_brewer(palette = "Set1")+
    theme(axis.text.x = element_text(size = 5,angle = 45))+
    theme(legend.position = "top")
##   cluster size ave.sil.width
## 1       1    7          0.17
## 2       2   43          0.14
## 3       3   33          0.03
## 4       4   37          0.04
```

运行程序后，可获得如图 9–20 所示 K 均值聚类结果的轮廓图。由图 9–20 可以看出，划分的 4 个类别分别包含 7、43、33、37 个章节（回）。

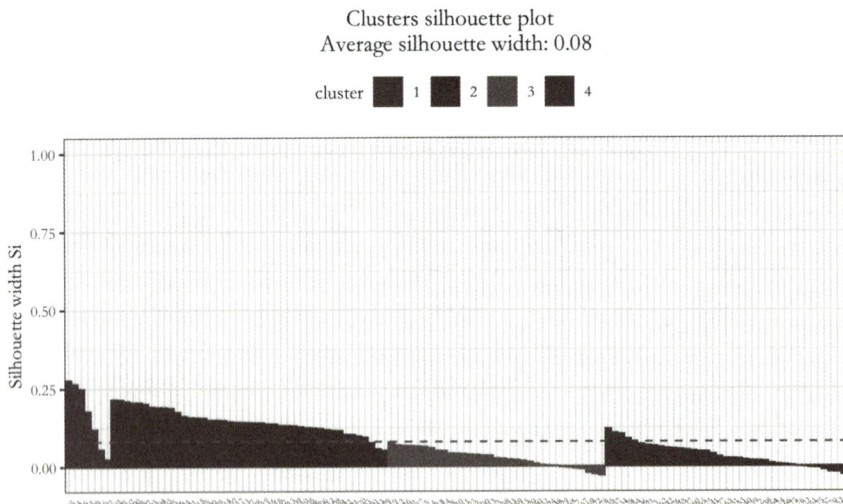

图 9-20　K 均值聚类结果的轮廓图

下面使用系统聚类算法将数据聚类为 5 类，并使用 fviz_dend() 函数绘制系统聚类树，通过参数 type = "phylogenic" 设置图形的可视化类型，程序如下所示：

```
## 使用系统聚类算法进行聚类并可视化其结果
dtm_hcut <- hcut(as.matrix(dtm_tfidf),5)
## 可视化系统聚类树
fviz_dend(dtm_hcut,cex = 0.7,lwd = 1,show_labels = TRUE,
          type = "phylogenic")+
  theme(axis.text.y = element_blank(),
        axis.text.x = element_blank())
```

运行上面的程序后，可获得如图 9-21 所示的系统聚类树。在图 9-21 中，每个类别的章节在树枝中用不同的颜色表示。

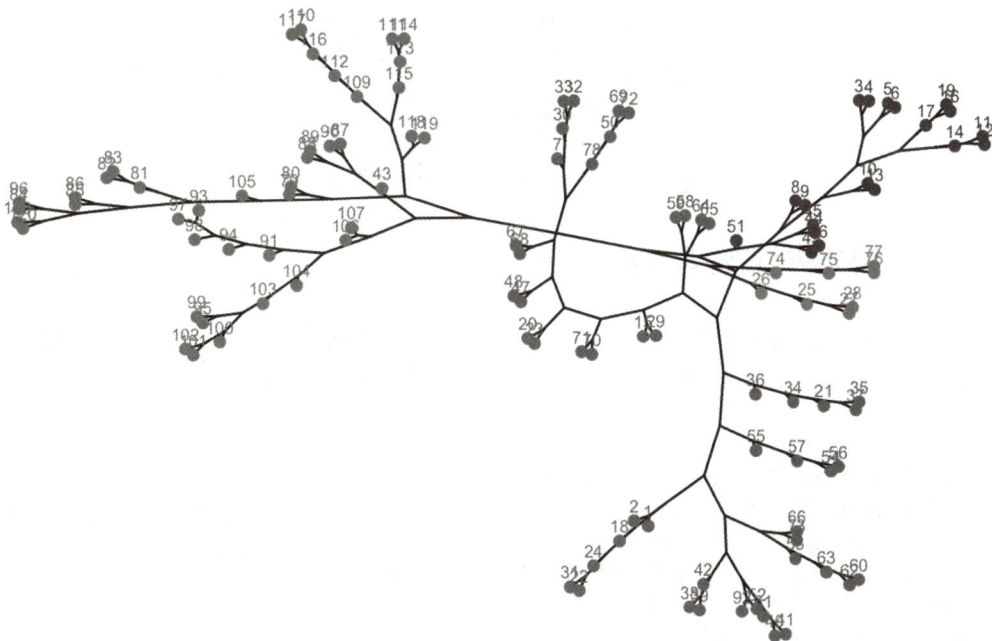

图 9-21　系统聚类树

还可以使用 ape 包对系统聚类的结果进行可视化。下面使用圆形的系统聚类树可视化其聚类结果，程序如下所示：

```
## 使用 ape 包可视化系统聚类树，设置颜色
colors = c("red", "blue", "green", "black","orange")
plot(as.phylo(dtm_hcut), type = "fan", tip.color = colors[dtm_hcut$cluster],
     cex = 0.8)
```

运行程序后，可获得如图 9-22 所示的圆形的系统聚类树。由图 9-22 可以发现，圆形的系统聚类树与图 9-21 所示的系统聚类树的结果相同，通过它们可以很容易地理解和分析数据的聚类结果。

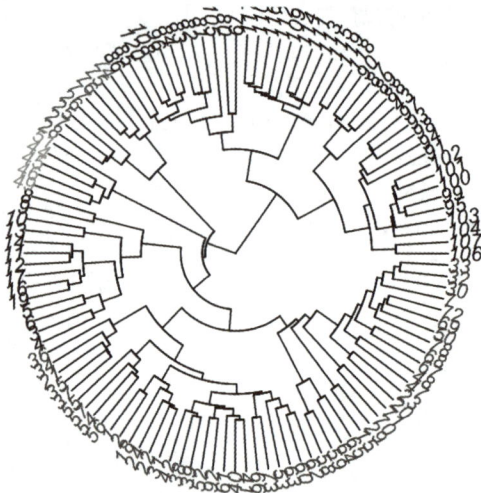

图 9-22　圆形的系统聚类树

## 9.3.3　文本探索性聚类可视化

在 R 语言中，使用 rainette 包可以实现对文本数据的探索性聚类分析及可视化，该包中的 rainette_explor() 函数能够直接输出可用于交互使用的聚类可视化探索应用，程序如下所示：

```
library(quanteda);library(rainette);library(shiny)
## 对英文新闻数据进行聚类分析，并进行可视化
load("data/chap9/bbcdf.RData")
## 使用 quanteda 包进行数据准备，对预处理后的文本构建语料库
bbc_cp <- corpus(bbcdf$text)
## 构建文档特征矩阵，并进行修剪
dtm <- dfm(bbc_cp)
dtm <- dfm_trim(dtm, min_termfreq = 20)
res <- rainette(dtm, k = 15,              # 聚类的最大数目
                min_uc_size = 15)         # 每类文件的最少数量
## 通过 shiny 应用可视化聚类分析结果
rainette_explor(res, dtm)
```

在上面的程序中，首先导入要使用的包，其中 quanteda 包用于文本数据的预处理。然后导入已经预处理好的新闻数据，通过 quanteda 包中的 corpus() 函数对数据表中的文本构建语料库，使用 dfm() 函数和 dfm_trim() 函数分别构建文档特征矩阵并对其进行修剪，剔除不重要的信息，可以获得文档特征矩阵 dtm。最后使用 rainette() 函数构建聚类结果 res，对 res 和 dtm 使用 rainette_explor() 函数获得一个可交互使用的 shiny 应用。shiny 应用的两个截图如图 9-23 和图 9-24 所示。

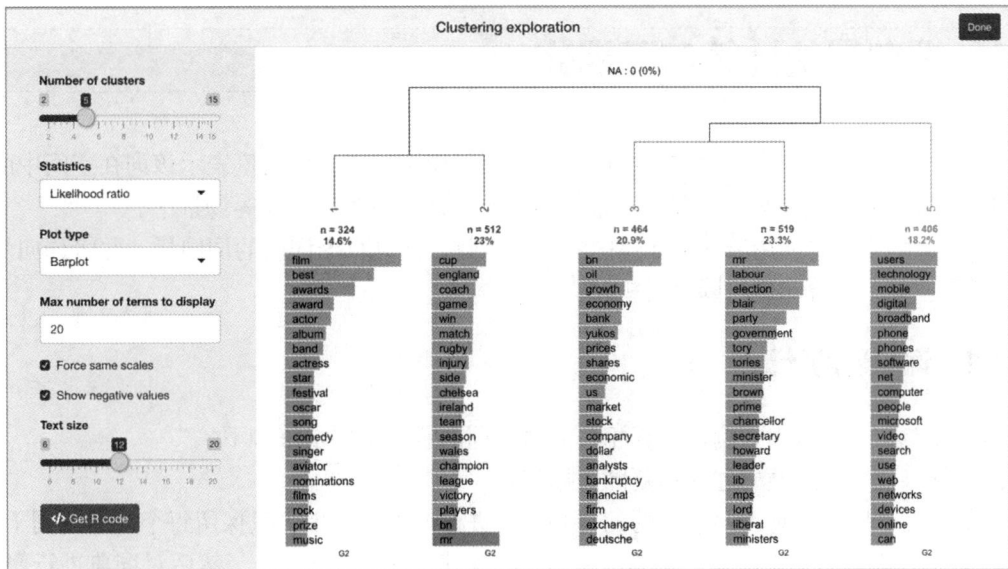

图 9-23　文本探索性聚类可视化应用 1

在图 9-23 中，左边的侧边栏包含选择聚类数量、统计信息、可视化类型、显示词的最大数量、图中文本字大小等可交互小部件；右侧为聚类分析的可视化图形。图 9-23 中使用直方图显示每个主题中比较重要的词语，聚类树下面还给出每个簇所包含的样本数量等。

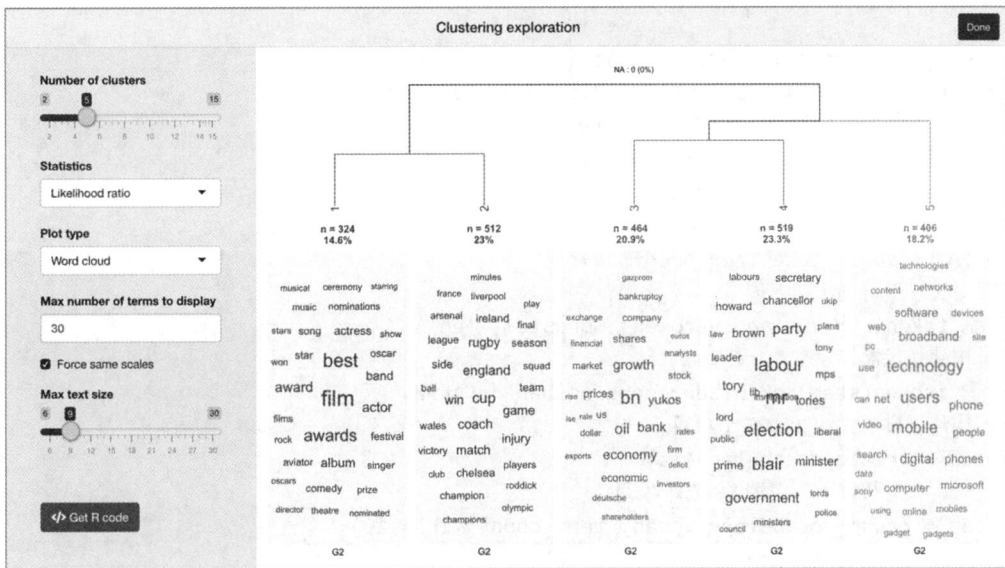

图 9-24　文本探索性聚类可视化应用 2

在图 9-24 中，使用词云图的方式可视化聚类分析的结果。还可以通过左边侧边栏的小部件进行更多的可交互操作，探索不同的聚类分析结果。

## 9.4 词向量的计算与可视化

词向量是指针对文本中的一个词语，使用一个一维向量表示该词在空间中的位置。词向量在文本挖掘中经常使用，尤其是用在图形分类等场景中。

本节将使用 text2vec 包中的相关函数，计算每个词语的词向量，并将词向量在空间中的分布进行降维可视化。

扫一扫，看视频

### 9.4.1 词向量的计算

本节以英文新闻数据为例，计算相关词语的词向量，主要步骤如下。

（1）导入包和已经预处理好的新闻数据集。

（2）将文本序列转化为一个个的词语并对其进行词干化处理，只保留每个词语的词干，

（3）针对所有的文本构建一个迭代器 it，并构建一个词典 vocab，然后对词典进行修剪，保留相对重要的词语。

（4）针对文档迭代器和词典，计算词频共现矩阵（term-co-occurrence matrix，TCM）。

（5）使用 GlobalVectors 并通过 tcm 矩阵计算词向量，在计算时每个词的向量维度为 50，最后计算得到词向量 word_vectors。

具体程序如下：

```
library(text2vec);library(Rtsne);library(ggplot2)
library(SnowballC);library(GGally);library(ggcorrplot)
## 对英文新闻数据的词向量特征聚类分析并可视化
## 数据准备，导入预处理好的新闻数据集
load("data/chap9/bbcdf.RData")
## 将文本序列转换为符号（分词）
tokens = space_tokenizer(bbcdf$text)
## 对文本进行词干化处理
stem_tokenizer <- lapply(tokens,wordStem, 'en')
## 构建迭代器
it = itoken(stem_tokenizer, progressbar = FALSE)
## 构建词典，大约 21400 个项目
vocab = create_vocabulary(it)
## 对词典进行修剪，大约 5000 个项目
vocab = prune_vocabulary(vocab, term_count_min = 10)
## 计算词频共现矩阵 tcm
vectorizer = vocab_vectorizer(vocab)
## 上下文词语使用的窗口为 5
tcm = create_tcm(it, vectorizer, skip_grams_window = 5)
## 计算每个词的词向量，每个词的向量维度为 50
```

```
glove = GlobalVectors$new(rank = 50, x_max = 10)
wv_main = glove$fit_transform(tcm, n_iter = 20, convergence_tol = 0.001,
                             n_threads = 8)
wv_context = glove$components
## 将词的中心词和上下文向量相加，有利于向量表示
word_vectors = wv_main + t(wv_context)
dim(word_vectors)
## [1] 5071    50
```

上面的程序，计算得到的词向量的矩阵为 word_vectors，共有 5071 个词，每个词的维度为 50。9.4.2 节将进一步介绍如何对本节计算得到的词向量进行可视化。

## 9.4.2 词向量可视化

计算得到的词向量通常是高维数据，可以通过降维将其投影到低维，以便进行可视化分析。针对 9.4.1 节计算得到的词向量的矩阵 word_vectors，下面利用 tsne 降维算法，将其降维至二维空间，降维时使用 Rtsne 包中的函数，相关程序如下所示：

```
## 对词向量使用 tsne 算法降维并可视化
# 剔除取值重复的元素，但是词向量中很少有重复元素，也可以不进行该操作
word_vec_u <- unique(word_vectors)
word_vec_tsne <- Rtsne(word_vec_u,dims = 2, theta = 0.1)
## 可视化 tsne 降维后词语在空间中的分布
tsnedf <- as.data.frame(word_vec_tens$Y)
ggplot(tsnedf,aes(x = V1,y = V2))+
    geom_point(colour = "red",alpha = 0.5)+coord_equal()
```

在上面的程序中，首先通过 tsne 算法获得降维后的词向量 tsnedf，接着使用 ggplot2 包中的 geom_point() 函数可视化散点图。运行程序后，可获得如图 9-25 所示的词向量分布散点图。

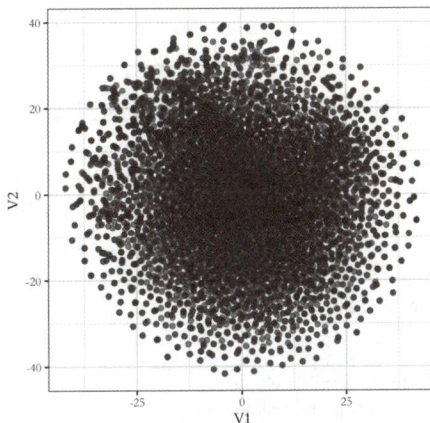

图 9-25　词向量分布散点图

由于图 9-25 中的词向量较多，所以只能观察词语的整体分布趋势。

下面绘制一些出现频率较高的词语在空间中的分布位置，程序如下所示：

```
## 可视化出现频率较高的词语在空间中的分布位置
index <- vocab$term_count > 800
top_word_tsne <- data.frame(word = vocab$term[index],
                            count = vocab$term_count[index],
                            V1 = tsnedf$V1[index],
                            V2 = tsnedf$V2[index])
ggplot(top_word_tsne,aes(x = V1,y = V2))+
    geom_point(colour = "black",alpha = 0.3)+
    geom_text(aes(label = word),colour = "red",alpha = 0.8,size = 3)
```

运行上述程序后，可获得如图 9-26 所示的高频词向量分布散点图。通过图 9-26 可以分析一些关键词在空间中的位置及关系。

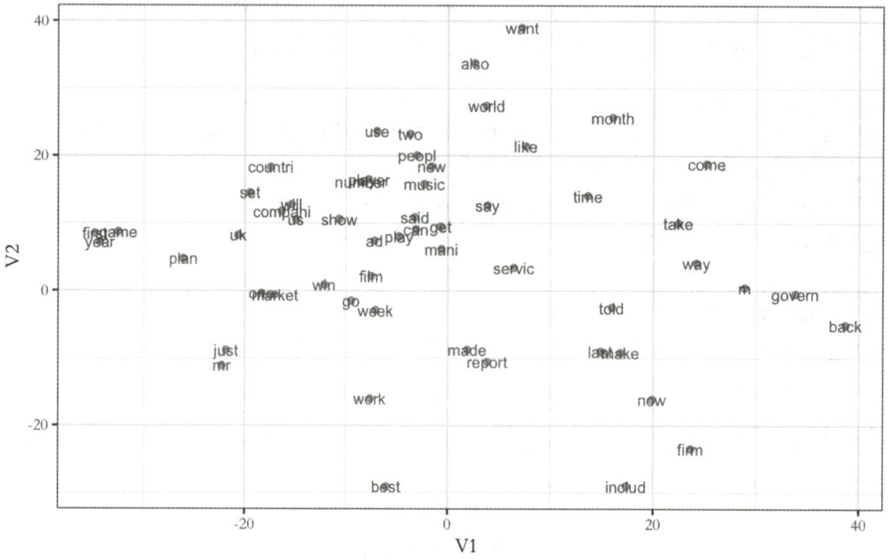

图 9-26　高频词向量分布散点图

在计算出词向量后，可以使用相关系数热力图分析词语之间的相关性。下面针对出现频率大于 1200 的词语，利用其词向量计算相关系数并可视化，程序如下所示：

```
## 可视化高频词向量之间的相关系数
index <- vocab$term_count > 1200
## 获取高频词的词向量
word_vec_top <- word_vectors[index,]
rownames(word_vec_top) <- vocab$term[index]
```

```
## 计算向量之间的相关系数
word_cec_cor <- round(cor(t(word_vec_top)),2)
## 可视化相关系数热力图
ggcorrplot(word_cec_cor,lab = TRUE,lab_size = 2)+
    theme(axis.text.x = element_text(size = 9),
          axis.text.y = element_text(size = 9))
```

运行上面的程序后，可获得的如图 9-27 所示的高频词向量之间的相关系数热力图，可以直观地分析高频词之间的关系。

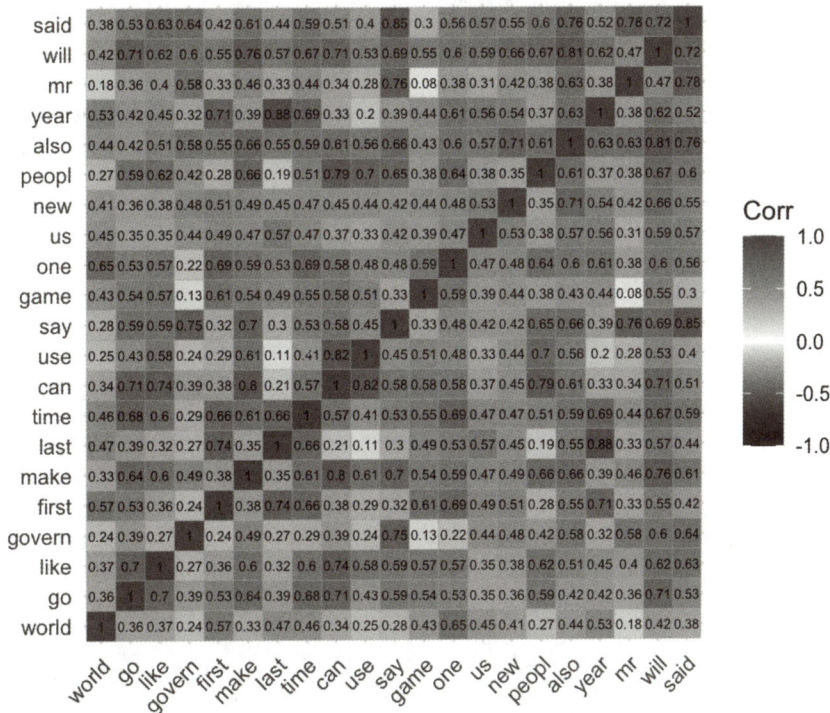

图 9-27　高频词向量之间的相关系数热力图

## 9.5 本章小结

本章主要介绍了文本数据分析与可视化的相关方法。考虑到中文文本和英文文本之间的差异，首先介绍了如何对这两种文本数据进行预处理；然后使用条形图、词云图、蒸汽图等方式可视化词频等数据信息；接着介绍了可视化文本数据的聚类分析的过程及结果的可视化；最后介绍了如何使用 R 语言应用包获取文本的词向量并对其进行可视化分析。

本章介绍的主要包及其功能如表 9-2 所示。

表 9-2　本章介绍的主要包及其功能

| 包 | 功　能 |
| --- | --- |
| tm | 文本预处理与特征获取包 |
| stringr | 字符串处理包 |
| readtext | 文本自动读取包 |
| jiebaR | 中文分词包 |
| tmcn | 处理中文的 tm 包 |
| wordcloud | 词云可视化包 |
| wordcloud2 | 可交互词云可视化包 |
| streamgraph | 蒸汽图可视化包 |
| circlepackeR | 圆堆积图可视化包 |
| text2vec | 文本挖掘包 |
| quanteda | 文本数据量化分析包 |
| rainette | 文本聚类探索性分析包 |
| Rtsne | 数据 tsne 降维算法 |

# 第 **10** 章

## 网络数据分析与可视化

### 📢 本章导读

　　网络数据（或图数据）是一种重要的非结构化数据，不仅包含人与人之间的社交网络，还包含事物之间的各种联系，它们的规模庞大、关系复杂、不易观察。网络数据的可视化是数据挖掘的重要研究内容之一。本章从网络数据的结构和生成方法入手，介绍静态网络图的绘制、网络图的分割、可交互网络图的可视化等，并利用《三国演义》等数据集进行案例演示，帮助读者完成网络数据处理与可视化分析的实战训练。

### 💡 知识技能

　　本章的知识技能及实战案例如下图所示。

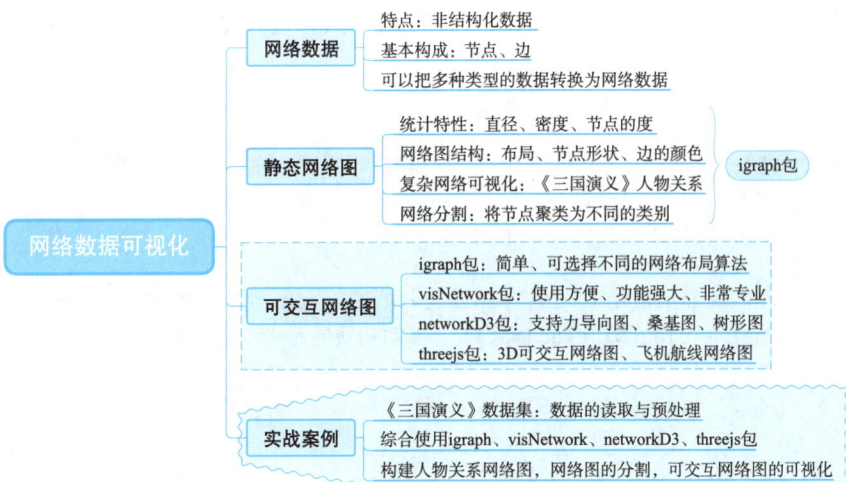

```
                          ┌── 特点：非结构化数据
                网络数据 ──┤── 基本构成：节点、边
                          └── 可以把多种类型的数据转换为网络数据

                          ┌── 统计特性：直径、密度、节点的度
                          ├── 网络图结构：布局、节点形状、边的颜色
                静态网络图 ┤── 复杂网络可视化：《三国演义》人物关系     igraph包
                          └── 网络分割：将节点聚类为不同的类别

网络数据可视化            ┌── igraph包：简单、可选择不同的网络布局算法
                          ├── visNetwork包：使用方便、功能强大、非常专业
                可交互网络图┤── networkD3包：支持力导向图、桑基图、树形图
                          └── threejs包：3D可交互网络图、飞机航线网络图

                          ┌──《三国演义》数据集：数据的读取与预处理
                实战案例  ┤── 综合使用igraph、visNetwork、networkD3、threejs包
                          └── 构建人物关系网络图，网络图的分割，可交互网络图的可视化
```

# 10.1 用igraph包可视化网络数据

igraph 包是用来解决图与网络问题并对其进行可视化的包。下面从包的数据形式，可视化参数和图层设置，获取网络数据的统计特性函数，网络图的分割，以及可交互网络图的可视化等方面进行介绍。

扫一扫，看视频

## 10.1.1 igraph 包的数据形式

网络数据的重要组成部分是节点和边，igraph 包可以把多种类型的数据转换为网络数据并对其进行可视化。常用的生成网络数据的函数如表 10-1 所示。

表 10-1　常用的生成网络数据的函数

| 函　数 | 功　能 |
| --- | --- |
| graph_from_adjacency_matrix() | 从邻接矩阵创建网络图 |
| graph_from_adj_list() | 从邻接列表创建网络图 |
| graph_from_atlas() | 从图集中创建网络图 |
| graph_from_literal() | 通过简单的符号连接创建网络图 |
| graph_from_edgelist() | 从边列表创建网络图 |
| graph_from_data_frame() | 从数据表创建网络图 |

下面介绍如何使用这些函数生成网络数据。

### 1. 从邻接矩阵创建网络图

在图论中，邻接矩阵是表示图结构的一种常用方法，它用数字方阵记录各点之间是否有边相连，数字的大小可以表示边的权值大小。

下面生成一个邻接矩阵，程序如下所示：

```
library(igraph)
library(igraphdata)
## 生成一个 5x5 的邻接矩阵
set.seed(123)
adjmat <- matrix(sample(0:1, 25, replace=TRUE, prob=c(0.6,0.4)), nc=5)
adjmat <- adjmat - diag(diag(adjmat))    #对角线的元素设置为0
adjmat
##      [,1] [,2] [,3] [,4] [,5]
## [1,]    0    0    1    1    1
## [2,]    1    0    0    0    1
## [3,]    0    1    0    0    1
```

```
## [4,]    1    0    0    0    1
## [5,]    1    0    0    1    0
```

上面生成的矩阵 adjmat 是一个 5×5 的矩阵，表示其对应的图数据中有 5 个节点，其中取值为 1 的位置表示对应行与列的节点有边连接。例如，第一行第三列的节点取值为 1，表示图中第一个节点和第三个节点之间有一条边。

下面将该邻接矩阵转换为网络图，程序如下所示：

```
## 转换为无向网络图
g1 <- graph_from_adjacency_matrix(adjmat,mode = "undirected")
g1
## IGRAPH 202345e U--- 5 8 --
## + edges from 202345e:
## [1] 1--2 1--3 1--4 1--5 2--3 2--5 3--5 4--5
## 转换为有向网络图
g2 <- graph_from_adjacency_matrix(adjmat,mode = "directed")
g2
## IGRAPH e1924b5 D--- 5 11 --
## + edges from e1924b5:
##  [1] 1->3 1->4 1->5 2->1 2->5 3->2 3->5 4->1 4->5 5->1 5->4
```

在上面的程序中，使用 graph_from_adjacency_matrix() 函数将邻接矩阵 adjmat 转换为图。其中，mode 参数指定图的类型，取值为 "undirected" 表示生成无向图，对应 g1；取值为 "directed" 表示生成有向图，对应 g2。

针对同一邻接矩阵生成的图，可以使用 plot() 函数可视化，程序如下所示：

```
## 可视化网络图
plot(g1,main = "g1")
plot(g2,main = "g2")
```

运行上面的程序后，可以获得如图 10-1 所示的网络图。在图 10-1 中，无向图节点之间的边使用直线连接；有向图节点之间的边使用箭头表示。

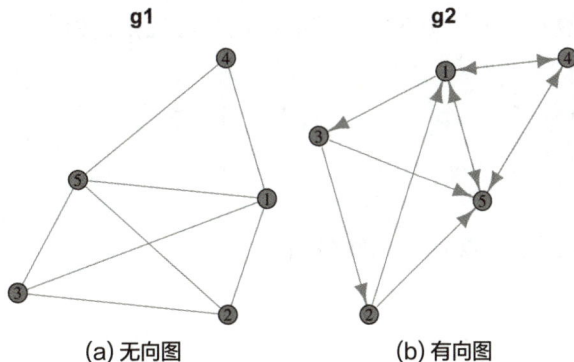

(a) 无向图　　　　　(b) 有向图

图 10-1　使用邻接矩阵获得的网络图

### 2. 通过简单的符号连接创建网络图

在前面创建的图数据中，无向图 g1 的边使用"1--2"的方式表示；有向图 g2 的边使用"1->3"的方式表示，所以也可以利用 graph_from_literal() 函数将符号连接创建为图，该函数针对较小图的创建很方便，其使用方法如下：

```
## 通过简单的符号连接创建网络图，针对小网络图的创建比较方便
g3 <- graph_from_literal(A-B--C,A--D-E,D-----F--G,F--B)
g3
## IGRAPH a7e93e7 UN-- 7 7 --
## + attr: name (v/c)
## + edges from a7e93e7 (vertex names):
## [1] A--B A--D B--C B--F D--E D--F F--G
g4 <- graph_from_literal(A-+B,A-+D,D+-E,D-+G,G+-B)
g4
## IGRAPH 5e31ba1 DN-- 5 5 --
## + attr: name (v/c)
## + edges from 5e31ba1 (vertex names):
## [1] A->B A->D B->G D->G E->D
g5 <- graph_from_literal(A:B:C:D -+ B:C:D:E)
g5
## IGRAPH a2ee8ee DN-- 5 13 --
## + attr: name (v/c)
## + edges from a2ee8ee (vertex names):
##  [1] A->B A->C A->D A->E B->C B->D B->E C->B C->D C->E D->B D->C D->E
```

在上面的程序中，使用 graph_from_literal() 函数创建了三个图，分别是无向图 g3，以及有向图 g4 和 g5。在创建图时，符号"-"，"--"，"----"表示无向图的一条无向边；符号"-+"，"+-"表示有向图的一条有向边。例如，"A-+B"表示从节点 A 指向节点 B；符号":"表示有向图中一个点的集合。

下面使用 plot() 函数对获得的图 g3、g4 和 g5 进行可视化，程序如下所示：

```
## 可视化网络图
plot(g3,main = "g3")
plot(g4,main = "g4")
plot(g5,main = "g5")
```

运行程序，可获得如图 10-2 所示的网络图。

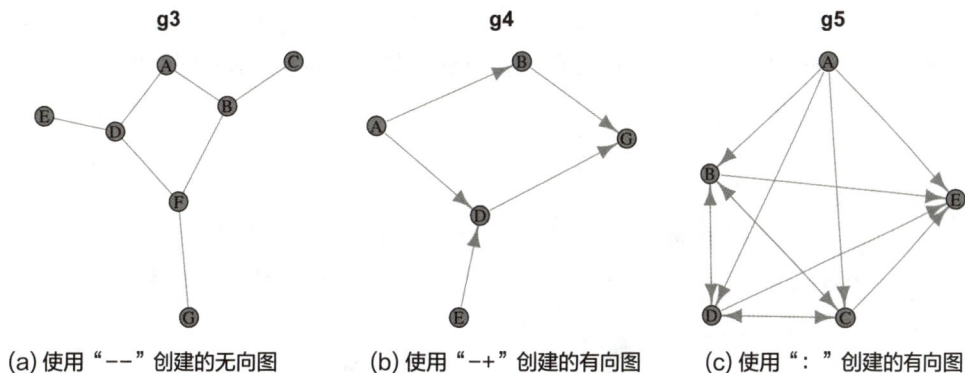

| g3 | g4 | g5 |
|---|---|---|

(a) 使用"--"创建的无向图　　　(b) 使用"-+"创建的有向图　　　(c) 使用"："创建的有向图

图 10-2　使用 graph_from_literal() 函数创建的网络图

### 3. 从边列表创建网络图

使用 igraph 包中的 graph_from_edgelist() 函数可以从边列表生成网络图。该方法首先生成一个矩阵，矩阵的两列分别是图中的节点数据，每行表示一条边的连接方式，然后使用该函数创建网络图，相关程序如下：

```
## 通过边列表创建网络图
edgelist <- matrix(c("A","B","C","E","D","A","E","A"),ncol = 2)
edgelist
##      [,1] [,2]
## [1,] "A"  "D"
## [2,] "B"  "A"
## [3,] "C"  "E"
## [4,] "E"  "A"
g6 <- graph_from_edgelist(edgelist, directed = TRUE)
g6
## IGRAPH 3b1e506 DN-- 5 4 --
## + attr: name (v/c)
## + edges from 3b1e506 (vertex names):
## [1] A->D B->A C->E E->A
## 无向图
g7 <- graph_from_edgelist(edgelist, directed = FALSE)
g7
## IGRAPH 04396ac UN-- 5 4 --
## + attr: name (v/c)
## + edges from 04396ac (vertex names):
## [1] A--D A--B C--E A--E
## 可视化网络图
plot(g6,main = "g6")
plot(g7,main = "g7")
```

在上面的程序中，首先生成一个两列的矩阵 edgelist，其中每行表示一条边；然后对该矩阵分别生成有向图 g6 和无向图 g7。运行程序，可获得如图 10-3 所示的网络图。

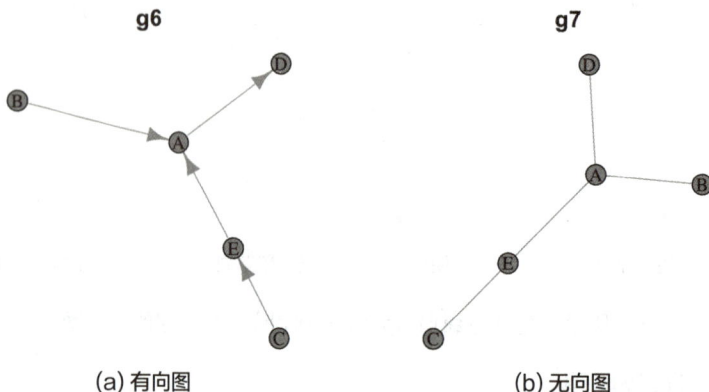

(a) 有向图                           (b) 无向图

图 10-3　使用 graph_from_edgelist () 函数创建的网络图

### 4. 从数据表创建网络图

利用 graph_from_data_frame() 函数可以从边数据表和节点数据表生成网络图。其中，边数据表的前两列表示一条边的两个节点，后面的变量会作为边的相关属性；节点数据表的第一列为节点的名称，后面的列会作为节点的其他属性的特征。通过数据表生成网络图的具体程序如下所示：

```
## 边数据表的前两列表示一条边的两个节点
edgdf <- data.frame(x = c("A","B","C","D","C","B"),
                    y = c("D","C","A","B","E","A"),
                    w = c(1,2,3,4,5,6))
edgdf
##   x y w
## 1 A D 1
## 2 B C 2
## 3 C A 3
## 4 D B 4
## 5 C E 5
## 6 B A 6
## 节点数据表
vetdf <- data.frame(v = c("A","B","C","D","E","F"),
                    col = c("red","black","blue","red",
                            "blue","black"))
## 不指定节点数据的无向图
g8 <- graph_from_data_frame(d = edgdf,directed = FALSE)
g8
```

```
## IGRAPH 77299d3 UN-- 5 6 --
## + attr: name (v/c), w (e/n)
## + edges from 77299d3 (vertex names):
## [1] A--D B--C A--C B--D C--E A--B
## 指定节点数据的有向图
g9 <- graph_from_data_frame(d = edgdf,directed = TRUE,vertices = vetdf )
V(g9)$color <- vetdf$col          # 设置网络图中节点的颜色
E(g9)$width <- edgdf$w            # 设置网络图中边的粗细
g9
## IGRAPH 82cdc0e DN-- 6 6 --
## + attr: name (v/c), col (v/c), color (v/n), w (e/n), width (e/n)
## + edges from 82cdc0e (vertex names):
## [1] A->D B->C C->A D->B C->E B->A
## 可视化网络图
plot(g8,main = "g8")
plot(g9,main = "g9")
```

在上面的程序中，首先构建边数据表 edgdf 和节点数据表 vetdf，然后利用 graph_from_ data_frame() 函数生成无向图 g8 和有向图 g9，其中，g8 只使用了边数据表，g9 使用了 V() 函数和 E() 函数，分别设置了节点的颜色和边的粗细。运用程序，可获得如图 10-4 所示的网络图。

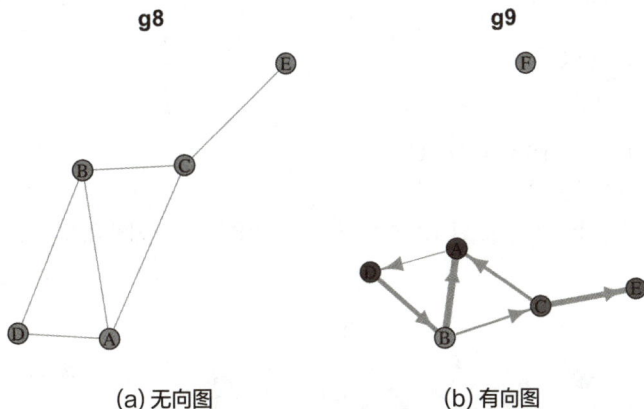

(a) 无向图    (b) 有向图

图 10-4　使用 graph_from_data_frame() 函数创建的网络图

前面介绍了如何使用 igraph 包中生成网络数据的函数创建网络图，该包还包含绘制无边图、星形图、环形图等常规图形的函数，如表 10-2 所示。

表 10-2　igraph 包中绘制常规图形的函数

| 函　　数 | 功　　能 |
| --- | --- |
| make_empty_graph() | 绘制无边图 |
| make_full_graph() | 绘制完全图 |

续表

| 函　数 | 功　能 |
|---|---|
| make_star() | 绘制星形图 |
| make_ring() | 绘制环形图 |
| make_tree() | 绘制树形图 |
| make_lattice() | 绘制格子图 |
| make_bipartite_graph() | 绘制二部图 |
| make_chordal_ring() | 绘制和弦环形图 |
| make_full_citation_graph() | 绘制完整的引文图 |

下面使用具体的示例介绍如何使用 igraph 包中绘制常规图形的函数绘制无边图、完全图和星形图等，程序如下所示：

```
## 使用包中绘制常规图形的函数构造网络图
par(family = "STKaiti")
## 绘制无边图
g1 <- make_empty_graph(n = 10,directed = FALSE)
plot(g1,main = " 无边图 ")
## 绘制完全图
g2 <- make_full_graph(6)
plot(g2,main = " 完全图 ")
## 绘制星形图
g3 <- make_star(n = 8,mode = "out")
plot(g3,main = " 星形图 ")
```

运行上面的程序后，可获得如图 10-5 所示的无边图、完全图和星形图。

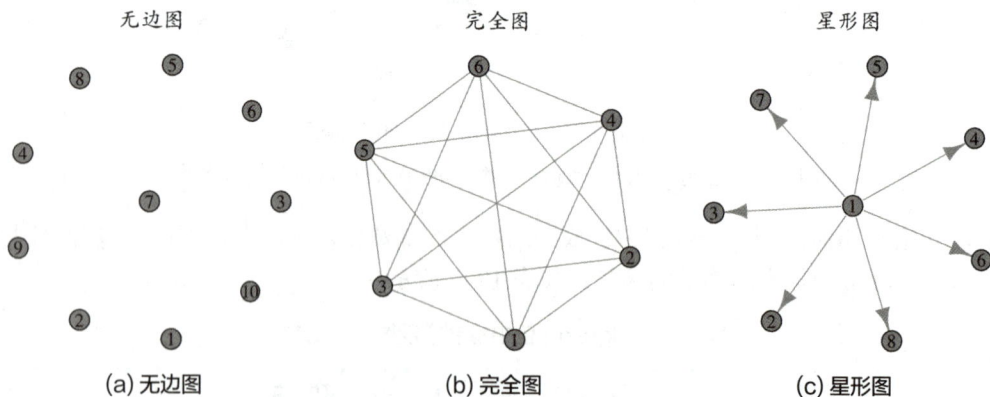

(a) 无边图　　　　(b) 完全图　　　　(c) 星形图

图 10-5　无边图、完全图和星形图

绘制环形图、树形图和格子图的程序如下所示：

```
## 绘制环形图
g4 <- make_ring(10,directed = TRUE)
plot(g4,main = " 环形图 ")
## 绘制树形图
g5 <- make_tree(n = 10,children = 2,mode = "out")
plot(g5,main = " 树形图 ")
## 绘制格子图
g6 <- make_lattice(c(10,5))
plot(g6,main = " 格子图 ")
```

运行程序后，可获得如图 10-6 所示的环形图、树形图和格子图。

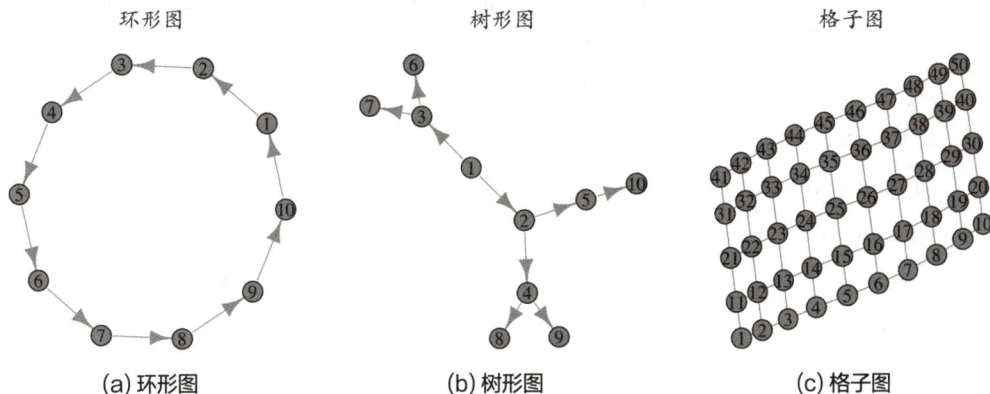

(a) 环形图　　　　　　(b) 树形图　　　　　　(c) 格子图

图 10-6　环形图、树形图和格子图

前面使用 igraph 包生成了网络图，并对其进行了简单的可视化。若要获得更加丰富的网络图，就需要设置 igraph 包的参数和图层。

## 10.1.2　igraph 包的参数和图层

本节主要介绍如何对网络图中节点的颜色、大小、类型，边的粗细、颜色等参数进行设置，以及如何对图数据可视化时使用的布局方式进行设置，从而绘制出信息更加丰富的网络图。表 10-3 给出了可视化网络图常用的参数设置。

表 10-3　可视化网络图常用的参数设置

| 类　型 | 参　数 | 功　能 |
|---|---|---|
| 节点 | vertex.color | 节点颜色 |
| | vertex.frame.color | 节点的边的颜色 |
| | vertex.shape | 节点的形状，包括 none、circle、square、csquare、pie、raster、sphere 等选项 |
| | vertex.size | 节点的大小 |

| 类　型 | 参　数 | 功　能 |
|---|---|---|
| 节点 | vertex.label | 节点的标签 |
| | vertex.label.family | 节点的标签字体 |
| | vertex.label.font | 节点的标签字体类型，包括 1（plain）、2（bold）、3（italic）等选项 |
| | vertex.label.cex | 节点的标签字体大小 |
| | vertex.label.dist | 节点和节点标签的距离 |
| | vertex.label.degree | 节点标签在节点的相对位置，包括 0（右边）、pi（左边）、pi/2（下边）、–pi/2（上边）等选项 |
| 边 | edge.color | 边的颜色 |
| | edge.width | 边的宽度 |
| | edge.arrow.size | 边的箭头大小 |
| | edge.arrow.width | 边的箭头宽度 |
| | edge.lty | 边的线型，包括 0（blank）、1（solid）、2（dashed）、3（dotted）等选项 |
| | edge.label | 边的标签 |
| | edge.label.family | 边的标签字体 |
| | edge.label.font | 边的标签字体类型，包括 1（plain）、2（bold）、3（italic）等选项 |
| | edge.label.cex | 边的标签字体大小 |
| | edge.curved | 边的曲率，取值范围是 0 ~ 1 |
| 其他 | main | 图形的标题 |
| | sub | 图形的子标题 |

下面介绍如何对网络图的节点进行参数设置，程序如下所示：

```
## 创建完全图
g1 <- make_full_graph(6)
par(family = "STKaiti")
## 可视化网络图时设置节点的情况
plot(g1,vertex.color = c("red","blue","orange","green","lightblue"),
     vertex.frame.color = "red",
     vertex.shape = c("circle", "square", "csquare", "raster", "sphere"),
     vertex.size = 15+c(-5,2,4,10,8,6),
     vertex.label = paste("node",c(1:6),sep = ""),
     vertex.label.font = 2,vertex.label.color = "black",
     vertex.label.dist = 4,                  # 标签和点的距离
     vertex.label.degree = pi,               # 标签在点的左边
     main = "设置节点的显示")
```

在上面的程序中，首先创建有 6 个节点的完全图 g1，然后使用 vertex.color 参数为每个节点设置颜色；使用 vertex.frame.color 参数设置节点的边的颜色；使用 vertex.shape 参数为每个节点设置形状；使用 vertex.size 参数为每个节点设置大小；使用 vertex.label 参数为每个节点设置标签；使用 vertex.label.font 参数设置节点的标签字体类型；使用 vertex.label.color 参数设置节点的标签字体颜色；使用 vertex.label.dist 参数设置节点的标签和节点之间的距离；使用 vertex.label.degree 参数设置节点的标签和节点之间的相对位置。运行上面的程序后，可获得如图 10–7 所示的网络图。

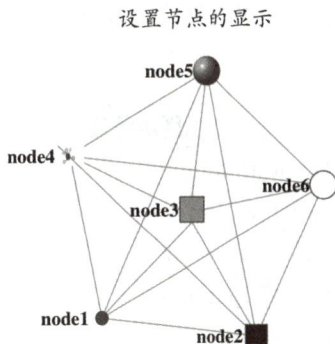

图 10-7　设置网络图的节点

下面生成一个环形图 g2，并对它的边进行参数设置，程序如下所示：

```
g2 <- make_ring(6,directed = TRUE)
## 可视化网络图时设置边的情况
plot(g2,edge.color = c("red","red","red","blue","blue","blue"),
     edge.width = c(1,3,1,3,1,3),edge.arrow.width= 1,
     edge.lty = c(0,1,2,3,4,5,6),
     edge.label = c(paste("w:",1:6,sep = "")),
     edge.label.font = 4,edge.label.cex = 1.5,
     edge.curved = 0.4,main = " 设置边的显示 ")
```

在上面的程序中，首先创建一个包含 6 个节点和 6 条边的环形图，然后使用 edge.color 参数设置每条边的颜色；使用 edge.width 参数设置每条边的粗细；使用 edge.arrow.width 参数设置有向图中箭头的宽度；使用 edge.lty 参数设置边的线型；使用 edge.label 参数为每条边设置标签，使用 edge.label.font 参数设置边的标签的大字体类型；使用 edge.label.cex 参数设置边的标签字体大小；使用 edge.curved 参数设置边的弯曲程度。运行程序后，可获得如图 10–8 所示的网络图。

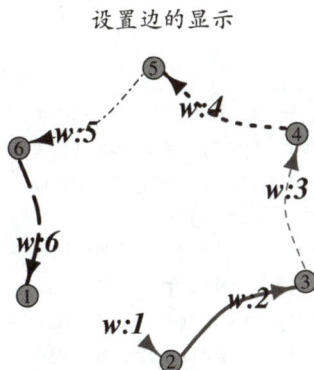

图 10-8　设置网络图的边

使用不同的布局方式，网络图可以获得不同特点的可视化结果。表 10-4 给出了 igraph 包中常用的网络图布局的图层函数。

表 10-4　常用的网络图布局的图层函数

| 图层函数 | 功　能 |
|---|---|
| layout_as_star | 星形布局 |
| layout_as_tree | 树形布局 |
| layout_component | 合并图形布局 |
| layout_in_circle | 圆形布局 |
| layout_nicely | 自动选择合适的图形布局算法 |
| layout_on_grid | 网格布局 |
| layout_on_sphere | 球面布局 |
| layout_randomly | 随机布局 |
| layout_with_dh | Davidson–Harel 布局算法 |
| layout_with_drl | DrL 图布局算法 |
| layout_with_fr | Fruchterman–Reingold 布局算法 |
| layout_with_gem | GEM 布局算法 |
| layout_with_graphopt | graphopt 布局算法 |
| layout_with_kk | Kamada–Kawai 布局算法 |
| layout_with_lgl | 大图布局算法 |
| layout_with_mds | 通过多维比例缩放的图形布局 |
| layout_with_sugiyam | 杉山图布局生成器 |

下面使用空手道俱乐部的网络图数据，介绍不同的图层布局方式的显示效果。程序如下所示：

```
## 导入空手道俱乐部数据
data("karate")
karate
## IGRAPH 4b458a1 UNW- 34 78 -- Zachary's karate club network
## + attr: name (g/c), Citation (g/c), Author (g/c), Faction (v/n), name
## | (v/c), label (v/c), color (v/n), weight (e/n)
## + edges from 4b458a1 (vertex names):
##  [1] Mr Hi  --Actor 2  Mr Hi  --Actor 3  Mr Hi  --Actor 4  Mr Hi  --Actor 5
##  [5] Mr Hi  --Actor 6  Mr Hi  --Actor 7  Mr Hi  --Actor 8  Mr Hi  --Actor 9
##  [9] Mr Hi  --Actor 11 Mr Hi  --Actor 12 Mr Hi  --Actor 13 Mr Hi  --Actor 14
## [13] Mr Hi  --Actor 18 Mr Hi  --Actor 20 Mr Hi  --Actor 22 Mr Hi  --Actor 32
## [17] Actor 2--Actor 3  Actor 2--Actor 4  Actor 2--Actor 8  Actor 2--Actor 14
## [21] Actor 2--Actor 18 Actor 2--Actor 20 Actor 2--Actor 22 Actor 2--Actor 31
```

```
## [25] Actor 3--Actor 4  Actor 3--Actor 8  Actor 3--Actor 9  Actor 3--Actor 10
## + ... omitted several edges
## 使用不同的图层布局可视化网络图
set.seed(11)
plot(karate,layout=layout_as_star,main = "layout_as_star")
plot(karate,layout=layout_as_tree,main = "layout_as_tree")
plot(karate,layout=layout_in_circle,main = "layout_in_circle")
plot(karate,layout=layout_nicely,main = "layout_nicely")
plot(karate,layout=layout_on_grid,main = "layout_on_grid")
plot(karate,layout=layout_on_sphere,main = "layout_on_sphere")
plot(karate,layout=layout_randomly,main = "layout_randomly")
plot(karate,layout=layout_with_dh,main = "layout_with_dh")
plot(karate,layout=layout_with_fr,main = "layout_with_fr")
```

空手道俱乐部的网络图数据中有 34 个节点和 78 条边，对该数据使用 9 种不同的布局方式进行可视化。运行程序后，可获得如图 10-9 所示的不同布局方式的网络图。

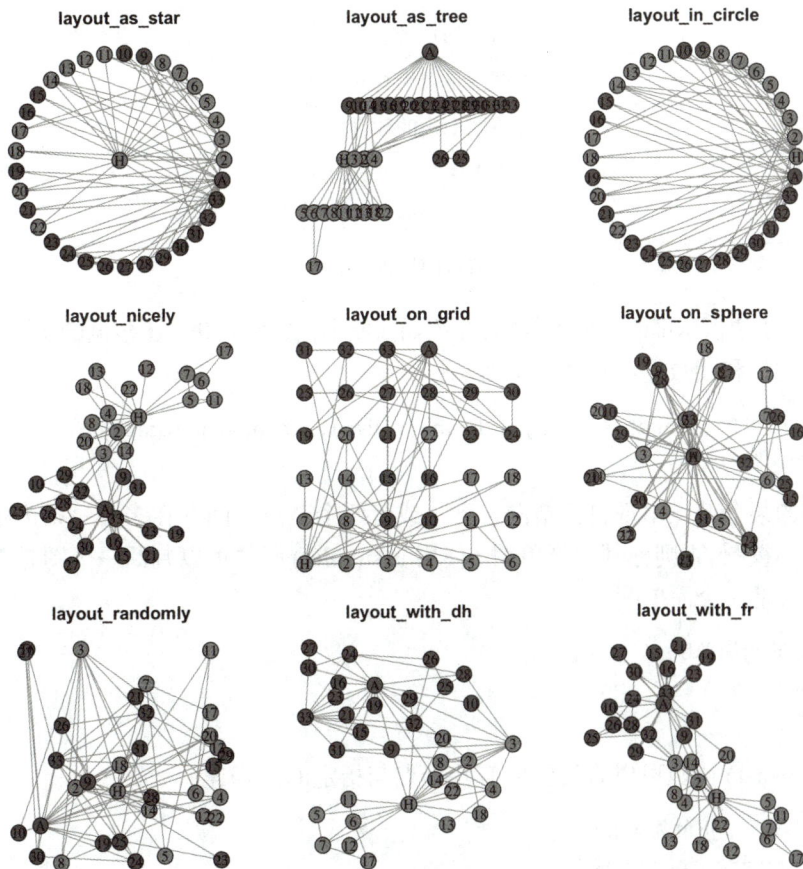

图 10-9　不同布局方式的网络图

在图 10-9 中，每个子图均对应一种网络图的布局方式，合理地使用相应的可视化方式，有助于对网络图数据的关系的观察和理解。

## 10.1.3　网络图的统计特性

网络图的描述主要包括是否为简单图，是否为连通图，图的直径和图的密度，节点的度、节点的邻居节点、节点邻居的平均度、节点的中心性，边的数量等内容。表 10-5 给出了 igraph 包中常用的网络图的统计特性计算函数。

表 10-5　常用的网络图的统计特性计算函数

| 函　　数 | 功　　能 |
| --- | --- |
| is.simple() | 判断图是否为简单图 |
| neighbors() | 查看图中某个节点的邻居节点 |
| is.connected() | 判断图是否为连通图 |
| diameter() | 计算图的直径 |
| is.dag() | 判断图是否为有向无环图 |
| ecount() | 计算图中边的数目 |
| vcount() | 计算图中节点的数目 |
| graph.density() | 计算图的密度 |
| closeness() | 计算节点的接近中心性 |

下面针对空手道俱乐部的网络图数据，介绍如何使用相关函数获取图数据的统计特性等信息。导入使用的包和图数据，程序如下所示：

```
library(ggplot2);library(dplyr);library(tidyr);library(heatmaply)
data("karate")
```

如果图中的某个节点出现自己指向自己，或者两个节点之间存在多于一条边相连的情况，则称这种图为多重图，否则称其为简单图。使用 is.simple() 函数可以判断一个图是否为简单图，例如 karate 图就是一个简单图。

```
## 判断图是否为简单图
is.simple(karate)
## [1] TRUE
```

使用 neighbors() 函数可以查看图中有几个点与指定的点相连。

```
## 查看图中某个节点的邻居节点
neighbors(karate,"Actor 30")
## + 4/34 vertices, named, from 4b458a1:
```

```
## [1] Actor 24 Actor 27 Actor 33 John A
```

由上面的输出结果可以看出，在 karate 图中有 4 个节点和节点 "Actor 30" 相连，分别为 Actor 24、Actor 7、Actor 33 和 John A。

若网络图从节点 A 到节点 B 有一条通路，则称节点 A 到节点 B 是可达的。若所有的节点从任一其他节点均可达，则可称该图为连通图。判断图是否为连通图，可以使用 is.connected() 函数，例如 karate 图就是一个连通图。

```
## 判断图是否为连通图
is.connected(karate)
## [1] TRUE
```

网络图中两个节点的距离是指两个节点之间经过最短路径的边的数目。节点 A 的偏心率用来表示连接图中的节点 A 到其他节点之间的最大距离。图的直径（diameter）表示取遍图的所有节点得到的偏心率的最大值。图的直径可以使用 diameter() 函数计算，例如 karate 图的直径为 13。

```
## 计算图的直径
diameter(karate,directed = F)
## [1] 13
```

如果一个有向图从任意节点出发无法经过若干条边回到该点，则称这个图是一个有向无环图。is.dag() 函数可以判断图是否为有向无环图，例如 karate 图不是一个有向无环图。

```
## 判断图是否为有向无环图
is.dag(karate)
## [1] FALSE
```

使用 ecount() 函数可以计算图中边的数目，使用 vcount() 函数可以计算图中节点的数目。例如 karate 图一共有 78 条边和 34 个节点。

```
## 计算边的数目
ecount(karate)
## [1] 78
## 计算节点的数目
vcount(karate)
## [1] 34
```

使用 mean_distance() 函数可以计算图的平均路径长度。例如，karate 图的平均路径长度为 2.4082。

```
mean_distance(karate, directed=F)
## [1] 2.4082
```

使用 max_cliques() 函数可以计算图中极大团的尺寸和数量。计算 karate 图的极大团的尺寸和数量的程序如下所示：

```
## 计算极大团的尺寸和数量
table(unlist(lapply(max_cliques(karate),length)))
##  2  3  4  5
## 11 21  2  2
```

使用 graph.density() 函数可以计算图的密度，即实际出现的边与可能的边的比值。例如，karate 图的密度约为 0.1390。

```
## 图的密度：实际出现的边与可能的边的比值
graph.density(karate)
## [1] 0.1390374
```

无向图某个节点的度是指与该节点连接边的数目，节点的度可以使用 degree() 函数计算。下面计算 karate 图中每个节点的度，并将其结果进行可视化，程序如下所示：

```
## 计算 karate 图中每个节点的度
kd <- degree(karate)
kddf <- data.frame(node = names(kd),kd = kd)
## 使用条形图可视化每个节点的度
ggplot(kddf,aes(x = reorder(node,-kd),y = kd))+
    geom_bar(stat = "identity",fill = "lightblue")+
    theme(axis.text.x = element_text(angle = 45,vjust = 0.5))+
    labs(x = " 节点 ", y = "degree", title = " 图上节点的度 ")
```

运行程序后，可获得如图 10-10 所示的 karate 图中节点的度的分布条形图。从图 10-10 中可以发现，John A 节点的度最大。

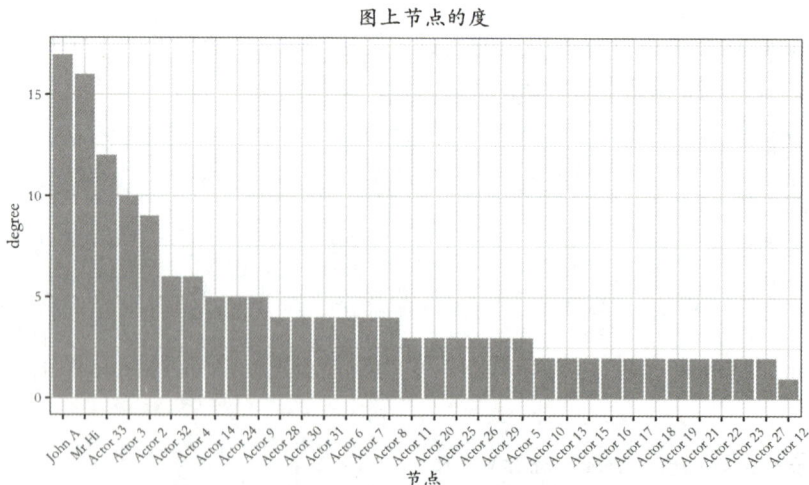

图 10-10　karate 图中节点的度的分布条形图

使用 graph.knn() 函数可以计算与指定节点连接的所有节点的平均度。计算节点邻居的平均度并和节点的度一起可视化的程序如下：

```
## 计算节点邻居的平均度, 并可视化
kad<- graph.knn(karate,V(karate))$knn
kaddf <- data.frame(node = names(kad),kad = kad)
## 同时可视化节点的度和节点邻居的平均度
plotdf <- left_join(kddf,kaddf,by = "node")
g pivot_longer(plotdf,names_to = "group",values_to = "value",-node)%>%
    ggplot(aes(x = reorder(node,-value),y = value,fill = group))+
    geom_bar(stat = "identity",position = "dodge")+
    scale_fill_discrete(name=" 分组 ",breaks=c("kad", "kd"),
                        labels=c(" 节点邻居平均度 ", " 节点度 "))+
    theme(axis.text.x = element_text(angle = 45,vjust = 0.5),
        legend.position = "top")+
    labs(x = " 节点 ", y = "Value")
```

在上面的程序中，首先计算出每个节点邻居的平均度 kad，然后将其转换为数据表，并与节点的度的数据连接，接着将 plotdf 转换为长型数据，并使用 ggplot2 包可视化分组条形图。运行程序后，可获得如图 10-11 所示的分组条形图。

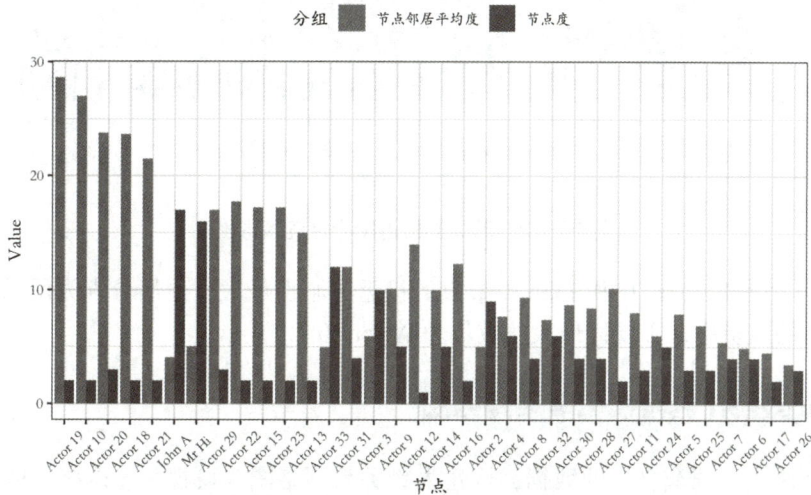

图 10-11　节点的度和节点邻居的平均度的分组条形图

如果网络图是同配的，节点邻居的平均度会随着节点本身度的增加而增加。从图 10-11 可以发现，该网络图不具有同配性。

节点的中心性是节点在网络图中重要程度的度量指标，常用的节点中心性为接近中心性。节点的接近中心性是指如果一个节点和很多节点接近，那么该节点处于网络的中心位置，说明该节点很重要。可以使用 closeness() 函数计算网络图中每个节点的接近中心性，程序如下所示：

```
## 节点的接近中心性
clos <- closeness(karate)
data.frame(vex = names(clos),weight = clos)%>%
    ggplot(aes(x=reorder(vex,-weight),y = weight))+
    geom_bar(stat = "identity",fill = "tomato")+
    theme(axis.text.x = element_text(angle = 45,vjust = 0.5))+
    labs(x=" 节点 ",y = " 节点中心性 ")
```

在上面的程序中，首先计算 karate 图的每个节点的中心性，接着使用条形图进行可视化。运行程序后，可获得如图 10-12 所示的节点的接近中心性的条形图。

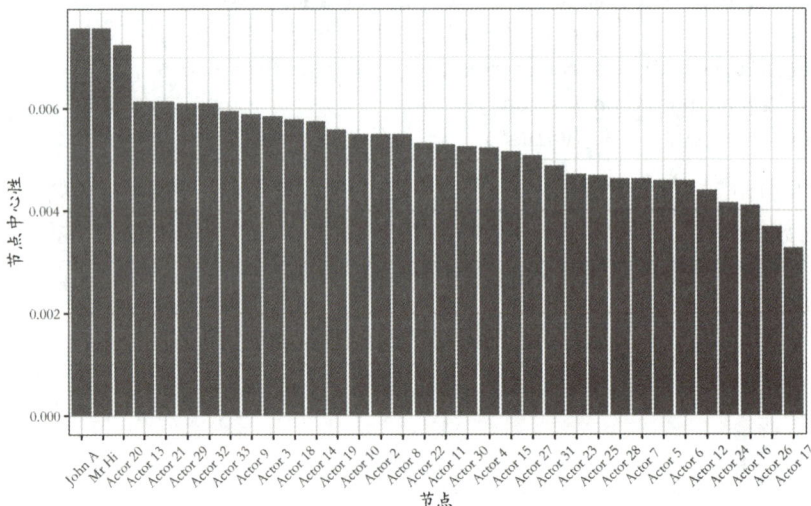

图 10-12　节点的接近中心性的条形图

由图 10-12 可知，Mr Hi 和 John A 节点的接近中心性最大，他们分别为俱乐部的教练和主管，在剩下的成员中，重要性最大的成员为 Actor 20。

## 10.1.4　igraph 包可视化复杂网络图

本节将使用《三国演义》的数据，构建人物关系网络图并可视化。网络图的节点为人物名称，边是根据相关系数进行设置的。

获取网络图中表示边的数据表，程序如下所示：

```
## 数据准备，读取每个人物在各章（回）出现的次数
load(file = "data/chap9/ 三国人物在各章（回）出现的次数 .RData")
name_cor <- cor(namefredf)          ## 计算人物之间的相关系数
name_cor[lower.tri(name_cor)] <- 0      # 将下三角元素值转换为 0
namecordf <- as.data.frame(name_cor)
## 为数据添加一列人物名称变量
```

```
namecordf$from <- rownames(namecordf)
## 将数据表转换为长型数据
edgedf <- pivot_longer(namecordf,names_to = "to",values_to = "cor",-from)
## 只保留相关系数为 0.3 ~ 1 的连接
edgedf <- edgedf[(edgedf$cor > 0.3 & edgedf$cor < 1),]
head(edgedf)
##      from     to       cor
## 169 曹操    荀彧  0.4310889
## 225 曹操    荀攸  0.4881319
## 228 荀彧    荀攸  0.3666677
## 393 曹操    张辽  0.4429935
## 449 曹操    徐晃  0.3891521
## 505 曹操  夏侯惇 0.3205035
```

在上面的程序中，首先通过人物在各章节（回）出现的次数计算他们之间的相关性，然后将相关系数矩阵转换为长型数据，并只保留相关系数较大的关系，可以获得数据表 edgedf。在数据表中，from 表示边的起点，to 表示边的终点。

下面准备网络图中表示节点的数据，程序如下所示：

```
## 读取关键人物的数据
TK_name <- read.csv("data/chap9/ 三国演义 / 一些三国人物的名和字 .csv",
                     stringsAsFactors = FALSE)
TK_name <- TK_name[TK_name$ 名 %in% unique(c(edgedf$from,unique(edgedf$to))),]
## 生成节点数据表
vertdf <- data.frame(node = TK_name$ 名 ,group = TK_name$ 阵营 )
## 添加人物出现次数的数据
name_freq <- data.frame(node = names(colSums(namefredf)),
                        freq = colSums(namefredf))
vertdf <- left_join(vertdf,name_freq,by = "node")
head(vertdf)
##      node group freq
## 1    曹操  曹魏  945
## 2  司马懿  曹魏  321
## 3    荀彧  曹魏   57
## 4    荀攸  曹魏   29
## 5    程昱  曹魏   44
## 6    张辽  曹魏  159
```

在上面的程序中，只保留在边的起点和终点出现的人物，然后为数据添加一个出现次数的变量，在节点数据中包含节点的名称、分组和频次变量。

在准备好节点数据表和边数据表以后，就可以使用 graph_from_data_frame() 函数构建人物关系网络，程序如下所示：

```
## 通过数据表构建人物关系网络
TK_net <- graph_from_data_frame(d = edgedf,directed = FALSE,vertices = vertdf)
TK_net
## IGRAPH 5dbe87a UN-- 52 100 --
## + attr: name (v/c), group (v/c), freq (v/n), cor (e/n)
## + edges from 5dbe87a (vertex names):
## [1] 曹操  --荀彧    曹操  --荀攸    荀彧  --荀攸    曹操  --张辽    曹操  --徐晃
## + ... omitted several edges
## 保存人物关系网络数据备用
## save(TK_net,file = "data/chap10/TK_net.RData")
```

针对获得的人物关系网络数据，可以使用下面的程序对其进行可视化。

```
## 可视化主要人物关系网络图
plot(TK_net,layout = layout_in_circle,
     vertex.label.family = "STKaiti",vertex.label.cex = 0.5,
     vertex.size = 15,vertex.label.color = "black")
```

在上面的程序中，通过 layout = layout_in_circle 指定网络图的布局为圆形，由于需要显示的节点名称为中文，所以通过 vertex.label.family = "STKaiti" 参数设置标签使用的字体。运行程序后，可获得如图 10-13 所示的《三国演义》中主要人物关系网络图。

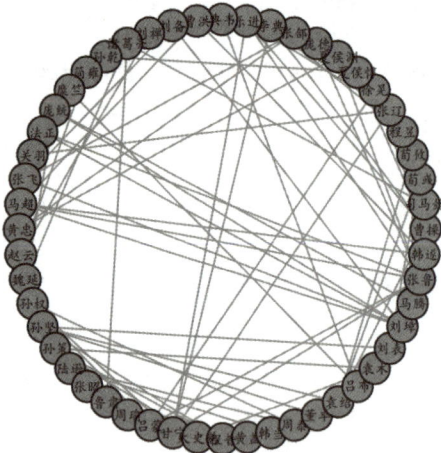

图 10-13　《三国演义》中主要人物关系网络图

可以对图 10-13 所示的网络图的显示进一步优化，包括对节点的不同分组使用不同的颜色和形状，对节点之间相关系数的大小使用连线设置为不同的粗细等，具体程序如下所示：

```
## 对网络图进行调整，可视化出更丰富的信息
nodeindex <- as.numeric(as.factor(V(TK_net)$group))     # 节点的分组索引
usecolor <- c("tomato","lightgreen","lightblue","orange")
useshape <- c("circle","square","circle","circle")
```

```
nodecolr <- usecolor[nodeindex]                          # 节点的颜色
nodeshap <- useshape[nodeindex]                          # 节点的形状
nodesize <- round(2 * log1p(V(TK_net)$freq))             # 节点的大小
## 根据相关系数的大小对边进行分组
edgeclass <- cut(E(TK_net)$cor, 3 ,labels = c(1,2,3))
edgecor <- c("cyan2","cyan3","cyan4")[edgeclass]         # 边的颜色
edgew <-  as.numeric(edgeclass)                          # 边的宽度
edgelty <- c("solid","twodash","dotted")[edgeclass]
##GEM（弹性力学算法）设置布局
set.seed(123)
par(family = "STKaiti")
plot(TK_net,layout = layout_with_gem,
     ## 设置节点
     vertex.size = nodesize,vertex.label.family = "STKaiti",
     vertex.label.cex = 0.5,vertex.label.color = "black",
     vertex.color = nodecolr,vertex.frame.color = nodecolr,
     vertex.shape = nodeshap,
     ## 设置边的显示情况
     edge.color = edgecor,edge.width = edgew,edge.lty = edgelty,
     edge.curved = 0.1
)
## 添加图例
legend(x=1.2, y=1.1, c("曹魏"," 群雄 "," 蜀汉 "," 孙吴 "),
       pch=c(19,15,19,19),col=usecolor, pt.bg="white",
       pt.cex=1.5, cex=.8, bty="n", ncol=1)
```

在上面的程序中，首先将节点根据分组设置颜色、形状向量，根据人物出现的次数设置节点的大小向量；然后根据相关系数的大小设置边的颜色、宽度、线型等变量。在可视化网络图时，使用布局参数对节点和边进行设置，并在指定的位置为图添加一个图例。运行程序后，可获得如图 10-14 所示的调整后的《三国演义》中主要人物关系网络图。

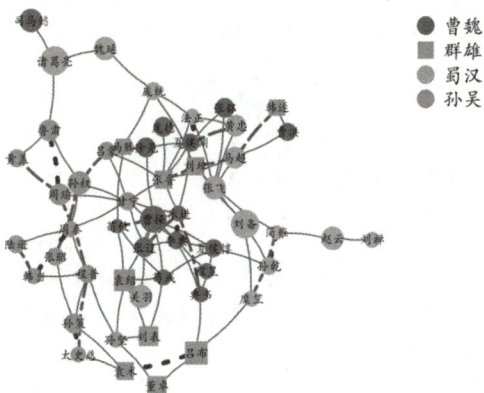

图 10-14　调整后的《三国演义》中主要人物关系网络图

针对图 10-14，还可以通过调整可视化时使用的布局参数，得到不同布局方式的网络图。例如，圆形布局（layout=layout_in_circle）和网格布局（layout=layout_on_grid）的网络图如图 10-15 所示。

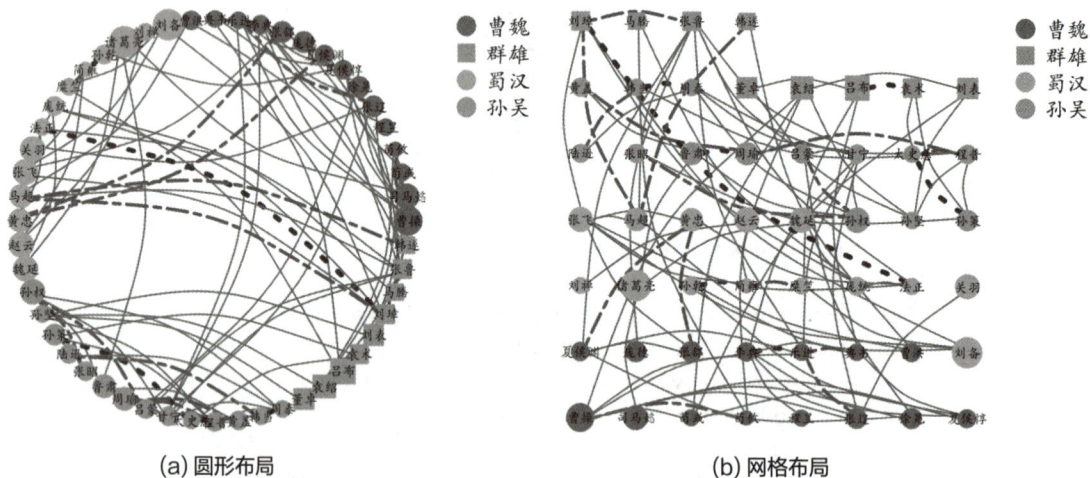

(a) 圆形布局　　　　　　　　　　　　　　　(b) 网格布局

图 10-15　圆形布局和网格布局的主要人物关系网络图

如果想要突出网络图中某些人物之间的路径，可以使用 shortest_paths() 函数获取该路径，然后对其进行单独设置并可视化。将曹操至刘备、孙权的路径突出显示的程序如下所示：

```
## 可视化时突出显示某些边，计算曹操到刘备、孙权的最短路径
addpath <- shortest_paths(TK_net,from = " 曹操 ",to = c(" 刘备 "," 孙权 "),
                          output = "both")
## 设置可视化时边的突出显示情况，设置边的颜色和粗细
ecol <- rep("gray80", ecount(TK_net))
ecol[unlist(addpath$epath)] <- "red"
ew <- rep(1, ecount(TK_net))
ew[unlist(addpath$epath)] <- 3
## 可视化突出显示路径的网络图
set.seed(123)
par(family = "STKaiti")
plot(TK_net,layout = layout_with_gem,
     ## 设置节点
     vertex.size = nodesize,vertex.label.family = "STKaiti",
     vertex.label.cex = 0.5,vertex.label.color = "black",
     vertex.color = nodecolr,vertex.frame.color = nodecolr,
     vertex.shape = nodeshap,
     ## 设置边的显示情况
     edge.color = ecol,edge.width = ew,edge.lty = edgelty,
```

```
        edge.curved = 0.1
)
## 添加图例
legend(x=1.2, y=1.1, c("曹魏", "群雄", "蜀汉", "孙吴"),
       pch=c(19,15,19,19),col=usecolor, pt.bg="white",
       pt.cex=1.5, cex=.8, bty="n", ncol=1)
```

运行程序后，可获得如图 10-16 所示的突出指定人物关系的网络图。在图 10-16 中，对曹操到达刘备和曹操到达孙权要经过的边，使用红色的粗线突出显示。

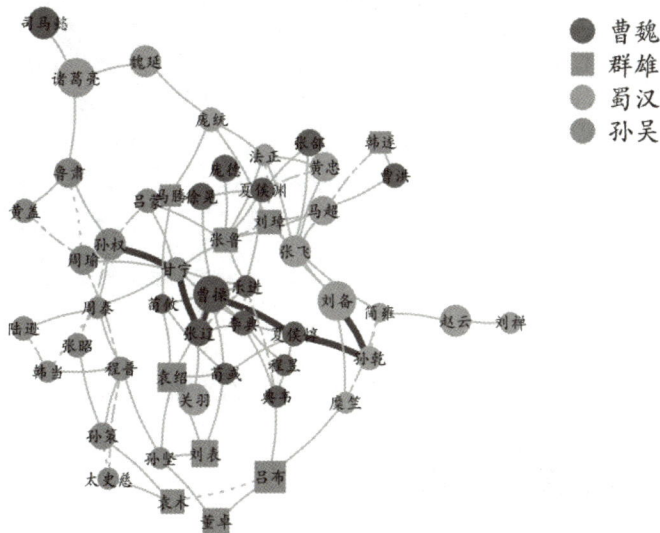

图 10-16 突出指定人物关系的网络图

还可以使用热力图对网络数据进行可视化。在热力图中，行和列表示节点，图中的元素表示两个节点之间的距离。绘制《三国演义》中网络数据的节点之间的距离的热力图，程序如下所示：

```
## 使用热力图可视化节点之间的距离
TKnetdis <- distances(TK_net)
library(RColorBrewer)
heatmaply(TKnetdis,Colv = FALSE, Rowv = FALSE,column_text_angle = 90,
         fontsize_row = 6,fontsize_col = 7,cellnote = TKnetdis,
         cellnote_size = 7,cellnote_textposition = "middle center",
         col = brewer.pal(n = 8, "RdYlBu"))
```

运行上面的程序后，可获得如图 10-17 所示的《三国演义》中主要人物关系的热力图。在图 10-17 中，颜色的深浅和对应的数值反映出两个节点之间的距离的大小。

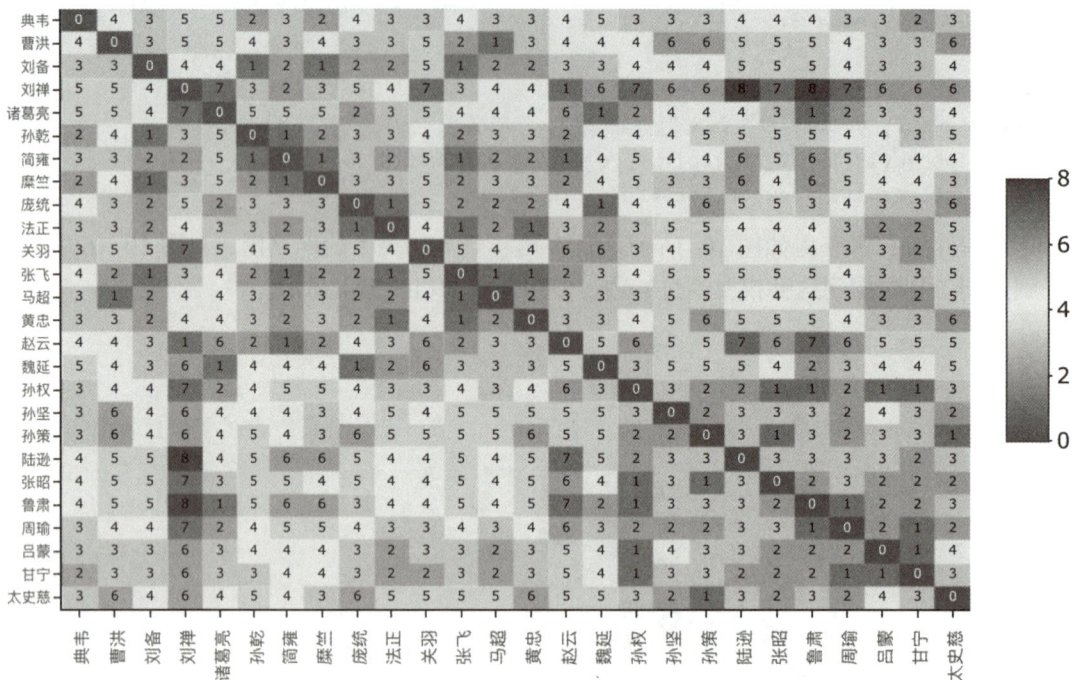

图 10-17　《三国演义》中主要人物关系的热力图

## 10.1.5　igraph 包的网络分割图

在 igraph 包中，利用聚类算法可以实现网络图的分割，将网络图上的节点聚类为不同的类别，然后对其进行可视化分析。

下面使用快速贪婪算法 cluster_fast_greedy() 函数，对《三国演义》中的网络数据进行分割并可视化，程序如下所示：

```
## 根据快速贪婪算法对网络图进行分割
cfg <- cluster_fast_greedy(TK_net)
sizes(cfg)
## Community sizes
##  1  2  3  4  5  6
## 14  6  6  8  9  9
par(family = "STKaiti",cex = 0.65)
dendPlot(cfg, mode="hclust", rect = 4)
```

在上面的程序中，首先使用聚类算法将人物关系网络数据切分为 6 簇，其中每簇分别包含 14、6、6、8、9、9 个节点，然后使用 dendPlot() 函数将其可视化为系统聚类树，如图 10-18 所示。

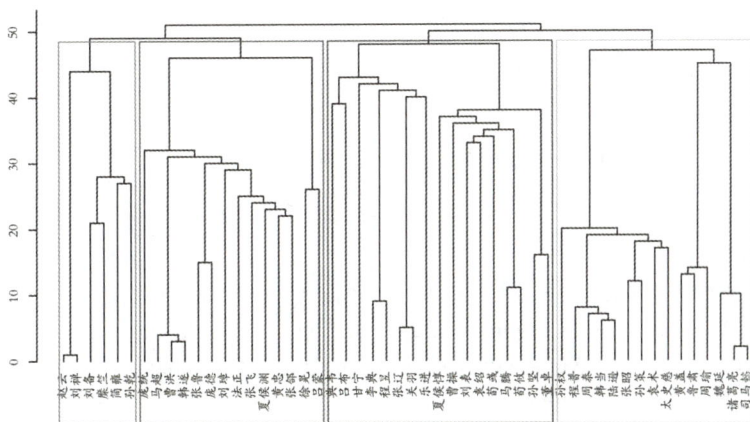

图 10-18 《三国演义》中主要人物关系网络的系统聚类树

针对人物关系网络数据的聚类结果 cfg，可以使用 plot() 函数绘制为对节点进行分割后的网络图，程序如下所示：

```
set.seed(1234)
plot(cfg,TK_net,
    ## 设置节点
    vertex.size = nodesize,vertex.label.family = "STKaiti",
    vertex.label.cex = 0.5,vertex.label.color = "black",
    vertex.color = nodecolr,vertex.frame.color = nodecolr,
    vertex.shape = nodeshap,
    ## 设置边的显示情况
    edge.color = edgecor,edge.width = edgew,edge.lty = edgelty,
    edge.curved = 0.3)
```

运行上面的程序后，可获得如图 10-19 所示的快速贪婪算法的网络分割图。

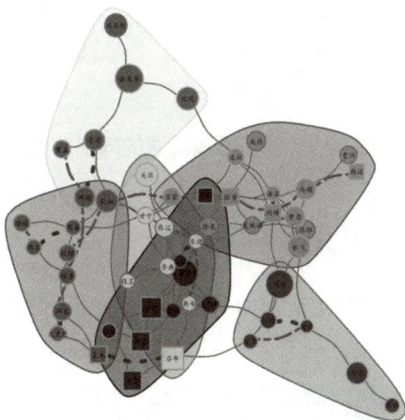

图 10-19 快速贪婪算法的网络分割图

下面使用标签传播算法 cluster_label_prop() 函数，对《三国演义》中的人物关系网络数据进行分割并可视化，程序如下所示：

```
## 根据标签传播算法进行分割
clp <- cluster_label_prop(TK_net)
set.seed(1234)
plot(clp,TK_net,
    ## 设置节点
    vertex.size = nodesize,vertex.label.family = "STKaiti",
    vertex.label.cex = 0.5,vertex.label.color = "black",
    vertex.color = nodecolr,vertex.frame.color = nodecolr,
    vertex.shape = nodeshap,
    ## 设置边的显示情况
    edge.color = edgecor,edge.width = edgew,edge.lty = edgelty,
    edge.curved = 0.3)
```

运行上面的程序后，可得到如图 10-20 所示的标签传播算法的网络分割图。在图 10-20 中，使用标签传播算法将人物关系网络分割为 7 个部分，这与前面使用快速贪婪算法得到的结果不同。

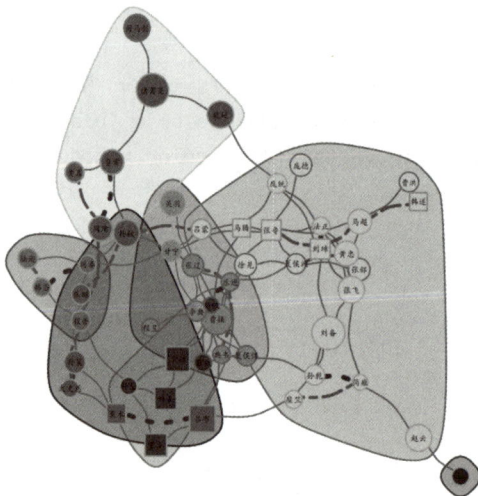

图 10-20　标签传播算法的网络分割图

## 10.1.6　igraph 包可视化可交互网络图

在 igraph 包中，tkplot() 函数可以实现可交互网络图的可视化。对《三国演义》中人物关系网络数据，可视化程序如下所示：

```
load("data/chap10/TK_net.RData")
## 使用tkplot() 函数可视化可交互网络图
```

```
tkplot(TK_net,canvas.width = 800, canvas.height = 600,
       vertex.size = nodesize,vertex.label.family = "STKaiti",
       vertex.label.cex = 0.6,vertex.label.color = "black",
       vertex.color = nodecolr,vertex.frame.color = nodecolr,
       vertex.shape = nodeshap,edge.color = edgecor,
       edge.width = edgew,edge.lty = edgelty)
```

运行上面的程序后，可获得如图 10-21 所示的《三国演义》中主要人物关系的可交互网络图。

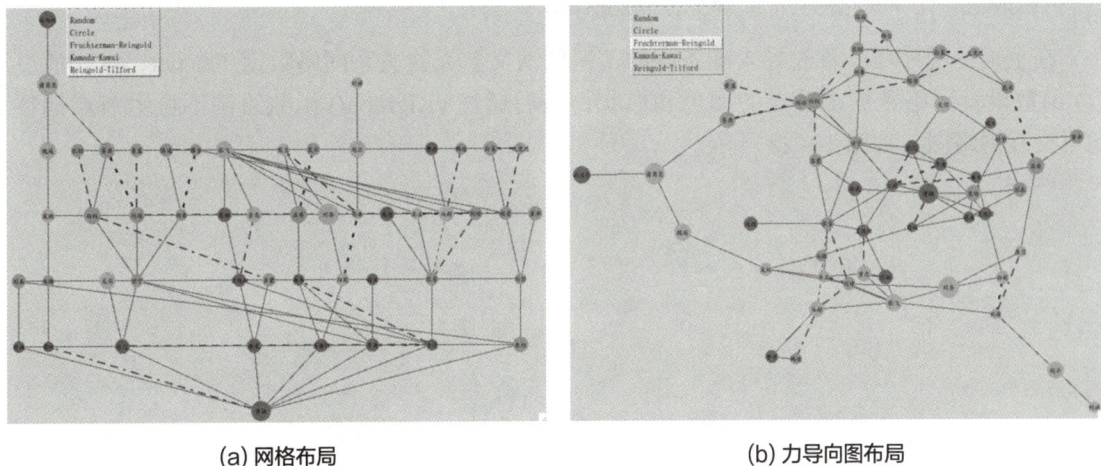

(a) 网格布局　　　　　　　　　　　　　　(b) 力导向图布局

图 10-21　《三国演义》中主要人物关系的可交互网络图

在图 10-21 所示的可交互网络图中，可以通过鼠标对点等内容进行拖动观察，还可以选择不同的网络布局方式，其中图 10-21（a）和（b）分别为网格布局与力导向图布局方式的可交互网络图。

## 10.2　visNetwork包可视化可交互网络图

visNetwork 包是一个专门用于可视化可交互网络图的包。本节将使用《三国演义》中的人物关系网络数据，介绍该包的功能和使用方法。

### 10.2.1　可视化 igraph 包的网络数据

针对 igraph 包获得的图数据，可以使用 visNetwork 包中的函数进行可视化，得到可交互网络图，相关程序如下所示：

扫一扫，看视频

**317**

```
library(visNetwork);library(igraph);library(igraphdata)
load("data/chap10/TK_net.RData")
## 直接可视化 igraph 包的网络数据
nodeindex <- as.numeric(as.factor(V(TK_net)$group))    # 节点的分组索引
usecolor <- c("tomato","lightgreen","lightblue","orange")
useshape <- c("circle","square","circle","circle")
V(TK_net)$color<- usecolor[nodeindex]                   # 节点的颜色
V(TK_net)$shape <- useshape[nodeindex]                  # 节点的形状
## 直接可视化 igraph 包中的网络数据
visIgraph(TK_net,smooth = TRUE,randomSeed = 1)
```

在上面的程序中，首先导入准备好的《三国演义》人物关系网络数据 TK_net，然后通过 V() 函数设置网络数据中节点的颜色和形状，最后通过 visIgraph() 函数绘制不显示节点标签的可交互网络图，如图 10-22 所示。

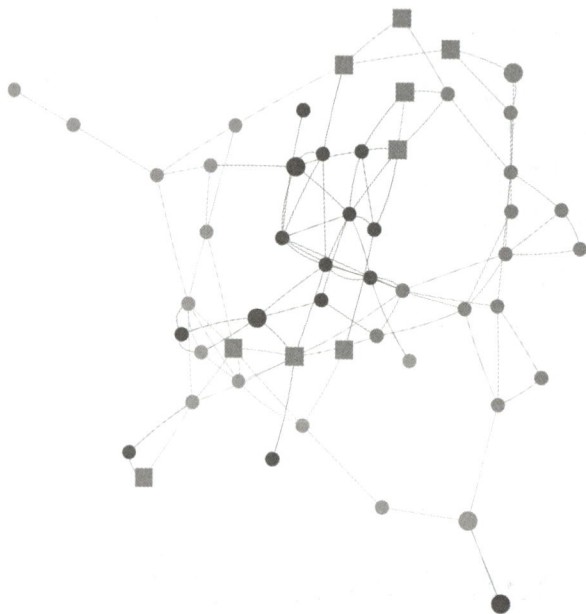

图 10-22　不显示节点标签的可交互网络图

由图 10-22 可以发现，得到的可交互网络图只显示出节点的形状、颜色和所连接的边等信息，没有显示节点的标签，这样不利于分析人物之间的关系。

为解决上述无节点标签的问题，可以使用 toVisNetworkData() 函数将网络数据转换为数据表，然后通过节点数据表和边数据表可视化，得到显示节点标签的可交互网络图，程序如下所示：

```
## 将 igraph 包的网络数据进行转换并可视化
net <- toVisNetworkData(TK_net)
visNetwork(net$nodes,net$edges)
```

运行上面的程序后，可获得如图 10-23 所示的显示节点标签的可交互网络图。

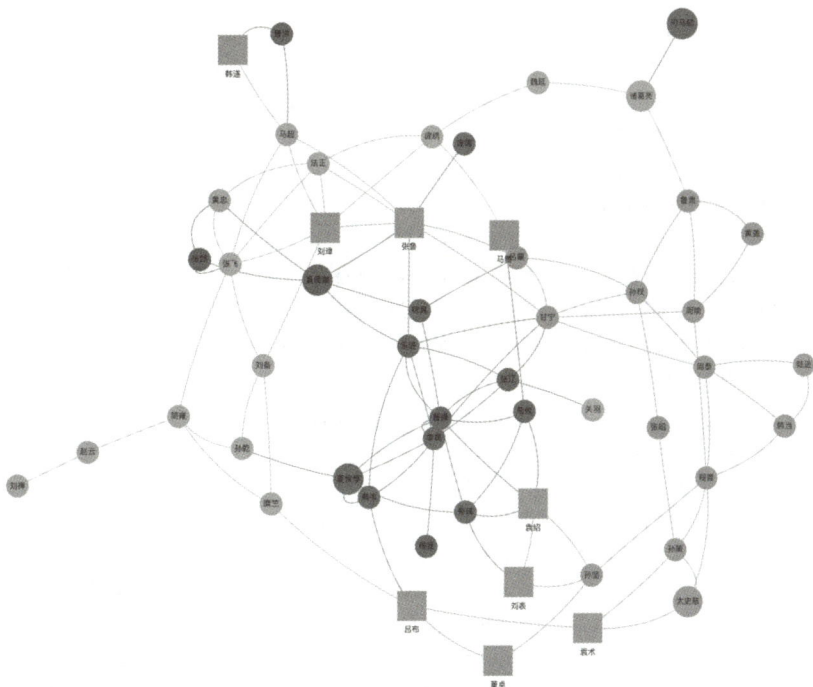

图 10-23　显示节点标签的可交互网络图

与图 10-22 不同，图 10-23 显示了网络图中节点的标签，便于查看和分析人物关系。

## 10.2.2　可视化数据表的网络数据

利用 visNetwork 包，还可以直接通过数据表绘制可交互网络图。下面从人物关系网络数据 TK_net 中获取可视化所需的节点数据表和边数据表，程序如下所示：

```
load("data/chap10/TK_net.RData")
## 将三国演义的网络数据转换为数据表
TKdf <- igraph::as_data_frame(TK_net,what = "both")
nodedf <- TKdf$vertices          # 节点数据表
edgedf <- TKdf$edges             # 边数据表
head(nodedf)
##          name group freq
## 曹操      曹操  曹魏  945
## 司马懿    司马懿 曹魏  321
## 荀彧      荀彧  曹魏   57
## 荀攸      荀攸  曹魏   29
## 程昱      程昱  曹魏   44
## 张辽      张辽  曹魏  159
```

```
head(edgedf)
##    from    to      cor
## 1 曹操    荀彧  0.4310889
## 2 曹操    荀攸  0.4881319
## 3 荀彧    荀攸  0.3666677
## 4 曹操    张辽  0.4429935
## 5 曹操    徐晃  0.3891521
## 6 曹操  夏侯惇 0.3205035
## 为丰富可视化效果，对节点数据表进行调整
nodeindex <- as.numeric(as.factor(nodedf$group))            # 节点的分组索引
shape = c("circle","ellipse","circle","circle")             # 节点的形状
color = c("tomato","lightgreen","lightblue","orange")       # 节点的颜色
## 根据相关系数的大小对边进行分组
edgeclass <- cut(edgedf$cor, 3 ,labels = c(1,2,3))
edgew <-  as.numeric(edgeclass)                             # 线的宽度
## 设置网络的节点数据
Newnodes <- data.frame(id=nodedf$name,                     # 节点的 id
                   label = nodedf$name,                    # 节点的标签
                   group = nodedf$group,                   # 节点的分组
                   title = nodedf$name,                    # 单击后显示的内容
                   shape = shape[nodeindex],               # 节点的形状
                   color = color[nodeindex],               # 节点的颜色
                   size = 30+ round(nodedf$freq/50),       # 节点的大小
                   font.size = 30+ round(nodedf$freq/50)   # 节点的标签字体的大小
                   )
head(Newnodes)
##        id  label group  title  shape   color  size  font.size
## 1   曹操   曹操  曹魏   曹操  circle  tomato   49      49
## 2 司马懿 司马懿 曹魏 司马懿  circle  tomato   36      36
## 3   荀彧   荀彧  曹魏   荀彧  circle  tomato   31      31
## 4   荀攸   荀攸  曹魏   荀攸  circle  tomato   31      31
## 5   程昱   程昱  曹魏   程昱  circle  tomato   31      31
## 6   张辽   张辽  曹魏   张辽  circle  tomato   33      33
## 设置网络的边数据
Newedges <- data.frame(from = edgedf$from,                 # 边的起点
                   to = edgedf$to,                         # 边的终点
                   width = 5*edgew,                        # 边的宽度
                   title = paste("cor:",round(edgedf$cor,2),
                          sep = "")
                   )
```

在上面的程序中，首先从 TK_net 中获取网络图的节点数据表和边数据表。为了丰富可视化效果，对节点数据表和边数据表做进一步调整，包括设置节点的颜色、形状、大小、设

置边的宽度、起点、终点等。

下面对新获得的数据表 Newnodes 和 Newedges 进行网络数据可视化,程序如下所示:

```
set.seed(123)
## 使用网络的节点数据进行网络图的可视化
visNetwork(Newnodes, Newedges, width = "100%",
           main = "三国重要人物",background = "white") %>%
    # 添加图例
    visGroups(groupname = "曹魏",color = color[1], shape = shape[1])%>%
    visGroups(groupname = "群雄",color = color[2], shape = shape[2])%>%
    visGroups(groupname = "蜀汉",color = color[3], shape = shape[3])%>%
    visGroups(groupname = "孙吴",color = color[4], shape = shape[4])%>%
    visLegend(useGroups = TRUE,width = 0.2,position = "left",main="阵营")
```

在上面的程序中,首先通过 visNetwork() 函数绘制人物关系网络;然后通过 visGroups() 函数指定节点的分组,并设置分组使用的颜色和形状;最后通过 visLegend() 函数为图形添加图例。运行程序后,可获得如图 10-24 所示的添加图例的可交互网络图。

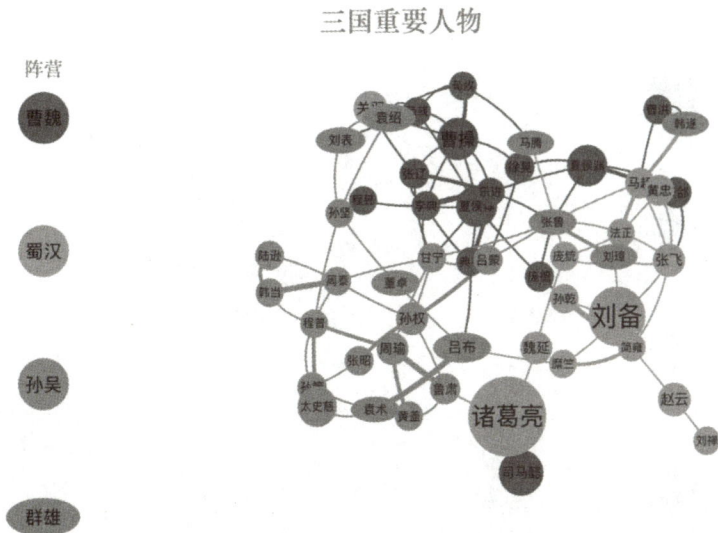

图 10-24 添加图例的可交互网络图

## 10.2.3 设置网络图的可交互功能

针对 visNetwork 包获得的可交互网络图,可以进一步设置鼠标单击节点时的交互反应。

在单击网络图的某个节点时,可以高亮显示与该节点相邻的节点,程序如下所示:

```
## 高亮显示周围的节点，方式 1
visNetwork(Newnodes, Newedges, width = "100%",
            main = " 三国重要人物 ",background = "white") %>%
    visGroups(groupname = " 曹魏 ",color = color[1], shape = shape[1])%>%
    visGroups(groupname = " 群雄 ",color = color[2], shape = shape[2])%>%
    visGroups(groupname = " 蜀汉 ",color = color[3], shape = shape[3])%>%
    visGroups(groupname = " 孙吴 ",color = color[4], shape = shape[4])%>%
    visLegend(useGroups = TRUE,width = 0.2,position = "left",main=" 阵营 ")%>%
    ## 设置可视化参数，高亮显示周围的节点
    visOptions(highlightNearest = TRUE)%>%
    visLayout(randomSeed = 4)
```

上面的程序在可视化可交互网络图后，利用 visOptions() 函数对网络图的显示情况进行设置，其中参数 highlightNearest = TRUE，表示当单击某个节点后与该节点相邻的节点均会高亮显示。运行程序后，可获得如图 10-25 所示的高亮显示相邻节点的可交互网络图。在图 10-25 中，通过鼠标单击节点曹操，高亮显示出与曹操相邻的所有节点。

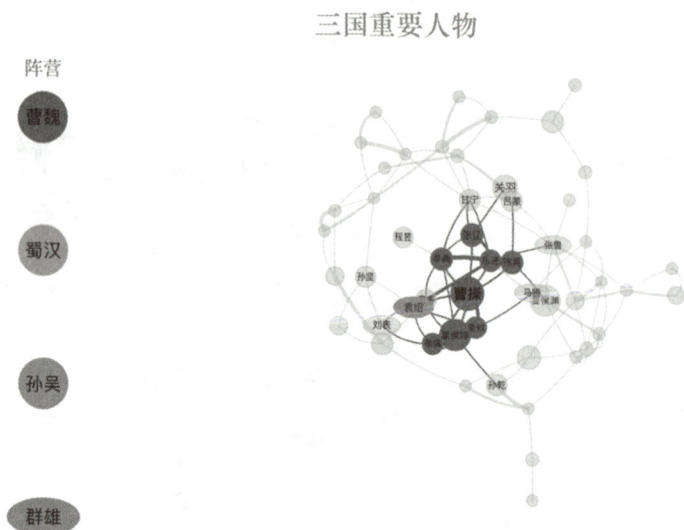

图 10-25　高亮显示相邻节点的可交互网络图

在高亮显示周围的节点时，可以通过参数 degree 控制高亮显示节点的数量。例如，degree = 2，表示与选中节点间隔一个节点的节点也高亮显示，相关程序如下所示：

```
## 高亮显示周围的节点，方式 2
visNetwork(Newnodes, Newedges, width = "100%",
            main = " 三国重要人物 ",background = "white") %>%
    visGroups(groupname = " 曹魏 ",color = color[1], shape = shape[1])%>%
    visGroups(groupname = " 群雄 ",color = color[2], shape = shape[2])%>%
```

```
    visGroups(groupname = " 蜀汉 ",color = color[3], shape = shape[3])%>%
    visGroups(groupname = " 孙吴 ",color = color[4], shape = shape[4])%>%
    visLegend(useGroups = TRUE,width = 0.2,position = "left",main=" 阵营 ")%>%
    ## 通过参数 degree 控制高亮显示节点的数量
    visOptions(highlightNearest = list(enabled = TRUE,
                                      degree = 2, hover = TRUE))%>%
    visLayout(randomSeed = 4)
```

运行程序后，可获得如图 10-26 所示的高亮显示相邻节点及间隔节点的可交互网络图。在图 10-26 中，通过鼠标单击节点曹操，与其相邻的节点及间隔一个节点的节点都会高亮显示。其中，甘宁可以通过张辽到达曹操；吕蒙可以通过徐晃到达曹操，所以这些节点都会高亮显示。

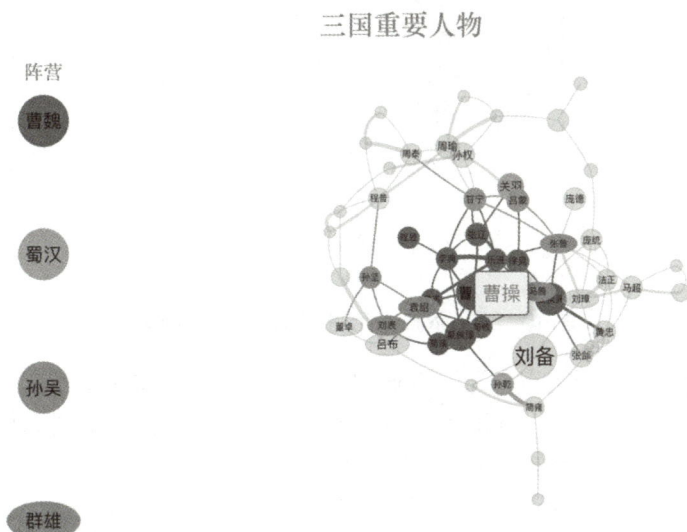

图 10-26 高亮显示相邻节点及间隔节点的可交互网络图

利用 visNetwork 包，还可以在可交互网络图中添加节点选择工具，相关程序如下所示：

```
## 根据节点进行选择，方式 1
visNetwork(Newnodes, Newedges, width = "100%",
        main = " 三国重要人物 ",background = "white") %>%
    visGroups(groupname = " 曹魏 ",color = color[1], shape = shape[1])%>%
    visGroups(groupname = " 群雄 ",color = color[2], shape = shape[2])%>%
    visGroups(groupname = " 蜀汉 ",color = color[3], shape = shape[3])%>%
    visGroups(groupname = " 孙吴 ",color = color[4], shape = shape[4])%>%
    visLegend(useGroups = TRUE,width = 0.2,position = "right")%>%
    ## 添加节点选择工具
    visOptions(selectedBy = list(variable = "id", multiple = T))%>%
```

```
visLayout(randomSeed = 4)
```

在上面的程序中，通过在 visOptions() 函数中设置 selectedBy 参数的取值，为网络图添加了一个可以选择节点的工具。运行程序后，可获得如图 10-27 所示的添加节点选择工具的可交互网络图。在图 10-27 中，通过左边的节点选择工具，可以选择网络图中的节点进行突出显示。

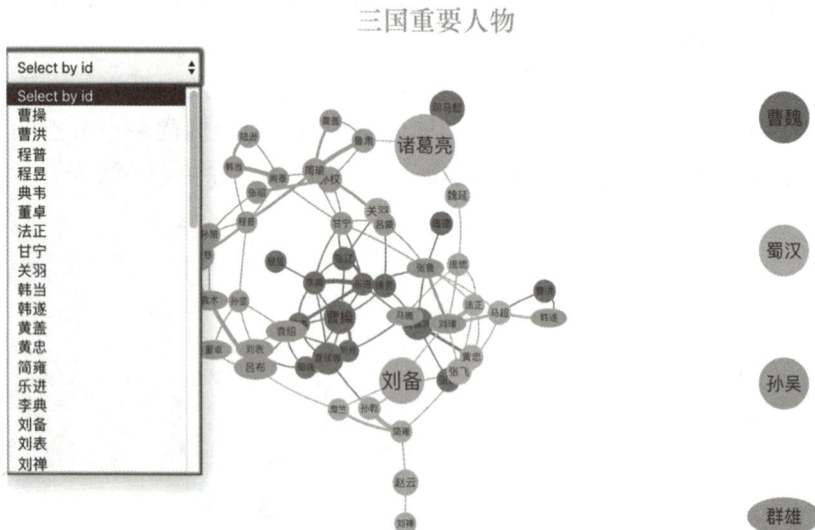

图 10-27　添加节点选择工具的可交互网络

可以根据名称选择单个节点，还可以通过分组一次性选择多个节点。下面根据分组进行节点选择并高亮显示相邻节点，同时使用 visInteraction() 函数为网络图添加节点的移动、视图的移动、视图的缩放等可交互按钮。具体程序如下所示：

```
## 根据节点进行选择，方式 2
visNetwork(Newnodes, Newedges, width = "100%",
          main = " 三国重要人物 ",background = "white") %>%
    visGroups(groupname = " 曹魏 ",color = color[1], shape = shape[1])%>%
    visGroups(groupname = " 群雄 ",color = color[2], shape = shape[2])%>%
    visGroups(groupname = " 蜀汉 ",color = color[3], shape = shape[3])%>%
    visGroups(groupname = " 孙吴 ",color = color[4], shape = shape[4])%>%
    visLegend(useGroups = TRUE,width = 0.2,position = "right")%>%
    ## 添加节点选择工具，并高亮显示选中节点的相邻节点
    visOptions(selectedBy = "group",                  # 添加分组选中工具栏
              highlightNearest = TRUE,                # 高亮显示选中节点的相邻节点
              nodesIdSelection = TRUE)%>%
    ## 添加新的可交互按钮
    visInteraction(dragNodes = TRUE,                  # 可移动节点
                  dragView = TRUE,                    # 移动视图
```

```
                    zoomView = TRUE,              # 缩放视图
                    navigationButtons = TRUE      # 在下方添加按钮
                    )%>%
          visLayout(randomSeed = 4)
```

运行上面的程序后，可获得如图 10-28 所示的添加移动和缩放工具的可交互网络图。

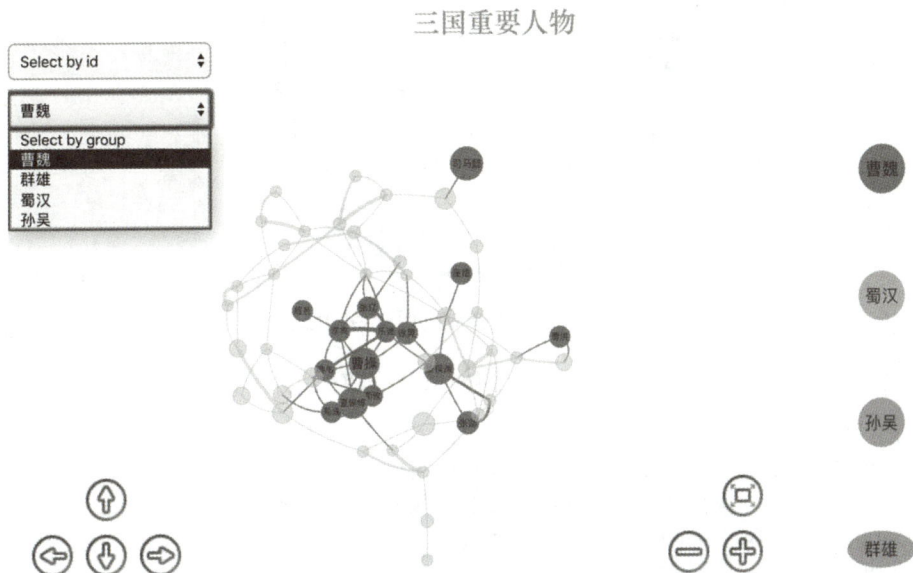

图 10-28　添加移动和缩放工具的可交互网络图

## 10.2.4　设置网络图的布局方式

使用 visNetwork 包绘制可交互网络图时，默认是自动选择合适的图形布局方式。除此之外，visNetwork 包还提供了其他布局方式的参数设置。

下面使用圆形布局对《三国演义》的人物关系网络数据进行可视化，程序如下所示：

```
## 可视化圆形布局的可交互网络图
visNetwork(Newnodes, Newedges, width = "100%",
          main = " 圆形布局 ",background = "white") %>%
    visOptions(highlightNearest = TRUE)%>%
    ## 圆形布局
    visIgraphLayout(layout = "layout_in_circle")%>%
    visLayout(randomSeed = 4)
```

运行程序后，可获得如图 10-29 所示的圆形布局的可交互网络图。

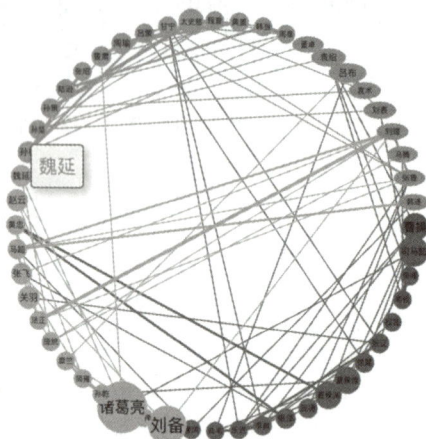

图 10-29　圆形布局的可交互网络图

下面使用网格布局对《三国演义》的人物关系网络数据进行可视化，程序如下所示：

```
## 可视化网格布局的可交互网络图
visNetwork(Newnodes, Newedges, width = "100%",
        main = " 网格布局 ",background = "white") %>%
    visOptions(highlightNearest = TRUE)%>%
    ## 网格绘图
    visIgraphLayout(layout = "layout_on_grid")%>%
    visLayout(randomSeed = 4)
```

运行程序后，可获得如图 10-30 所示的网格布局的可交互网络图。

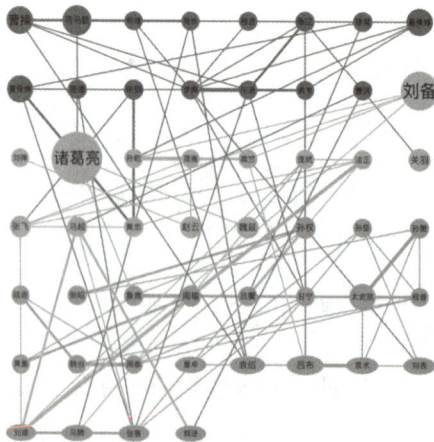

图 10-30　网格布局的可交互网络图

## 10.2.5 可视化分组的可交互网络图

在 visNetwork 包中，利用 visClusteringByGroup() 函数可以对网络数据的节点进行分组，可视化分组节点的分布情况，组内的节点可以通过鼠标单击进行可视化，相关程序如下所示：

```
## 可视化分组的可交互网络图
visNetwork(Newnodes, Newedges, width = "100%",
            main = " 三国重要人物 ",background = "white") %>%
    visGroups(groupname = " 曹魏 ",color = color[1], shape = shape[1])%>%
    visGroups(groupname = " 群雄 ",color = color[2], shape = shape[2])%>%
    visGroups(groupname = " 蜀汉 ",color = color[3], shape = shape[3])%>%
    visGroups(groupname = " 孙吴 ",color = color[4], shape = shape[4])%>%
    ## 设置节点的分组情况
    visClusteringByGroup(groups = c(" 曹魏 "," 群雄 "," 蜀汉 "," 孙吴 "))%>%
    visLegend(useGroups = TRUE,width = 0.2,position = "left",main=" 阵营 ")%>%
    ## 在下方添加控制图形的工具
    visInteraction(zoomView = TRUE, navigationButtons = TRUE)%>%
    visLayout(randomSeed = 4)
```

运行上面的程序后，可获得如图 10-31 所示的分组节点的可交互网络图。

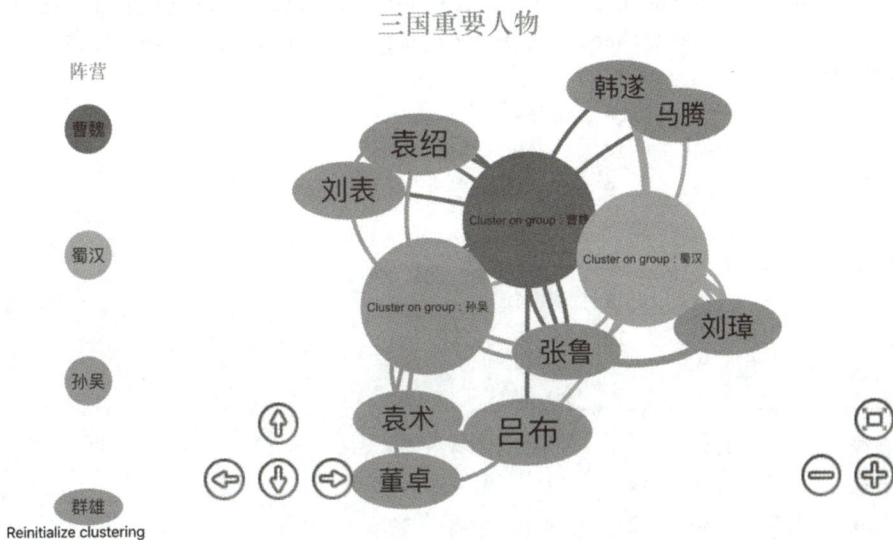

图 10-31 分组节点的可交互网络图

在图 10-31 中，绘制出曹魏、蜀汉、孙吴、群雄 4 个大的分组节点，通过鼠标单击分组节点即可对组内的节点进行可视化,图中显示的是分组节点 "群雄" 的组内的节点的网络构成。

## 10.3 其他可交互网络图可视化包

除了前面介绍的 visNetwork 包，R 语言中还有其他的包可以用来绘制可交互网络图。本节重点介绍如何使用 networkD3 包可视化可交互网络图，以及如何使用 thressjs 包在三维空间中可视化可交互网络图。

### 10.3.1 networkD3 包可视化可交互网络图

networkD3 包可以轻松地创建基于 htmlwidgets 框架的网络图，它支持力导向图、桑基图、树形图三种类型的网络图。使用该包中的 impleNetwork() 和 forceNetwork() 函数，可以绘制可交互网络图；使用 sankeyNetwork() 函数，可以绘制可交互桑基图；使用 radialNetwork() 函数，可以绘制圆形布局的网络图；使用 dendroNetwork() 函数，可以绘制系统聚类树的网络图。

下面介绍如何使用 forceNetwork() 函数可视化人物关系网络图，程序如下所示：

```
library(igraph)
library(networkD3)
## 读取使用的网络数据表
nodedf <- read.csv("data/chap10/TK_nodedf_networkD3.csv",encoding='UTF-8')
edgedf <- read.csv("data/chap10/TK_edgedf_networkD3.csv",encoding='UTF-8')
head(nodedf)
##    name  group  freq  size  nodes
## 1  曹操      1   945    14      0
## 2  曹洪      1    93     9      1
## 3  程普      4    74     9      2
## 4  程昱      1    44     8      3
## 5  典韦      1    45     8      4
## 6  董卓      2   121    10      5
head(edgedf)
##    from    to        cor  value  from2  to2
## 1  曹操  荀彧  0.4310889      4      0   40
## 2  曹操  荀攸  0.4881319      5      0   39
## 3  荀彧  荀攸  0.3666677      4     40   39
## 4  曹操  张辽  0.4429935      4      0   45
## 5  曹操  徐晃  0.3891521      4      0   38
## 6  曹操  夏侯惇  0.3205035    3      0   36
## 可视化可交互网络图
forceNetwork(Links = edgedf, Nodes = nodedf,
```

```
Source = "from2", Target = "to2",Value = "value",
NodeID = "name", Nodesize = "size", Group = "group",
opacity = 1, zoom = TRUE, opacityNoHover = 1)
```

在上面的程序中，首先导入需要使用的节点数据表和边数据表。接着对每个节点的序号（变量 nodes）从 0 开始使用数字编码，并根据序号从小到大排序。对边数据表则添加了 from2 和 to2 两个变量，对应着每个节点的编号。最后使用 forceNetwork() 函数对边数据表和节点数据表进行可视化。运行程序后，可获得如图 10-32 所示的力导向图布局的可交互网络图。

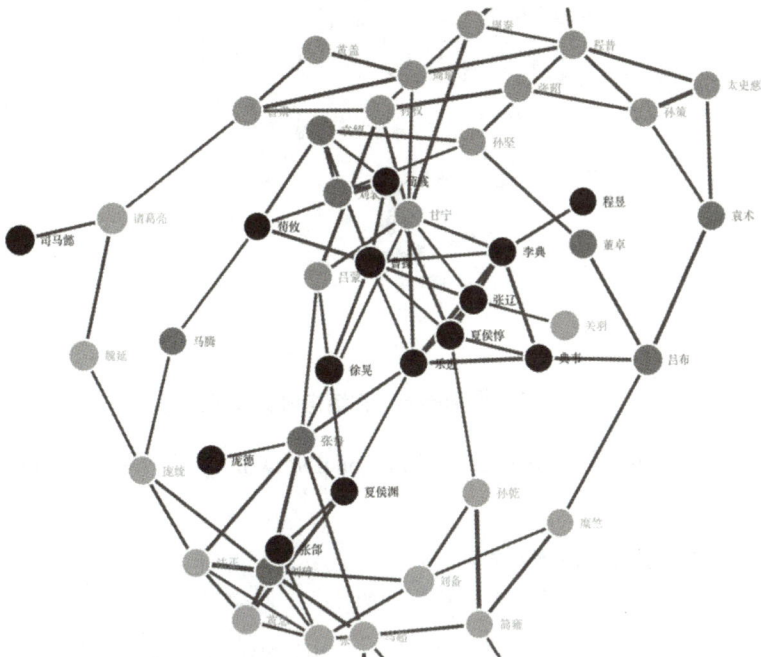

图 10-32　力导向图布局的可交互网络图

在图 10-32 中，可以通过鼠标对网络图进行节点选择、节点拖动，以及视图的平移、放大与缩小等可交互操作。

使用 networkD3 包中的 radialNetwork() 函数，可以将系统聚类的结果使用圆形布局的可交互网络图进行可视化，程序如下所示：

```
## 对美国犯罪数据进行系统聚类分析
hc <- hclust(dist(USArrests), method = "complete")
hclist <- as.radialNetwork(hc)            ## 获取用于可视化的数据
## 第一种形式的树结构网络图（圆形布局）
radialNetwork(hclist,fontSize = 12, nodeColour = "red",opacity = 0.7)
```

在上面的程序中，首先对数据集使用 hclust() 函数进行系统聚类，然后使用 as.radialNetwork() 函数将系统聚类的结果进行数据转换，最后通过 radialNetwork() 函数进行系统聚类树的可视化，从而获得如图 10-33 所示的圆形布局的树结构可交互网络图。

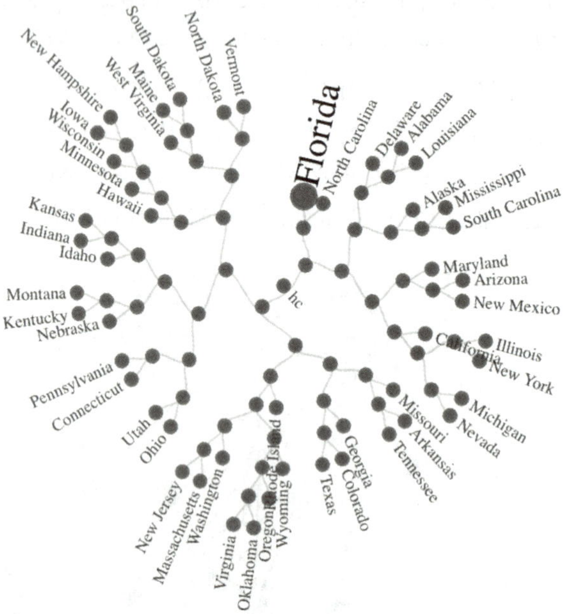

图 10-33　圆形布局的树结构可交互网络图

对上面的系统聚类的结果，还可以使用 diagonalNetwork() 函数对其进行可视化，程序如下所示：

```
## 第二种形式的树结构网络图（对角布局）
diagonalNetwork(hclist,fontSize = 10)
```

运行程序后，可获得如图 10-34 所示的对角布局的树结构可交互网络图。

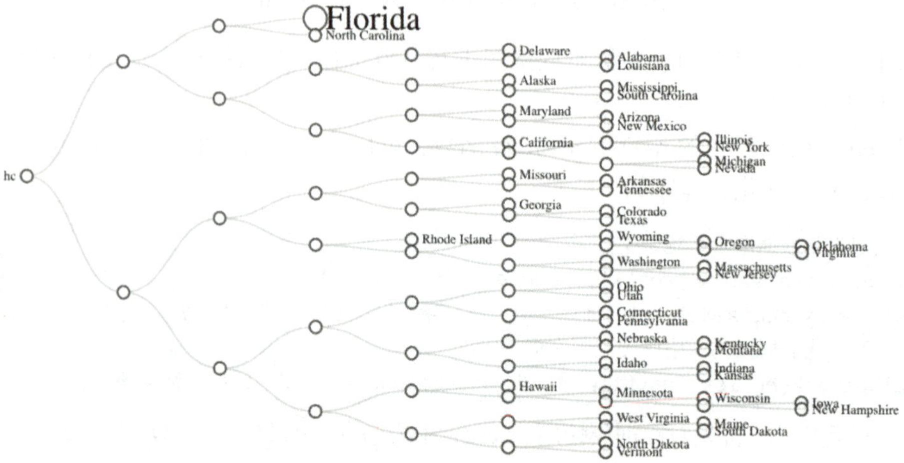

图 10-34　对角布局的树结构可交互网络图

## 10.3.2  threejs 包可视化可交互 3D 网络图

threejs 包使用 three.js 脚本和 R 语言的 htmlwidgets 包提供了绘制可交互的 3D 散点图、3D 网络图和地球仪图的功能，其中 3D 网络图可以在三维空间分析节点之间的关系。threejs 包中常用的函数如表 10-6 所示。

表 10-6  threejs 包中常用的函数

| 函　数 | 功　能 |
|---|---|
| igraph2graphjs() | 将 igraph 图对象转换为 graphjs() 函数使用的更简单形式 |
| scatterplot3js() | 可交互 3D 散点图 |
| graph2Matrix() | 从节点图和边图表示转换为稀疏邻接矩阵表示 |
| matrix2graph() | 将矩阵或列稀疏矩阵转换为供 graphjs() 函数使用的边和节点列表 |
| globejs() | 在 3D 地球仪上可视化数据 |
| graphjs() | 交互式的 3D 力导向图 |

下面使用具体的网络数据，介绍如何使用 threejs 包中的函数进行数据可视化。使用 graphjs() 函数绘制可交互 3D 网络图，程序如下所示：

```
library(threejs)
library(dplyr)
## 导入网络数据
load("data/chap10/TK_net.RData")
TK_net
## IGRAPH db5e049 UN-- 52 100 --
## + attr: name (v/c), group (v/c), freq (v/n), cor (e/n)
## + edges from db5e049 (vertex names):
## [1] 曹操 -- 荀彧   曹操 -- 荀攸   荀彧 -- 荀攸   曹操 -- 张辽   曹操 -- 徐晃
## + ... omitted several edges
## 对需要可视化的图形进行设置
nodeindex <- as.numeric(as.factor(V(TK_net)$group))      # 节点的分组索引
usecolor <- c("tomato","lightgreen","lightblue","orange")
useshape <- c("circle","square","circle","circle")
nodecolr <- usecolor[nodeindex]                          # 节点的颜色
nodeshap <- useshape[nodeindex]                          # 节点的形状
nodesize <- round(0.2*log1p(V(TK_net)$freq))             # 节点的大小
## 根据相关系数的大小对边进行分组
edgeclass <- cut(E(TK_net)$cor, 3 ,labels = c(1,2,3))
edgecor <- c("black","gray","cyan")[edgeclass]           # 边的颜色
```

在上面的程序中，首先读取网络数据 TK_net，接着对节点的颜色、形状、大小及边的颜

色进行设置。

在准备好数据之后，即可对网络图进行可视化，程序如下所示：

```
set.seed(12)
graphjs(TK_net,  ## 设置使用的布局
        layout_with_fr(TK_net, dim=3, niter=30),
        ## 设置节点的颜色、大小、形状和标签
        vertex.color = nodecolr,vertex.size = nodesize,
        vertex.shape = nodeshap,vertex.label = names(V(TK_net)),
        ## 设置边的颜色、宽度和透明度
        edge.color = edgecor,edge.width = 2,edge.alpha = 1,
        ## 设置名称和背景颜色
        main = " 三国演义 ",bg = "white",brush = TRUE
        )
```

在上面的程序中，使用 graphjs() 函数对网络数据进行 3D 可视化，可获得如图 10-35 所示的 3D 结构的可交互网络图。图 10-35 中给出了可旋转的 3D 网络图在不同视角下的结果，对该网络图还可以进行更多的可交互操作，例如通过鼠标单击查看节点的标签信息。

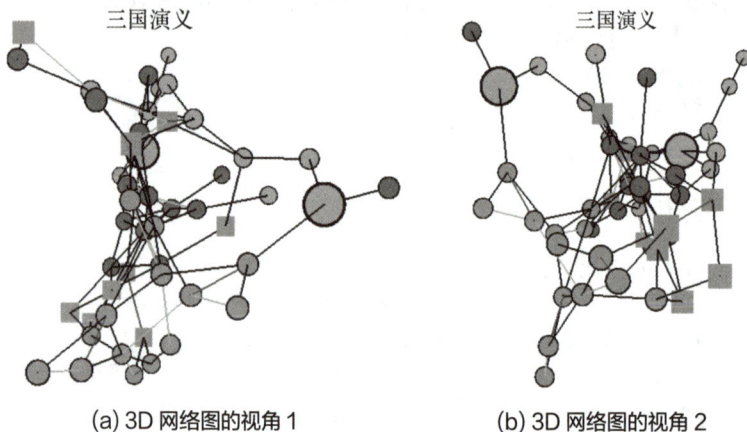

(a) 3D 网络图的视角 1        (b) 3D 网络图的视角 2

图 10-35   3D 结构的可交互网络图

针对飞机航线数据集，下面使用 threejs 包在球面地图上进行数据可视化，绘制飞机航线的网络图。

首先在球面地图上可视化，得出每个国家或地区的机场数量，程序如下所示：

```
## 读取航线数据和机场数量数据
airline <- read.csv("data/chap10/counteyairline.csv")
airnum <- read.csv("data/chap10/counteyairnum.csv")
head(airline,3)
##     Country.y          Country.x      Lat.x     log.x     Lat.y     log.y
```

```
## 1 Afghanistan United Arab Emirates 25.44303 46.50274 34.06848 66.35022
## 2 Afghanistan                 India 22.25790 79.98479 34.06848 66.35022
## 3 Afghanistan                Kuwait 29.16937 47.76053 34.06848 66.35022
head(airnum,3)
##         Country number  Latitude    Longitude
## 1    Afghanistan     20  34.06848   66.350222
## 2        Albania      5  41.31832   19.822260
## 3        Algeria     43  32.80512    3.102007
## 注意使用的图形尺寸应该为 2048×1024
globejs(img = "data/chap10/myworld.jpg", bg = "white",
        lat = airnum$Latitude, long = airnum$Longitude,
        value = airnum$number,color = "red")
```

在上面的程序中，首先读取国家或地区之间的航班数据 airline，以及每个国家或地区的机场数量数据 airnum；接着使用 globejs() 函数绘制每个国家或地区的机场数量条形图，其中 img 参数表示通过一幅指定的图片为球面地图设置颜色。运行程序，可获得球面地图上的机场数量可交互条形图，通过旋转可以直观地查看每个国家或地区的机场数量。

通过使用 arcs 参数，指定各航班间的起点纬度、起点经度、终点纬度、终点经度 4 个变量，可以进一步在上面的球面地图上添加航线，程序如下所示：

```
## 在地图条形图的基础上添加航线
globejs(img="data/chap10/myworld.jpg", bg="white",
        lat = airnum$Latitude, long = airnum$Longitude,
        value = airnum$number, color = "red",
        ## 包含起点纬度、起点经度、终点纬度、终点经度 4 个变量的数据表
        arcs=airline[,3:6],arcsHeight=0.3, arcsLwd=1,
        arcsColor="orange", arcsOpacity=0.5,atmosphere=TRUE)
```

运行上面的程序后，可获得球面地图上的飞机航线网络图。

为了便于区分国家或地区之间的航线，可以在航线数据中添加颜色变量与粗细变量，然后对其进行可视化，程序如下所示：

```
## 单独设置航线的颜色和粗细
airline$color <- "gray"          # 颜色
airline$color[airline$Country.x == "United States"] <- "tomato"
airline$color[airline$Country.x == "Russia"] <- "blue"
airline$color[airline$Country.x == "China"] <- "green"
airline$color[airline$Country.x == "Japan"] <- "orange"
airline$width <- 0.5             # 粗细
index <- airline$Country.x %in% c("United States","Russia",
                                   "China","Japan")
airline$width[index] <- 2
```

```
## 在地图条形图的基础上添加航线
globejs(img="data/chap10/myworld.jpg", bg="white",
        lat = airnum$Latitude, long = airnum$Longitude,
        value = airnum$number, color = "red",
        ## 包含起点纬度、起点经度、终点纬度、终点经度 4 个变量的数据表
        arcs=airline[,3:6],arcsHeight=0.3, arcsOpacity=0.5,
        ## 设置航线的粗细和颜色变量
        arcsLwd=airline$width, arcsColor=airline$color,
        atmosphere=TRUE)
```

在上面的程序中，使用 globejs() 函数进行数据可视化时，通过 arcsLwd 和 arcsColor 参数指定每条线的粗细和颜色，最后可获得调整航线颜色和粗细后的飞机航线网络图。

## 10.4　本章小结

本章针对网络数据（或图数据），主要介绍了如何使用相应的 R 语言应用包对其进行可视化。针对静态的网络数据，主要介绍了如何使用 igraph 包对其进行可视化，内容包括在可视化时设置网络图的布局、节点的颜色和形状、边的颜色和粗细等。此外，介绍了如何利用 visNetwork、networkD3、threejs 等包进行可交互网络图的可视化。

本章介绍的一些主要包及其功能如表 10-7 所示。

表 10-7　本章介绍的主要包及其功能

| 包 | 功　能 |
| --- | --- |
| igraph | 可视化网络数据的包 |
| igraphdata | 包含多个网络数据集可供调用的包 |
| visNetwork | 可视化可交互网络图的包 |
| networkD3 | 可视化可交互网络图、树形图、树状图等图形的包 |
| threejs | 可视化可交互 3D 网络图的包 |

# 参考文献

［1］薛震，孙玉林 .R 语言统计分析与机器学习［M］. 北京：中国水利水电出版社，2020.

［2］哈德利·威克姆. ggplot2：数据分析与图形艺术［M］. 统计之都，译. 西安：西安交通大学出版社，2013.

［3］迈克尔·弗里曼，乔尔·罗斯. 数据科学之编程技术：使用 R 进行数据清理、分析与可视化［M］. 张燕妮，译. 北京：机械工业出版社，2020.

［4］Ali S M, Gupta N, Nayak G K, et al. Big data visualization: Tools and challenges［C］//2016 2nd International Conference on Contemporary Computing and Informatics (IC3I). IEEE, 2016: 656–660.

［5］陈为，沈则潜，陶煜波. 数据可视化［M］. 北京：电子工业出版社，2019.

［6］埃里克·D. 克拉泽克，加博尔·乔尔迪. 网络数据的统计分析：R 语言实践［M］. 李杨，译. 西安：西安交通大学出版社，2016.

［7］Conway J R, Lex A, Gehlenborg N. UpSetR: an R package for the visualization of intersecting sets and their properties［J］. Bioinformatics, 2017, 33(18): 2938–2940.

［8］Winston Chang. R 数据可视化手册［M］. 肖楠，邓一硕，魏太云，译. 北京：人民邮电出版社，2014.

［9］Julie Steele, Noah Iliinsky. 数据可视化之美［M］. 祝洪凯，李妹芳，译，北京：机械工业出版社，2011.

［10］Tang Y, Horikoshi M, Li W. ggfortify: Unified interface to visualize statistical results of popular R packages［J］. R J., 2016, 8(2): 474.

［11］Kahle D, Wickham H. ggmap: Spatial Visualization with ggplot2［J］. The R journal, 2013, 5(1): 144–161.

［12］Wickham H, Grolemund G. R for data science: import, tidy, transform, visualize, and model data［M］. O'Reilly Media, Inc., 2016.

［13］Alexandru C. Telea. 数据可视化原理与实践［M］. 2 版. 栾悉道，谢毓湘，魏迎梅，等，

译. 北京：电子工业出版社，2017.

［14］阿尔贝托·开罗. 数据可视化陷阱［M］. 韦思遥，译. 北京：机械工业出版社，2020.

［15］吴喜之. 复杂数据统计方法：基于 R 的应用［M］. 3 版. 北京：中国人民大学出版社，
2015.

［16］李舰，肖凯. 数据科学中的 R 语言［M］. 西安：西安交通大学出版社，2015.

［17］Wickham H, Grolemund G. R for data science: import, tidy, transform, visualize, and model data［M］. O'Reilly Media, Inc., 2016.

［18］Gerbing D. R Visualizations: Derive Meaning from Data［M］. CRC Press, 2020.